归去来

不一样的

陶渊明

顾农 著

中華書局

图书在版编目(CIP)数据

归去来:不一样的陶渊明/顾农著. —北京:中华书局,2023.7
(2024.9 重印)
ISBN 978-7-101-16253-0

Ⅰ.归… Ⅱ.顾… Ⅲ.陶渊明(365~427)-人物研究
Ⅳ.K825.6

中国国家版本馆 CIP 数据核字(2023)第 106896 号

书　　名	归去来:不一样的陶渊明
著　　者	顾　农
责任编辑	胡正娟
装帧设计	毛　淳
责任印制	陈丽娜
出版发行	中华书局 (北京市丰台区太平桥西里 38 号　100073) http://www.zhbc.com.cn E-mail:zhbc@zhbc.com.cn
印　　刷	河北新华第一印刷有限责任公司
版　　次	2023 年 7 月第 1 版 2024 年 9 月第 3 次印刷
规　　格	开本/920×1250 毫米　1/32 印张 13⅝　插页 8　字数 340 千字
印　　数	6001-8000 册
国际书号	ISBN 978-7-101-16253-0
定　　价	78.00 元

顾农　1944年生，江苏泰州人。1966年毕业于北京大学中文系文学专业，后为扬州大学文学院教授，一度兼任中文系主任，现已退休。多年来，主要致力于三国两晋南北朝时期的文学史及鲁迅研究，著述颇多，出版有《魏晋文章新探》(1999)、《建安文学史》(2000)、《听箫楼五记》(2004)、《千家诗注评》(2006)、《文选论丛》(2007)、《四望亭文史随笔》(2012)、《从孔融到陶渊明——汉末三国两晋文学史论衡》(2013)、《与鲁迅有关》(2014)、《谈非常谈》(2016)、《诗人鲁迅》(2020)、《己亥随笔》(2021)、《中国中古文学史》(2022)等。

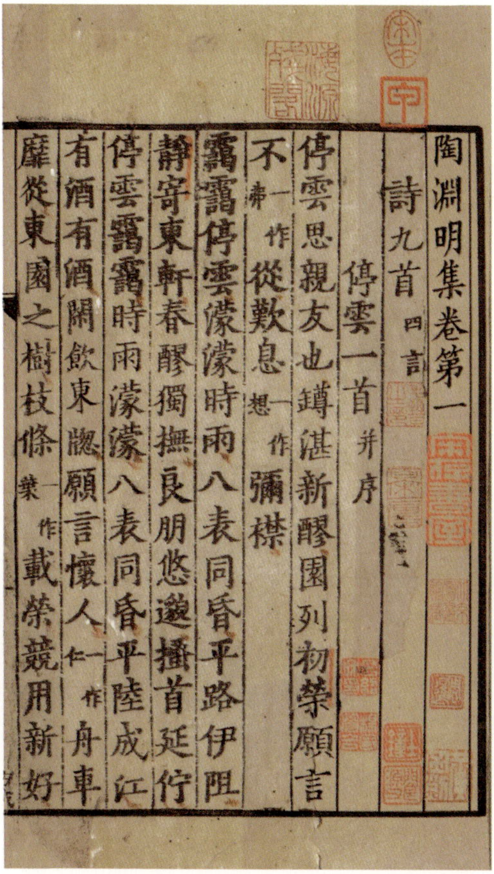

（南宋）递修本《陶渊明集》书影

每半叶十行，行十六字，白口。卷一钤有“宋本”“甲”“毛晋之印”“百宋一廛”“宋存书室”“士钟”等印。该版本历经毛氏汲古阁、黄氏士礼居、杨氏海源阁等收藏。

今藏于中国国家图书馆。

（元）钱选《归去来图》

陶渊明《归去来兮辞》:“舟遥遥以轻飏，风飘飘而吹衣。问征夫以前路，恨晨光之熹微。乃瞻衡宇，载欣载奔。僮仆欢迎，稚子候门。”为人父的陶渊明乘舟归来，看到僮仆和幼子在门口欢欣等待自己，这是一幅多么暖心的画面啊。平淡无奇的日常生活到了陶渊明的笔下，竟能一一充满诗意。细节写好了，就根本用不着什么华丽的辞藻和奇妙的结构，只须缓缓道来，隐居生活的味道就出来了。

今藏于美国纽约大都会艺术博物馆。

泉明歸去
賦清辭寫
傲壺觴謝
世知千載
隱名偏藉甚
畫圖每寫
泛舟時
乾隆御題

（元）题赵孟頫《渊明归去来辞》

旧传为赵孟頫所作。赵孟頫曾作《渊明》诗："渊明为令本非情，解印归来去就轻。稚子迎门松菊在，半壶浊酒慰平生。"画中头戴葛巾的陶渊明衣带飘飘，前有五株苍柳，其后两仆，一携琴、书，一负酒坛。

今藏于台北"故宫博物院"。

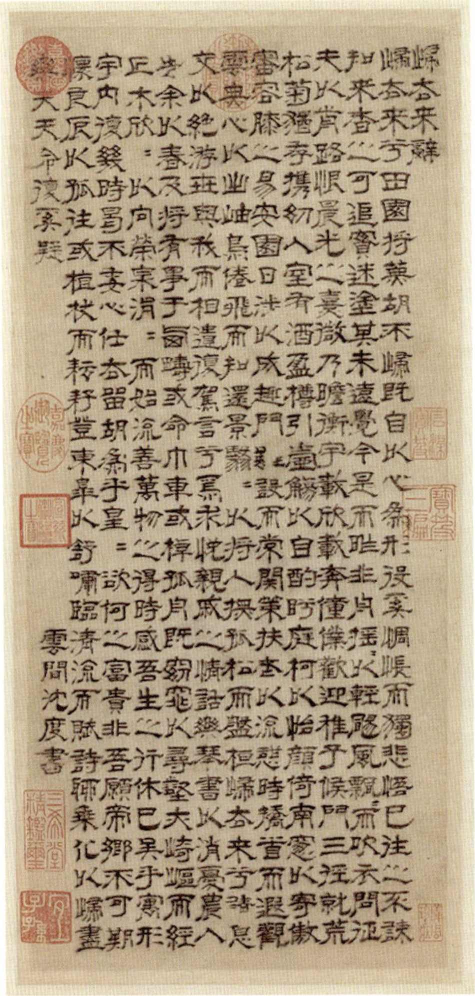

（明）沈度隶书《归去来辞》

东晋义熙元年十一月，陶渊明自行免去彭泽令一职，彻底归隐，稍后赋《归去来兮辞》：“归去来兮，田园将芜胡不归？既自以心为形役，奚惆怅而独悲。悟已往之不谏，知来者之可追。实迷途其未远，觉今是而昨非。……”文中将此事的有关情况作了一个全面的诗意化的总结，几乎成了他诸多作品中的首席名篇。

今藏于台北“故宫博物院”。

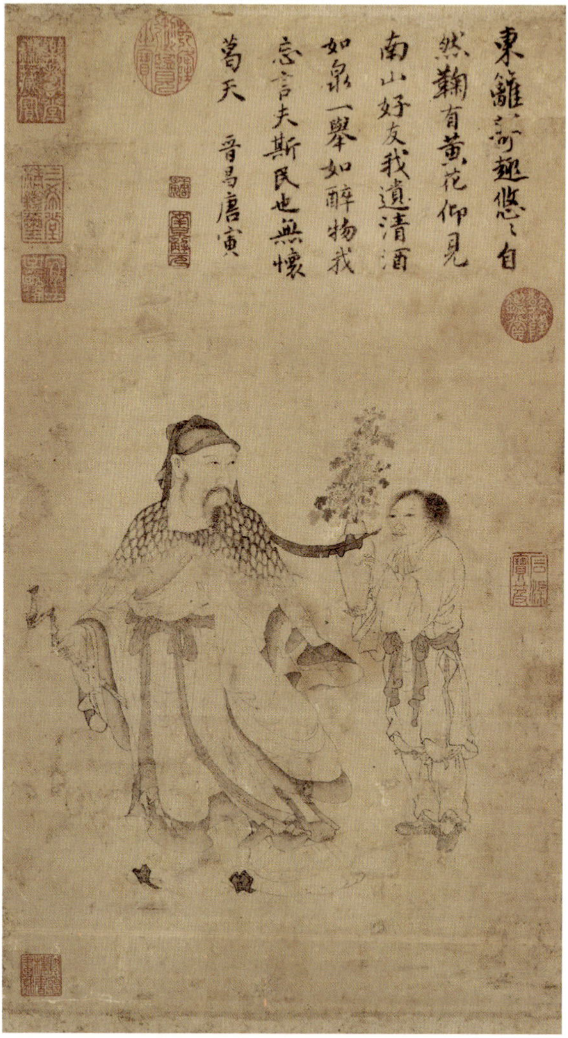

（明）唐寅《采菊图》

陶渊明爱菊是出了名的，“采菊东篱下，悠然望南山”最为脍炙人口。陶渊明爱酒也是出了名的，常常服食菊花酒。晋朝的流行观念是相信服食菊花可以延年益寿。

今藏于台北“故宫博物院”。

（明）仇英《桃花源图》（局部）

《桃花源记》是陶渊明最著名的作品之一，对后世的影响也最为深远。文中描绘了一个自然恬静的世外桃源，寄托了陶渊明的美好理想。《桃花源图》为青绿重色长卷，完整描绘了《桃花源记》中的内容。文虽短但完整，且余韵悠然，中间写桃园胜境里的情况极其简明扼要，举凡人们关心的土地、住房、水源、作物、交通、衣着皆有描绘。图中所绘："土地平旷，屋舍俨然。有良田、美池、桑竹之属。阡陌交通，鸡犬相闻。"

今藏于美国波士顿美术馆。

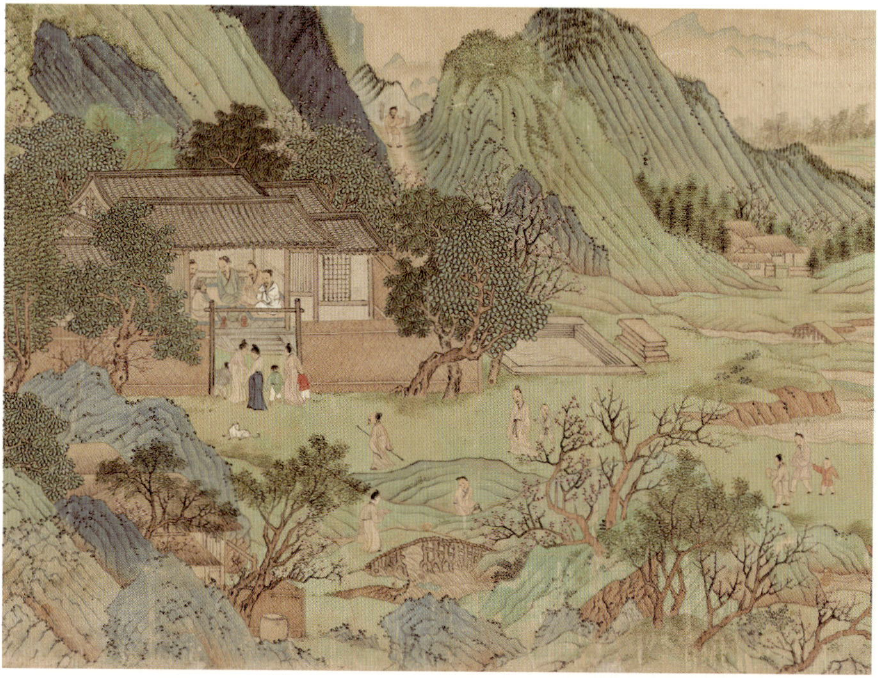

（明）仇英《桃花源图》（局部）

陶渊明《桃花源记》中描绘的桃花源中人热情好客，见有外人来访，“便要还家，为设酒杀鸡作食”。

（明）丁云鹏《漉酒图》

陶渊明自称“性嗜酒”，经常在诗里大谈其酒，前人或谓其“篇篇有酒”。《宋书·陶潜传》载：“郡将候潜，值其酒熟，取头上葛巾漉酒，毕，还复着之。”而此画中，陶渊明正与两童子漉酒。

今藏于上海博物馆。

（明）陈洪绶《玩菊图》

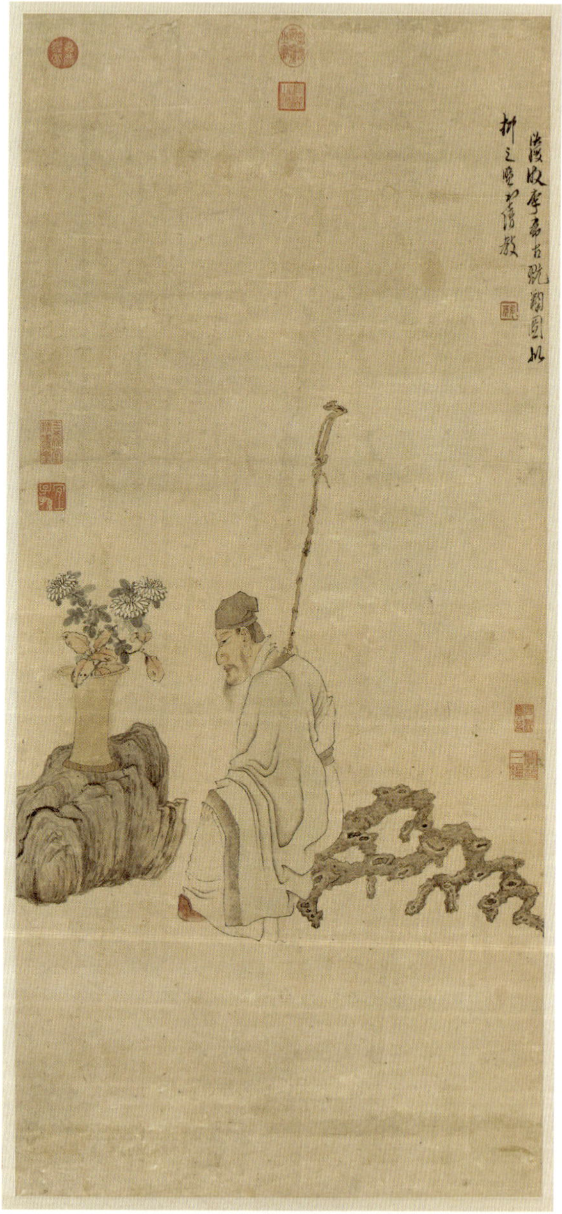

“秋菊有佳色”“芳菊开林耀”“菊解制颓龄”，在陶渊明这里，菊花宜赏更宜食。画中陶渊明持杖静坐，赏瓶菊，神态自若。

今藏于台北“故宫博物院”。

（清）石涛《渊明诗意图》（局部）

《渊明诗意图》为石涛据陶渊明诗句创作，计十二开，此为第九开，自题“虽有五男儿，总不好纸笔”，语出《责子》诗。五个儿子阿舒（俨）、阿宣（俟）、阿雍（份）、阿端（佚）、通子（佟），都不肯好好读书，故陶渊明作《责子》诗一一点名予以批评教育。诗末两句说“天运苟如此，且进杯中物”，既然勉强不来，那还是喝酒吧。

（清）石涛《渊明诗意图》（局部）

《渊明诗意图》为石涛据陶渊明诗句创作，计十二开，此为第二开，自题“悠然见南山”。“见”字一作“望”，一字之差，古今议论纷纷。苏轼认为“见”字好，事实上，“望”字在版本上更有根据。《饮酒》其五：“采菊东篱下，悠然望南山。山气日夕佳，飞鸟相与还。”陶渊明在自家宅院的东篱下采菊，眼却望着南山，又转而去看飞鸟：这就是所谓的“心远”了。

今藏于故宫博物院。

目　录

附　录　陶渊明接受史零札

引　言

中国文化史上有些大人物往往生前背时，而得盛名于既死之多年之后，其中少数最杰出的大人物，甚至会被捧上神坛去。前有孔夫子，后有陶渊明，皆其人也。

陶渊明生前先是断断续续地当了多年小官，归隐之后也只是一位地方名流、社会贤达，地方官会去看看他，送点礼物，朝廷也曾征他出山，没有办成。但在文坛上他并没有太高的地位，他的诗风不合当时的主流、时尚。

后来陶渊明的地位越来越高，鲍照、江淹模仿他的风格写诗，沈约在《宋书》里为他立传（入《隐逸传》），死去已久的老派诗人隐士渐有时来运转之意。到萧梁时代，太子萧统对陶渊明特别欣赏，重新为他写传，又开创性地为他编辑文集，给予前所未有的高度评价，有道是"其文章不群，词采精拔；跌宕昭彰，独超众类；抑扬爽朗，莫之与京。横素波而傍流，干青云而直上。语时事则指而可想，论怀抱则旷而且真。加以贞志不休，安道苦节，不以躬耕为耻，不以无财为病，自非大贤笃志，与道污隆，孰能如此乎"（《陶渊明文集序》）。这里先评其文之"独超众类"，后论其人之实为"大贤"，都是前所未有的崇高评价。但是萧统对陶渊明还是平视的，所以对他也有批评，重点是说他那篇《闲情赋》，没有把这个题材处理好，显得道德上不够高尚，"白璧微瑕者，惟在《闲情》一赋。扬雄所谓劝百而讽一者，卒无讽谏，何必摇其笔端？惜哉，无是可也！（《陶渊明文集序》）"不管我们是否同意萧统的这一意见，他这种凭心立论、对自己心仪的人物仍然保持批评的态度是非常之好的。他从陶渊明的文集中精选出九篇来放进他主持编选的《文选》，讲究的是好中选优，也并没有一味点赞，失去分寸。

到唐朝，对陶渊明的评价实行一分为二的风气仍然流行不衰，例如李白一方面说“何时到栗里，一见平生亲”（《戏赠郑溧阳》），以表示对这位前辈诗人的钦迟，而有时却又说“龌龊东篱下，渊明不足群”（《九日登巴陵置酒望洞庭水军》），对老诗人之株守故园很不以为然。杜甫《遣兴五首》其三则写道：“陶潜避俗翁，未必能达道。观其著诗集，颇亦恨枯槁。达生岂是足？默识盖不早。有子贤与愚，何其挂怀抱。”不管杜甫这首诗应当怎样理解，他对陶渊明有所批评是明显的。唐朝人一向平视陶渊明，此其所以为盛世也。

到宋朝不同了，人们普遍看好陶诗，尤其是领一代风骚的苏东坡对陶诗的艺术性给予了极高的评价，并且亲自动手，追和陶诗，写了一百多首。经过大诗人苏轼的强烈鼓吹，陶诗“质而实绮，癯而实腴”的美学价值得以确立，陶渊明任真飘逸的形象亦复得以完全确立。诗是超一流的，人也代表着理想的人格。陶渊明的文学史地位高到无以复加，“自曹（植）、刘（桢）、鲍（照）、谢（灵运）、李（白）、杜（甫）诸人，皆莫及也”（《与苏辙书》，《东坡续集》卷三），成为有史以来的第一人。苏轼乃是陶渊明的首席“粉丝”，其影响之巨大，几乎怎么估计都不为过。

不仅如此，关于陶渊明的政治态度，早前沈约已经说过他“耻复屈身后代”（《宋书·隐逸传》），而赵宋时人又提出所谓“忠愤说”，称陶渊明为东晋的忠臣，说在东晋、刘宋易代之后，他始终忠于原来的东晋王朝，对篡权上台的宋武帝刘裕非常愤恨，“耻事二姓”。陶渊明政治原则正确，道德情操高尚，于是他更成了一位“德艺双馨”的完人。一大批宋代学者和批评家如韩驹、汤汉、朱熹、真德秀,在“忠愤说”方面产生了极其重大的影响。

其实陶渊明对于东晋并无忠心耿耿的意思,他对刘裕的某些做法确有保留,在《述酒》诗中讽刺过两句,但也就如此而已;他并未反对改朝换代,态度也相当平和。但是在中国古代,忠君的思想非常深入人心,陶渊明既是了不起的大诗人,如果他同时又在“大伦大法”上符合传统礼法的崇高原则,岂不甚好,于是“忠愤说”一向非常流行,历久不衰,而且越来越扩大化、神圣化,到最后,陶渊明已成了近乎神坛上的人物。

这样的议论车载斗量,略举几条来看:

渊明委身穷巷,甘黔娄之贫而不自悔者,岂非以耻事二姓而然邪?——(宋)葛立方《韵语阳秋》卷五

陶元亮自以晋世宰辅子孙,耻复屈身后代,自刘裕篡夺势成,遂不肯仕。虽功名事业,不少概见,而其高情逸想,播于声诗者,后世能言之士,皆自以为莫能及也。盖古之君子,其于天命民彝君臣父子大伦大法所在,惓惓如此。是以大者既立,而后节概之高,语言之妙,乃有可得而言者。——(宋)朱熹《向芗林文集后序》,《朱文公集》卷七十六

渊明之学,正自经术中来……虽其遗宠辱,一得丧,真有旷达之风,细玩其词,时亦悲凉感慨,非无意世事者……而不知其眷眷王室,盖有乃祖长沙公之心,独以力不得为,故肥遁以自绝,食薇饮水之言,衔木填海之喻,至深痛切,顾读者弗之察耳。渊明之志若是,又岂毁彝伦、外名教者可同日语乎!——(宋)真德秀《跋黄瀛甫拟陶诗》,《真文忠公文集》卷三十六

先生之归……其实闵晋祚之将终,深知时不可为,思以岩栖谷隐,置身理乱之外,庶得全其后凋之节也。——(清)陶澍

集注《靖节先生集》卷五

如此等等，不一而足。陶渊明有许多意思本来比较明白的诗，也被硬性解释到忠于旧朝、反对易代这个重大主题上来，多有牵强附会、相当可笑者。试举一例以明之。他有一首题为《九日闲居》的诗，小序云："余闲居，爱重九之名。秋菊盈园，而持醪靡由。空服九华，寄怀于言。"可知全诗大意在于感慨重阳节这一天没有菊花酒喝，只好干吃菊花。诗云：

世短意恒多，斯人乐久生。日月依辰至，举俗爱其名。
露凄暄风息，气澈天象明。往燕无遗影，来雁有余声。
酒能祛百虑，菊解制颓龄。如何蓬庐士，空视时运倾！
尘爵耻虚罍，寒华徒自荣。敛襟独闲谣，缅焉起深情。
栖迟固多娱，淹留岂无成？

诗里说自己爱饮菊花酒是为了争取长寿（"斯人乐久生"）。人们都非常重视重阳节（"日月依辰至，举俗爱其名"），这时天高气爽，最为宜人；而我时运不济，竟然没有酒可喝了。酒杯空空，多有灰尘，菊花徒然地开得很盛，只好"空服九华"，如此亦聊胜于什么都没有而已。陶渊明酒瘾上来而无法解决，痛苦得很，无聊得很，于是说酒喝不成，那就来唱歌吧（"敛襟独闲谣"），隐居生活里总还有其他乐趣（"栖迟固多娱"），并非一点成就感都没有——他这样来安慰自己，亦属人之常情。

就是这样一首大旨相当清楚的诗，"忠愤说"的重要倡导者汤汉却将它硬拉到政治上去解释，说什么"'空视时运倾'，亦指易代之事"（汤汉注《陶靖节先生诗》卷二）。后来清朝学者邱嘉穗进一步发挥说："前辈既以'空视时运倾'句为指易代之事，则自'尘爵'以下六句实有安于义命、养晦待时之意，此则陶公所自叹为深情者也。诗中‘蓬庐士’，公自指也。‘时运倾’，晋、宋代谢也。”（《东山草堂陶诗笺》卷二）似乎晋、宋一旦易代，诗人马上就没有酒可喝了；其实古代顶层政局的变化对于基层的生活从来就没有、也不会产生立竿见影的影响。

信奉“忠愤说”的专家们不仅把《述酒》以至《九日闲居》等诗都说成是关于政治的谜语，而且把许多优秀的陶诗都解释得云山雾罩的，似乎都与晋、宋易代有关。陶渊明在他们的诠释系统里巨变为东晋的遗老、坚决反对刘宋王朝的斗士、坚守专制主义“大伦大法”的样板，然后就匍匐在这位政治正确之道德标兵的座前顶礼膜拜。

只有把陶渊明请下神坛，而自己则站起来平视这位大诗人，才能看清他的优异之处，才能真正懂得他。

鲁迅先生曾多次论及陶渊明，有种种卓见，他又有一个总的意见说，此公如果“用别一种看法研究起来，恐怕也会成为一个和旧说不同的人物罢”（《而已集·魏晋风度及文章与药及酒之关系》）。这是出题目让后人做文章了。笔者颇有志于响应这一号召，彷徨多年，不觉已老，现在打算交出答卷，请同道批评指正。

上　卷

陶渊明的人生

第一章　家世与著作

一、寻阳陶氏始迁祖陶侃

在中国古代要认真透彻地看一个人，一个有效的老办法是查他的三代。这种血统论气味甚浓的举措看上去似乎有点荒谬，而在那时却自有它的道理。古代的上层人物成功人士，可以庇荫他的后代，长则五世，一般只能到三世。即使时至今日，大人物也还可以让他的下一代或下两代享受其恩泽，人们也都认为正常，而不以为怪。普通百姓非成功人士的后代，就只能靠自己去奋斗了。

英雄固然不问出身，而富贵的先辈总会泽及若干后代。

所以，当我们来研究中古大作家、寻阳（后一作“浔阳”）人陶渊明的时候，首先就得来考察他的曾祖父陶侃，其人乃两晋之交的风云人物，建立过很大的功勋，后来封长沙公，官至东晋大司马，堪称位极人臣。《晋书·陶侃传》说他“本鄱阳人也。吴平，徙家庐江之寻阳”，后遂成为寻阳陶氏的始迁祖。

陶侃的一生丰富多彩，颇有戏剧性。他打过鱼，稍后从很低级的小吏当起，卖力地工作，磨炼出很强的能力，同时低三下四地巴结各路高人，以求得提携。经过多年努力，他终于获得南蛮校尉、荆州刺史刘弘手下的长史一职，登上了政治舞台。刘弘是两晋之交的要人，他早年与后来的晋武帝司马炎为同窗，于是得以很早进入政坛，勋德兼茂。他很看好陶侃，不断加以提携，陶侃跟上了这位贵人，这是他能够发迹变泰的重要条件。而两晋之际政治军事上的混乱局面，也正为陶侃的英雄事业提供了一个又一个的用武之地，让一个“亡国之余”的穷小子一路升迁到最高级的武官。张昌之乱、陈敏之乱、杜弢之乱、王敦之乱、苏峻之乱，东晋王朝建立前后充满了动乱和灾难，而在平定这些动乱的过程中，陶侃建立了一系列了不起的功勋，最终成为东晋王朝的重要柱石，也开启了寻阳陶氏辉煌的历程。

陶侃手握重兵，又大有本事，也并非毫无野心，《晋书·陶侃传》有一段意味深长的记载道：“……及都督八州，据上流，握强兵，潜有窥窬之志，每思折翼之祥，自抑而止。”所谓“折翼之祥”据说是他的一个旧梦，“梦生八翼，飞而上天，见天门九重，已登其八，唯一门不得入。阍者以杖击之，因坠地，折其左翼。及寤，左腋犹痛”。由此可知陶侃亦曾颇有不臣之志。

东晋时代由于司马氏皇权甚弱，做过升天之梦的一向有人，除了民间的草莽豪杰之士而外，即使是朝廷命官，如先前的陈敏、苏峻、王敦者流也都早已有过割据或篡取中央大权的行动，后来的桓温和他的儿子桓玄更演出了轰轰烈烈的连台大戏。此皆形势使然，不足为奇。在两晋之交那样的乱世里，谁进天门不行啊！

但是等到陶侃有本钱做这样的弥天大梦时，他已经很上了年纪，自己也明白已经来不及采取什么行动了。所以他在去世前不久向朝廷交还了兵权，还上了一份显得很是政治正确的表，后来大家也都称颂他功成身退的高尚品德。

这里发人深思的是，既然陶侃并未采取任何逆天的行动，人们又何从得知他的内在宏图，以至于连史书中都有明确的记载呢？

详情现在自然无从得知，但可以推测，他的有关言论业已有相当的数量和质量，连朝廷的史官也颇有所知了。

明白这一点，我们就可以知道，后人对陶渊明政治态度的归纳和追溯，如《宋书·隐逸·陶潜传》中所说的“潜弱年薄宦，不洁去就之迹，自以曾祖晋世宰辅，耻复屈身后代，自高祖王业渐隆，不复肯仕”，是何等离奇。陶家没有那种“忠君”的基因。

恰恰相反，后来陶渊明对桓温（陶渊明外祖父孟嘉的府主）相当敬重，他又曾经仕于桓温之子桓玄，稍后对于桓玄取代东晋建立自己的“楚”政权未尝表示过反对，却寄予了许多希望；再往后他对晋、宋易代大体采取无所谓的态度，只是对宋武帝刘裕个别做法不甚以为然。诸如此类，似乎都与他的家族传统不无关系。

陶侃的子女甚多，有子十七人。老爷子一死，家族里争夺遗产的大战立即开始。陶侃死后，由于其第二代中居长的陶洪、陶瞻已先死，长沙郡公的爵位以及其他主要遗产本来应当由世子（法定接班人）陶夏继承，但他的弟弟陶斌率兵来抢，陶夏同他火拼，把他杀掉，而他自己也很快就死了。陶家的官二代们闹得太不像话了，朝廷不得不出面来干预，《晋书·陶侃传》载：“及送侃丧还长沙，夏与斌及称各拥兵数千以相图。既而解散，斌先往长沙，悉取国中器仗财物。夏至，杀斌。庾亮上疏曰：‘斌虽丑恶，罪在难忍，然王宪有制，骨肉至亲，亲运刀锯以刑同体，伤父母之恩，无恻隐之心，应加放黜，以惩暴虐。’亮表未至都，而夏病卒。诏复以瞻息弘袭侃爵。”陶侃留下的这个长沙郡公的爵位，陶夏及其直系后代已经不能继承，朝廷另给了陶瞻之子陶弘（第三代），而本可坐享爵位的陶夏之子陶淡从此隐入深山，远远地离开了名利之场。《晋书·隐逸·陶淡传》的下一篇就是他的远房侄子陶渊明。

陶侃大量后代中的陶茂是陶渊明的祖父，其人官至武昌太守，见于《晋书·隐逸·陶潜传》。陶茂有一个儿子是陶渊明的父亲,据南宋邓名世《古今姓氏书辨证》引据陶茂麟《家谱》所记,其人名逸,官至安城太守;而现存民间所藏陶氏宗谱,或谓其人名“敏”,官至姿城太守。记载虽略有出入,但其人曾任太守一事则一致,应当是可信的。陶渊明说过,他的父亲“寄迹风云,冥兹愠喜”(《命子》),前一句表明其人曾登仕途,后一句语出《论语·公冶长》:“令尹子文,三仕为令尹,无喜色;三已之,无愠色。”意谓或出仕或下台,都无所谓。看来可知陶茂或陶敏其人当官的历程比较曲折复杂,不是那么一帆风顺的。陶侃留下的“君子之泽”已经渐趋枯竭了。

在中古时代,凡祖先中有几代人当大官,家族有相当的文化传统,就称为世族或士族。这两个名词含义稍有不同,前者指其世代为官而言,后者则指其家族富有文化。学而优则仕,仕而优则学,这两者互相推动,所以颇近于同义词或近义词。当然,世族或士族也总是处于不断地升降变化之中,有原无多少根基、后来发迹变泰而成为某一高门之开山始祖者,例如陶侃就属于这种类型。这一代人本人的出身不能算世族或士族,而其后代则可以算。有原为高门而式微衰变者,如果衰变过久,其后代又不能算世族或士族了。在先秦,“君子之泽,五世而斩”(《孟子·离娄下》);到中古,已经保不住五世,一般只能庇护一两代,所谓“富不过三代”,所以即使是世族或士族的家族也得不断推出杰出的人才,才能持续发展,历久不衰,如王、谢二族是。

寻阳陶氏是一个显赫而庞大的家族,陶侃的后代中有不少人得益于他的庇荫,陶渊明因系旁支小辈,受益不多,但也未尝不蒙沾溉,而感情上的联系尤为密切。他的曾祖陶侃乃是本朝的顶级高官,而祖父、父亲两代又连续出任郡守一类官员,其家族有相当的文化传统——陶渊明从小受到良好的教育,他曾经自称“少年罕人事,游好在六经”(《饮酒》其十六),由此也可见其家族的文化传统。

陶渊明的出身应视为世族，不过他这一脉已经渐趋衰弱了。

总之，要在不太远的世系上有人获得相当高的政治地位并能维持住这种地位，家族和本人又具有相当高的文化修养，才有资格列于世族之林。曾经有人因为陶侃并非世族出身而否认陶渊明的世族出身，那未免将世族的概念理解得过于僵硬，颇近于绝对的血统论了——这在古代也是行不通的。

二、陶渊明的家族情感

在陶侃的后代中，陶渊明这一支为小宗，一直不算很强，由于父亲去世比较早，陶渊明小时候过得比较清苦。总之到他这一代已大有破落之势，但他的感情完全是世族式的，只是多了些破落户的感慨。鲁迅先生说过，中国文坛上的作家"首先还得求之于破落户中"(《且介亭杂文二集·文坛三户》)。近现代如此，古代大约也是如此，陶渊明正是一个很好的例证。

陶渊明的家族感情集中地见之于《赠长沙公》诗，又见之于《命子》诗。当陶渊明的长子陶俨出生时，陶渊明历叙自家祖先显赫的历史，叹息自己这一辈的衰落，希望儿子以圣贤为榜样，长大以后光大门楣，诗中纯然一派破落世族的口吻。

《命子》诗当作艺术品来欣赏不免比较无味，但对于了解陶渊明的家族史以及他本人的思想却具有重要的意义。诗的前六节写道：

悠悠我祖，爰自陶唐。邈为虞宾，历世重光。
御龙勤夏，豕韦翼商。穆穆司徒，厥族以昌。

纷纷战国，漠漠衰周。凤隐于林，幽人在丘。

逸虬绕云，奔鲸骇流。天集有汉，眷予愍侯。

於赫愍侯，运当攀龙。抚剑夙迈，显兹武功。
书誓山河，启土开封。亹亹丞相，允迪前踪。

浑浑长源，郁郁洪柯。群川载导，众条载罗。
时有语默，运因隆窊。在我中晋，业融长沙。

桓桓长沙，伊勋伊德。天子畴我，专征南国。
功遂辞归，临宠不忒。孰谓斯心，而近可得。

肃矣我祖，慎终如始。直方二台，惠和千里。
於穆仁考，淡焉虚止。寄迹风云，冥兹愠喜。

慎终追远，态度极其严肃。这里和许多家谱族谱一样，把自家的祖先追溯到很远很远的尧舜时代，然后夏、商、周一代一代地数下来，重点则放在几位查明有据的名人身上。陶渊明重点提到的伟大先辈有西周的司徒陶叔、汉朝的愍侯陶舍、稍后的丞相陶青和本朝长沙公陶侃。这里自然是陶侃世系为最近，其生平事迹也最为世人所知。

陶侃是了不起的政治家、军事家，在两晋之交的政治舞台上十分活跃，平定了好几起反对中央的叛乱，立下赫赫战功，挽救了这个风雨飘摇的王朝，是历史上著名的文武双全的大英雄。陶渊明很以他的这位曾祖父自豪，歌颂他绝不居功自傲，“功遂辞归，临宠不忒。孰谓斯心，而近可得”。这里显然颇有溢美之词，事实是陶侃在他事业的巅峰状态即官任都督荆江雍梁交广益宁八州诸军事、荆江二州刺史之时，也曾颇有野心，只是因为迷信一个旧梦，未及行动，身体就不行了，遂向朝廷归还大权，得以成为勋德双馨的一代名臣。陶侃可谓死得其时。

当然陶渊明在命子的时候，只是一味歌颂陶侃的赫赫战功和他功成身退的高尚品德。关于自己的祖父和父亲，也都重点称颂他们的美德：祖父对待地方上的老百姓非常好，所谓“惠和千里”；父亲对自己的出处升降则全不在意，所谓“冥兹愠喜”。

花这么多篇幅来回顾家族史完全是为了教育儿子陶俨，希望他了解、继承、发展本家族的优秀传统，用心极其深远恳挚。《命子》诗后四节写道：

嗟余寡陋，瞻望弗及。顾惭华鬓，负影只立。
三千之罪，无后为急。我诚念哉，呱闻尔泣。

卜云佳日，占亦良时。名汝曰俨，字汝求思。
温恭朝夕，念兹在兹。尚想孔伋，庶其企而！

厉夜生子，遽而求火。凡百有心，奚特于我。
既见其生，实欲其可。人亦有言，斯情无假。

日居月诸，渐免于孩。福不虚至，祸亦易来。
夙兴夜寐，愿尔斯才。尔之不才，亦已焉哉！

初为人父的陶渊明对新生的儿子充满了希望，希望他得到很好的发展，超过自己，这自是人之常情。“厉夜生子，遽而求火”，典出《庄子·天地》，二句非常生动风趣，一个癞子唯恐新出生的儿子也像自己一样有严重的皮肤病，赶紧点起火来看，希望他一定要比自己优秀才好。

“既见其生，实欲其可”是所有为人父母者的常情，但陶渊明这诗写到最后却道，如果这小子将来不能成才，那也没有办法，只好拉倒。当孩子还很小的时候肯说这样旷达的话，是很不常见的。

等到十多年后，陶渊明在《责子》诗之末说起自家的几个儿子都不大有出息，叹息说这也实在没有办法，还是喝自己的酒吧——

其超级的旷达与当年的《命子》诗完全一致。

三、陶渊明的家世与生平

陶渊明，名潜，字元亮，后改字渊明。关于陶渊明的名字有几种不同的记载，最早的传记《宋书·隐逸·陶潜传》称“陶潜，字渊明，或云渊明字元亮”。而更早撰成的颜延之《陶征士诔》则只称为“有晋征士寻阳陶渊明”，不及其余。萧统《文选》选录陶渊明的作品，也同其他作家一样，径称其字，署“陶渊明”。由此可见他原名陶潜，“渊明”乃是他的字，史官自然直书其名，而后辈友人颜延之及后代选家不可能直呼其名。他的另一个字“元亮”大抵废弃不用，渐趋隐晦。或谓他由晋入宋后改名为潜，并且大有深意，无据。后人大抵习惯于称之为“陶渊明”，本书也用此法称为陶渊明，以省枝节。

陶渊明出生的时候，他的家庭已经处于衰落之中。他的父亲虽然也当过官，但记载已经比较模糊，他又死得甚早，陶渊明小时候过得比较清苦。

陶渊明的母亲孟氏是大名士孟嘉的女儿，而孟嘉乃是陶侃的女婿，这两家是亲上做亲。这种情形在讲究门阀的中古时代非常多见。

孟嘉是那个时代的风云人物，他先事庾亮，为庐陵从事、劝学从事，后事庾翼，终事桓温，为长史，关系非常密切。二庾和桓温都是那时权势很大的人物，桓温且有不臣之迹，孟嘉的地位自然也就很不一般。他如果不是死得比较早的话，将在政坛上扮演更大更重要的角色。

因为外祖父及其官场网络的关系，陶渊明同桓氏家族有密切的联系。

陶渊明从小接受了非常好的教育，把儒家的经典读得很熟，建立了远大的理想。因为要为家庭寻求经济来源，他在二十岁时就仕于江州刺史桓伊，后来更直接在桓温的接班人桓玄手下效劳。

桓玄于隆安二年(398)为江州刺史，估计在此时或稍后陶渊明就成为他的僚佐。隆安四年初，诏以桓玄领荆、江二州刺史并督八州八郡诸军事，驻节江陵，陶渊明也跟到江陵。其间曾经作为桓玄的特使到首都建康(今江苏南京)去办过事，具体有什么头衔不知道，而地位应当是比较重要的。

隆安五年(401)冬，陶渊明遭遇母丧，依礼制退出官场，回故乡去守孝。而就在此时桓玄积极准备东下攻取建康，到第二年元兴元年(402)，尚书令司马元显称诏发兵讨伐桓玄，桓玄得到这个求之不得的机会，立即带兵东下，迅即攻入建康，杀司马道子、元显父子，自为都督中外诸军事、丞相、录尚书事、扬州牧，领徐、荆、江三州刺史，兼统西府、北府军，取得了中央和若干重要地方的军政实权。元兴二年冬，桓玄"接受"禅让，称帝，国号"楚"，改元永始。下野以后的晋安帝被打发到寻阳安置。陶渊明因为居丧没有卷进这一番变化折腾之中。

对这种改朝换代的大变化，对晋安帝被赶出首都软禁于寻阳，陶渊明没有任何反对的表示或感慨。这时他在诗中一再希望能够及时出山，做一番事业。他此时的诗句"良朋悠邈，搔首延伫""岂无他人，念子实多"(《停云》)，无非是向他的老上级桓玄致意。

桓玄垮台后，陶渊明曾仕于刘裕、刘敬宣等武装力量要人，最后当过八十几天彭泽令，然后就告别官场，彻底归隐了。

除了生母孟氏，陶渊明还有一位庶母。庶母生有一女，后来嫁到武昌程家，陶渊明称为程氏妹。庶母死于太元元年(376)，当时陶渊明十二岁、程氏妹九岁。这小女孩后来由主母孟氏带大，她同陶渊明关系非常好。程氏妹死于义熙元年(405),听到这个噩耗后陶渊明立即抛弃了彭泽令的官位,跑到武昌去奔丧,然后就回老家柴桑去隐居了。陶渊明归隐的原因当然不完全在于此事,但与这根导火线也的确大有关系。陶渊明后来为她写了祭文。

陶渊明有不止一位叔叔,其中最为知名的是陶夔,官至太常、尚书。还有一位叔叔不知其名,早死,其妻是陶渊明母亲孟氏的妹妹,于是她就带着儿子陶敬远到陶渊明家来,一起艰难度日。陶渊明与这位比自己小十多岁的堂弟兼表弟像亲兄弟一样关系密切,曾为之写过一首诗《癸卯岁十二月中作与从弟敬远》。到义熙七年(辛亥,411)陶敬远去世,陶渊明写了内容丰富、情文并茂的《祭从弟敬远文》。陶渊明还有一位从弟陶仲德也去世得比较早。

十年之中,陶渊明先后失去好几位亲人,心情很沉重,深感人世沧桑,变幻无常。

先前陶渊明出仕时,对他帮助比较大的是外祖父孟嘉和叔叔陶夔。孟嘉是桓温的亲密助手,陶渊明青年时代的初仕以及后来在桓玄手下任职,大约都跟他是孟嘉的外孙有关,虽然老人家已经去世,仍然可以在冥冥中发挥作用。照顾大人物的亲属,这一中国传统源远流长。

陶渊明最后出任彭泽令,主要出于叔叔陶夔的力量,《归去来兮辞》的小序写道:“余家贫,耕植不足以自给。幼稚盈室,瓶无储粟,生生所资,未见其术。亲故多劝余为长吏,脱然有怀,求之靡途。会有四方之事,诸侯以惠爱为德,家叔以余贫苦,遂见用于小邑。于时风波未静,心惮远役,彭泽去家百里,公田之利,足以为酒,故便求之。”这里直截了当地说起“家叔”这一条关系学的链条。陶夔时任尚书,而且就在皇帝身边。在东晋,一个人的门第和他的关系网就是他最重要的资本。陶渊明后来不再依靠门第和关系,毅然决定退隐躬耕，过清贫的生活，这在当年是不多见的。

陶渊明有过两次婚姻，其前妻不知姓什么，而且去世甚早，大约二十多岁，那时陶渊明也就三十岁，早逝的具体原因亦复不明。关于陶渊明的第一任夫人，我们一共就只知道这么五个字——“始室丧其偏”(《怨诗楚调示庞主簿邓治中》)。

陶渊明有一篇著名的《闲情赋》，如果是写实之作，其中的女主人公也许就是后来他的原配夫人。据该赋的描写，她是一位美女，善弹古琴；陶渊明为了追求其人，很费了些心思。当然，这篇辞赋的内容也可能完全是虚构的。

陶渊明的第二任夫人姓翟。据说翟氏人品高尚，同陶渊明很和谐，“志趣亦同，能安苦节，夫耕于前，妻锄于后云”(《南史·隐逸·陶潜传》)。可是晚年陶渊明在《与子俨等疏》中说自己“室无莱妇”——刘向《列女传》记载老莱子之妻比她丈夫水平更高，坚决主张自力更生，不为人所制，老莱子听了她的话才不复出为官——对翟氏的评价好像并不甚高。大约翟氏起先不大赞成他抛弃官职回老家归隐。即使事情是如此，也还可以理解。一旦归隐，原先体制内的待遇就失去了，有几个夫人愿意丈夫如此？

男主外，女主内，家庭主妇要负责全家的日常生活，肯定关心丈夫的收入，据说现在有若干家庭乃是夫人控制全部经济大权，丝毫不肯出让一点的。陶渊明其人潇洒，“不营生业，家务悉委之儿仆”(《晋书·隐逸·陶潜传》)，夫人如果再不抓经济，那家庭就维持不下去了。

当陶渊明出任彭泽县县令的时候，有三顷公田作为他的俸禄。陶渊明打算全都种上适宜酿酒的秫，一种黏高粱，有诗云：“春秫作美酒，酒熟吾自斟。”(《和郭主簿》)对这一种植计划，夫人提出抗议，强调必须种些粳稻，一家人要吃饭呢。陶渊明作出让步，拿出二顷五十亩种高粱，五十亩种水稻。陶渊明当了八十几天彭泽令就自行罢免了，计划中的秫和稻大约都没有拿到手。要叫翟氏一点意见没有，那是不可能的。无米之炊，不好办的。

好在后来她还能面对现实，同丈夫一起自力更生，“夫耕于前，妻锄于后”，仍为恩爱夫妻。

陶渊明有五个儿子：俨（小名阿舒）、俟（阿宣）、份（阿雍）、佚（阿端）、佟（通子），分别出于前妻和续娶之妻，这些小家伙的共同点在于都不肯好好学习，陶渊明在《责子》诗中一一点名予以批评，但态度很温和，最后甚至说：“天运苟如此，且进杯中物。”看来陶渊明远非严父，而是很温暖的慈父。当然他也望子成龙，但并不勉强孩子们读书。这样通达的家长古今皆不多见。在中古时代，凡世家出身者没有不希望后辈继承祖业并发扬光大的，陶渊明当然也曾抱有这样的希望，所以当长子陶俨出生时，陶渊明作《命子》诗，希望儿子长大成才，但该诗到最后却说“夙兴夜寐，愿尔斯才。尔之不才，亦已焉哉！”他一向不勉强下一代如何如何。这是他的旷达之处，也是他的高明之处。

翟氏对此事的态度史无明文，她恐怕也没有什么好办法来拨乱反正，何况丈夫满腹诗书又有什么用，还不是要“夫耕于前，妻锄于后”？

陶渊明很爱他的孩子们，既不逼他们成才，也不打算给他们留下多少财产。他本人因归隐而失去官俸，以后只能过紧日子。先前汉朝有一位疏广，曾经当过太子太傅这样的高官，退休时皇上颇多赏赐，他回家后一味请乡亲们喝酒吃饭，打算把钱都花光，不留给子女——他主张子女不依靠先辈的庇荫，自力更生，过普通人的生活。陶渊明作《咏二疏》来歌颂他，其意直指当下。陶渊明的五个儿子后来皆默默无闻，这又有何不可。鲁迅有一条遗嘱说“孩子长大，倘无才能，可寻点小事情过活……”（《且介亭杂文末编·死》），他也正是陶渊明型的旷达一派。

陶渊明平时比较注意养生保健，也吃一些补品。五十多岁以后，身体健康每况愈下，但当他确知自己已经不治之时，就拒绝服药，很平静地处理后事，并自作祭文和挽歌，总结自己的一生。陶渊明去世后，友人颜延之为作诔文，谥曰“靖节”。

四、陶渊明的生年与享年

关于陶渊明的生年以及由此产生的他享年几何这一问题，有些不同的说法，长期以来一直困扰着读者包括研究者。

颜延之《陶征士诔》(《文选》卷五十八)载陶渊明“春秋若干，元嘉四年月日，卒于寻阳县之某里”。大约撰文时有些细节情况不尽清楚，所以留下几处空白待补，其中就包括享年、去世的月日和其时家庭的详细地址。沈约《宋书·隐逸·陶潜传》则明确记载陶渊明“元嘉四年卒，时年六十三”。陶渊明卒于元嘉四年(427)毫无疑义，依沈传来推算，陶渊明应生于东晋哀帝司马丕兴宁三年(365)。

陶渊明在诗里有时会说起自己的年龄，但这些诗作于何年有不同的看法，特别是这些诗中往往多有异文，因此就引出不同的推测，弄得头绪很纷纭，至今未能完全取得一致。

现在看去，陶渊明的生年当如沈约以来的传统说法，那些涉及年龄的有关诗篇，如果从版本、校勘的角度深入地研讨，并综合各种信息通盘地加以考虑，也都一再证明传统的意见(365—427)仍然难以动摇。这里不妨略举《游斜川》和《怨诗楚调示庞主簿邓治中》两首诗为例，来讨论这个生年以及享年的老大难问题。

其一，《游斜川》诗云：

辛酉正月五日，天气澄和，风物闲美，与二三邻曲，同游斜川。临长流，望曾城，鲂鲤跃鳞于将夕，水鸥乘和以翻飞。彼南阜者，名实旧矣，不复乃为嗟叹。若夫曾城，傍无依接，独秀中皋，遥想灵山，有爱嘉名。欣对不足，率共赋诗。悲日月之遂往，悼吾年之不留。各疏年纪乡里，以记其时日。

开岁倏五日，吾生行归休。念之动中怀，及辰为兹游。
气和天惟澄，班坐依远流。弱湍驰文鲂，闲谷矫鸣鸥。
迥泽散游目，缅然睇曾丘。虽微九重秀，顾瞻无匹俦。
提壶接宾侣，引满更献酬。未知从今去，当复如此不？
中觞纵遥情，忘彼千载忧。且极今朝乐，明日非所求。

这首带有短序的诗表明，陶渊明到晚年仍然有很高的游兴，或者更准确地说，是他到晚年有了更高的出游的干劲。陶渊明青年时期到过很多地方，但那是谋衣食，办公事；归隐以后他也常常出游，但一般都在离家不远的地方，并不去名山大川，有时甚至只在附近的废墟和坟墓一带徘徊散步，忧郁而深沉地领悟世事变迁的哲理。这一回不同，他走得比较远了，目的地则是比较有名的斜川、曾城，这里有山有水，风景秀丽，陶渊明“欣对不足，率共赋诗”，大有写诗一首以记到此一游的意思——这在他是不多见的。

这大约是因为此时即刘宋永初二年(421)陶渊明已经五十七岁了，身体又很不好，将来还有没有体力和兴趣出远门游山玩水是很难说的，他必须抓紧时机，享受生活。序中说“悲日月之遂往，悼吾年之不留”，诗中说“且极今朝乐，明日非所求”，着眼点不同而可以互为补充，主旨在于以迟暮之身行及时之乐，暂不考虑未来。这种达观的人生态度当然是完全可以理解的，也是积极的，尽管其背后不免有些悲壮和凄凉。

陶渊明在诗序中说起“各疏年纪乡里，以记其时日”，显得相当郑重其事,似有先前石崇主持金谷之游或者王羲之主持兰亭集会的意思,只是同那些豪华的前辈比较起来,以陶渊明为首的斜川之游只能算一个极其朴素的翻版,而其中的思想文化意蕴却更有意味,对后来的影响也更重大、更深远。

石崇在金谷别墅里主持集会有过多次,其中最著名并且留下作品的一次在西晋元康六年(296),这次集会的主题是送别征西大将军祭酒王诩,活动内容则是极其奢华地享受生活,"昼夜游宴,屡迁其坐。或登高临下,或列坐水滨,时琴瑟笙筑,合载车中,道路并作。及住,令与鼓吹递奏"。与会者写了不少的诗,石崇在诗集的序言中写道:"……遂各赋诗,以叙中怀。或不能者,罚酒三斗。感性命之不永,惧凋落之无期,故具列时人官号、姓名、年纪,又写诗著后。后之好事者,其览之哉!"(《世说新语·品藻》注引石崇《金谷诗叙》)与会者都深感时局艰难,人生易老,前途莫测,于是抓紧时间来享受生活。金谷之会完全是富豪权贵们"娱目欢心"的手段,很有些享乐主义的气氛。金谷诸诗现在只能看到潘岳所作的一首《金谷集作诗》(《文选》卷二十):

王生和鼎实,石子镇海沂。亲友各言迈,中心怅有违。
何以叙离思,携手游郊畿。朝发晋京阳,夕次金谷湄。
回溪萦曲阻,峻阪路威夷。绿池泛淡淡,青柳何依依。
滥泉龙鳞澜,激波连珠挥。前庭树沙棠,后园植乌椑。
灵囿繁若榴,茂林列芳梨。饮至临华沼,迁坐登隆坻。
玄醴染朱颜,但诉杯行迟。扬桴抚灵鼓,箫管清且悲。
春荣谁不慕,岁寒良独希。投分寄石友,白首同所归。

开始写送别,此乃点题,称颂贵客王诩和主人石崇,亦为题中应有之义。中段写金谷园风光,着眼点相当实际,一味赞美这里物产多么丰富，诗味不多。金谷之会太重视世俗的物质享受了，由此而来的“感性命之不永，惧凋落之无期”就显得比较浅薄庸俗。

王羲之发起兰亭集会，请大家赋诗言志，事后编为一集并亲自写一篇序言，开头便道“永和九年，岁在癸丑，暮春之初，会于山阴之兰亭，修禊事也”，写明年月，郑重其事。兰亭之会有模仿西晋金谷集会的意思，而其形式和内容都很有些不同，这一次集会不是在贵族庄园里而是在真正的山水之中，集会没有特定的世俗目的，性质完全是精神性的。兰亭诗与玄学、清谈之间的关系直接而密切，其中也写到了真正的山水。

但是兰亭集会仍然洋溢着强烈的贵族气息，与会之“群贤”阵容极其豪华，所作诸诗中玄妙的哲学气味十分浓厚，光临此会完全是高层人士、知识精英的专利。而以陶渊明为首的斜川之游则非常之平民化，与会的人不多，身份也不高，只不过是“二三邻曲”；此会也算不上什么盛会，只不过就是几个人同游一处景点，很像是一次社区组织的短途旅游。从陶渊明这首诗看去，同游诸人喝了一点小酒，联想到人生的短暂、未来的难以预料，于是产生了一种及时行乐的情绪，作风和思想完全是草根的、世俗的，诗读起来非常亲切，非常平和，很容易得到后世读者的共鸣。归隐以后的陶渊明一向在家常生活中安顿自己的精神家园，他组织一次小小的旅游，同样是很家常化的，连那些鸥鸣鱼跃也都非常家常。

从诗中看去，陶渊明此时已深感自己的衰老，已经离大去不远（“吾生行归休”）。一个五十七岁的人说这样的话，在平均年龄比较低的古代是正常的，何况陶渊明的身体一向不算很壮实。有些版本的陶集此诗开始一句作“开岁倏五十”，如此则诗人本年是五十岁，这样他的生年就得推迟七年；享年也就少掉七年，由六十三岁变成五十六岁了，梁启超先生在他的《陶渊明年谱》中首先提出此说，其根据即在于此，他写道：

此诗为考先生年岁最主要之资料。因序中明言“各疏年纪记时日”，而序之发端明记“辛酉正月五日”，诗之发端云“开岁倏五十”，故辛酉年先生之齿五十，丝毫无疑议之余地也。后人所以多不察者，则以俗本“辛酉”皆作“辛丑”，而诗句之“倏五十”又或作“五日”。先生卒于丁卯，即以《宋传》年六十三之说推算，则辛丑亦仅三十七岁，与“开岁五十”语不相容。俗子强作解事，见序有“正月五日”语，因奋臆改“五十”为“五日”。殊不知“开岁倏五日，吾生行归休”，此二语如何能相连成意？慨叹于岁月掷人者岂以日计耶？况序中明言“各疏年纪”，若作“开岁五日”，所疏年纪何在耶？于是复有据“辛丑五十”之说，谓先生实得年七十六者（李《笺》引张缜语）……以辛酉五十推算他篇他岁，皆无不合。一切疑团，迎刃解矣。（《陶渊明》）

但是“开岁倏五日”自有其坚实的版本根据，很难用一两句议论推翻。梁先生的议论似乎很雄辩，其实并没有说服力。“各疏年纪乡里，以记其时日”，自然另有其地方而不会就放在诗里面，所以诗中没有涉及“乡里”。先前的金谷集诗，“具列时人官号、姓名、年纪”，而据前引潘岳《金谷集作诗》可知，这几项没有任何一项是写在诗中的；兰亭会也是如此，现存兰亭诗中没有一首提到作者的年龄。写诗就是写诗，哪里会在这里填写身份履历登记表。

金谷、兰亭以来的传统恰恰表明诗的开头一句当是“开岁倏五日”，而不会自说年纪；至于接下来说“吾生行归休”，也十分自然——“开岁倏五日”说日子过得很快，“吾生行归休”说人的一生过起来也很快，两句正是一脉相承。游国恩先生早已指出，这乃是“普通的感慨”（《陶潜年纪辨疑》，《游国恩学术论文集》），最为明通之论。

其实即使是上下两句之间有些跳跃，在诗中亦颇为多见，不足为怪。梁先生忽然提出“慨叹于岁月掷人者岂以日计耶”的责难，只能视为一种辩论技巧，可以增加文章的气势，而不能解决本质问题。

正因为诗的第一句不会讲到自己的年纪，所以“辛丑五十”之说同样是不能成立的，也就是说张缜在《吴谱辨证》(见李公焕《笺注陶渊明集》卷首所引)中提出的陶渊明享年七十六岁的意见缺乏坚实的前提。《宋书·隐逸·陶潜传》明确记载陶渊明“元嘉四年卒，时年六十三”，而他本人诗文中涉及他自己年龄的文字与此并无矛盾，或似有龃龉而可以得到解释，所以陶渊明的生年问题似无须在传统说法之外另起炉灶。

“辛丑五十”之说大约同苏轼有比较大的关系。中国台湾藏宋黄州刊本《东坡先生和陶渊明诗》有关文字径作“辛丑”“五十”，且不录异文。而另外几种宋刻陶集，如汲古阁藏《陶渊明集》、曾集本《陶渊明集》、汤汉注《陶靖节先生诗》等，正文作“辛丑”，而出校云“丑”字“一作酉”——由此可知苏轼写定本在宋代影响之大，也可见当时人还可以看到古本，字皆作“酉”。“五十”的情况也差不多是如此，汲古阁藏本与曾集本正文作“五十”，校语云“一作日”，而汤汉注本正文径作“五日”，出校云“一作十”。凡此种种显然表明，序中开头二字作“辛酉”，诗之第一句后二字作“五日”，乃出于更古老的本子。另据马永卿所见东林寺旧本《陶集》，此处正作“五日”(《懒真子》卷一)。今天我们在校勘《陶渊明集》时，应对宋本《陶集》中所列异文给予高度重视，这些录自古钞本的文字往往极有价值，很可能更近于陶渊明作品的原貌。苏轼在研究陶诗、推动陶渊明更广泛地被人们接受方面作出过很大的贡献，但他有时会越位帮古人改诗，对此我们应保持足够的警惕。

其二，《怨诗楚调示庞主簿邓治中》诗云：

天道幽且远,鬼神茫昧然。结发念善事,僶俛六九年。
弱冠逢世阻,始室丧其偏。炎火屡焚如,螟蜮恣中田。
风雨纵横至,收敛不盈廛。夏日长抱饥,寒夜无被眠。
造夕思鸡鸣,及晨愿乌迁。在己何怨天,离忧凄目前。
吁嗟身后名,于我若浮烟。慷慨独悲歌,钟期信为贤。

关于这首诗的写作时间,现在有不同的估计。一般都是根据诗中“僶俛六九年”之句,订为诗人五十四岁时所作;按传统的说法,陶渊明生于晋哀帝兴宁三年乙丑(365),那么他五十四岁那年乃是晋义熙十四年戊午(418)。

但是“僶俛六九年”句中“六九”二字,有两种宋本陶集(苏写本、曾集本)在校勘记中指出“一作五十”。如果按照“五十年”来推算,则此诗当写于义熙十年甲寅(414)。

亦有将此诗系于刘宋初年者。袁行霈先生发挥宋朝人张缜《吴谱辨证》(见李公焕《笺注陶渊明集》卷首所引)的意见,否定传统的陶渊明享年六十三岁说,而持七十六岁(352—427)说;同时提出解读陶诗的一个原则:“在上下两句中,凡是上句说到某个年龄如何,下句接着说多少年来如何,则上下句应当连读,也就是说应当从上句所说的年龄算起再加以下句的年数,而不能直接将下句的年数当成他写这首诗的年龄。有的诗是上下几句连续叙述一个过程,也应当按照这种方法解读。”似此,须以十五岁(“结发”)起算,再加上五十四年,“那么这首诗也应作于六十九岁。如果从十六七岁算起,这首诗应当作于七十或七十一岁”。(《陶渊明研究》)在袁行霈先生的《陶渊明集笺注》中,此诗被系于陶渊明六十九岁时,即刘宋永初元年庚申(420)。就具体的年头而言,永初元年与义熙十四年(418)相去并不甚远,但两说的推算路径差别很大,更大的问题则是其间有一个晋、宋易代的大变化。按传统的意见,诗作于易代之前，按袁先生的意见则诗作于易代之后。今按，在改朝换代刚刚发生之初，陶渊明就非常急切地向新朝的地方官叹贫穷求援手，这恐怕是不怎么可能发生的事情。从这个意义上来说，将此诗系于永初元年是值得怀疑的。

这一怀疑还可以从关于“弱冠逢世阻”的解读方面得到支持。按传统的六十三岁说，陶渊明之弱冠在太元九年(384)。这是淝水之战的次年。《宋书·隐逸·陶潜传》说“潜弱年薄宦，不洁去就之迹”，可知陶渊明从本年起出仕。查当年“二月辛巳，使持节、都督荆江梁宁益交广七州诸军事、车骑将军、荆州刺史桓冲卒”(《晋书·孝武帝纪》)，继任者为桓伊，“(桓)伊在(豫)州十年，绥抚荒杂，甚得物情。桓冲卒，迁都督江州荆州十郡豫州四郡军事、江州刺史，将军如故，假节。伊到镇，以边境无虞，宜以宽恤为务，乃上疏以江州虚耗，加连岁不登，今余户有五万六千，宜并合小县，除诸郡逋米，移州还镇豫章。诏令移州寻阳，其余皆听之”(《晋书·桓伊传》)。此时陶渊明刚刚出仕，不免要跟在后面跑来跑去，颇历艰辛，于是就有了“逢世阻”的感慨，而他干了一段时间就回家去了。按，《饮酒》其十诗云：“在昔曾远游，直至东海隅。道路迥且长，风波阻中涂。此行谁使然，似为饥所驱。倾身营一饱，少许便有余。恐此非名计，息驾归闲居。”诸句即指其初仕时事。又《饮酒》其十九有句云“畴昔苦长饥，投耒去学仕”大约也指此事。由此可以推知，陶渊明之“弱年薄宦”当是担任江州刺史桓伊的使者，风尘仆仆地东西奔走。

如按七十六岁说，则其“逢世阻”应在晋简文帝咸安元年(371)，此时天下虽有动乱而离陶渊明甚远，对他没有直接的影响，所谓“逢世阻”似难以得到恰当的解释。

传统的陶渊明生于兴宁三年(365)的意见，现在看来仍然难以动摇。

五、有晋征士陶渊明

陶渊明归隐后曾两次得到朝廷的征聘，有可能重新出山为官，虽然其事皆未实现，但他仍然被称为"征士"——在野的士人能得到朝廷的征聘是很有面子的事情。

最早以"陶征士"称呼渊明的是颜延之，他在诔文中提到"有晋征士寻阳陶渊明，南岳之幽居者也"，又道是"有诏征为著作郎，称疾不到。春秋若干，元嘉四年月日，卒于寻阳县之某里"。关于陶渊明何时被征，这里说得比较含糊，似乎尚在东晋，又似乎是晚年的事情，离他去世好像已经不远，而这时已经是刘宋王朝了。沈约《宋书・隐逸传》为陶渊明立传，则明确记载"义熙末，征著作佐郎，不就"。义熙是东晋的年号，凡十四年（405—418）。似此，则陶渊明确乎是"有晋征士"，同刘宋王朝无关。

但萧统在《陶渊明传》中将传主荣获朝廷征辟一事系于他去世的那一年："元嘉四年将复征命，会卒，时年六十三。"如此，则是新兴的刘宋王朝请他出山。萧统是第一个为陶渊明编集子的人，掌握的材料一定非常丰富，沈约《宋书・隐逸传》他应当是看到过的，但他在这个节点上不取旧说，自有说法，当另有根据。钟嵘《诗品》称陶渊明为"宋征士"，萧统的记载与此相应。

唐修《晋书・隐逸传》为陶渊明立传则称："义熙二年，解印去县，乃赋《归去来》……顷之，征著作郎，不就。"此说与《宋书・隐逸传》大体合辙。李延寿《南史・隐逸传》的陶渊明部分说："义熙末，征为著作佐郎，不就。"与《宋书・隐逸传》同。

这样一来，关于陶渊明之被征聘就有两说，一说在东晋义熙末年，征为著作郎（或著作佐郎），不就；一说在元嘉四年陶渊明去世前不久，未载请他担任什么职务，而他“将复征命，会卒”——看来他有可能同意出山，但可惜身体已经很不好，不久就去世了。

事情的真相应当是陶渊明之被征先后有两次，一在东晋义熙末，一在他去世前不久。

陶渊明是义熙元年(405)十一月归隐的，到义熙末年仍不考虑复出，《饮酒》其九道：

> 清晨闻叩门，倒裳往自开。问子为谁欤？田父有好怀。
> 壶浆远见候，疑我与时乖。褴缕茅檐下，未足为高栖。
> 一世皆尚同，愿君汩其泥。深感父老言，禀气寡所谐。
> 纡辔诚可学，违己讵非迷。且共欢此饮，吾驾不可回。

在诗里“吾驾不可回”自然是对那位“田父”之规劝的回答，而在生活中，则应是对“有诏征为著作郎”的答复。东晋王朝已经很不像样，还替它当什么著作郎！

萧统《陶渊明传》载：“元嘉四年将复征命，会卒，时年六十三。”元嘉是宋文帝的年号。此事虽未能实现，但后来仍然有专家称陶渊明为“宋征士”(钟嵘《诗品·中》)。陶渊明晚年忽然有可能出山，无非是因为想解决经济上的困难。晚年的陶老身体很差(“躬耕自资，遂抱羸疾”)，多日躺在病床上(“偃卧瘠馁”)，正是在这样实在难以为继的困窘处境中，他表示可以考虑复出，可惜这已经来不及了。

稍前他在对刘宋官员颜延之的谈话中说：“独正者危，至方则碍。哲人卷舒，布在前载。”(《陶征士诔》)做人不妨圆通一点，不必死守什么教条。这些话自然是他对年轻朋友的教诲，同时应当也是他晚年价值观念的新说明，也可以间接地用来解释他对刘宋朝廷的征聘为什么亦大有接受的可能。如果不是那么匆匆地去世，陶渊明的形象也许会发生令人刮目相看的发展变化吧。

六、高水平全科作家

陶渊明曾经编辑过自己的作品，例如其组诗《饮酒》前有一段小序云："余闲居寡欢，兼秋夜已长，偶有名酒，无夕不饮。顾影独尽，忽焉复醉。既醉之后，辄题数句自娱，纸墨遂多。辞无诠次，聊命故人书之，以为欢笑尔。"可知他整理自己的作品时还有助手帮他抄写誊清。

陶渊明是否正式编过自己的集子现在无从了解，只知道有一个最早编辑陶集的是大名鼎鼎的梁朝昭明太子萧统，而流传至今之《陶渊明集》的规模格局则是由北朝的阳休之定下来的。阳编十卷本陶集虽然现已不存，但他那篇《陶集序录》仍得以流传至今，从中可以得知陶集形成的早期过程：

> 余览陶潜之文，辞采虽未优，而往往有奇绝异语，放逸之致，栖托仍高。其集先有两本行于世，一本八卷无序，一本六卷并序目，编比颠乱，兼复阙少。萧统所撰八卷，合序目传诔，而少《五孝传》及《四八目》，然编录有体，次第可寻。余颇赏潜文，以为三本不同，恐终致忘失。今录统所阙并序目等，合为一帙十卷，以遗好事君子焉。

可知此前已存在三种《陶渊明集》，阳休之在此基础上综合加工，重新编定了一个十卷本，这个本子把《五孝传》和《四八目》(一称《集圣贤群辅录》)两部杂著也编了进来，比萧统那个只收文学作品的八卷本更加齐全，非常之好，深得人心，遂成为后来各本陶集的祖本。

在印刷术发明并广泛运用之前，《陶渊明集》经历了漫长的手抄流传阶段，其间的种种流衍变迁现在已难详悉；到北宋，终于有了刻本，有一部早期刻本历经毛氏汲古阁、黄氏士礼居、杨氏海源阁等著名藏书楼的接力保存，流传至今，现珍藏于国家图书馆。这个汲古阁藏宋本《陶渊明集》乃是现在多种新本陶集的底本。此外还有若干宋元刻本的陶集流传至今，诸本文字颇有异同，各有其重要的校勘价值。现在绝大部分中古作家的文集都是明朝人辑录起来的，像陶集这样流传有绪且有宋元旧本为根据的，大约只此一家。

世间通行各本《陶渊明集》都是按文体来编排的，这里的顺序是：诗、赋、文、其他。这个办法初看上去似无特别之处，其实不然。因为按中古时代的习惯，一般总是把赋放在最前面，然后才是诗、文。例如萧统编撰的《文选》就是这样的顺序，后来的学者为中古作家新编集子，也大抵采取赋、诗、文这样的顺序。

陶渊明辞赋写得很少，只有三篇，这就是《感士不遇赋》《闲情赋》和《归去来兮辞》；其中前两篇还是仿古之作。陶渊明是最肯花大力气来写诗的，这乃是他反潮流、至少也是不同于流俗的地方。

《陶渊明集》中诗的部分，卷一是九首四言诗，从卷二到卷四则全是五言诗（中古的诗人写诗总是以五言为主）；到卷五才是辞赋。《陶渊明集》的后五卷分别是：记传述赞一卷、传赞（《五孝传》）一卷、疏祭文一卷、《四八目》（一称《集圣贤群辅录》）二卷。因为《五孝传》和《四八目》曾被乾隆皇帝指为伪作，其结论且被写进了《四库全书总目》，于是后来有些《陶集》也就不肯收这两种或仅作为附录，那么就只有七卷了。现在比较流行的陶渊明诗文集，有好几种都是七卷。

其实《四库全书总目》关于《五孝传》《四八目》乃是伪作的意见并不正确，证据不足，《陶集》仍应维持其十卷本的旧貌。

在《陶渊明集》里，共有诗一百二十余首，辞赋与文十多篇，杂著两种，即《五孝传》与《四八目》。数量不能算多，而质量极高，影响巨大。凡是精神产品，主要看质量，数量的多寡并不那么重要。

陶渊明的著作，除了有诗文集十卷之外，还有一部志怪小说集《搜神后记》，《隋书·经籍志》杂传类著录十卷，题陶潜撰。而前此南朝梁释慧皎在《高僧传·序》中已经提到"陶渊明《搜神录》"，看来此书在南朝至唐初一直流传，只是书名有不同的提法。

《搜神后记》曾经被《四库全书总目》指为伪书，根据同样不足。在未能真正证伪之前，我们自然还是要将《搜神后记》视为陶渊明的著作。只可惜他的这部志怪小说早已亡佚，现在能看到的乃是明朝人的辑本，晚近又有李剑国先生新辑本（中华书局2007年版）。

中国古代的作家从事创作很少有单打一的，往往各种文类文体都跑进去一显身手，并且确有一专多能以至几项全能的。陶渊明也正是一位高水平的全科作家。可是由于陶渊明诗文以外的三种著作（《五孝传》《四八目》《搜神后记》）全都遭到四库馆臣的放逐，此后的研究遂颇零落，而陶渊明便沦为一介半身不遂的残疾人。这种残酷的人祸，现在到了应当彻底终结的时候了。

第二章　初仕与初隐

一、江州祭酒

陶渊明一生中最著名的大动作是抛弃彭泽县县令一职，回故乡去隐居，从此再也没有进入官场。他主动抛弃职务的事先前也发生过，且不止一次，只不过后来又东山再起。两次出仕之间回老家一段时间，喘息调整一下，也可以算是隐居。抛弃彭泽县令这一次是彻底退出了，他此后在归隐生活的二十多年里写了许多好诗，修成了“千古隐逸诗人之宗”（钟嵘《诗品·中》）。

陶渊明反复出仕，反复退隐，这种情形是不多见的，事情的幽微奇特之处还在于，他有两度出仕显得相当隐秘，史传中未载，而确有其事。《宋书·隐逸传》云：

> 亲老家贫，起为州祭酒，不堪吏职，少日，自解归。州召主簿，不就。躬耕自资，遂抱羸疾，复为镇军、建威参军。谓亲朋曰：“聊欲弦歌，以为三径之资，可乎？”执事者闻之，以为彭泽令……郡遣督邮至县，吏白应束带见之，潜叹曰：“我不能为五斗米折腰向乡里小人！”即日解印绶去职，赋《归去来》。

后来的几份传记，即萧统的《陶渊明传》、唐代官修的《晋书》和《南史》的本传，关于他出仕经历的叙述，也都是如此，一无补充。似此，陶渊明断断续续地有过四次出仕：江州祭酒、镇军参军、建威参军、彭泽令。但这里颇有重大遗漏，根据他本人的诗《庚子岁五月中从都还阻风于规林》和《辛丑岁七月赴假还江陵夜行涂口》，可知在庚、辛之际（晋安帝隆安四年，400—隆安五年，401），他曾经作为驻节江陵之荆、江二州刺史桓玄的使者到首都去出过差，他是桓玄的部属，所以才会有"从都还""赴假还江陵"这样的提法。

史传中未载的陶渊明曾经仕于桓玄一事，现在已获学术界确认。桓玄乃一代要人，手握重兵，横行一时，后来甚至取代东晋，建立自己的王朝，当过几天皇帝，又很快失败被杀。在他登上帝位之前略早一点的时候能够替他到首都建康去办事，应是地位相当重要的官员，而此事在四份史传一概缺载，这是很有点奇怪的。

又《宋书·隐逸传》等四份传都没有提到陶渊明出任江州祭酒的时间。他本人有诗句云"误落尘网中，一去十三年"（《归园田居》其一），而他抛弃彭泽令，赋《归去来》，在义熙元年（405）十一月。由此可知陶渊明在官场里断断续续有十三年之久，则他初下宦海当在太元十八年（393），本年他二十九岁。其时江州刺史是王凝之。但是这样来推算其实是大有问题的。他那两句诗原作"误落尘网中，一去三十年"，各本宋版《陶集》中皆无异文，将"三十年"改为"十三年"出于吴仁杰《陶靖节先生年谱》的臆校——这种改动是一口气就能够吹倒的。改"三十"为"十三"与确定陶渊明初仕在太元十八年，颇近于循环论证。

陶渊明的初仕是否就在他将近三十岁时是很难说的。事实上陶渊明诗中另有信息表明，他在二十岁左右就初出江湖了，在外面干了相当一段时间，后来回到故乡，隐居了一段后，然后才出任本州祭酒。陶渊明这一段初仕与初隐，亟应予以揭示，以明事实真相。

二、二十初出茅庐“远游”

同陶渊明后来曾仕于桓玄一事史传未载而在陶诗中有所流露一样，他二十岁左右即曾一度进入官场一事也是只在他的诗中有所显现，试看他的下列二诗：

天道幽且远，鬼神茫昧然。结发念善事，僶俛六九年。
弱冠逢世阻，始室丧其偏。炎火屡焚如，螟蜮恣中田。
风雨纵横至，收敛不盈廛。夏日长抱饥，寒夜无被眠。
造夕思鸡鸣，及晨愿乌迁。在己何怨天，离忧凄目前。
吁嗟身后名，于我若浮烟。慷慨独悲歌，钟期信为贤。
《怨诗楚调示庞主簿邓治中》

在昔曾远游，直至东海隅。道路迥且长，风波阻中涂。
此行谁使然，似为饥所驱。倾身营一饱，少许便有余。
恐此非名计，息驾归闲居。《饮酒》其十

根据“弱冠逢世阻”一句，再加上陶渊明《有会而作》一诗开头所说的“弱年逢家乏”，可知他在二十岁时社会上和他家里都发生了很大的困难，他不得不出门“远游”，这“远游”应是谋职、出仕的委婉说法，绝非旅游。旅游（如唐代青年人中盛行的壮游）必须花钱而不能挣钱，只有谋取某一职务才能养活自己并资助家庭。其时他大老远跑到东海边上去出差，途中颇历风波。另据其《杂诗》，那时他除了去过长江下游之外，还到过北方。总之，陶渊明应当是担任了一种职务，只是因为没有什么正式的头衔，便以“远游”代指之，此事结束后他又回到了故乡——这应当就是陶渊明的初仕与初隐。

关于陶渊明的初仕与初隐现在看不到什么具体材料，只能提出下列四点推测：

第一，陶渊明从一开始就注意通过入仕获取经济利益。这种利益完全是合法的，所以他毫不讳言。通过当官来吃饭，在当时是可以公开谈论而毫无禁忌的天下之通义。

第二，这时出任中下级职务或某种编制外的差事不必通过朝廷的任命，完全由地方当权派说了算。后来陶渊明出任彭泽令也是这么一个路子，《归去来兮辞》序写道：

> 余家贫，耕植不足以自给。幼稚盈室，瓶无储粟。生生所资，未见其术。亲故多劝余为长吏，脱然有怀，求之靡途。会有四方之事，诸侯以惠爱为德，家叔以余贫苦，遂见用于小邑。于时风波未静，心惮远役，彭泽去家百里，公田之利，足以为酒，故便求之。

安排县令，由“诸侯”也就是州一级的行政长官说了就能算。其时陶渊明的叔叔陶夔在朝廷里担任尚书，由他跟江州刺史打个招呼，事情便搞定了。

第三，也正因为有办法的士人如陶渊明者获得一个不太高的官职并不怎么费事，所以一旦他觉得这官没有意思，辛苦、受气，等等，就有可能很果断地予以抛弃。东晋乃是典型的门阀政治，寻阳陶氏在当地乃是数一数二的高门，青年陶渊明可以如此任性。

第四，既然陶渊明第一次出仕后又自行抛弃该职，回家隐居,这在他自己就开创了一种个人出处的模式,以后的忽仕忽隐,就都是有例可循的了。无论什么事情都是开头最为重要。把陶渊明初出茅庐这一次的进退看清楚,他此后的种种履历也就不难理解了。

三、陶渊明与盘踞江州的桓氏家族

陶渊明的故乡在江州寻阳郡柴桑县。江州是当时非常重要的地方,可以分别控制或影响上游的重镇江陵(今湖北荆州)和下游的首都建康(今江苏南京),其刺史一职历来为各派政治势力所力争,早在东晋之初,琅琊王氏和颍川庾氏这两大高门为此地的控制权争得不可开交。(参见田余庆先生在《庾、王江州之争》中的叙述和分析,载《东晋门阀政治》)后来谯国龙亢的新星桓温崛起,江州逐步演变为谯郡桓氏的地盘,桓温最小的弟弟桓冲长期在此主政。《晋书·桓冲传》载:

> 冲字幼子,温诸弟中最淹识,有武干,温甚器之……从温征伐有功,迁督荆州之南阳襄阳新野义阳顺阳雍州之京兆扬州之义成七郡军事、宁朔将军、义成新野二郡太守,镇襄阳。又从温破姚襄。及虏周成,进号征虏将军,赐爵丰城公。寻迁振威将军、江州刺史……
>
> 在江州凡十三年而温薨。孝武帝诏冲为中军将军、都督扬江豫三州军事、扬豫二州刺史、假节……俄而豁(按,指桓豁,桓温的三弟,时任荆州刺史)卒,迁都督江荆梁益宁交广七州扬州之义成雍州之京兆司州之河东军事,领护南蛮校尉、荆州刺史、持节,将军、侍中如故。又以其子嗣为江州刺史。

江州战略位置太重要了，绝不能轻易出让，所以当桓冲进一步高升以后留下的江州刺史一职，便由他的长子桓嗣继续担任，这应当是他们争得来的。这样，虽然桓温已死，桓氏家族仍然将长江上、中游（荆州、江州）都控制在自家手里，成为当时实力最强大的一支政治势力。这时桓冲乃是桓氏家族的掌门人，所以亲自坐镇首都以外最重要的地方——荆州。

《晋书·桓嗣传》载："嗣字恭祖。少有清誉……冲既代豁西镇，诏以嗣督荆州之三郡豫州之四郡军事、建威将军、江州刺史……转西阳、襄城二郡太守，镇夏口。"后来桓嗣被调出江州，贬为二郡太守，当是因为其父桓冲去世，桓家势力下降。但桓氏在江州经营既久，影响仍然很大。后来桓温的幼子桓玄在江州重新崛起，先前的基业发挥了很大的作用。

继桓嗣之后担任江州刺史的是前豫州刺史桓伊，桓伊是不久前淝水之战的大功臣，他也出于谯国桓氏，最足以取代桓冲的接班人桓嗣。《晋书·桓伊传》载：

> 伊在（豫）州十年，绥抚荒杂，甚得物情。桓冲卒，迁都督江州荆州十郡豫州四郡军事、江州刺史，将军如故，假节。伊到镇，以边境无虞，宜以宽恤为务，乃上疏以江州虚耗，加连岁不登，今余户有五万六千，宜并合小县，除诸郡逋米，移州还镇豫章。诏令移州寻阳，其余皆听之。伊随宜拯抚，百姓赖焉。

桓伊接任江州刺史在淝水之战的次年，亦即东晋孝武帝司马曜太元九年（甲申，384），本年陶渊明二十岁。大约就在此时，颇有作为的新任刺史桓伊起用陶渊明，给他的任务当是去首都呈送公文，进行各种通信联络。桓伊驻节寻阳，起用本地望族的青年才俊是完全可以理解的。桓伊的族叔桓宣曾经是陶侃的部下，桓伊照顾、起用陶渊明，完全合乎古代官场关系学的逻辑。

桓氏家族控制江州的时间很长，而陶渊明的外祖父孟嘉曾是桓温手下的长史（陶渊明《晋故征西大将军府长史孟府君传》），私人关系极好。估计凭借这样一层关系，陶渊明得以早就为江州当权派桓氏所知。新任刺史桓伊是谯国铚县人，与桓温同出谯国，只是支脉稍远。他又是一位很精明的官员，一定会注意原来桓温—桓冲—桓嗣留下的种种人脉，起用本地陶氏的后起之秀，这很在情理之中。桓伊文武双全，顾全大局，屡建功勋，又是诗人、音乐家，陶渊明愿意在他手下效劳。

由于陶渊明还太年轻，没有什么基础和建树，自然只能从低级的公务员开始，执行种种临时交代给他的公务，可能没有什么正式的头衔。陶渊明之初仕情况显然没有条件进入国家档案，这种低级僚佐也一向为史传所不载，于是关于陶渊明初仕的情形现在就难知其详了。

由桓伊取代桓嗣出任江州刺史乃是一代名相谢安的绝妙安排。《晋书·谢安传》写道：

> 是时桓冲既卒，荆、江二州并缺，物论以（桓）玄勋望，宜以授之。安以父子皆著大勋，恐为朝廷所疑，又惧桓氏失职，桓石虔复有沔阳之功，虑其骁猛，在形胜之地，终或难制。乃以桓石民为荆州，改桓伊于中流（按，指江州），石虔为豫州。既以三桓据三州，彼此无怨，各得所任。

桓玄是桓温的小儿子，能力和野心都很大；桓石民、桓石虔是前任荆州刺史桓豁之子，也是桓温的亲侄子，他们分别担任荆州、豫州刺史，如果中间的江州仍由桓嗣或桓玄主政，则桓氏一家几个堂兄弟就把首都以上的长江一线几乎全部控制住了，这样对朝廷压力太大，未免有些危险，于是安排一位也姓桓而非桓温后代并且同谢氏关系非常密切的桓伊在中间打进一根楔子去，这样显然有助于局势的平衡，也不会引起多大的反弹。

这时东晋正以谢玄挂帅组织北伐，原先在淝水之战中大获全胜的北府兵非常活跃，曾经同谢家领导的北府兵一起参加淝水之战的桓伊当然是支持北伐的，并且可以凭借江州的实力提供各种支援。陶渊明其时常常到北方去出差，应与此种局势有关。可惜史料丧失，今已难知其详。

四、以诗补史说初仕

关于陶渊明的初仕，在他的《杂诗》中也留下了若干痕迹：

遥遥从羁役，一心处两端。掩泪泛东逝，顺流追时迁。
日没星与昴，势翳西山巅。萧条隔天涯，惆怅念常餐。
慷慨思南归，路遐无由缘。关梁难亏替，绝音寄斯篇。
（其九）

闲居执荡志，时驶不可稽。驱役无停息，轩裳逝东崖。
沉阴拟薰麝，寒气激我怀。岁月有常御，我来淹已弥。
慷慨忆绸缪，此情久已离。荏苒经十载，暂为人所羁。
庭宇翳余木，倏忽日月亏。（其十）

我行未云远，回顾惨风凉。春燕应节起，高飞拂尘梁。
边雁悲无所，代谢归北乡。离鹍鸣清池，涉暑经秋霜。
愁人难为辞，遥遥春夜长。（其十一）

从这三首诗看去，陶渊明曾有多年（诗歌中的“十年”往往未必有数学上的精确性）忙于某种公务，是属于那种经常要出远门的差事，所以诗中称为“驱役”“羁役”，“荏苒经十载，暂为人所羁”。

陶渊明的这一段经历在有关史传中未见记载，正应以诗补史。从“掩泪泛东逝，顺流追时迁”以及“慷慨思南归，路遐无由缘”“沉阴拟薰麝，寒气激我怀”这些诗句看去，诗人时时到长江下游的首都建康去，地方大员给朝廷上奏章报告当然要派人去首都；看来他又曾到寒冷的北方去过，淹留甚久。淝水之战以后，东晋出兵北伐，战争处于胶着状态，南北之间关系复杂微妙，陶渊明也许是在执行什么不便公开的使命。

陶渊明的初仕在他二十岁时是比较合适的。他的曾祖陶侃当过最高级别的官，有公爵的爵位，陶氏在寻阳算是一等的高门，陶渊明的出仕不应迟至二十九岁。现在知道开始于他二十岁，这就正常了。陶渊明这一支在陶侃的后裔中属于小宗，那时正式的官位比较有限，所以他青年时代从事的某些差事很可能是有任务、有收入而没有什么正式头衔的。后来陶渊明仕于荆、江二州刺史桓玄，自有其历史的渊源，而似乎仍然没有什么正式的头衔——这里也有某种传统在起作用吧。

对陶渊明来说，头衔并不重要，关键是要有比较高的报酬，以此来“代耕”。“亲老家贫”是陶渊明出仕的常用理由。“驱役无停息”的缺点是比较辛苦，又得远离家乡，而优点则是相对自由。陶渊明后来当了几天州祭酒就深感“不堪吏职”，最后为彭泽令，拂袖而去的原因之一乃是不高兴束带去见督邮，向这位上级派来的检查官折腰。看来陶渊明只能适应于那种比较自由、经常一个人行动的官。所以他青年时代虽然也是“为人所羁”，却坚持干了很久。这种情形颇堪深长思之。

当初因急于脱贫而出仕，后又因受不了官场的种种而自行解职，回过头去过比较清贫的生活——在这样的怪圈里陶渊明打了好几个转转，他的生活史一直是逗号或分号，直到义熙元年（405）十一月，才终于画上一个句号，文章也另起一行。

从弱冠到四十岁，陶渊明在官场里进进出出，二十年间一共六个轮回。他的"误落尘网中"，可谓一去二十年。

义熙末年，朝廷征陶渊明为著作郎，不就，他还明确地对一位劝他东山再起的老乡说："吾驾不可回！"（《饮酒》其九）这是声明绝不会复出了。但后来新兴的刘宋王朝又请陶渊明出山，这一次他似乎倾向于接受，只是因为很快就去世，此事未能实现。如果陶渊明身体好一点，活得长一点，他是否又要开始一个新的第七度的轮回呢？

第三章　反复出仕与反复退隐

一、陶渊明的螺旋形怪圈儿

中国古代士人中自我感觉特别良好的高人总是相信自己具有治国平天下的本领，也能独善其身：适时走出茅庐，就可以济苍生，安社稷；建功立业之后迅即急流勇退，重入山林，又自能享受幸福和自由。唐人李商隐有两句诗道："永忆江湖归白发，欲回天地入扁舟"(《安定城楼》)，正是讲这种理想境界的：先出山做一番慷慨激昂、改天换地的大事业，立功于庙堂之上；然后归于江湖之远，乘一叶扁舟淡出世局。

达到了这种境界的著名典型是春秋时期的范蠡。他先是帮越王勾践报仇雪耻，成就了一番霸业；然后迅即淡出政局，改名换姓，以陶朱公的化名大做生意，四海为家，获得巨额利润，成了超级富豪。(详见《史记》之《越王勾践世家》与《货殖列传》)当官也行，发财也行，两手皆硬，一切圆满，这是一个多么漂亮的人生圆圈啊。

陶渊明也有他心目中理想的圆圈，那就是先行出仕，游行四方，获取官俸改善生活；然后归隐，回老家过潇洒惬意的田园生活。他出仕的目的主要在于具体的经济利益而不包含多少高远的政治宏图；其归隐则是回老家的农村，绝不到处奔走去搞什么商业活动。陶渊明赞叹歌咏过的先贤甚多,却没有提到过范蠡。

先进入体制获得物质利益,后退出体制享受自由,为了实现这样的人生规划,陶渊明把这样一个美妙的圆圈反反复复地画了五六次,结果形成一套色彩越来越浓的螺旋形怪圈。

陶渊明第一次出仕是到江州刺史桓伊手下效劳,作为他的使者到外地执行种种公务。那时东晋正利用淝水之战大获全胜的有利时机出兵北伐,人心振奋,形势大好。但是他后来回忆这一段经历,没有唱任何高调,只说此番出山完全是为了解决经济上的困难,所以干了一段时间就回老家去了,这就是《饮酒》其十诗里所说的“此行谁使然,似为饥所驱。倾身营一饱,少许便有余。恐此非名计,息驾归闲居”。回故乡闲居,人很舒服,但官俸就没有了,所以后来他又曾多次出仕,以求“一饱”。

陶渊明的第二次出仕是充当本地江州的祭酒,时间甚短就弃职而去。《宋书·隐逸传》载:“亲老家贫,起为州祭酒。不堪吏职,少日,自解归。州召主簿,不就。躬耕自资,遂抱羸疾。”出为州祭酒的原因是“亲老家贫”,可见此番出马仍然着眼于经济,与他的初仕并无二致;而匆匆自解而归,则是因为此乃“吏职”,同他的平生志趣、生活方式不能兼容。

祭酒、主簿之类都是州里的僚佐,即所谓“吏职”。魏晋以来实行州、郡、县三级地方行政机构的格局,州一级衙门里的主簿大体相当于后来的秘书长,主管稽核文书、执掌印鉴等事。郡、县和若干中枢机关里也都设有主簿,从事类似的公务。

至于祭酒一职,《晋书·职官志》虽有记载,但只说此乃是列卿之一的太常衙门的一种职务的头衔(“太常,有博士、协律校尉员,又统太学诸博士、祭酒及太史、太庙、太乐、鼓吹、陵等令,太史又别置灵台丞”),而没有提到地方行政单位的州里也有什么祭酒(“州置刺史,别驾、治中从事、诸曹从事等员……又有主簿，门亭长、录事、记室书佐、诸曹佐、守从事、武猛从事等。凡吏四十一人，卒二十人”）。成书于前的《宋书》在《百官志》里说到了州一级衙门里有祭酒：“今有别驾从事史、治中从事史、主簿、西曹书佐、祭酒从事史、议曹从事史、部郡从事史，自主簿以下，置人多少，各随州，旧无定制也。晋成帝咸康中，江州又有别驾祭酒，居僚职之上，而别驾从事史如故，今则无也……祭酒分掌诸曹兵、贼、仓、户、水、铠之属。”这里的记载比《晋书》更详细，也更重要。陶渊明所任的祭酒究竟是一般的祭酒从事史，还是地位相当高的别驾祭酒，史料有缺，现在已难确指；按一般的情理来推测，应当不是高居于吏职之首的别驾祭酒，而是分管某一领域的祭酒从事史。

如果陶渊明连“居僚职之上”的别驾祭酒都不肯干，州官再来召他为主簿，那就不合官场运作的逻辑了。他先前那个祭酒的地位应在主簿之下。何况《宋书·百官志》明明说江州设有“别驾祭酒”乃是“晋成帝咸康中”（即335—342年间）的事情，到陶渊明任江州祭酒的孝武帝太元十八年（393）之时，“别驾祭酒”一职很可能已经不复存在了。东晋王朝政局混乱，官职的编制时有变易，咸康中王羲之曾一度担任江州刺史，别驾祭酒一职也许出于他的设计，其人地位高名气大，不免多有创意，有所更张，大约也没有人来干涉他。

你嫌祭酒从事史的官小，现在请你当主簿，总该可以了吧。此时江州州官王凝之大概是这样想问题的。看上去不无道理，其实是看扁了陶渊明，所以当然得不到积极的回应。

实际上陶渊明的苦衷是“不堪吏职”，而不是计较不同诸“吏”之间地位高下的差异。祭酒从事史是“吏”，主簿也是“吏”，而凡是“吏”，就总是得在衙门里看长官的脸色做事，时时要向比自己地位更高的各级长官“折腰”，遵守种种规则和潜规则——这是陶渊明完全不能适应的。先前当陶渊明在桓伊手下任职时,他人不在州府的衙门里,而是在外面到处跑,执行种种秘密的使命——他只对最高地方官刺史负责,而一向不同种种级别的官僚打交道,那就自由得多,也潇洒得多了。

从太元十八年(393)抛弃了江州祭酒,又拒绝担任主簿之时起,到隆安三年(399)再度出山到桓玄手下任职以前,陶渊明有五六年时间是在故乡闲居的,相对于他第一、二两次出仕之间的初隐,这一段时间或可称为他的再隐时期。

从陶渊明的初仕、初隐、再仕、再隐这两个圆圈看去,陶渊明看重的,一是经济收入,二是自由和尊严。最好能同时具备,如果不能,宁可抛弃收入,务必确保个人的自由。当然这也只是不得已而求其次的意思,经济收入也很重要啊。如果自己家底丰厚,完全不需要依靠官俸也能过非常体面的生活,那么本来也可以不必考虑出山的。

二、到桓玄的帐下效力

不在"吏"的差事里失去自由固然是很舒服的事情,但经济上损失很大也是一个老大的问题,于是陶渊明继续寻找一种比较自由而又颇有收入的新职务;后来他终于找到了,这就是到新兴的地方实力派桓玄帐下去效力。

桓玄出身高门,有根基,有能力,有野心,同他的父亲桓温一样,颇有志于取司马氏之皇位而代之。

谢安去世以后东晋的中枢日趋腐败,政局反复震荡。隆安元年(397)京口镇将王恭联络荆州刺史殷仲堪、南郡公桓玄等人起兵讨伐掌握实权的佞臣王国宝;以太傅身份摄政的宗室成员司马道子一方面杀王国宝以谢天下，同时密谋消灭京口、江陵两藩的势力。中央和地方的斗争进入白热化的新阶段。隆安二年王恭、庾楷、殷仲堪、桓玄等再次起兵，差一点打进首都，但因王恭部将领刘牢之、刘敬宣父子倒戈而失败，王恭被杀。“仲堪既知王恭败死，狼狈西走，与桓玄屯于寻阳，朝廷严兵相距。”(《晋书·会稽文孝王道子传》)“恭既死，庾楷战败，奔于玄军。既而诏以玄为江州，仲堪等皆被换易，乃各回舟西还，屯于寻阳，共相结约，推玄为盟主。玄始得志。”(《晋书·桓玄传》)桓玄大显身手的机会到了。隆安三年，他利用荆州大水、粮食缺乏的有利时机，发兵打败前盟友殷仲堪以及杨佺期等藩镇势力，兼领荆、江二州刺史，成为最大的地方实力派。

于是陶渊明就到他手下效力。此事大约开始于隆安二年(398)诏以桓玄为江州刺史、诸藩屯于寻阳(这里正是陶渊明的故乡)推桓玄为盟主之日，至迟亦应在隆安四年初诏以桓玄领荆、江二州刺史并督八州八郡诸军事之时。陶渊明的外祖父孟嘉曾经是桓玄之父桓温的僚佐，也是他的好朋友，陶渊明本人乃著名的江州高门才俊，他愿意到桓玄手下去任职是顺理成章、完全可以理解的事情。

陶渊明此时的作品《庚子岁五月中从都还阻风于规林》和《辛丑岁七月赴假还江陵夜行涂口》等诗，表明庚子、辛丑即隆安四、五年(400、401)时，他正在荆、江二州刺史桓玄手下任职，乘船在长江中、下游之间奔波。

陶渊明喜欢这样一个人行动，不过他也深感奔波的辛苦，时时想到隐居于田园的安闲快乐。其时的诗中有这样的句子：“久游恋所生，如何淹在兹。静念园林好，人间良可辞。”(《庚子岁五月中从都还阻风于规林》其二)“商歌非吾事，依依在耦耕。投冠旋旧墟，不为好爵萦。养真衡茅下，庶以善自名。”(《辛丑岁七月赴假还江陵夜行涂口》)尽管如此,陶渊明并没有像先前抛弃江州祭酒那样,放弃现在的职务。在地方政府的衙门里太不自由了,充当高官的特使在外面执行任务虽然辛苦,但比较自由,所以可以接受。

桓玄并不满足于只当几个藩镇的盟主,其志在于夺取中央政权。《晋书·桓玄传》载:桓玄自为荆、江二州刺史后,“树用腹心,兵马日盛,屡上疏求讨孙恩,诏辄不许。其后恩逼京都……复上疏请讨之,会恩已走……自谓三分有二,知势运所归”。又《资治通鉴》卷一一二云:“桓玄厉兵训卒,常伺朝廷之隙,闻孙恩逼京师,建牙聚众,上疏请讨之。”朝廷不允许桓玄东下,无非是看出了他的别有用心。而此时陶渊明恰恰奔走于江陵与首都之间,显然身负重任,绝非等闲之“吏”。

隆安五年(401)冬天,陶渊明遭遇母丧,依礼制退出官场。就在他居丧期间,政局进一步发生巨变。元兴元年(402),尚书令司马元显称诏发兵讨伐桓玄,桓玄迅即攻入建康,杀司马道子、元显父子,自封都督中外诸军事、丞相、录尚书事、扬州牧,领徐、荆、江三州刺史,兼统西府、北府军,一举取得了军政大权。元兴二年冬,桓玄“接受”禅让,称帝,国号楚,改元永始。晋安帝司马德宗则被安置到寻阳,软禁起来。

先前以晋安帝为旗帜的东晋王朝腐败已极,完全失去人心,所以当桓玄攻入建康之初,“京师欣然”,开局良好;可惜桓玄同样腐败,举措失当,于是很快就“朝野失望,人不安业”(《晋书·桓玄传》),预示着形势将进一步发生变化。不到一年,桓玄就被北府兵将领刘裕打垮,东晋王朝得以恢复。义熙元年(405)晋安帝复辟,实际掌握国家大权的则是刘裕。

在当时的风云变幻中,陶渊明虽因母丧而完全置身事外,但感情上明显地倾向于桓玄，对于晋安帝司马德宗被软禁于寻阳，他不置一词。但是陶渊明又是能够与时俱进的，当桓玄失败身死之后，他一度进入镇军将军刘裕的幕府任参军，但为时甚短；稍后又改入建威将军刘敬宣的幕府效力，充当他的特使到首都去执行公务。这时他的头衔也是所谓“参军”——一种发生军事行动时临时的差事。（《晋书·职官志》载，将军府的属官有长史、司马、功曹等，“受命出征则置参军”。）

只要不是一般行政机构里的“吏职”，陶渊明都还能接受，但在刘敬宣手下时，他关于归隐的决心就完全下定了。《乙巳岁三月为建威参军使都经钱溪》诗云：“我不践斯境，岁月好已积。晨夕看山川，事事悉如昔。微雨洗高林，清飙矫云翮。眷彼品物存，义风都未隔。伊余何为者，勉励从兹役？一形似有制，素襟不可易。园田日梦想，安得久离析？终怀在归舟，谅哉宜霜柏。”可知到乙巳即义熙元年（405）三月，陶渊明对自己的“一形似有制”、失去充分自由深感不满，对如此卖劲地在外面奔走效劳狠狠地自嘲——“伊余何为者，勉励从兹役？”

“园田日梦想，安得久离析？终怀在归舟，谅哉宜霜柏。”这四句诗表明陶渊明已经到了他一生的转折点了。

但他倒也没有在结束此番“使都”之行后立即实行归隐，却又当了一段时间的彭泽县县令。此事出于当时在朝廷上具有高位的叔叔陶夔的安排，陶渊明不便不领他的这份情，当县令也可以进一步为归隐筹集资金（详见《归去来兮辞》小序），所以就照办了；但他的“园田梦”太强烈了，八十几天后终于拂袖而去。

陶渊明最后这三次为官（镇军参军、建威参军、彭泽令）的时间，包括其间的空隙，加起来也不足两年，义熙元年（405）十一月他终于彻底归隐了。

三、为自由退场

先前陶渊明在居丧期间写过一首很值得注意的诗，这就是元兴二年(403)的《癸卯岁十二月中作与从弟敬远》：

寝迹衡门下，邈与世相绝。顾盼莫谁知，荆扉昼常闭。
凄凄岁暮风，翳翳经日雪。倾耳无希声，在目皓已洁。
劲气侵襟袖，箪瓢谢屡设。萧索空宇中，了无一可悦。
历览千载书，时时见遗烈。高操非所攀，谬得固穷节。
平津苟不由，栖迟讵为拙。寄意一言外，兹契谁能别？

诗的前一半痛陈自己在衡门之下饥寒交迫的苦况，不当官，经济方面问题很大啊。“倾耳无希声，在目皓已洁”，这样好的雪景，自己也无心欣赏，只觉得“了无一可悦”，自己已经穷得顾不上审美了。

“子曰：君子固穷，小人穷斯滥矣”(《论语·卫灵公》)，而陶渊明在这首诗中承认自己是“谬得固穷节”：本来并不想如此，而是实逼处此，没有办法。“平津苟不由，栖迟讵为拙”二句说，出仕乃是光明大道(汉儒公孙弘任宰相，封平津侯)，退隐则是不得已而求其次，但他又自我安慰说，既然前一条路走不通，那么退回故园也还不能算是“拙”。

陶渊明这时本心深处并不打算“拙”，并不想固守其穷，只不过没有更好的出路。这同他几年后主动归隐、“守拙归园田”(《归园田居》其一)，心情是完全两样的。到归隐后，“拙”已经成为他引以为自豪的品格，而非现在似的无可奈何了。

居丧期间的陶渊明又写过几首四言诗，如《停云》《时运》《荣木》等，流露了急于出山的迫切心情，又忽然为外祖父孟嘉写传，大讲其人与桓温的亲密关系。凡此种种皆大有向桓玄致敬的微意。

关于陶渊明两度为参军的经历，史书中只是一笔带过。从过去他为官的经历看去，他的目的应当仍在经济收入，因为丧母须花大笔的钱，又闲居数载，经济上必有问题。至于最后一次充当彭泽令，经济因素尤其明显，他在《归去来兮辞》的小序中不仅明确地说到这一次复出可望有一笔不菲的"公田之利"，也就是充当县令的官俸，而且说起过去历次出仕都是"口腹自役"——为了吃饭而奔忙。

陶渊明当官相当于后人为解决生计而谋职。

但是除了要吃饭，他还需要自由，精神生活的意义决不下于物质生活。县令本来也还是可以当的，这同在州里担任"吏职"要时时看上司的脸色、听领导的吩咐不同；可是一个郡里下来的纪检官员督邮忽然对他产生了意外的影响，《宋书·隐逸·陶潜传》载："郡遣督邮至县，吏白应束带见之，潜叹曰：'我不能为五斗米折腰向乡里小人！'即日解印绶去职，赋《归去来》。""公田之利"固然重要，个人自由价值更高，如果鱼与熊掌不可得兼，则舍鱼而取熊掌，于是即日解印绶去职，回故乡隐居。

陶渊明又画了一个始于出仕搞创收，终于退场要自由的圆圈。

陶渊明归隐以后，也曾有人劝他东山再起，他不同意，说是"吾驾不可回"(《饮酒》其九)。"义熙末，征著作佐郎，不就。"(《宋书·隐逸·陶潜传》)言行一致，态度坚决。

此时陶渊明日子过得潇洒，不愁生计，一度还有"我土日以广"(《归园田居》其二)的大好形势，稍后发生一次火灾，损失甚巨；到他晚年，经济状况更差，所以当刘宋王朝有意请他出山的时候，他准备接受，只不过很快到来的死亡把这一切都结束了。

萧统《陶渊明传》载："元嘉四年将复征命，会卒，时年六十三。"元嘉是宋文帝的年号。此事虽未能实现，但齐梁时代的诗歌评论专家仍称陶渊明为"宋征士"(钟嵘《诗品·中》)，唐初编修的史书也是如此(《隋书·经籍志》著录"宋征士《陶潜集》九卷；梁五卷，录一卷")。

对刘宋王朝的召唤陶渊明之所以"将复征命"，无非是因为想解决经济上的困难。晚年的陶老身体很差("躬耕自资，遂抱羸疾")，多日躺在病床上("偃卧瘠馁")，正是在这样实在难以为继的困窘处境中，他表示可以考虑复出，可惜这已经来不及了。

为了生活，创收是必须的，但自由高于创收，而生命又高于自由。最好是既有较多收入而又相当自由，可惜这两者不容易兼顾。陶渊明在物质生活、精神生活两端中摆来摆去，多次往返于体制内外，先后画出了一个又一个圆圈而始终未能得到圆满的解决——就在这种反反复复的折腾中，他走完了自己的一生。

第四章　赋《归去来兮辞》彻底归隐

一、“终怀在归舟，谅哉宜霜柏”

东晋安帝司马德宗义熙元年乙巳岁(405)十一月，陶渊明自行免去彭泽令一职，彻底归隐，稍后赋《归去来兮辞》，将此事的有关情况作了一个全面的诗意化的总结，几乎成了他诸多作品中的首席名篇。

其实在此之前半年，也就是当年的春天，彻底归隐的决心他就已经下定了，稍后因为一个意外的原因推迟了半年。认清这一点，若干过去不容易看懂的事情就变得完全可以理解，而且是顺理成章的了。

陶渊明彻底归隐的决心见于《乙巳岁三月为建威参军使都经钱溪》一诗：

> 我不践斯境，岁月好已积。晨夕看山川，事事悉如昔。
> 微雨洗高林，清飙矫云翮。眷彼品物存，义风都未隔。
> 伊余何为者，勉励从兹役？一形似有制，素襟不可易。
> 园田日梦想，安得久离析？终怀在归舟，谅哉宜霜柏。

诗的末了四句表明，乙巳岁即义熙元年(405)三月陶渊明在出使首都建康返途中行次钱溪之时，已决定在完成这次公务以后立即彻底退出官场，实行归隐，不能再往后拖了。

陶渊明先前在出差途中的作品，如《庚子岁五月中从都还阻风于规林》《辛丑岁七月赴假还江陵夜行涂口》《始作镇军参军经曲阿》等诗篇，也颇多叹息和牢骚，说当这种官有什么意思，又很辛苦，远不如回家闲居，故乡的园林多好啊——但大抵还只是顺便地、一般地发发感慨，尚未有一定要迅即归隐的明确表示。

到现在这首《乙巳岁三月为建威参军使都经钱溪》诗里不同了，他相当清楚地说，这一次出来充当建威将军的参军，完全是被动的（"一形似有制"）。诗人就此自嘲说，我是干什么的呀，竟然如此卖劲地在外面奔走效劳（"伊余何为者，勉励从兹役"）！自己的梦想必须尽快实现，怎么能老是同故园分开！

那时舟行甚慢，途中须花相当长的一段时间，似乎可以估计陶渊明在当年四月，至迟五月，就可以回到老家，实现其隐居的美梦了。

陶渊明这时的上司建威将军刘敬宣是东晋晚期的一位要人，其父刘牢之更是北府兵的重要将领——后来宋的开国皇帝刘裕曾经是他的部下——立下过赫赫战功，刘敬宣紧追随其后也颇有战功。但刘牢之、敬宣父子的结局皆不甚好。

刘牢之英勇善战，威名大振，但此人也曾不止一次地进行政治投机，一再背叛过自己的顶头上司，也曾一再取得成功。等到大军阀桓玄的势力崛起之后，刘牢之的立场在朝廷和桓玄之间游移不定，试图再一次进行某种政治投机，可是这一回他未能实现预期目的，刘敬宣跟在后面也不免经历了种种折腾。《晋书·刘牢之传》载：

元兴初，朝廷将讨桓玄，以牢之为前锋都督、征西将军，领江州事。（司马）元显遣使以讨玄事谘牢之。牢之以玄少有雄名，杖全楚之众，惧不能制，又虑平玄之后功盖天下，必不为元显所容，深怀疑贰，不得已率北府文武屯洌洲。桓玄遣何穆说牢之曰……牢之自谓握强兵，才能算略足以经纶江表，时谯王尚之已败，人情转沮，乃颇纳穆说，遣使与玄交通。其甥何无忌与刘裕固谏之，并不从。俄令敬宣降玄。玄大喜，与敬宣置酒宴集，阴谋诛之，陈法书画图与敬宣共观，以安悦其志。敬宣不之觉，玄佐吏莫不相视而笑。

元显既败，玄以牢之为征东将军、会稽太守，牢之乃叹曰："始尔，便夺我兵，祸将至矣！"时玄屯相府，敬宣劝牢之袭玄，犹豫不决，移屯班渎，将北奔广陵相高雅之，欲据江北以距玄，集众大议。参军刘袭曰："事不可者莫大于反，而将军往年反王兖州（王恭），近日反司马郎君（司马元显），今复欲反桓公。一人而三反，岂得立也。"语毕，趋出，佐吏多散走。而敬宣先还京口，拔其家，失期不到。牢之谓其为刘袭所杀，乃自缢而死。俄而敬宣至，不遑哭，奔于高雅之。

在当年纷纭的政局中，刘牢之、刘敬宣父子都表现出毫无远见和定力。说客何穆轻而易举地就让刘牢之转换了方向。（何穆在桓玄手下任何职，史书未载。当时的地方实力派往往起用能人充当使者，可能并无一定的名分，上下级关系也比较松散。陶渊明仕于桓伊、桓玄也属于这种类型，后来任二刘的参军，情形亦约略类似。）桓玄败亡后，刘敬宣"拜辅国将军、晋陵太守。与诸葛长民破桓歆于芍陂，迁建威将军、江州刺史，镇寻阳"。陶渊明到刘敬宣手下任参军，并作为他的使者到首都去办事，当在此时。这很可能只是个一次性的差事，因为刘敬宣不久就调离了江州："安帝反政，征拜冠军将军、宣城内史，领襄城太守。"

《乙巳岁三月为建威参军使都经钱溪》是一首剖析自己的诗，其中说，不到长江下游（“斯境”）来已经好几年了，山川未改（“晨夕看山川，事事悉如昔”），而人事的变化却非常之大了。上一次到首都，陶渊明是作为桓玄的使者而来的，现在却成为建威参军来执行公务了，而这位刘敬宣也颇有反复，既投降过桓玄，又反对过他，攻打过他的余党。世事变化之快，有如此者。这样折腾下去有什么意思？这还像是经霜不凋的松柏吗？诗中继续说，眼前的景色甚佳，雨过天晴，树木充满了生气，飞鸟自由地翱翔。而自己却忙于这种很无谓的奔走，好像受到一种什么制约，做这等违背本心的事情；其实自己原先的想法（“素襟”）是没有也不会改变的。陶渊明的“素襟”无非就是脱离不自由的官场，远离纷纭的政局，回老家过隐居的生活。“园田日梦想，安得久离析？终怀在归舟，谅哉宜霜柏”——结尾这四句，表明到这时他归隐的决心是已经下定了。

可是此后不久陶渊明又再次出山，当起了彭泽县县令。此事与他的叔叔（古代或称“从父”）陶夔关系很大。《归去来兮辞》小序云：

> 余家贫，耕植不足以自给。幼稚盈室，瓶无储粟，生生所资，未见其术。亲故多劝余为长吏，脱然有怀，求之靡途。会有四方之事，诸侯以惠爱为德，家叔以余贫苦，遂见用于小邑。于时风波未静，心惮远役，彭泽去家百里，公田之利，足以为酒，故便求之。及少日，眷然有归欤之情。何则？质性自然，非矫励所得。饥冻虽切，违己交病。尝从人事，皆口腹自役。于是怅然慷慨，深愧平生之志。犹望一稔，当敛裳宵逝。寻程氏妹丧于武昌，情在骏奔，自免去职。仲秋至冬，在官八十余日。因事顺心，命篇曰《归去来兮》。乙巳岁十一月也。

这里说起的“家叔”正是陶夔。

关于此公现在所可知者甚少，幸而陶渊明在《晋故征西大将军长史孟府君传》中提到：“光禄大夫南阳刘耽昔与君同在（桓）温府，渊明从父太常夔尝问耽：‘君若在，当已作公不？’答曰：‘此本是三司人。’为时所重如此。”这篇《孟府君传》作于隆安五年（401）或元兴元年（402），正是桓玄的势力大为膨胀的时候。在上层机构当高官的陶夔与孟嘉、刘耽、桓温都相当熟悉，而刘耽正是桓玄的岳父（刘耽的生平附载于《晋书》卷六十一《刘乔传》）。

待到桓玄取代东晋、建立起自己的“楚”政权后，陶夔同那时的满朝文武一样在新的朝廷官任原职。而到刘裕打垮桓玄以后，他们又回过头来复为东晋的官员，陶夔还荣升为尚书，代表朝廷到江陵去迎接安帝司马德宗回建康。那时候官员们就都是这样随时转变立场而完全无所谓的。皇帝把宝座和天下都打包转送给天命所归的新天子了，大小臣工还有什么话可说！

《晋书》没有为陶夔立传，幸而《魏书·司马德宗传》提到：“德宗复僭立于江陵，改年义熙。尚书陶夔迎德宗……德宗发江陵至寻阳。”这就是说，当陶渊明以建威参军身份使都任务结束、回到故乡寻阳的时候，陶夔正跟着皇帝驾临寻阳。尚书有实权，比起列卿之一的太常地位更高一点，这时又正在皇帝身边，话语权很大很大，这时的江州刺史还是刘敬宣，于是“家叔以余贫苦，遂见用于小邑”一事，遂得以定局。而陶渊明的归隐就比原计划延迟了几个月。

陶渊明的出仕一向有着经济方面的考量，这就是所谓“耕植不足以自给”，“亲故多劝余为长吏”，他先前几次出山，以及到镇军将军刘裕手下当参军，稍后又到建威将军刘敬宣手下当参军，大抵都相当于现在演员的走穴，客串一次，弄些收入就打算离开。“会有四方之事，诸侯以惠爱为德”两句正是指本地诸侯、江州刺史刘敬宣请他出使建康一趟；陶渊明不大高兴在长江沿线兵火未熄之时出远门办事，已经下决心归隐；而恰好这时他的叔叔陶夔奉皇帝的大驾到了寻阳，对他非常关心，于是就让行将离职的刘敬宣另行安排陶渊明担任一个县令，所谓“于时风波未静，心惮远役”，“家叔以余贫苦，遂见用于小邑”等句的内涵如此。

这位叔叔很热心，此时正值官运亨通，又荣经故里，弄个离家不远的彭泽县的县令给侄子当当可以显得很光彩，而且恰好可以表现其高尚的宗族情怀和非凡的行政能量——而殊不知他其实是帮了晚辈亲属一个倒忙。但是陶渊明必须拜领“家叔”的这份人情，何况再多弄一点锦上添花的收入也是好的。

二、“自免去职”，挂冠而去

陶渊明在彭泽县县令的大堂上只坐了八十来天就自免去职了。关于他挂冠而去的原因，曾经有过两个解释。一个是他本人说过的“寻程氏妹丧于武昌，情在骏奔，自免去职。仲秋至冬，在官八十余日”。嫁到武昌去的妹妹英年早逝，陶渊明要到武昌去一趟，同她作最后的告别，安慰其子女亲属，“情在骏奔”是很可以理解的事情，但一般来说此事尚不足以引发他抛弃现有的职务，请一段事假去武昌走一趟也就是了。

在陶渊明的传记里，关于他归隐的近因或曰导火线有另外的说法，那就是不为五斗米折腰。郡里派督邮（巡回检查官）到县里来，县令应着正装拜会他（“束带见之”），按礼节自当鞠躬如也，表示尊重。这些乃是官场的惯例，一般来说似也不足以成为陶渊明“自免去职”的原因。陶渊明过去也当过好几次官，向上级“折腰”应当是早就习惯了的。这回来的督邮大约出身不高（所谓“乡里小人”），但以他现在的官职，对检查的官员自然还是必须表示尊重的。官场里只认官阶不认人，这是正常的，何必因此就“即日解印绶去职”呢。

一个程氏妹丧于武昌，一个应束带拜见郡里派下来的督邮，拿这两条来说明陶渊明挂冠而去、彻底归隐的真正原因，都似乎相当牵强。

前代学者对此议论纷纷，一般认为这两条都不足以构成陶渊明彻底归隐的原因。例如有人说：“世人但以不屈于州县吏为高，故以因督邮而去。此士识时委命，其意固有在矣，岂一督邮能为之去就哉？躬耕乞食，且犹不耻，而耻屈于督邮，必不然矣。”（李公焕《笺注陶渊明集》卷五引韩子苍语）又有人说：“观其语意，乃以妹丧而去，不缘督邮。所谓矫励违己之说，疑心有所属，不欲尽言之耳。词中正喜还家之乐，略不及武昌，自可见也。”（洪迈《容斋随笔》五集卷一）

妹丧与督邮这两条不大行，于是另找出路，一个影响很大的说法是陶渊明预感到行将改朝换代，于是赶紧逃离官场：“陶元亮作令彭泽，不为五斗米折腰，竟成千秋佳话。岂未仕之先，茫不知有束带谒见之时，孟浪受官，直待郡遣督邮，方较论禄之微薄、礼之卑屈耶？盖元亮生于晋祚将移之时，世道人心，皆不可问；而气节学术，无所用之，徒劳何益。五斗折腰之说，有托而逃……”（林云铭评注《古文析义初编》卷四）陶澍把这一层意思说得格外清晰：

> 先生之归，史言不肯折腰督邮，序言因妹丧自免。窃意先生有托而去，初假督邮为名，至属文，又迂其说于妹丧以自晦耳。其实闵晋祚之将终，深知时不可为，思以岩栖谷隐，置身理乱之外，庶得全其后凋之节也。（《靖节先生集集注》卷五）

以“晋祚”之将被替换来解释陶渊明的归隐，以及认定他此后充满“忠愤”——诸如此类的以政治正确、道德高尚来评说陶渊明的种种议论，曾经十分流行，影响深远，至今不衰。

可是义熙元年乙巳岁(405)离改朝换代(东晋元熙二年，刘宋永初元年，420)尚有十多年，即使到了晋、宋易代之时与之后，陶渊明也没有多少“忠愤”。以“晋祚将移”、赶紧逃离来解释他的归隐，完全是讲不通的。事实是半年前陶渊明就下决心归隐，到义熙元年十一月才得以实施，已经意外地推迟了半年。人寿几何，再也不能延迟了！

《归去来兮辞》的小序说得很清楚，他决心归隐的原因，从根本上说是自己“质性自然”，不能适应官场的种种；从近因来说，那就是这个彭泽令他本来就没有想到要干，这是亲故劝他干，而由“家叔”一手安排的。当时不便拒绝，所以事后一有机会就发作起来，自免去职，以顺自己的心愿。换言之，彭泽令这份差事是计划外的，陶渊明本来就不大想干，而稍后恰有督邮莅临、妹妹去世等事发生，于是就借机行动起来，抓紧实现自己早已有之的“园田梦”。

在陶渊明的作品和传记材料中，这位“家叔”陶夔其人再也没有出现过。

三、不宜呆看“五斗米”

陶渊明不愿意为五斗米折腰一事，后来成了著名的典故，而有关的纷争也不少，有必要再来梳理讨论一下。

“我不能为五斗米折腰”这话是陶渊明行将彻底归隐、抛弃彭泽县县令一职时说的。关于陶渊明最早的一篇传记沈约《宋书·

隐逸·陶潜传》载：

> 郡遣督邮至县，吏白应束带见之，潜叹曰：“我不能为五斗米折腰向乡里小人！”即日解印绶去职，赋《归去来》。

后来唐朝官修之《晋书·隐逸传》中也记载了这件事，字句与《宋书》有所不同：

> ……素简贵，不私事上官。郡遣督邮至县，吏白应束带见之，潜叹曰：“吾不能为五斗米折腰，拳拳事乡里小人邪！”义熙二年，解印去县，乃赋《归去来》。

粗粗看去，意思似乎也差不了多少。前人一般都把这些记载里的“五斗米”理解为陶渊明担任县令的俸禄，相信他说这句话的意思是指不能为了一份官俸就低三下四地向上级派来的督邮鞠躬致敬。陶渊明不肯折腰，宁可抛弃官职回家隐居去。

“不为五斗米折腰”后来成了一个使用频率很高的典故。盛唐诗人孟浩然《京还赠张淮》有句云：“欲徇五斗禄，其如七不堪。”岑参《初授官题高冠草堂》一诗的尾联道：“只缘五斗米，辜负一渔竿。”到晚年，他回忆起自己早年出仕之初的情形，又作《峨眉东脚临江听猿怀二室旧庐》诗道：“久别二室间，图他五斗米。”晚唐李商隐《自贶》诗云：“谁将五斗米，拟换北窗风。”这些诗句中的“五斗米”指的都是官俸。在古代诗词里，这样来运用“五斗米”典故的情形十分常见。

当“五斗米”被当作典故用来借指官俸时，无非是极而言之，言其仅可糊口，而万不可看得过于落实。如果不管诗歌语言弹性大、多夸张的特点，径将这“五斗米”确认为县令官俸的具体数目，则未免胶柱鼓瑟，会惹出种种麻烦来。在诗歌阐释中追求数字的精确性，总是非徒无益而又害之，这种“算博士”的拘执只能形成对作品领悟和鉴赏的干扰。

事实上晋代地方官官俸的详细情况，现在很不容易查明。《晋书·职官志》里没有这一方面的记载，连推测也颇觉为难。如果以“五斗米”为月俸，实在未免太少。晚近以来一斗（“市斗”）米十五斤左右，古代斗小，晋代的五斗大约相当于一市斗。如果当时县令一个月的俸禄就只有十来斤米，岂但养不活老婆孩子，自己也将处于半饥饿状态，这样还能当什么官。

于是有人主张这“五斗米”并非月工资而是日工资。该说指出，当时的俸禄制度是“半钱半谷”，即钱、米各占一半。以陶渊明所做的县令来说，月钱二千五百，米十五斛。一斛是十斗，那么一天的工资正好是五斗米和八十三文钱。该说认为，按这样算下来，县令的收入还是比较优厚的，陶渊明宁可不要这份高收入挂冠而去，充分体现了他的傲骨，可称高风亮节云云。

可是我们根本无从知道陶渊明是否确有这样一份优厚的日工资。中国古代的俸禄一般以月或年来计算，当然也可以由此折算出一天的收入是多少。每天五斗米，好像也谈不上多么优厚。

问题还在于，以五斗米为陶渊明日工资的依据是在《后汉书·百官志·五》以及唐章怀太子李贤注引荀绰《晋百官表注》中，可是查对下来并不对头。据该《志》可知，汉代的县，“大者置令一人，千石；其次置长，四百石；小者置长，三百石”。而其俸禄“皆半钱半谷”。与县级官员有关的规定是：“千石奉，月八十斛；六百石奉，月七十斛；比六百石奉，月五十斛；四百石奉，月四十五斛。”然则东汉县令的月俸是八十斛，平均下来大大超过每日五斗。而该《志》注引之荀绰《晋百官表注》云：“汉延平中，中二千石奉，钱九千，米七十二斛……一千石，月钱四千，米三十斛。六百石，月钱三千五百，米二十一斛。四百石，月钱二千五百，米十五斛。三百石，月钱二千，米十二斛。”据此可知东汉延平(106)之时，大县县令、一般县长和小县县长的每月收入为几何。但这同陶渊明有什么关系呢？荀绰在这里讲的是东汉延平年间的情况，怎么知道东晋的县令与东汉四百石县长之官俸恰好完全一样？就算东晋县令的收入与东汉延平年间完全一样，陶渊明作为彭泽令也得拿每月三十斛，亦即每天十斗米才对，怎么可以把他的待遇下降到中等县县长的水平？

古代的官员究竟拿多少俸禄，往往弄不大清楚，各地既不同，变化又很多。据《后汉书·百官志·五》注引《献帝起居注》，到汉献帝时已取消钱米，改为给官员一块“公田”，“令各自收其租税”。这个办法到东晋似乎也还在用。按，陶渊明《归去来兮辞》的小序中特别提到“公田之利，足以为酒”。据《宋书》《南史》之本传，他当时拥有公田三顷。这样一块地一年的收入有多少，是不是就是平均每日五斗，亦不得而知，恐怕很难计算。何况陶渊明当了八十多天彭泽令就挂冠而去了，这一份“公田之利”不知道到手多少，很有可能一点也没有拿到。

以五斗米为县令之俸禄一说有种种难通之处，于是学者们就“另谋出路”。

《宋书》所记的“我不能为五斗米折腰向乡里小人!”虽然中间略有停顿，其实只是一个单句。而《晋书》所记述的“吾不能为五斗米折腰，拳拳事乡里小人邪(耶)!”则分明是两句话，前一句为陈述的语气，后一句则是反诘的语气，最后如不用感叹号而用问号也是可以的。萧统《陶渊明传》和李延寿《南史·隐逸传》也记载了其时陶渊明的感叹，略同于《宋书·隐逸传》而远于《晋书·隐逸传》。古人云“三占从二”，意思说有不同意见时少数服从多数；这里自当四占从三，以沈约的记载作为讨论问题的依据和出发点。

如果以《晋书·隐逸传》为依据，从语气上看，则陶渊明的前一句话好像指的是以前的事情，后一句才说到当下。著名的陶渊明研究专家逯钦立先生正是这么看的，并就此提出一个很新颖的解说。

逯先生说，陶渊明第一次出仕是充当江州祭酒，当时他的顶头上司、江州刺史王凝之是个五斗米道徒，王凝之的父亲王羲之是老一代五斗米道徒，先前也当过江州刺史。正是王氏父子在江州大搞五斗米道的一套，其时设置的别驾祭酒一职亦与五斗米道有关，"王家特设这一高职权祭酒，显系假传统官职之名，而取道教祭酒为治之实"。陶渊明在王凝之手下只干了很短时间，就自行解职回家了。逯先生就此发挥道：

> 游好六经有志济世的陶渊明，当然同这种迷信道门格格不入。本传所谓"不堪吏职，少日自解归"，这意味着江州官府的腐朽堕落，也意味着统治阶级内部两种思想见解的矛盾斗争。
>
> 讨论至此，不禁想到《宋书·陶潜传》"我不能为五斗米折腰向乡里小人"一句话……这句话，与《晋中兴书》（九家旧晋书辑本）、《南史》和萧统的《陶传》文体相同，但与《晋书·陶潜传》《莲社高贤传》却又有差别。
>
> ……
>
> "吾不能为五斗米折腰，拳拳事乡里小人邪！"这句话是用两个分句组成的。其中，前一个分句，说的是一件事，后一个分句，说的是另一件事，两个分句所说的不相同，但又是互起对比作用，是用前一个分句强调后一个分句的……

"吾不能为五斗米折腰",我认为指的是二十九岁解去州祭酒那件事……(《读陶管见·江州祭酒问题》,《汉魏六朝文学论集》)

而到后一句"拳拳事乡里小人邪",才涉及当下要迎接督邮一事。陶渊明看这督邮乃是"乡里小人",根本不愿意向他卑躬屈膝。按逯先生的理解思路,前一句中的"五斗米"实乃借代修辞,即指五斗米道徒王凝之。两句话加起来的意思是说,连王凝之那样的大人物我都不愿意向他折腰,自行解职而去;现在督邮这种"乡里小人"更不值得尊敬,来就来吧,搞什么"束带见之"!

陶渊明一派名士风度,不能适应官场的尊卑势利,觉得还不如归隐的好,这是可以理解或相信的;他本来已经打算归隐,于是就借"应束带见之"的礼仪问题发作起来,迅速弃官走人,这也完全可以理解。问题在于在这样一个当口忽然提到自己早年出仕时的旧事,总不免显得有点鹘突。唐代官修《晋书》成于众手,问题比较多,在这里我们恐怕还是应采取《宋书》《南史》本传以及萧统《陶渊明传》的文本,即"我不能为五斗米折腰向乡里小人!"似此,则"五斗米"也就不可能指代当年的江州刺史王凝之。

其实陶渊明到底怎么看待王凝之,我们并不清楚,他当时抛弃江州祭酒一职,好像并非对这位顶头上司有什么看法,而只是"不堪吏职"而已。

此外又曾有人设想驾临彭泽的那位督邮乃是一位五斗米道徒,所以陶渊明深恶痛绝之,斥为乡里小人云云。王凝之是一个虔诚的五斗米道徒,这是史有明文的,但判定这位与陶渊明有关的督邮也是此教的信徒,则未见依据,无从采信。

著名文史专家缪钺先生曾撰文详考有关历史文献,指出"所谓'五斗米',与东晋县令官俸绝无关涉",而乃是当时常见的士大夫每月的食量。缪先生指出："中国的度量衡，都是古时小，到后世渐渐变大……陶潜那时(即东晋末)一斗之量约当今日的二市升……陶潜所谓'五斗米'，不过相当于今日一市斗米。"而许多史料表明当时士大夫的食量就在每月五斗米上下，于是他进而推论道：

> 陶潜的意思认为：我一个人每月有五斗米就可以勉强吃饱了，再多的也不需要，我回去过田园生活，虽然劳苦些，还是可以够吃的，何必一定要做县令，逢迎长吏，"违己交病"呢？所以他在想弃官而去的时候说："我不能为五斗米折腰向乡里小人。"就如同说："我不能为求一饱之故折腰向乡里小人。"(《陶潜不为五斗米折腰新释——附论东晋南朝地方官俸及当时士大夫食量诸问题》)

此说通达而有根据，合于情理，最宜参用。但食量问题也是因人而异、很难说死的，依据少量数据计算广大人群的平均食量尤非易事。

当然，解释陶渊明的意思是说不能为求一饱之故而低三下四，则完全正确，而这同不能因为拿了一点官俸而逢迎长吏的意思，也正可以相通。

以上关于"五斗米"的三种解说：官俸说、道徒说、食量说各有各的道理，也分别有些困难之处，容易引出疑点。总起来看，"五斗米"指代官俸一说，自唐代以来就流传不衰，按约定俗成的老例，现在也还可以这么看；食量说精彩绝伦，而与此亦可相通。

读陶渊明时务必要注意，"我不能为五斗米折腰向乡里小人"乃是诗化的语言，是一种夸张的说法，不宜呆看。李白在诗里说自己"白发三千丈"，无非形容愁思之深长，并不是真有那么长的白发。我们在读诗的时候，宜乎把追求精确的数学思维头脑暂时搁置起来，更多地关注人的感情，心知其意即可，不必讲究“落实”，不宜求之过深。在这里正用得着陶渊明关于读书“不求甚解”的指示，含糊一点，这才合适，甚至可以说非常必要。

第五章　归隐后的生活

从东晋义熙元年(405)十一月弃官归隐,到刘宋元嘉四年(427)九月去世,陶渊明在他的故乡柴桑隐居了二十二年。

鲁迅先生关于古代隐士的生活状态有如下总的估计:“凡是有名的隐士,他总是已经有了‘优哉游哉,聊以卒岁’的幸福的。倘不然,朝砍柴,昼耕田,晚浇菜,夜织屦,又那有吸烟品茗,吟诗作文的闲暇?”“‘隐’总和享福有些相关。”具体说到陶渊明,鲁迅指出:“他有奴子。汉晋时候的奴子,是不但侍候主人,并且给主人种地、营商的,正是生财器具。所以虽是渊明先生,也还略略有些生财之道在,要不然,他老人家不但没有酒喝,而且没有饭吃,早已在东篱旁边饿死了。”(《且介亭杂文二集·隐士》)这些估计和分析至今没有过时,只是陶渊明的经济状况颇有起伏变化,他也不是一直在享福,其间也吃过不少苦,凡此种种都需要做些具体的说明。

一、脱离传统的世俗化归隐

隐居首先得有个安身的住处。陶渊明在最后彻底弃官以前已经在柴桑故宅之外把自己的新住处安排好了,老婆孩子更已先期入住。这里被称为“园田居”,远离村庄,自成一统,“方宅十余亩,草屋八九间。榆柳荫后檐,桃李罗堂前”,“户庭无尘杂”(《归园田居》其一）：这一处别墅十分宽敞、幽静、净洁。另，“方宅”之“宅”，《艺文类聚》卷六十五引作“泽”，似此在陶渊明“园田居”之侧有一方很大的池塘。“泽”字似较佳。后来陶渊明家在遭遇了一场火灾之后暂居于船上，大约就停泊在这个池塘之上。不过“宅”字通行已久，要校改恐怕很难了。

义熙元年（405）冬天陶渊明刚刚归隐时的生活内容，从他的《归去来兮辞》看去，是“引壶觞以自酌，眄庭柯以怡颜。倚南窗以寄傲，审容膝之易安。园日涉以成趣，门虽设而常关。策扶老以流憩，时矫首而遐观”。他对自己安排的这一隐居根据地十分满意，住在这里是很享受的。

这种安排，用后人的眼光看去虽然也觉平常，但在那时却充满了创新的意味。因为按照传统，隐居是必须跑到深山老林人迹罕至之处去的。

做隐士无非是想远离政局尘嚣，保持个人的人格独立和精神自由。为达此目的，先前的隐士一般总是干脆从社会逃离出去，过一种非世俗的、比较怪异的生活。为了安顿精神家园，他们抛弃了正常的生活，付出了极其高昂的代价，同时也就失去了推广的价值。

远的不说，就看晋王朝建立前夜两个著名的隐士——孙登和苏门先生，他们安顿精神家园的办法就不是一般士人所能接受和照办的。仰慕他们的两位名士——阮籍和嵇康，未能像他们那样走入深山，精神上就感觉非常痛苦。

曾经有人认为孙登和苏门先生其实是同一个人，此说事出有因，而查无实据。他们有些类似之处，但仍然是两个人。嵇康曾经直接提到孙登其人，其临终前夕的《幽愤诗》有云：“昔惭下惠，今愧孙登。”为什么要愧呢？因为孙登曾对他说过“君才则高矣，保身之道不足”(《世说新语·栖逸》),而他现在果然没有能够保住自己,被司马氏捉将官里去,不久又丢了性命。隐士孙登坚决主张并且真能实行远离世事,有一套说起来头头是道的道理。《世说新语·栖逸》注引《文士传》载,孙登“所居悬岩百仞,丛林郁茂,而神明甚察”,他教训前来请教的嵇康说:“子识火乎?生而有光,而不用其光,果然在于用光。人生有才,而不用其才,果然在于用才。故用光在乎得薪,所以保其曜;用才在乎识物,所以全其年。今子才多识寡,难乎免于今之世矣。子无多求!”按照他的意见,欲隐非躲入深山不可,否则将“难乎免于今之世”;而这样一来生活就一定不能正常。嵇康也想避世避祸,所以他虽官居中散大夫而不问俗事,经常采药锻铁,但他远远没有达到孙登的境界。

阮籍也见过孙登,约在正元二年(255)。嵇康与孙登的交往则在甘露年间(256—260),离他被捕下狱已不甚远。孙登预言他“难乎免于今之世”,可知其人虽隐于深山,对天下大事还是很了解的。

阮籍在他著名的文章《大人先生传》中提到另一位隐士苏门先生;其人的特点在于几乎完全不肯说话,一味长啸。他为达到自己的自由付出了比孙登更高的代价。

阮籍在《大人先生传》中批评过只知道遁入山林的表面化的隐士。大人先生认为,一个人只要精神绝对自由便好,并不一定要隐遁于山林,“不避物而处,所睹则宁;不以物为累,所逌则成。彷徉足以舒其意,浮腾足以逞其情……无是非之别,无善恶之异,故天下被其泽而万物所以炽也。若夫恶彼而好我,自是而非人,忿激以争求,贵志而贱身,伊禽生而兽死,尚何显而获荣?”要之,只要精神独立自由便好,是不是遁入山林毫不重要,如果虽隐而仍多是非之心,那是无法安顿自己的精神家园的。这显然是他的夫子自道,拿这些话来批评嵇康,也非常合适。阮籍也正在努力寻求不入山林而获得人格独立、精神自由的新路子，可惜他的理论探讨固然非常有深度，实践却跟不上，于是只好大喝其酒以麻醉自己，同时在《咏怀诗》中发泄其痛苦。

竹林之游风流云散之后，嵇、阮走上不同的道路。嵇康虽仰慕孙登，但他的实际人生态度太执着了，终于死于非命，应了孙登的预言；阮籍则颇有大人先生式的超然，但也不过是表面如此，他实际上与当权的司马氏集团保持着比较密切的联系——所以一直平安无事，寿终正寝——但这种联系的精神代价很高。

用传统的标准来看，就隐居的深度而言：苏门先生当数第一，他隐姓埋名，完全离开政治，离开社会，抛弃文化，与世人简直不肯交往；孙登第二，他没有完全离开社会，也还关心政治，只是过一种世外高人的怪异生活；阮籍当列第三，他虽在社会生活当中但不守礼法，虽在官场之中但心态十分超然，精神尚能自由，但同时也就有了许多佯狂的痛苦；嵇康屈居第四，他虽然信神仙采上药，但不能心平气和，动辄得罪权贵，终于不能自保。嵇、阮虽然仰慕更加自由的山林隐逸，但那样做成本太高，他们尚难完全接受。

就比较靠近的情形看，人们常见的隐居仍然是逃到人迹罕至之处去。陶渊明的一个本家叔叔叫陶淡的，因为其父陶夏原可继承陶侃的爵位而终于未能实现，处境尴尬，遂隐入深山，走的还是孙登的路线。

陶淡退出人间，只愿与一只白鹿为伴，走的是老派隐士的老路；而陶渊明则开辟了一条新路：只是退出官场，回到农村，去过普通人的生活。不过陶渊明虽然用新的方式来安排自己的隐居生活，却仍然受到旧观念的某些影响，他把“园田居”新宅安放在远离村庄的地方，就仍然有点离群索居的意思。而稍后当他家遭遇火灾时就因为没有近邻的救援而烧得相当彻底，损失惨重。（详见《戊申岁六月中遇火》）于是他接受教训，把家搬到离城较近、邻居甚多的南村去（详见《移居》），其隐居生活进入了一个新的境界。

为了简便易行，士人为寻求心灵自由、人格独立而隐居，不能走苏门先生、孙登或陶淡那样的道路，最好也不走阮籍、嵇康式的道路。陶渊明的归隐方式具有平淡无奇、人人可学的世俗化品格：无须遁入山林，只要回到故园，融入社区；无须披头散发，仍然过士人的正常生活；无须咬紧牙关不开口，可以随便说话，话桑麻，写诗赋。唯一的条件只不过是离开官场——离开了这一块是非之地，就比较容易保持内心的平衡和洒脱了。

隐士的根本要义在于精神世界向内转，高远之志完全可以隐蔽于家常平淡之中——这已经有点后来禅宗的意味了。

陶渊明隐居方式的新意在他的一首代表作《饮酒》其五中说得很有意味：

> 结庐在人境，而无车马喧。问君何能尔？心远地自偏。
> 采菊东篱下，悠然望南山。山气日夕佳，飞鸟相与还。
> 此中有真意，欲辩已忘言。

此诗当作于义熙七年（411）把家迁至南村之后。全诗明白如话，而发人深思。在陶渊明之前的隐居之士大抵离群索居，以奇特的方式生活表示他们对政治、对社会的厌恶和抗议，所以也谓之“隐遁”——从人间逃亡出去。这种生活其实是很痛苦的。陶渊明比他们高明的地方在于，他实行的是所谓“归隐”，退出官场，回到自己的老家，过农村知识分子很普通的生活：读书、饮酒、访友、游览，高兴起来的时候也干一点农活如锄锄草之类，外观上一点也不像过去的隐士那样奇奇怪怪的。他仍然在人间。所以诗的第一句“结庐在人境”看似普通，其实有很重大的意义，诗人开宗明义，在这里宣布自己实行一种新型的隐居方式。

老式隐士之所以要遁入山林，一大原因是要远离人世的浑浊和喧嚣，防止污染，取消麻烦，遗世独立。现在陶渊明竟然虽然隐居而“结庐在人境”，用老眼光看起来，根本缺少基础性条件，因为人间必有种种世俗的干扰，“车马喧”就是这种干扰的形象化的说法。但陶渊明说，庐虽在人间，却可以听不到车马喧，上下两句之间用一“而”字，作一百八十度的急转弯。用“而”字表示转折在散文里很常见，而在诗里极罕见。两句诗十个字，读起来像散文，简直是史无前例的句法，同时也表述了一种史无前例的新观念。

这样就很容易引出一个质疑者来，“问君何能尔？”提问者大约认为在人间隐居是不可能的；而答复则大有哲学意味：“心远地自偏。”问题不在客观条件，不在“地”，而在主观心态，“心”远则地自偏。这是一个玄学式的答案，与佛学所谓“心无义”尤可相视而笑。“心无义”不否认客观世界的存在，而用精神力量去消解它。这一思路违背了佛教原典，曾经被斥为辜负如来（详见《世说新语·假谲》“愍度道人始欲过江”条。参见汤用彤《汉魏两晋南北朝佛教史》、汤一介《昔不至今》），双方一度辩论得很激烈。持“心无义”的代表人物有支愍度、道恒、竺法温等，桓玄亦持此义。僧肇、慧远等佛教大师反对“心无义”，陶渊明是不大赞成慧远的，从这里也可以看到一些苗头。

佛学“心无义”所讨论的是世界观问题，似未及深入到人生观上来。陶渊明无意于思辨哲学，他只关心人生哲学。关于如何才能“心无”，“心无义”只是说要“于物上不起执心”（元康《肇论疏》），要“神静”（转引自僧肇《不真空论》），仍然比较抽象。陶渊明不说“心无”而说“心远”；如何才能做到“心远”？“采菊东篱下，悠然望南山。山气日夕佳，飞鸟相与还。”人在自家宅院的东篱下采菊，眼却望着南山，又转而去看飞鸟：此即所谓“心远”。

“望”字一作“见”，一字之差，古今议论纷纭。苏轼认为“见”字好，“因采菊而见山，境与意会，此句最有妙处。近岁俗本皆作‘望南山’，则此一篇神气都索然矣”(《东坡题跋》卷二《题渊明饮酒诗后》)。苏轼是赫赫有名的大诗人，所说也自有他的道理，所以后来附和他的人很多，如晁补之云：“记在广陵日，见东坡云陶渊明意不在诗，诗以寄其意耳。‘采菊东篱下，悠然望南山’，则既采菊又望山，意尽于此，无余蕴矣。非渊明意也。‘采菊东篱下，悠然见南山’，则本自采菊，无意望山，适举首而见之，故悠然忘情，趣闲而累远。此未可于文字精粗间求之。”(《鸡肋集》卷三十三《题陶渊明诗后》)晁补之讲得更详细，同时也更加暴露出这一派解读的问题，他们将这两句从原诗中割裂出来，以宋代士大夫的闲适情趣加以改塑，而未能从原诗的感情和逻辑出发，遂不免形成误读，尽管是一种很有意味的误读。

事实上“望”字在版本上更有根据。苏轼之所谓“俗本”与今日所见之善本均作“望”，则自当作“望”；“见”字倒未见有什么坚强的依据。陶渊明确实在望南边的山，而字面上又与寿比南山之南山相合，古典与今典合而为一，最是巧妙。服食菊花是为长寿，而能不能真的令人长寿，陶渊明也不很计较，“于物上不起执心”，服着玩玩，所以态度悠然，潇洒得很；绝不像士子赶考，志在必得。悠然是一种不大容易达到的境界，须忘怀得失看破人生才行。这就是所谓“心远”。

陶渊明厌倦了官场的折腰应酬，抛弃了书本上“大济于苍生”(《感士不遇赋》)一类的高调，毅然归隐，回归于自然，回归于自我，这时他已经把人世参透了，因此纵有车马喧腾，种种世俗干扰，他一概不去理会，只顾自己采菊服食，享受生活，自得其乐，这正是陶渊明“心远”之一端。

陶渊明固然希望长寿，但并不执着，他更看重的是生存状态之自由和精神能有家园可以安顿。于是诗人由望山而及山之气象，“山气日夕佳，飞鸟相与还”两句的深层含义在此。大自然生生不息，自有佳趣，飞鸟自由自在，日落归林，这一极常见的傍晚景象给陶渊明极深的启示，他由此体认到，这才是人生理想状态的象征，所以接下来说“此中有真意”，“此中”即指“采菊东篱下”到“飞鸟相与还”这四句所描写的意象之中，此中蕴含的“真意”，大约包括对于生命和自由的爱恋和向往。

陶渊明逃禄归耕的原因，最主要的在于摆脱束缚，复归自然，求得人格的独立和心灵的自由。《归去来兮辞》小序说起他到彭泽去当县令，“及少日，眷然有归欤之情。何则？质性自然，非矫励所得。饥冻虽切，违己交病”。一有“矫励”即不自由，即“违己”，而归隐的好处即在于恢复本性，自由自在。看清这一点，我们便能理解他在《归园田居》诗中何以那样高兴地说起“羁鸟恋旧林，池鱼思故渊”“久在樊笼里，复得返自然”(其一)，以及“衣沾不足惜，但使愿无违”(其三)。想给豆苗锄锄草就去锄草，衣裳沾湿了殊未足惜；想采菊便去东篱下采菊，能否长寿，也没有什么大关系。总之，陶渊明希望在无拘无束中享受人生，名利等身外之物皆可忽略不计，物质生活水平如何也不重要，最要紧的是不违背自己的意愿，不丧失自己的本性。“使愿无违”可以说是陶渊明人生哲学的基本点。

一般俗人在尘世中摸爬滚打，难免不干一点“违己”的事情，功利之心亦复难以消尽；读读陶诗正可如过屠门而大嚼，虽不能行，聊以寄情。陶诗久诵不衰的魅力，原因之一或即在于此乎。现在，中国古代的新型隐士陶渊明在西方产生了越来越大的影响，《饮酒》其五尤为脍炙人口〔参见(德)卜松山(Karl-Heinz Pohl)《诗与真——漫谈陶渊明与酒》，《与中国作跨文化对话》〕，更可见对于后现代文明而言，陶渊明的“真意”具有某种解毒剂的意义，尽管西方人心目中的陶渊明很可能又已经经过了他们一番创造性的误读和改造。

二、归隐也是需要经济基础的

陶渊明归隐以后生活多半比较潇洒，但这是要有经济基础的；也有时哀叹贫困，发过不少牢骚，那是基础出现问题了。

陶渊明曾经多次出仕，他一再说过，那都是为了吃饭；最后一次出为彭泽令，虽然在计划之外，仍然勉强接受，因为这也正可以进一步筹措经费，以便归隐。《宋书·隐逸传》记他"谓亲朋曰：'聊欲弦歌，以为三径之资，可乎？'执事者闻之，以为彭泽令"。其他关于陶渊明的史料亦多载此事。将成为隐居成本的"三径之资"来自官俸即所谓"公田之利"（《归去来兮辞》），对此陶渊明并不讳言。

在彭泽令任上陶渊明曾经派遣一个"力"（即奴子）去为他儿子服务；至于替他本人服务以及耕种"公田"的奴子则不知凡几。

当然，这一回的"公田之利"尚未怎么收到，陶渊明就匆匆归隐了；好在在此之前他已经有了相当的准备。陶渊明具体拥有多少土地和奴子现在已经不可知，但看他诗中记叙奴子"开荒南野际"，又高兴地说"我土日已广"（《归园田居》其二），已可见他确有他的生财之道。

关于他家有奴子一事，《归去来兮辞》中曾经提到："……实迷途其未远，觉今是而昨非。舟遥遥以轻飏，风飘飘而吹衣。问征夫以前路，恨晨光之熹微。乃瞻衡宇，载欣载奔。僮仆欢迎，稚子候门。"其中"僮仆"二字，在今人编注本陶集中大抵不出注，其实这乃是一个专门名词，这种人的存在与陶渊明的生计关系甚大，应当作出说明。

汉晋以来的所谓“僮仆”乃是与主人有人身依附关系的奴子，替主人种田、经商、从事各种家务劳动。僮仆亦称为“僮”或“僮客”，例如西汉作家王褒（字子渊）写过一篇《僮约》，虽然近于游戏文章，但从中也可以考见僮仆任务繁重，相当痛苦。

“客”与“主”相对而言，所以与主人有依附关系的“僮”又被称为“僮客”。《史记·司马相如列传》提到“卓王孙家僮八百人”，而《汉书·司马相如传》则说“临邛多富人，卓王孙僮客八百人”，注：“僮，谓奴。”“僮客”这一提法用得很久，例如《三国志·蜀书·糜竺传》就曾说起其人“祖世货殖，僮客万人”。“僮客”亦犹“僮仆”。《三国志·吴书·陈武传》附带地写到其子陈表的事迹，说国家曾经赏给他二百家“僮仆”，但他不肯接受：

> 嘉禾三年，诸葛恪领丹杨太守，讨平山越，以（陈）表领新安都尉，与恪参势。初，表所受赐复人得二百家，在会稽新安县。表简视其人，皆堪好兵，乃上疏陈让，乞以还官，充足精锐。诏曰：“先将军（陈武）有功于国，国家以此报之。卿何得辞焉？”表乃称曰：“今除国贼，报父之仇，以人为本。空枉此劲锐以为僮仆，非表志也。”皆辄料取以充部伍。所在以闻，（孙）权甚嘉之。

陈表实际上将这些本已沦为“僮仆”的人解放了。他赞成“以人为本”，很有头脑，风格亦高。

“僮仆”在东晋、南朝一直存在。《宋书·王弘传》有一段文字，记载当时的一场讨论，即在最基层的里伍中，士人是否接受连坐，可否用僮仆奴客来替罪？其时有几种不同的意见，吏部郎何尚之的看法是士人本人必须接受连坐，他感慨地说：“今多僮者傲然于王宪，无仆者怵迫于时网，是为恩之所沾，恒在程、卓，法之所设，必加颜、原，求之鄙怀，窃所未惬。”而王弘则主张对士人适当予以照顾：“无奴客，可令输赎，又或无奴僮为众所明者，官长二千石便当亲临列上，依事遣判。”由此可知，“僮”“仆”“奴客”“奴僮”这些语词基本同义，可以通用。“奴僮”一词尤多见于史籍，如《宋书·谢弘微传》称谢混死后，谢家“奴僮犹有数百人”，《宋书·沈庆之传》云其家“奴僮千计”，如此等等。

王弘在刘宋初年当过江州刺史，与陶渊明有过一段交往，《宋书·隐逸·陶潜传》载：“江州刺史王弘欲识之，不能致也。潜尝往庐山，弘令潜故人庞通之赍酒具于半道栗里要之。潜有脚疾，使一门生二儿轝篮舆，既至，欣然便共饮酌。俄顷（王）弘至，亦无忤也。”关于他们之间的交往，陶渊明还写过诗——《于王抚军座送客》。他们是同时代人，王弘的说法同陶渊明的诗文最可互证。

“僮仆”在当时的生产中作用很大。《颜氏家训·涉务》云：“江南朝士，因晋中兴，南渡江，卒为羁旅，至今八九世，未有力田，悉资俸禄而食耳。假令有者，皆信僮仆为之。未尝目观起一坺土，耘一株苗，不知几月当下，几月当收，安识世间余务乎？故治官则不了，营家则不办，皆优闲之过也。”他这里正是从东晋说起的。“僮仆”实际上就是农奴。

陶渊明家有僮仆，这些人应当是他家里从事农业生产的主力。陶渊明的高明之处在于，他本人也参加过一定的农业生产劳动，例如在豆子地里锄草，收割水稻，等等。他颇知稼穑的艰难，与“农人”的关系比较接近，这就同那些“未尝目观起一坺土，耘一株苗，不知几月当下，几月当收”、一味高高在上的官僚雅士不可同日而语了。

其高明之处还在于，他对“僮仆”的态度也比较好。据萧统《陶渊明传》所记，他在彭泽令任上曾经派遣一个“力”——也就是“僮仆”即奴子，亦称“力人”——去为他儿子服务，同时写一封信道：“汝旦夕之费，自给为难。今遣此力，助汝薪水之劳。此亦人子也，可善遇之。”要求自家子女善待僮奴，强调指出“此亦人子也”，表现出某种人道主义精神。陶渊明不可能超越当时的政治经济体制，但他主张善待弱势群体，应当说已是难能可贵的了。

陶渊明家有多少“僮仆”颇不可考，大约不算多——给他抬“篮舆”（简易轿子）的除了门生以外还有他自己的两个儿子，可见他能够役使的人很少——而且越来越少。他晚年在《与子俨等疏》中写道：“汝辈稚小家贫，每役柴水之劳，何时可免？念之在心，若何可言。”到这时候，他家里似乎已经没有“僮仆”了。与陶侃时“家僮千余”（《晋书·陶侃传》）相比，到陶渊明这一代显然要算是彻底破落了。

与陶渊明大体同时而稍晚的谢灵运不仅拥有大量的奴子，而且对奴子态度恶劣，他曾经擅自杀害僮仆，这是当时的法律所禁止的，他因此遭到追究。《宋书·谢灵运传》载：“……迁相国从事中郎，世子左卫率。坐辄杀门生，免官。”此事内幕则如《宋书·王弘传》载其奏弹谢灵运文中所说：“世子左卫率康乐县公谢灵运，力人桂兴淫其嬖妾，杀兴江涘，弃尸洪流。事发京畿，播闻遐迩。宜加重劾，肃正朝风。”桂兴其人虽有问题，却无死罪，尤非谢灵运所可擅杀。同谢灵运的恶霸气相比，陶渊明表现了高尚的“仁者爱人”的风范。

三、务农、饮酒、读书、游览、交友

陶渊明归隐后的生活内容约有五大方面，这就是务农、饮酒、读书、游览和交友。

中国古代一向以农业立国，参加农业劳动被看成是最正当的事情，连皇帝在春天都要示范式地去耕一下田。躬耕是未进入仕途之士人认为十分自然的事情。陶渊明更一向重视农业劳动。《归去来兮辞》里说到过“或植杖而耘耔”，《归园田居》其三则写道：“种豆南山下，草盛豆苗稀。晨兴理荒秽，带月荷锄归。道狭草木长，夕露沾我衣。衣沾不足惜，但使愿无违。”当然这时他干这些农活带有一点遣兴的意思，无非是让生活增加一些内容。

陶渊明自己动手可能还有些“劝农”的意思，他在正式归隐之前就曾“秉耒欢时务，解颜劝农人”（《癸卯岁始春怀古田舍》其二），又曾经专门作《劝农》诗，有云：“孔耽道德，樊须是鄙。董乐琴书，田园弗履。若能超然，投迹高轨。敢不敛衽，敬赞德美。”孔子斥责“请学稼”的樊须为小人（见《论语·子路》），董仲舒“少治《春秋》，下帷讲诵，盖三年不窥园”（《汉书·董仲舒传》），陶渊明认为那是很高的境界，值得赞美；但是普通老百姓不能这样，还得好生种地：“民生在勤，勤则不匮。宴安自逸，岁暮奚冀？儋石不储，饥寒交至。顾余俦列，能不怀愧！”陶渊明是在谋生手段这一点上充分肯定生产劳动的必要性。

陶渊明隐居后的第三年（义熙四年，408），家中遭遇了一场火灾，损失惨重。他从此就穷了下来，参加劳动的力度也有所加强，但仍然是比较轻微的劳动。义熙六年，陶渊明作著名的《庚戌岁九月中于西田获早稻》，其中有“晨出肆微勤，日入负禾还”之句，自称“微勤”，用词准确。

饮酒是陶渊明的最爱，前人或谓陶诗中篇篇有酒，稍觉夸张，但确实多处涉及，一组《饮酒》诗即有二十首之多。他往往把各种感想和情绪都挂在饮酒这一广谱的钉子之下。后人为陶渊明画像，也总忘不了以酒器作为他的随身道具。

读书也是陶渊明最重要的生活内容之一。关于读书，他曾自称“好读书，不求甚解，每有会意，便欣然忘食”（《五柳先生传》）。这里讲了三条基本原则：一是真心爱好，并不是为了应付考试或争取其他眼前的功利；二是不钻牛角尖，不卖弄学问；三是确有领会，每当读书有心得，高兴得饭也忘记吃了。这里最要紧的是最后一条，读书要“会意”，要有自己的领悟，而非死记硬背什么教条。这可以说是一种诗人的读书模式。

缪钺先生说过，读书的态度可以分四种，陶渊明式是其中的一种：“诸葛亮‘读书但观大意’，此政治家读书之态度也。陶渊明‘好读书，不求甚解’，此诗人读书之态度也。陶弘景‘一物不知，以为深耻’，皇甫谧‘遭人而问，少有宁日’，邢子才‘日思误书，更是一适’，此学者读书之态度也。司马迁‘好学深思，心知其意’，此通人读书之态度也。”（《冰茧庵札记·读书态度》，《缪钺全集》第7、8合卷）

陶渊明小时候读书非常用功，把儒家的经典读得很熟，而且能化为自己的血肉，所以下决心“奉上天之成命，师圣人之遗书。发忠孝于君亲，生信义于乡闾”（《感士不遇赋》）。“圣人之遗书”就是儒家的经书。陶渊明在诗里又曾说过自己“游好在六经”（《饮酒》其十六）。《诗经》《书经》《礼经》《易经》和《春秋》这些儒家经典他都认真学习过。陶渊明后来写诗，经常引用《论语》，统计下来有将近四十次之多，用得很熟练、很灵活、很到位，由此颇能看得出他“幼学”的功夫。

归隐后陶渊明读书的情形，见于《读〈山海经〉》其一者颇为亲切：

> 孟夏草木长，绕屋树扶疏。众鸟欣有托，吾亦爱吾庐。
> 既耕亦已种，时还读我书。穷巷隔深辙，颇回故人车。
> 欢然酌春酒，摘我园中蔬。微雨从东来，好风与之俱。
> 泛览周王传，流观山海图。俯仰终宇宙，不乐复何如？

一旦干完本业("既耕亦已种"),有了时间,就迫不及待地来读书,感到非常快乐("不乐复何如"),而且多有体会。《移居》其一的最后四句说:"邻曲时时来,抗言谈在昔。奇文共欣赏,疑义相与析。"可知他曾自发地同邻居中的"素心人"开小型学术讨论会,探索书中那些有"疑义"的地方。由此可知他之所谓"不求甚解"绝非囫囵吞枣,只是不钻牛角尖,不去瞎动什么急转弯的脑筋罢了。

陶渊明喜欢游览,但一般只在家门口附近,很少远出。《归去来兮辞》写道:"农人告余以春及,将有事于西畴。或命巾车,或棹孤舟。既窈窕以寻壑,亦崎岖而经丘。"农人忙于春耕,归隐之初的陶渊明则专事游览,走出那虽设而常关的大门,在家门口的附近"登东皋以舒啸,临清流而赋诗"。在《归园田居》的其四、其五两首中,他写到了出游时的见闻和感想:

久去山泽游,浪莽林野娱。试携子侄辈,披榛步荒墟。
徘徊丘垄间,依依昔人居。井灶有遗处,桑竹残朽株。
借问采薪者,此人皆焉如?薪者向我言,死没无复余。
一世异朝市,此语真不虚。人生似幻化,终当归空无。

怅恨独策还,崎岖历榛曲。山涧清且浅,可以濯吾足。
漉我新熟酒,只鸡招近局。日入室中暗,荆薪代明烛。
欢来苦夕短,已复至天旭。

陶渊明在附近的山泽间随意散步,所见到的废墟给了他很深的刺激,他由此想到人生的无常和短促,并且立即归结为抓紧时间享受生活。在陶渊明那里,安贫乐道和及时行乐是紧密地结合在一起的。从他的诗看去,他还去过著名的周家墓地,又去过比较远一点的斜川。陶渊明的游览不在乎什么名胜古迹,而重在通过游

览领悟人生的哲理:“感彼柏下人,安得不为欢!”(《诸人共游周家墓柏下》)

“今我不为乐,知有来岁不? 命室携童弱,良日登远游”(《酬刘柴桑》),陶渊明这样的“远游”一定不会甚远。附近的庐山自然是陶渊明常去的地方。陶渊明诗里也经常提到“南山”或“南岳”,但他竟然没有专门写过这座名山。陶渊明不仅在寻阳、庐山一带漫游,他还有更远大的计划,例如他曾经打算远游洛阳,凭吊圣贤遗迹,这个计划因为种种条件不具备而未能实现。

归隐后的陶渊明朋友不少,大约分三种人:一是附近的农民,同他们谈谈桑麻庄稼,也一起喝酒。更多的则还是士大夫,搬到南村以后尤其如此——这里离城近了。从诗中看去,他这方面的朋友有晋安南府长史掾殷秩、戴主簿、前任柴桑令刘程之、现任柴桑令丁某、左将军长史羊松龄、主簿庞遵、邓治中、散骑常侍张野、后军功曹颜延之、江州刺史王弘等。陶渊明与他们诗酒往还,一道出游。第三种朋友乃“素心人”,以及隐于草野之中的高人雅士,能够同陶渊明一起“奇文共欣赏,疑义相与析”的,自非等闲之辈。同陶渊明联句的两位诗人也属于这一类友人。

陶渊明的这些朋友,大部分情况不明,只有刘程之和周续之是例外,自应单独一谈。

四、“寻阳三隐”

刘遗民、周续之,加上陶渊明,合称“寻阳三隐”(这个提法见于沈约《宋书·隐逸传》、萧统《陶渊明传》、许嵩《建康实录》以及《莲社高贤传》等文献)。

“三隐”中后来名气最大的是陶渊明,而在当时,另外两位的知名度似不在他之下，可能还要更高一些。他们之间曾经有过几次深刻的异见和纷争。

周续之，字道祖，是追随住锡庐山之一代佛教大师慧远的，他的祖籍在雁门广武（今山西代县），与慧远为同乡；而其先世已经移居豫章建昌（今江西永修）。周续之十二岁起入豫章郡学，师事郡守、著名儒家学者范甯，通五经及纬候之学，既而闲居读《老》《易》；但他很快就又被庐山高僧慧远的佛学和人格所吸引，入山师事之，长期追随于左右，成为慧远僧团外围最重要的信徒之一。周续之后来被官方看好，同刘宋开国皇帝刘裕建立了比较密切的联系，得到很高的礼遇，最后病逝于建康钟山（今江苏南京紫金山）。比起另外两位比较年长的隐士来，他要时髦而且阔气得多了。

刘遗民，原名刘程之，字仲思，也是追随慧远大师的。梁释慧皎《高僧传》卷六《释慧远传》云：

> 于是率众行道，昏晓不绝，释迦余化，于斯复兴。既而谨律息心之士，绝尘清信之宾，并不期而至，望风遥集。彭城刘遗民、豫章雷次宗、雁门周续之、新蔡毕颖之、南阳宗炳、张莱民、张季硕等，并弃世遗荣，依（慧）远游止。远乃于精舍无量寿像前建斋立誓，共期西方。乃令刘遗民著其文曰……

可知在慧远大师的这一批追随者中刘遗民地位最为重要：他年纪比较大，又当过县令；周续之要比他小二十多岁，也未有过任何官职。陶渊明同庐山佛教僧团亦有关系，《莲社高贤传》载：“（陶渊明）常往来庐山，使一门生二儿舁篮舆以行。时远法师与诸贤结莲社，以书招渊明。渊明曰：‘若许饮，则往。’许之，遂造焉。忽攒眉而去。”慧远年纪大、身份高，亲自写信给陶渊明，请他入莲社修行的可能性不大，估计是让刘遗民代表自己去请他入伙。刘遗民当过柴桑县令，同陶渊明一定是熟悉的。

刘遗民等建斋立誓在元兴元年(402)，他邀请陶渊明上山入社当在此前后，这样的拉拢也许不止一次，其较晚者大约已在陶渊明彻底归隐(义熙元年，405)之后。陶渊明最后是拒绝了，他皱眉而去的原因见于那首著名的《和刘柴桑》诗：

山泽久见招，胡事乃踌躇？直为亲旧故，未忍言索居。
良辰入奇怀，挈杖还西庐。荒途无归人，时时见废墟。
茅茨已就治，新畴复应畬。谷风转凄薄，春醪解饥劬。
弱女虽非男，慰情良胜无。栖栖世中事，岁月共相疏。
耕织称其用，过此奚所须。去去百年外，身名同翳如。

从诗的题目看去，大约是刘遗民率先以诗招陶渊明入山修行，陶渊明以此诗答之。

刘遗民的原唱今已亡佚。查此公入庐山甚早，开始只是一般的隐居，并研习佛教理论，稍后慧远给他写了一封很著名的信(《与隐士刘遗民等书》，《广弘明集》卷二十七)，指出仅仅这样做实在是很不够的。该信之前有一小段文字介绍有关背景材料道："彭城刘遗民以晋太元中除宜昌、柴桑二县令，值庐山灵邃，足以往而不返，遇沙门释慧远，可以服膺。丁母忧，去职入山，遂有终焉之志。于西林涧北别立禅坊，养志闲处，安贫不营货利。是时闲退之士轻举而集者若宗炳、张野、周续之、雷次宗之徒咸在会焉。遗民与群贤游处，研精玄理，以此永日。"慧远给他们写信，主要内容是希望他们不要满足于当个一般的隐士，不应以肤浅地了解佛学而自限，那样只能"徒积怀远之兴，而乏因藉之资"，修不成什么正果；慧远希望他们"简绝常务，专心空门"，笃信净土理想，一味念佛坐禅，如此才能"津寄之情笃，来生之计深"。据信后的短文介绍，此后刘遗民等坚决按照慧远的指示办事,"专念禅坐,始涉半年,定中见佛,行路遇像",颇收立竿见影之效。于是刘遗民要把陶渊明也拉进这一伙当中来。

按慧远的理论,人皆有佛性,佛性不灭,但人生是有限的,生死报应必不能免,这是一个巨大的痛苦,而解救的办法却很简单,那就是一心念佛,坐禅。如果能够长期坚持,则活着可以充满智慧,死后则往生西方乐土(弥勒净土),得到永远的幸福。他倡导的修行方法"功高易进"(《念佛三昧集序》,《广弘明集》卷三十),于是产生了很大的影响。

慧远的这一套理论和措施大有创新的意味,富于中国特色,与印度佛教的原教旨有很大不同,较之他的师父释道安也有了很大发展,所以后来中国佛教的净土宗以他为开宗立派的祖师。印度佛教的基本精神是彻底出世的,所追求的"涅槃"乃是一种不生不死、超越轮回的永恒境界,与尘世的幸福完全无关。慧远考虑到中国民众的文化心理,对此大加改造,转而强调"三世果报",以现世的苦修来追求来世的幸福,这来世之人仍为现世之我,所以这种理论貌似出世而实为入世,只不过把尘世的幸福推迟到一个人的死后罢了。他所说的"净土",又很近于中国人一向向往的"乐土"(《诗经·卫风·硕鼠》)。净土宗的这一套很容易为中国人包括士大夫所接受。刘遗民就全盘接受了慧远的净土理想以及为达成这一理想的修行手段,他在誓愿文中以极其虔诚的态度大讲所谓"三世之传""善恶之报",而落脚处则在"登神界"亦即往生西方净土。誓愿文还说,修行者要互相提携,"先进"者帮助"后升"者,以便共享来世之福。他们离群索居,坐禅念佛,所追求的无非是一种遥远的功利,深刻地反映了乱世人心的某种隐秘。刘遗民招陶渊明入伙,是为了增加声势,扩大队伍,大家共往净土,全是一番好意。

可是陶渊明不相信这一套。他回答刘遗民说，自己不能离开“亲旧”而入山修行。在家可以喝酒，即使是劣质酒（“弱女”），也总比没有酒喝要好得多——陶渊明极其重视当下的世俗的幸福。那么来世怎么安顿？西方净土岂不是一个极理想的所在？陶渊明说，“去去百年外，身名同翳如”，来世虚无缥缈，最好不要去管它。这首《和刘柴桑》貌似信口道来，谈谈家常，实际上却非常深刻地划清了与佛教净土宗的界限。陶渊明当然不是一个现代意义上的思想家，他没有什么严整的思想体系，但他同中国古代那些第一流的文学家一样，确实是一个非常有思想的人，而且也自有他相对完整的一套。

陶渊明还有一首《酬刘柴桑》，专写现实生活的乐趣，鼓吹及时行乐，其潜台词也是同刘遗民等人离群索居、在庐山上大做其净土之迷梦唱对台戏：

> 穷居寡人用，时忘四运周。闾庭多落叶，慨然知已秋。
> 新葵郁北牖，嘉穗养南畴。今我不为乐，知有来岁不？
> 命室携童弱，良日登远游。

老婆（“室”）孩子（“童弱”），耕种旅游，这些尘世中普通人的乐趣，陶渊明看得很重。“及时行乐，固是陶公素怀。”（邱嘉穗《东山草堂陶诗笺》卷二）陶渊明的及时行乐并非奢侈享受，而主要是追求一种心夷体闲的精神愉悦，自由自在，自得其乐，其生活情趣乃是带有草根色彩的士大夫式的。这种生活态度在中国有着久远的生命力。出家人的枯寂生活，一般士大夫不能接受。中国多有居士，多有乐于同僧人交往者，而少有真肯剃度出家的士大夫。

陶渊明这两首与刘遗民有关的诗说得很清楚：他绝对不能以舍弃尘世乐趣的高昂代价去换取无从确证的幸福的来世。

高妙的是陶渊明的态度非常平和，他拒绝了刘遗民之招，而态度仍然是友好的。两首诗中没有任何直接否定佛教的言论，也没有任何讽刺的色彩，只是平和地自述其生活情趣。对于刘遗民的那种异于己的信仰和情趣，他未置一词，颇有大肚包容的雅量。这与《莲社高贤传》中说他在“许饮”的前提下可以考虑入社而终于“攒眉而去”，基调是一致的。提出以“许饮”为前提正是坚持他所看重的世俗乐趣，但他并不拒人于千里之外，并不是没有任何通融的余地。结局是他可以成为佛教徒的朋友，只是对于上山入伙一事敬谢不敏。种种传说故事的具体情节虽然不能当作信史，而所反映的情绪却是真实的，很像是陶渊明的做派。

中国古代特别是中古时代的文人具有非常宽广的文化容忍量，他们能够耐受、欣赏以至接受许多异质文化、异量之美。陶渊明不赞成念佛坐禅，但他对于佛教的某些思想是可以认同的，即如关于来世之说，陶渊明就并不完全否认，尽管他最重视的乃是现世。其著名的诗篇《乞食》结尾写道：“感子漂母惠，愧我非韩才。衔戢知何谢，冥报以相贻。”这里显然以某种佛教思想为其背景。在一般情况下陶渊明总是认为人一死就一了百了，没有什么来世，“千秋万岁后，谁知荣与辱”，“死去何所道，托体同山阿”（《拟挽歌诗》），但这里因为要向主人表示衷心感谢，于是就要说到“冥报”上去了。这种话他也肯说。

又如佛教所讲的“本无”，即世界和人心都是虚幻的，陶渊明在某种程度上也表示认可。道安、慧远师徒都讲大乘般若学，立义均以“本无”（或曰“性空”）为宗，与玄学贵无派的主张非常接近。汤用彤先生指出，道安认为“常静之极，即谓之空，空则无名无著，两忘玄莫，隤然无主……凡此常静之谈，似有会于当时之玄学，融会佛书与《老》《庄》《周易》，实当时之风气，道安般若学说似仍未脱此习气也”（《贵无之学（下）——道安和张湛》，《理学·佛学·玄学》）。慧远亦复精通玄学。陶渊明对于玄学有着很深的体悟，当时佛既通于玄，他也正好由玄而接近佛，特别是佛学中那些纯理论的部分。只是对于佛教中那些形而下的东西，如念佛坐禅之类，则完全不感兴趣。

此后中国高级知识分子关于佛教的态度大抵都是如此。烧香磕头恕不奉陪，谈谈佛理，乐于参加——对佛学中思辨的精致的形而上的某些部分感兴趣，而对佛教中那些低级的粗俗的仪轨和迷信不以为然，那些东西只能用来对付芸芸众生。然而任何宗教总有它低俗的层面，否则就会脱离群众，从而取消自己。世界上哪里会有什么专供精英分子享用的宗教。

唯其如此，陶渊明诗中那些玄学色彩十分浓厚的诗句，与佛教的理论颇可相通，如果读者是佛教徒，简直可以直接引为同志。"人生似幻化，终当归空无"(《归园田居》其四)、"吾生梦幻间，何事绁尘羁"(《饮酒》其八)——陶渊明这些诗句简直是和尚的口吻。清朝人查初白评"人生"二句说"先生精于释理，但不入社耳"(《初白庵诗评》卷上)，颇能一语中的。又《形影神》诗中《神释》部分道："甚念伤吾生，正宜委运去。纵浪大化中，不喜亦不惧。应尽便须尽，无复独多虑。"这固然是陶渊明对人生的深切体悟，是他本人"无可奈何之归宿处"(马墣《陶诗本义》卷二)，同时与大乘佛教也可以相通，前人曾经解释这几句为"释氏所谓断常见"(叶梦得《玉涧杂书》。又，周密《齐东野语》卷九亦持此说)，是有道理的。此后的禅宗，几多公案语录，似乎还没有这几句说得透彻。

不仅在诗歌创作中，就是在生活实践中，陶渊明也有很浓的禅意。传记材料中反复说到他"不解音律，而畜素琴一张，每酒适，辄抚弄以寄其意"(萧统《陶渊明传》)，他那张破琴"弦徽不具，每朋酒之会，则抚而和之，曰：'但识琴中趣，何劳弦上声！'"(《晋书·隐逸传》)禅机十足。慧远、刘遗民等人那样看重陶渊明，殷勤约他入伙，确有眼力，他们之间确实有相通之处——可惜远公师徒生活的年代太早，还不懂得后来禅宗不念佛，不坐禅，不守戒律，呵佛骂祖，一味讲“顿悟”，讲“饥来吃饭，困来即眠”(《景德传灯录》卷六)就是修行用功那一套，仍然执着于念佛坐禅等琐屑细节，难怪陶渊明要“攒眉而去”。按后来的规矩，陶渊明该给刘遗民等人当头棒喝，一棍子打得他们大彻大悟。

其实，陶渊明写给刘遗民的那两首诗，与后来禅宗大师们回答门徒的那些言辞，方向也是一致的：有了自由自在的生活，就已经成佛了，还管它什么来世，什么净土！

当追随庐山释慧远时，周续之在思想战线上颇为活跃。先是对佛教也颇有兴趣的隐士、艺术家戴逵写过一篇著名的《释疑论》(《广弘明集》卷十八)，反对其时业已相当流行的佛教因果报应论，他的中心论点是：“夫人资二仪之性以生，禀五常之气以育。性有修短之别，故有彭殇之殊；气有精粗之异，亦有贤愚之别。此自然之定理，不可移者也。是以尧舜大圣，朱均是育；瞽叟下愚，诞生有舜。颜回大贤，早夭绝嗣；商臣极恶，令胤克昌。夷叔至仁，饿死穷山；盗跖肆虐，富乐自终。比干忠正，毙不旋踵；张汤酷吏，七世珥貂。凡此比类，不可称数。验之圣贤既如彼，求之常人又如此，故知贤愚善恶，修短穷达，各有分命，非积行之所致也。”戴逵强调人各有其“分命”或曰“定分”，也就是先天决定的命运——宿命。强调这种先天决定论在当时具有反佛教果报论的意义。戴逵把自己的论文寄给那时的佛学权威庐山上的慧远大和尚，并附一信云：“弟子常览经典，皆以祸福之来，由于积行。是以自少束脩，至于白首，行不负于所知，言不伤于物类，而一生艰楚，荼毒备经，顾景块然，不尽唯已。夫冥理难推，近情易缠，每中宵幽念，悲慨盈怀。始知修短穷达，自有定分，积善积恶之谈，盖是劝教之言耳。近作此《释疑论》，今以相呈。”(《与远法师书》，《广弘明集》卷十八)戴逵用自己亲身的经历证明：佛教的果报之谈与中国传统的“积善之家，必有余庆；积不善之家，必有余殃”(《周易·坤·文言》)或民间之所谓“行善者福至，为恶者祸来”(王充《论衡·福虚篇》引“世论”)一类说教，是没有事实依据的；当然他也承认这一类理论有助于“劝教”，可以教育人们行善去恶。

慧远收到戴文后，即安排其年轻的门徒周续之撰《难〈释疑论〉》(《广弘明集》卷二十)给予反驳，寄出该文时慧远有一信致戴逵道：“省君别示，以为慨然。先虽未善相悉，人物来往，亦未始暂忘。分命穷达，非常智所测。然依傍大宗，似有定检。去秋与诸人共读君论，并亦有同异。观周郎作答，意谓世典与佛教，粗是其中。今封相呈，想暇日能力寻省。”(《答戴处士书》，《广弘明集》卷十八)周郎即指周续之。慧远肯定他的论文在处理儒道经典与佛教经典的关系方面基本稳妥(“粗是其中”)。周续之在驳斥戴逵的这篇专论中列举若干事例，证明确实是善有善报，恶有恶报，“不祈验于冥中，影响自征；不期存于应报，而庆罚以彰”。戴、周二文都相当地长，通观他们的这一场交锋，双方的论证都采用简单枚举法，结果当然谁也说服不了谁。有时他们分别列举了同一事实，彼此却有着不同解释，例如楚成王之子商臣是一个很残忍的人，弑父上台，是为楚穆王，后来他的子孙相继为王，却相当兴旺，所以戴逵归纳为“商臣极恶，令胤克昌”，作为恶无恶报、人各有其“分命”的一个证据；周续之也举这个例子，却说成是“楚穆以福浓获没”，意思是说商臣得以善终并且后世昌盛靠的是祖上积累下来的功德，所以这恰好证明了善有善报。对于周论，戴逵又提出新的驳斥(《答周居士〈难释疑论〉》，《广弘明集》卷十八)，双方进入胶着状态。

于是慧远出来做总结，此即著名的《三报论》(《弘明集》卷五)，同时再次直接给戴逵写信，略云：“见君与周居士(续之)往复，足为宾主。然佛教精微，难以事诘。至于理玄数表、义隐于经者，不可胜言。但恨君作佛弟子，未能留心圣典耳。顷得书论，亦未始暂忘。年衰多疾，不暇有答。脱因讲席之余，粗缀所怀。今寄往。试与同疑者共寻。若见其族，则比干商臣之流，可不思而得。”(《与戴处士书》，《广弘明集》卷十八)他的意思是说，停留在简单举例证明的水准完全不能解决问题，“佛理精微，难以事诘”，因此要“见其族”，亦即从理论思辨上解决问题。这是居高临下地一举否定了戴逵，同时也指出了周续之的不足。他本人的《三报论》一文重点在于论述因果报应内涵很深，决不限于“现验”，有些“因”和“果”相距非常之远，“世或有积善而殃集，或有凶邪而致庆，此皆现业未就而前行始应”，这也就是说，报应远不限于现报(“善恶始于此身，即此身受”)，大量的乃是生报(“来生便受”)和后报(“经二生三生、百生千生，然后乃受”)，中间隔的时间非常之长——这也就是后来俗语之所谓“不是不报，时候未到”的意思。慧远指出，中国传统典籍的一个弱点是只注意现实，缺乏更深入、更长远的思考，坚持这种只顾眼前之思维方式者不容易理解因果报应的深刻道理：“世典以一生为限，不明其外，其外未明，故寻理者自毕于视听之内，此先王即民心而通其分，以耳目为关键者也。如今合内外之道，以求弘教之情，则知理会之必同，不惑众涂而骇其异。”在慧远这里因和果被拉远了，报应何时来到，谁也不知道。这样讲在理论上自然圆通自在。慧远还对报应论的方方面面作了详细的阐述，不仅头头是道，而且很难用实证的方法来予以批评否定。

慧远的理论水平确实比较高，似乎完全可以立于不败之地。但是对于他的这一番高论，戴逵并不买账。在下一封写给慧远大师的信中，他单刀直入地指出，“三报旷远，难以辞究”(《答远法师书》，《广弘明集》卷十八)，意思是说你的那些玄虚的、无法证伪的理论，同样也无法证实；他实际上继续坚持自己“分命可审，不祈冥报”的自然命定论主张。

戴逵与慧远、周续之师徒的反复论难在晋末是一场很有影响的论争，引起过当时和后代许多人的注意。陶渊明没有直接介入这一场争论，但他对情况显然是了解的，他同戴逵一样不相信佛教宣扬的因果报应，而赞成自然命定论，他的《饮酒》其二诗云："积善云有报，夷叔在西山。善恶苟不应，何事空立言！"这几句应视为对于周续之及其背后的慧远大师之果报论的彻底否定。陶渊明又在《感士不遇赋》中写道：

夷投老以长饥，回早夭而又贫。
伤请车以备椁，悲茹薇而殒身。
虽好学与行义，何死生之苦辛！
疑报德之若兹，惧斯言之虚陈。

这里提到的伯夷、叔齐、颜回等正面人物而遭遇很差的事实，也正是戴逵在《释疑论》里举过的例子。如果联系那时的思想文化背景来看，其中的潜台词非常丰富，表现了反佛教特别是反因果报应论的思想。陶渊明在《自祭文》中说自己"乐天委分，以至百年"，其思路亦复与戴逵如出一辙。

天命论是陶渊明思想的根本。"命""运""天命""天运"这些词在陶渊明的作品中多次出现。天命的运动他又称为"化迁"，服从命运的安排叫作"凭化迁"或"委运"。强大的天命论思想足以帮助陶渊明克服种种内心的痛苦、骚动和不平。陶渊明归隐时说过"聊乘化以归尽，乐乎天命复奚疑"（《归去来兮辞》），可见他以为自己之归隐也是天命的安排，是合于自然之道的。在陶渊明看来，一切都是命运。既然命运不可改变，那么唯一的办法便是认这个命。

不相信佛教报应说，而坚持天命决定说，今天看去固然是"楚则失之矣，而齐亦未为得也"，但当时陶渊明在庐山脚下起而反对慧远大师的高论，是需要理论上的定力和勇气的。

《三报论》是莲社的理论基础之一，刘遗民在慧远策划下立誓著发愿文，其中就大讲“审三报之相催，知险趣之难拔。此其同志诸贤，所以夕惕宵勤，仰思攸济者也”。陶渊明的思想同他们相去甚远，甚至也可以说是对立的，他怎么会去加入什么莲社！

周续之为人“不尚节峻”(《宋书》本传)，虽然崇信佛教，而亦不废与官府的来往，义熙四年(408)左右曾接受江州刺史何无忌的邀请，与之游处；义熙十二年顷，又曾应新任江州刺史檀绍之约，与学士祖企、谢景夷一起为官方做儒家的学问，“共在城北讲《礼》，加以雠校，所住公廨，近于马队”(萧统《陶渊明传》)。刘宋王朝建立后，周续之更进入首都，开馆讲学，成了皇家的学术顾问之一。据说刘裕问过他：“身为处士，时践王廷，何也?”他回答说：“心驰魏阙者，以江湖为桎梏；情致两忘者，市朝亦是岩穴耳。”(《莲社高贤传》)他是这样一种所谓“通隐”——通达的、未必死守什么原则的“隐士”。

当周续之等人在马队附近大讲其《礼》的时候，陶渊明写了一首诗《示周续之祖企谢景夷三郎》：

> 负痾颓檐下，终日无一欣。药石有时闲，念我意中人。
> 相去不寻常，道路邈何因？周生述孔业，祖谢响然臻。
> 道丧向千载，今朝复斯闻。马队非讲肆，校书亦已勤。
> 老夫有所爱，思与尔为邻。愿言谢诸子，从我颍水滨。

这首诗表面看去好像对这三郎评价很高，其实多为讽刺之词，只是委婉之至。对于讲《礼》校书这件事本身，陶渊明是赞成的，在“道丧向千载”(按，《饮酒》其三有一句亦作“道丧向千载”)的当下，复兴儒学是完全必要并且很有意义的，问题在于似乎未得其人：周续之不久前还在山中学佛教论道，大讲“三报”，现在慧远刚刚示寂，他就出山来“述孔业”了。在陶渊明看来，这些人不免缺少操守，什么时髦就搞什么，他们隐居的目的，也颇为可疑。所以诗中说自己同他们住得很靠近（“相去不寻常”），而精神上的差距却远得不可以道里计，走的根本不是一条道路，其原因则弄不大清楚（“道路邈何因”）。结尾处说自己希望同他们结为芳邻，具体地说是希望他们同自己一样，当真正的隐士。“颍水滨”用许由的典故：据说尧让天下于许由，许由不受，“乃退而遁于中岳颍水之阳，箕山之下。尧又召为九州长，由不欲闻之，洗耳于颍水滨”（皇甫谧《高士传》）。诗末诸句寓批评讥刺于恳切的希望之中，态度仍然是友善的。

历来都说“寻阳三隐”，而周续之同官场颇有关联，陶渊明讽刺过他，发出“从我颍水滨”这样的呼唤；而到晋、宋易代之后，他本人也同地方官颇有些往来，其暮年甚至有可能应朝廷的征聘重新出山。隐士们之间大约也有些竞争和较量，隐士场中并不完全太平。鲁迅先生说得好：“我们倘要看看隐君子风，实际上也只能看看这样的隐君子，真的‘隐君子’是没法看到的。古今著作，足以汗牛而充栋，但我们可能找出樵夫渔父的著作来？”（《且介亭杂文二集·隐士》）凡隐士就一定不是樵夫渔父，而是知识分子（“士”），他们的思想往往比较复杂，行为方式也并不单一。古往今来，无不如此。

第六章　晋、宋易代与所谓“忠愤说”

陶渊明一生中最大的变化，就他个人的出处来说，是二十年来在出仕与退隐之间反复折腾一变而为彻底归隐；就国家大局来说，则是发生了东晋、刘宋之间的改朝换代。

在一个相当长的时段里，人们曾经认定陶渊明是东晋的忠臣和遗民，陶诗中充满了“忠愤”：忠于东晋，愤恨刘裕。陶渊明政治正确，品德崇高。

这样的结论由来已久，似乎没有什么疑义；而其实很不然，或者更干脆地说，大谬不然。

中国古代文学诠释与批评的一大特色是把相关作品拉向政治和伦理，努力追寻其中的美刺讽喻，终于把它们变成当时主流意识形态的婢女。由于中国士人一向具有尊重古圣先贤以至于一般古代学者的传统，所以那些资格甚老而未见得正确的诠释与批评往往积非成是，立足甚稳，难以动摇，在这里除旧布新须花很大的力气。

例如《诗经》，其各首之下的题解性小序，即完全致力于把作品拉向政治和伦理，据说出于圣人，弟子们一代一代传下来，由汉儒毛公表而出之，所以一向具有很大的权威，为广大的读者群体所信从；到宋代，欧阳修(《诗本义》)、郑樵(《诗辨妄》)、王质(《诗总闻》)等学者连续质疑《诗序》，最后朱熹的《诗集传》出来，终于将这种其实没有什么道理的迷信打破。据朱熹自己说，他早先也是迷信《诗序》的，后来经过长期痛苦的思考才终于彻底抛弃这种古老的枷锁。朱熹介绍他撰写《诗集传》的体会时说，自己对待毛公《小序》的态度曾经经历过相信—怀疑—否定这样的三阶段：“某向作《诗解》，文字初用《小序》，至解不行处，亦曲为之说。后来觉得不安。第二次解者，虽存《小序》，间为辨破，然终是不见诗人本意。后来方知，只尽去《小序》，便自可通，于是尽涤旧说，《诗》意方活。”（《朱子语类》卷八十）在人文社科领域里的创新，总会伴随着摆脱传统负累的痛苦思考。

当我们回顾陶渊明研究史的时候，同样会痛感其传统中也有脱离诗人本意而外加给陶渊明其人及其作品的一种迷信，这就是所谓“忠愤说”。笔者也曾经相信过该说，后来渐生怀疑，但在教学中仍谨遵成说，只是把怀疑留给自己。这样在疑信之间彷徨了多年，经过种种痛苦的思考，直到近年来才终于认识到，这个“忠愤”说非断然地加以扬弃不可，否则就不能真正认识这位伟大的诗人。

一、沈约论定陶渊明“耻复屈身后代”

关于陶渊明的政治态度，史家早已予以关注，提出了他们的观察。最早为陶渊明立传的沈约在《宋书·隐逸·陶潜传》中写道：

> 潜弱年薄宦，不洁去就之迹，自以曾祖晋世宰辅，耻复屈身后代，自高祖王业渐隆，不复肯仕。所著文章，皆题其年月，义熙以前，则书晋氏年号，自永初以来，唯云甲子而已。

这里提出两条意见，其前一条并非叙述传主的具体经历，而是提供一种分析。沈约认为，陶渊明因为自家曾祖陶侃曾经官任东晋大司马，很珍视这份家族的光荣，因此而同东晋王朝很有感情；后来他看到“高祖王业渐隆”即北府兵将领刘裕地位越来越高，预示着改朝换代的巨大变故行将发生，就抓紧行动，早早退出官场，回家隐居，以免同未来的新王朝发生关系。后一条介绍陶渊明作品中题写年月的春秋笔法：在东晋则书年号，进入刘宋后则只用干支纪年——这意思是表示他不承认这个新的王朝。这两条后来被一再重复，例如朱熹说，陶渊明“后以刘裕将移晋祚，耻事二姓，遂不复仕”（《楚辞后语》卷四《归去来辞》小序）。他这时的头脑不像研究《诗经》时那样清醒。后来持有诸如此类的陈旧意见者，多到不胜枚举。而现在看去，皆所谓事出有因，而查无实据。

陶渊明的归隐在义熙元年(405)，而晋、宋易代在此十五六年以后(420)，他恐怕未必有长镜头的历史望远镜，能够看出此时的刘裕已经“王业渐隆”。朱自清先生说得好：

> 勿论渊明见解如何，（刘）裕是时逆迹未著，亦何由“微窥”，“逆揣”，知其必篡，辄于十六年前耻事二姓哉！（《陶渊明年谱中之问题》）

事实上陶渊明在归隐多年之后，对刘裕北伐西征的胜利还热情地表示过肯定。他并非先知，而只是一位书生和隐士，事实上根本没有预料到后来改朝换代那样的大变化。陶渊明没有那么神。

陶渊明的曾祖陶侃固然是“晋世宰辅”，但是其人也并非后世常见的那种矢志不移的忠臣，他其实也曾有过很大的野心，虽然没有采取任何行动，而其心事已很明显，所以史家才得以记录下来。《晋书·陶侃传》载，陶侃晚年官任都督荆江雍梁交广益宁八州诸军事、荆江二州刺史时，也曾颇有野心，只是因为迷信一个怪梦，未及行动，身体就不行了，遂向朝廷归还大权。陶侃可谓死得其时。

陶渊明在归隐之前，一度仕于桓温之子桓玄，后因母丧退出官场，而其间发生桓玄取代东晋建立自己的“楚”政权的巨变，对此陶渊明没有表示反对，反而寄予了许多希望。后来陶渊明对晋、宋易代大体采取无所谓的态度，只是对宋武帝刘裕个别做法不以为然。

关于在晋、宋两朝陶渊明为自己作品题署年月之办法不同一事，沈约《宋书·隐逸传》的说法更是没有根据的。他的说法经过某些唐人的发挥，显得更加与实际不符，例如《南史·隐逸传》说：“所著文章，皆题其年月，义熙以前，明书晋氏年号，自永初以来，唯云甲子而已。”又《文选》所录陶渊明《辛丑岁七月赴假还江陵夜行涂口》题下五臣刘良注云：“陶诗晋所作者皆题年号，入宋所作者但题甲子而已。意者耻事二姓，故以异之。”凡此之类大抵都是照抄沈约，而又随手改字，乱加发挥，“义熙以前，明书晋氏年号”“陶诗晋所作者皆题年号”，虽然说得尤其明确、充分，但与事实也更加不符。

从今本陶集看去，文本标题中题有年月的是：

《庚子岁五月中从都还阻风于规林》，东晋隆安四年(400)

《辛丑岁七月赴假还江陵夜行涂口》，东晋隆安五年(401)

《癸卯岁始春怀古田舍》，东晋元兴二年(403)

《癸卯岁十二月中作与从弟敬远》，东晋元兴二年(403)

《乙巳岁三月为建威参军使都经钱溪》，东晋义熙元年(405)

《戊申岁六月中遇火》，东晋义熙四年(408)

《己酉岁九月九日》，东晋义熙五年(409)

《庚戌岁九月中于西田获早稻》，东晋义熙六年(410)

《丙辰岁八月中于下潠田舍获》，东晋义熙十二年(416)

凡此九首，纪年皆署干支，恰恰都作于东晋，而绝无一首是刘宋时的作品；其诗作绝无书晋氏年号者。沈约所见之陶渊明作品的标题或与今本有所不同，但不应彻底背反如此。

萧统《陶渊明传》也曾照抄沈约“耻复屈身后代”等几句，但未提年号、甲子那一层意思。他是替陶渊明编过集子的人，情况熟悉，自不能同意沈约在这一方面的信口开河，便略去不提了。

宋朝有一位研究陶渊明的专家思悦和尚，曾痛驳年号、甲子方面的旧说(详见陶澍集注本《靖节先生集》卷三引)；清代学者杭世骏《订讹类编》卷四有“陶集中未尝晋所作者题年号宋所作者题甲子”条，亦畅论此义。但他们都只说罪魁祸首是唐人，却放过了始作俑者的沈约其人。明初人宋濂则明确指出“其说盖起于沈约《宋书》之误”(《题陶渊明小像卷后》，《宋学士全集》卷十三)，可谓最为一针见血的探本之论。

二、赵宋学者归纳提炼“忠愤说”

沈约欲论定陶渊明忠于晋王朝，并为此而匆匆提前归隐，提出了两点基本看法，但一则是空论，一则经不起检验，而且都缺乏陶渊明作品中的内证，所以虽然也产生了相当不小的影响，而离成为定说还比较遥远。

到大约六百年后，情况发生了重大变化，内证被找到了，赵宋的学者们把陶渊明的政治态度归纳提炼为“忠愤”二字，简明有力，容易深入人心。

从此人们就相信陶渊明是忠于东晋王朝，反对刘裕篡权的，他对刘宋王朝充满了愤恨。一“忠”一“愤”，旗帜鲜明。

这一新发现的内证，在陶渊明的《述酒》一诗中。诗云：

> 重离照南陆，鸣鸟声相闻。秋草虽未黄，融风久已分。
> 素砾皛修渚，南岳无余云。豫章抗高门，重华固灵坟。
> 流泪抱中叹，倾耳听司晨。神州献嘉粟，西灵为我驯。
> 诸梁董师旅，羊胜丧其身。山阳归下国，成名犹不勤。
> 卜生善斯牧，安乐不为君。平生去旧京，峡中纳遗薰。
> 双陵甫云育，三趾显奇文。王子爱清吹，日中翔河汾。
> 朱公练九齿，闲居离世纷。峨峨西岭内，偃息常所亲。
> 天容自永固，彭殇非等伦。

这首诗在陶渊明的作品中并不重要，艺术上不大成功，很像是一篇游戏之作。诗的开头说时已入秋，渐有凉意，水位下降，露出碎石，秋高气爽，南岳庐山上也不像平时那样云雾缭绕。先写几句秋景，既所以起兴，也因为初秋乃是酿酒的最佳时令。以下的诗句就不大好懂了。“诸梁董师旅，羊胜丧其身。山阳归下国，成名犹不勤”等句尤为费解。苏轼曾广和陶诗，有一百多首，却不取这一首；黄庭坚更曾经明确说过，此诗“多不可解”（李公焕《笺注陶渊明集》卷三引）。

这种读者反应已经表明此诗不大成功。但稍后宋代学者韩驹（字子苍）、汤汉（字伯纪，号东涧）从“山阳归下国”一句切入，指出这里明写被曹丕取而代之的汉献帝刘协（山阳公），暗指先被刘裕赶下台后又遭杀害之东晋末代皇帝恭帝司马德文（零陵王）。全诗讲的都是晋、宋革易之际的政治，并表明了自己的态度。

韩驹最先指出这里的“山阳”应指山阳公刘协，全诗“疑是义熙以后有所感而作也，故有‘流泪抱中叹’‘平王去旧京’之语。渊明忠义如此”（胡仔《苕溪渔隐丛话前集》卷三引）。稍后吴仁杰将韩驹的新见写进了《陶靖节先生年谱》，扩大了此说的影响。

韩驹专讲陶渊明的“忠”，后来南宋的学者汤汉就此大加发挥，详细注释了《述酒》全诗，并正式提出了论陶纲领的“忠愤说”，他写道：

> 按晋元熙二年六月，刘裕废恭帝为零陵王。明年以毒酒一罂授张伟（按，《晋书》作“张祎”），使鸩王，伟自饮而卒。继又令兵人逾垣进药，王不肯饮，遂掩杀之。此诗所为作，故以《述酒》名篇也。诗辞尽隐语，故观者弗省；独韩子苍以“山阳下国”一语疑是义熙后有感而赋。予反覆详考，而后知为零陵哀诗也。因疏其可晓者，以发此老未白之忠愤。（汤汉注《陶靖节先生诗》卷三）

汤汉由此出发，以“忠愤”为中心详细注出了《述酒》一诗的微言大义；后来又有许多学者就此继续工作，日趋细微地研究《述酒》一诗的字句，提出种种谜底，此诗遂由冷变热，形成一个历久不衰的话题，其余脉一直延续到当下。

鲁迅先生已经注意到韩驹、汤汉的成果，并不完全采信而只取其有启发的一点，他说：

> 陶集里有《述酒》一篇，是说当时政治的，这样看来，可见他于世事也并没有遗忘和冷淡，不过他的态度比嵇康、阮籍自然得多，不至于招人注意罢了。（《而已集·魏晋风度及文章与药及酒之关系》）

他的这一提法自有其分寸，根本不提什么“此老未白之忠愤”

尤能发人深思。《述酒》一诗以酒为中心展开其叙述，采用的是咏物辞赋中常见的放射性章法，其中的“山阳归下国”一句大约确有影射当下政治的地方，但此诗并非全谈政治，大部分诗句谈的只是陶渊明最为热爱的酒，山阳公一事不过是顺便提到一下，略抒其感慨而已。

现在可以看得很清楚，拿反对晋、宋易代、谴责杀害零陵王来作为《述酒》全诗的主题是将“山阳归下国”一句的意义严重地扩大化了。事实上这只是此诗涉及之一端而远非其全局。如果以为此诗全是讲晋、宋易代之际的政治，弄得所有的诗句都像是密码或谜语似的，那就不是诗了，而且许多句子也将不容易讲通。

三、给《述酒》翻案

如果我们不完全采信韩驹、汤汉以来的诠释，而从《述酒》一诗的文本出发，这首诗可以说是围绕酒这一中心展开的叙述。诗的正文之前有一行文字道：“仪狄造，杜康润色之。”这一句不知道是陶渊明的原序还是后人加上的题注；无非是介绍酒的来历，也是《述酒》这样标题之下应有或可有的说明。酒的来历既明，然后就可以用诗的语言从不同的角度来述酒了。可是对于这样并无深文大义的一句话，历来的猜测发挥却非常之多，讲得神乎其神，其实皆无必要，也全不足信。“仪狄造，杜康润色之”原是古人关于酒之来历的通行说法，而逯钦立先生说，这两句话表明“其诗之为兼斥桓玄、刘裕而哀东晋之两次篡祸也。夫东晋之亡，亡于两次之篡夺，盖桓玄启之，刘裕成之，典午一朝遂告寿终”。王叔岷先生在《陶渊明诗笺证稿》中说：“题注隐以仪狄喻桓玄，杜康喻刘裕，逯说可从。”今按，陶渊明曾是桓玄的部下，对桓玄篡晋没有任何反对的表示，反倒是对他寄予了希望的。逯、王之说未足起信。

《述酒》凡三十句，可以分作三段：前面六句写秋日的景色，引出下文；最后六句说自己退居于野，关心的是养生和长寿；中间十八句则是以酒为中心的浮想联翩，心事浩茫，其中涉及晋、宋易代之事，用典故来借古喻今，构成最引人注目的热点。以下请试为简略地分析解读。

开头这六句是全诗的一个引子，这里略写秋景，是为了引起下文的述酒。

重离照南陆，鸣鸟声相闻。秋草虽未黄，融风久已分。素砾皛修渚，南岳无余云。　由描写秋景来导入述酒是非常自然的。初秋乃酿酒之“上时”，是当时的一种共识。《齐民要术》卷七：“作神曲方，以七月中旬已前作曲，为上时，亦不必要须寅日；二十日已后作者，曲渐弱。”“春秋二时酿者，皆得过夏，然桑落时作者，乃胜于春。”这种景物描写过去也被赋予十分丰富的微言大义，极为牵强，不足起信。例如黄文焕《陶诗析义》卷三写道：“细观全诗次第，其所隐寓尤详。逼禅在六月，故首言日照南陆，秋草未黄，盖隐纪其月也。”今按，六月之草何得言秋草，牵强立说，似甚可笑。

《述酒》的中间十八句全是借述酒来展开的：

豫章抗高门，重华固灵坟。　这里是叙述两处出产名酒的地方，一是出渌酒的豫章，一是出缥清、九酝与竹叶青等几种好酒的苍梧。“抗高门”是说豫章也是出名人的地方——这也许会令人联想起刘裕先前曾被封为豫章郡公；“固灵坟”则是说苍梧乃是传说中大舜坟墓之所在，旧说以为这一句同晋恭帝司马德文之死有关，则绝不可通。司马德文死在京郊，也没有葬到苍梧去。不管其人如何值得同情，与大舜根本无法相提并论。事实上这两句诗的重点在于介绍两种名牌酒的产地。按，早在邹阳的《酒赋》中已经提到"其品类，则有沙洛渌酃"，可见其资格之老。邹阳是最早以酒为题写赋的作家，陶渊明引其为知己。

流泪抱中叹，倾耳听司晨。　两句说自己因悲秋而夜不能寐，等待鸡鸣，希望天能早一点亮。夜不能寐乃是魏晋诗歌的传统话头，例如阮籍的《咏怀》一上来就说"夜中不能寐，起坐弹鸣琴……徘徊将何见，忧思独伤心"。悲秋可以没有任何具体的原因而只是出于传统士大夫的感情定势，当然有时也会有某种社会政治方面的原因。陶渊明的感伤流泪、真心叹息（"抱中"，中即衷，指心），同下文涉及的晋恭帝司马德文之死无关。袁行霈先生《陶渊明集笺注》关于这两句写道："历来释为陶渊明悲叹晋室之亡，恐非是。渊明对晋室何至如此之忠耶？"其说甚是。陶渊明盼望天亮是好起来喝酒，他在《止酒》诗中说过："平生不止酒，止酒情无喜。暮止不安寝，晨止不能起。"恰可与这里的两句互相参证。渴望饮酒而至于流泪，是一种夸张、幽默的说法，不必呆看。

神州献嘉粟，西灵为我驯。　"嘉粟"指赤乌地方非常适合于酿酒的嘉禾，传说中远游至该地的周穆王引进其良种"树于中国"；"西灵"指西王母，她曾经用美酒款待周穆王。这两件事均见于《穆天子传》。陶渊明对出土未久的异书《穆天子传》很感兴趣，在诗里曾经特别提到过，这里即择取其中有关酒的典故来运用。

诸梁董师旅，羊胜丧其身。　这两句的意思最不易猜测，大约有两种解读路径：一是从"诸梁"联想到春秋时代的沈诸梁（叶公），是他打败并杀掉了自立为王的芈胜（白公），使楚惠王得以复位（详见《史记・楚世家》），但这样就得将"羊胜"改为"芈胜"，缺乏根据。这样的内容同酒完全无关，亦显然不可取。拿这段历史来影射东晋末年之事，只能以诸梁影射刘裕，以芈胜影射桓玄，立言更完全不像是陶渊明了。（齐益寿先生曾正确而尖锐地指出过这一点，详见王叔岷《陶渊明诗笺证稿》的引述。）另一路径从"羊胜"着眼，其人是《酒赋》

作者邹阳的同事。《汉书·邹阳传》载：邹阳在汉景帝之少弟梁孝王刘武门下为侍从之臣，与羊胜、公孙诡等同事；羊胜等人一再说他的坏话，打击他，邹阳“为人有智略，慷慨不苟合，介于羊胜、公孙诡之间”。当时有若干梁孝王手下的门客要帮主公争立为太子，派人刺杀对他多有抵制的大臣袁盎，邹阳认为这事不能做，“及梁事败，胜、诡死，孝王恐诛，乃思阳言，深辞谢之，赍以千金，令求方略解罪于上”，后来邹阳竟然把这件很困难的事摆平了。喜欢喝酒的人往往不糊涂，陶诗这两句当是从邹阳联想而来。指挥武装人员搞暗杀的羊胜之流自取灭亡，而富于政治智慧的酒徒邹阳比他们高明得多了。汤汉早已提到过这一解读路径，而采信者一向较少。近年来田晓菲女士发挥此说，指出“陶诗的‘诸梁’，当指梁王的群臣而言，‘董’训为都督，‘董师旅’者，诸梁臣助王谋逆之谓也”（《尘几录——陶渊明与手抄本文化研究》）。搞暗杀一向是少数人的秘密行为，陶渊明称为“师旅”，大约是用夸张的言辞以表明其动静之大，而这只能自取灭亡。但是用“诸梁”指梁王的群臣终觉有点别扭。陶渊明为了写那些关于酒的隐语，诗句便不如平常那样流畅，甚至可能出现败笔。

山阳归下国，成名犹不勤。　这两句最为研究者所重视。按韩驹、汤汉以来的诠释，“山阳归下国”句明指汉、魏易代，暗地里影射晋、宋易代。——汉末有个让位以后尚能安全着陆的山阳公刘协，当代的山阳公则是晋恭帝司马德文，他是不幸得多了。按，山阳公刘协乃是东汉最后一个皇帝，他很小的时候被董卓立为皇帝，后来长期在曹操的严格控制下充当傀儡，最后将大位让给曹丕，和平地实现了政权的更迭。除了传说中的上古尧、舜、禹之间的禅让之外，这是一次具有开创意义的极其重要的改朝换代的方式。当时双方都把文章做得很足。先是刘协下了一道诏书，称：“夫大道之行，天下为公，选贤与能，故唐尧不私于厥子，而名播于无穷。朕羡而慕之。今其追踵尧典，禅位于魏王。”（袁宏《后汉纪》）曹丕多次谦让，臣下一再劝进，最后才按脚本满心喜悦地闪亮登基。

为了充分表达新兴的曹魏政权的合法性，曹丕及其接班人对山阳公刘协照顾得比较好，没有找他什么麻烦。刘协病逝后，又为他举行了隆重的葬礼，一切费用由国家承担，其地位由其后代世袭。总之，再一次把文章做得很足。其时魏明帝曹叡专门下文指出：“山阳公深识天禄永终之运，禅位文皇帝以顺天命。先帝命公行汉正朔，郊天祀祖以天子之礼，言事不称臣，此舜事尧之义也……今谥公汉孝献皇帝。”（《三国志·魏书·明帝纪》注引《献帝传》）生前一直相当窝囊的刘协，死后真是“名播于无穷”了。汉献帝刘协因明智引退而得以善终，但陶渊明却说他“成名犹不勤”。王叔岷先生指出：“‘不勤’犹‘未尽’，《淮南子·原道篇》：‘纤微而不可勤’，高注：‘勤犹尽也。’‘成名犹不勤’，谓献帝虽降为山阳公之名，然犹未尽，即未被弑也。”（《陶渊明诗笺证稿》）陶渊明的意思大约是说，像晋恭帝司马德文这样虽明智引退而仍然死于非命，才更为有名，更能得到同情。这一层意思因为过于曲折敏感而不便直言，只好借评说山阳公刘协以言之。

卜生善斯牧，安乐不为君。　卜生指汉武帝时代一再向国家捐款的牧羊专家卜式。他不愿为郎而仍去牧羊，很有成效。他说牧羊与治民的道理是一样的。其人水平很高，风格也很高（详见《汉书·卜式传》）。而只讲生活享乐的刘禅当了俘虏、成为所谓“安乐县公”以后还说什么“此间乐，不思蜀”（《三国志·蜀书·后主传》注引《汉晋春秋》），丢人现眼，太不像样了。司马德文也是一个不合格的皇帝，于是这里牵连而涉及刘禅其人。

平生去旧京，峡中纳遗薰。　这两句说，自己先前离开了旧的政治中心，跑到山谷（“峡”）里隐居起来，保持了高洁和芬芳。韩驹改"生"为"王",以便拉到政治上去,无据。

双陵甫云育,三趾显奇文。 这两句的释读也是非常纷纭。田晓菲女士认为"双陵"一作"双阳",指重阳,是美酒酿成的节令。"三趾"指为西王母取食品的三青鸟。"奇文"指西王母与周穆王在瑶池之上饮酒赋诗。(详见《尘几录——陶渊明与手抄本文化研究》)其说比较可信。诗人因酒而忽发奇想,打算与神仙往来,借以获得美酒与长寿。

王子爱清吹,日中翔河汾。 《列仙传》记载周灵王的太子晋后来成了仙,喜欢吹笙,到处遨游。这里的意思是说,政治人物只要抛弃原来的地位,他就自由了。

最后六句是陶渊明在自述其人生态度。

朱公练九齿,闲居离世纷。峨峨西岭内,偃息常所亲。天容自永固,彭殇非等伦。 朱公未详为何许人,应当是古代的一名隐士,志在练功长寿。陶渊明在这里继续强调"离世纷"的好处,表明自己的生活态度,也打算在山间隐居,只要心情舒畅,合于自然,那就像是天老(黄帝之臣)、容成(黄帝之师)那样的高人了;活的长短往往很不同,但只要自由自在就好。

总起来看,《述酒》的写法是浮想联翩,兔起鹘落,只是始终没有离开酒这个中心罢了。陶渊明的态度和诗里的措辞都是比较平淡的,即使涉及当下政治之处也是如此。

《述酒》的绝大部分诗句涉及关于酒的种种典故,同当下的政治大抵无关。汤汉由《述酒》而大力歌颂陶渊明的"不事异代之节"(《陶靖节诗集注·自序》。按,序末署淳祐初元,即1241年),并从笺释《述酒》入手,兼及其余,成了为陶渊明诗作注释的第一人。但是十分明显，只靠一首诗中的两句就断定陶渊明忠于东晋，愤恨刘裕，论据未免太单薄了。

汤汉在他的陶诗注释中又指定《咏二疏》《咏三良》《咏荆轲》等作品均为易代之后所作，也都寄寓了他的“忠愤”之情，也同样没有切实的根据。

此前葛立方已明确指出，《读史述九章》中《夷齐》《箕子》《鲁二儒》三篇是易代后的作品，表明了陶渊明之“耻事二姓”（《韵语阳秋》卷五）。朱熹则强调陶渊明极端讲究“君臣父子大伦大法”，“是以大者既立，而后节概之高，语言之妙，乃有可得而言者”（《晦庵先生朱文公集》卷七十六《向芗林文集后序》）。真德秀则指出《读〈山海经〉》组诗表明陶渊明“眷眷王室”，“食薇饮水之言，衔木填海之喻，至深痛切”（《真文忠公文集》卷三十六《跋黄瀛甫拟陶诗》）。这些都正是“忠愤说”出台的精神气候背景。汤汉的父师辈曾经从学于真德秀。到汤汉注《陶靖节先生诗》出来，陶渊明及其作品的“忠愤说”正式确立。这位先前以“古今隐逸诗人之宗”（钟嵘《诗品·中》）著称的文学史人物，一变而为东晋之忠臣和遗民，传统政治道德的标兵。赵宋的理学家和受他们熏染的人们很高兴有这样一位前代大诗人在道德原则上同他们站在同一条战线上。

四、“忠愤说”被扩大化

中古时代政权的更迭全都采取禅让的方式，旧王朝的末代皇帝把他的政权连同全套官僚机器都打包送给了新王朝的开创者，这种政治大格局决定了当时不会有多少赵宋以下特别重视的忠臣。在那时的一般观念里，改朝换代是最高层的事情，同老百姓固然无关，就是同一般的官员也是没有多大关系的。历史上东汉的末代皇帝刘协最后将皇位禅让给曹丕，和平地实现了汉、魏间政权的更迭。这一禅让模式后来反复演出，包括魏末的常道乡公曹奂让位给晋武帝司马炎、西晋惠帝一度让位给赵王司马伦（稍后复辟）、东晋简文帝同意让位给权臣桓温（未及落实），晋安帝让位给权臣桓玄（桓玄很快垮台，安帝得以复辟），到当下，则是晋恭帝让位给权臣刘裕。这些后起的山寨版禅让可以说是越来越不像样子。

晋恭帝司马德文虽然很痛快地让出皇位，退居其先前的宫邸，但他的结局很惨。刘裕先是派司马德文的老部下张祎去进毒酒，张祎不干，自杀身死。《晋书·忠义传》载：“刘裕以（张）祎帝之故吏，素所亲信，封药酒一罂付祎，密令鸩帝。祎既受命而叹曰：‘鸩君而求生，何面目视息世间哉，不如死也！’因自饮之而死。”于是另行设局，将褚皇后调开，派兵翻墙进去下毒酒，司马德文拒绝饮此酒，大兵们就用被子把他闷死。《晋书·恭帝纪》载：“……帝自是之后，深虑祸机，褚后常在帝侧，饮食所资，皆出褚后，故宋人莫得伺其隙。宋永初二年九月丁卯，裕使后兄叔度请后，有间，兵人逾垣而入，弑帝于内房。时年三十六。”又《宋书·褚叔度传》载：“及恭帝逊位，居秣陵宫，常惧见祸，与褚后共止一室，虑有鸩毒，自煮食于床前。高祖（刘裕）将杀之，不欲遣人入内，令淡之兄弟视褚后，褚后出别室相见，兵人乃逾垣而入，进药于恭帝。帝不肯饮，曰：‘佛教自杀者不得复人身。’乃以被掩杀之。”刘裕下此毒手之后，又装模作样地为司马德文举行了隆重的国葬，《宋书·武帝纪》载：“九月己丑，零陵王薨。车驾三朝率百僚举哀于朝堂，一依魏明帝服山阳公故事。太尉持节监护，葬以晋礼。”

对于这种残忍和虚伪，陶渊明很不以为然，《述酒》诗冷冷地说：山阳公刘协倒也罢了，像司马德文这样明智引退而仍然被赐毒酒以死，才更为有名，更能得到同情。陶渊明显然很反感刘裕的凶恶和刻意掩盖。改朝换代本来也未尝不可，但为什么不能放过一个手无寸铁的前任傀儡呢。《述酒》诗中涉及当下政治的这两句，立言相当平淡自然，毫不剑拔弩张。政治斗争的残酷，人们也看得多了，神经早已麻木。但就是这样比较平淡的两句诗，经过反复发酵，竟然成了“忠愤”的烈酒。

孔夫子曾经慨乎言之：

> 道之不行也，我知之矣：知（即“智”）者过之，愚者不及也。道之不明也，我知之矣：贤者过之，不肖者不及也。人莫不饮食也，鲜能知味也。（《礼记·中庸》）

中国一向多有智者贤者，于是“过”就是经常会发生的情形，文学诠释扩大化的基因也在于此。由于陶诗“忠愤说”深刻地符合古代文人学士在解读文学作品时的泛政治化倾向，就此搞起扩大化来尤为顺利来劲。事实上汤汉本人已经将“忠愤”由“山阳”等两句扩大到《述酒》全诗，又继续前进，再扩大到陶渊明的其他作品——“忠愤”刚一产生就如此迫不及待地走上了初步扩大化的进程；此后的诗论家又将“忠愤”强力移植到更多的陶诗里去，没有费多少力气就胜利地实现了“忠愤说”的进一步扩大化。

再往后，“忠愤说”更加泛滥起来，几乎无往而不在，诗人陶渊明也就完全被化妆为专制时代的政治道德标兵，以至于被神化了。晚清民国之际刘廷琛的《陶靖节先生祠堂记》一文写道：“余幼读先生诗，喜其闲澹冲逸，叹为知道者之言。不幸遭国大变，乃知先生悯世愤俗，拳拳故国，其《咏贫士》《饮酒》诸作，类深微沉痛之辞；至若慨荆卿之雄心，骋夸父之诞志，其志量所自负者，何如哉！钟氏仅以隐逸之宗当之，陋矣！昔吾夫子，疏食饮水，视富贵如浮云，而悲天命、悯人穷，则栖栖皇皇，席不暇暖，冀得一当，以成东周之志。盖穷达命也，则听诸天；仁义性也，则尽诸人。圣贤所营，凡以尽其性而已。先生于出处，则明澹泊之志；于君国，则极悲愤之情，盖与吾夫子之旨有合焉。”(这篇《祠堂记》作于辛酉即民国十年,曾刻石,后又载于《庐山金石汇考》。转引自《陶渊明资料汇编》上册)他简直把陶渊明捧到孔夫子的级别上去了。刘廷琛是清朝的遗老,参加过张勋复辟,所以特别强调所谓“拳拳故国”,而事实上陶渊明之“屏居穷僻之野”为时甚早,并不是晋、宋易代以后因“拳拳故国”才如此这般。“忠愤说”很对遗老的胃口。

五、过度诠释的可怕和特点

全面梳理和叙述陶渊明“忠愤”发展史,必须另外做些专门的工作,这里只能略举数例,以表明此种过度诠释的可怕和它的一些特点。

其一,《咏三良》。

弹冠乘通津,但惧时我遗。服勤尽岁月,常恐功愈微。
忠情谬获露,遂为君所私。出则陪文舆,入必侍丹帷。
箴规向已从,计议初无亏。一朝长逝后,愿言同此归。
厚恩固难忘,君命安可违!临穴罔惟疑,投义志攸希。
荆棘笼高坟,黄鸟声正悲。良人不可赎,泫然沾我衣。

春秋时期的“三良”是为秦缪(或作“穆”)公殉葬的精英分子,时人哀之,为作《黄鸟》,诗在《诗经·国风·秦风》中。陶渊明的《咏三良》诗作于何时颇不可知,未必有影射当下的意思,但在“忠愤说”的笼罩下,这首诗就被定为作于晋、宋易代之后,而且诗中的痛惜“三良”实际上指向哀悼晋、宋易代之际的张祎。(详见陶澍集注《靖节先生集》卷四)其实张祎的情形同三良的相去极远,毫不相干,根本无从连类影射。

其二,《赠羊长史》。义熙十三年(417),太尉刘裕伐秦,攻破长安,执送秦主姚泓诣建康受诛;江州刺史、左将军檀韶派长史羊松龄前往称贺。陶渊明作此诗赠之。诗云:

愚生三季后,慨然念黄虞。得知千载外,政赖古人书。
贤圣留余迹,事事在中都。岂忘游心目,关河不可逾。
九域甫已一,逝将理舟舆。闻君当先迈,负疴不获俱。
路若经商山,为我少踌躇。多谢绮与甪,精爽今何如?
紫芝谁复采,深谷久应芜。驷马无贳患,贫贱有交娱。
清谣结心曲,人乖运见疏。拥怀累代下,言尽意不舒。

在迷信“忠愤说”的专家眼中,此诗表明陶渊明对刘裕的阴谋有深刻的观察,他的北伐是为了捞取政治资本,为改朝换代做准备,所以诗中提到商山四皓,借以表明自己隐逸之志。其实此时陶渊明归隐已久,自然仰慕前辈隐士商山四皓,托老朋友羊松龄长史代自己顺路去看看他们的余迹。诗人非常高兴中原失地得以收复,自己也将有机会到那里去瞻仰圣贤余迹了。

陶渊明分明是肯定刘裕的功劳的,哪里有什么“忠愤”的意思。刘裕的对外作战,的确有他的深层考虑,当时也有人看出来了,而陶渊明则完全不注意这一方面,他关注的是圣贤“余迹”。后来刘裕在一度占领长安以后很快就退回南方,北魏崔浩就此分析说:“裕克秦而归,必篡其主。关中华、戎杂错,风俗劲悍,裕欲以荆、扬之化施之函、秦,此无异解衣包火,张罗捕虎;虽留兵守之,人情未洽,趋尚不同,适足为寇敌之资耳。”夏王赫连勃勃更明确对他的群臣说:“姚泓非裕敌也,且其兄弟内叛,安能拒人!裕取关中必矣。然裕不能久留,必将南归;留子弟及诸将守之,吾取之如拾芥耳。”(《资治通鉴》卷一一八《晋纪四十》)他们都具有政治家精明的计算,陶渊明则不足以语此。刘裕那种深藏不露的政治家思路远非陶渊明所能想象揣测。从当前的大好形势推测全国统一已经不远(“九域甫已一”),也正是所谓书生之见。

其三,《拟古》其九。诗云:

种桑长江边,三年望当采。枝条始欲茂,忽值山河改。
柯叶自摧折,根株浮沧海。春蚕既无食,寒衣欲谁待?
本不植高原,今日复何悔!

这首诗中有“忽值山河改”这样似乎可以直接引申为改朝换代的句子,要将它解释为陶渊明对晋、宋易代的“忠愤”之情可以说最为容易。其实“忽值山河改”只不过是描写地形地貌的变化。在大江大河的两岸,因为水流的作用,崩岸是经常会发生的事情。“种桑长江边”根本不是地方。清代学者何焯说得好:“此言下流不可处,不得谬比易代。”(《义门读书记》卷五十《陶靖节诗》)

其四,《责子》。陶渊明的五个儿子都不肯好好读书,诗人作《责子》诗批评他们:

白发被两鬓,肌肤不复实。虽有五男儿,总不好纸笔。
阿舒已二八,懒惰故无匹。阿宣行志学,而不爱文术。
雍端年十三,不识六与七。通子垂九龄,但觅梨与栗。
天运苟如此,且进杯中物。

此诗流露了陶渊明的家庭教育思想和他的听天由命式的旷达。但迷信“忠愤说”的专家却说“《责子》诗忽说‘天运如此’,非真责子也。国运已改,世世不愿出仕,父子共安于愚贱足矣,一语寄托,尽逗本怀”(黄文焕《陶诗析义》卷三)。意思说东晋、刘宋改朝换代以后，陶渊明不仅本人不愿出仕，也不愿意儿子们出仕，所以觉得他们的不学文化、只能当个平头百姓，正是很好的事情。稍后明清之际的钱谦益在《吴封君七十寿序》(《牧斋有学集》卷二四)中更说“推渊明之志，惟恐其子之不得蓬发历齿，沉冥没世，故其诗以‘责子’为词，盖喜之也，亦幸之也”。似乎陶渊明不仅自己会充当遗民当到底，且欣喜于五个儿子都无意于读书学文化，因此就更有条件世袭自己的节操。钱氏乃是著名的“贰臣”，却在这里大唱其从一而终的高调，颇令人失笑。可以说，这些分析完全莫名其妙，《责子》诗大约作于易代之前十多年的义熙二年(406)，其时他的几个儿子也都没有成年。此诗与政治绝无关系。

六、无中生有的“忠愤”

不过应当承认韩驹、汤汉在陶渊明研究史上还是有贡献的，他们看出了《述酒》一诗中包含了某些政治内容，这就帮助读者看清归隐多年的陶渊明仍然关心朝政，而非一味躲在田园里干农活、采菊花、喝老酒、赋新诗。他们的探索使人明白陶渊明是一个复杂的人物，这是一个大贡献。韩驹的看法有首创之功，可惜汤汉的发挥和扩大化产生了若干问题。

汤汉的问题在于由他正式提出的“忠愤说”根据不足。对于晋、宋易代之际无谓的杀戮，陶渊明是有一点淡淡的反感，但这并不代表他就完全否定新建的刘宋王朝；至于对那个早已摇摇欲坠的东晋王朝，他绝没有愚忠的意思。陶渊明不是东晋的忠臣，也不是东晋的“遗民”。其实中古时代，根本没有多少赵宋以下之所谓忠臣。在那时的一般观念里，改朝换代是帝王一级的事情，同老百姓大抵无关，他们反正是种庄稼，交租税；就是同一般的官员关系也不是很大，他们反正是领俸禄，办公事，非常计较此事的不多。

晋、宋之际几乎没有人始终跟定东晋：桓玄上台时，官员们跟着他继续官任旧职；刘裕上台后，全部官僚机器跟着由晋入宋。

“忠”既不能成立，“愤”也非常之淡，就那么一两句诗；而陶渊明其他大量的言行都表明他对改朝换代其实是无所谓的。

如果我们注意到下列三点，就更可以明白陶渊明根本不存在什么“忠愤”。

首先，从东晋、刘宋之际，一直到赵宋的韩驹、汤汉之前，中间这么多年评论家们没有一个人能看出其《述酒》诗中隐藏着“耻事二姓”的深意，而此后不理韩驹、汤汉新解的亦复颇有其人。许多人都是没有或不赞成将陶渊明《述酒》一诗的主题理解为“忠愤”的。这里面高人甚多。鲁迅也不赞成“忠愤说”，而只是吸收了韩、汤高论中的合理内核。

明朝人周履靖曾经就《述酒》写过一首和诗（详见袁行霈《陶渊明集笺注》附录一“和陶诗九种”的周履靖部分），他在和诗里只谈喝酒，不谈政治，可知此公对陶渊明《述酒》的理解完全不同于韩驹、汤汉。明清之际张岱的《和述酒》（《张子诗秕》卷二，《张岱诗文集》）诗云：

> 空山堆落叶，夜壑声不闻。攀条逾绝巘，人过荆莽分。
> 行到悬崖下，伫立看飞云。生前一杯酒，未必到荒坟。
> 中夜常堕泪，伏枕听司晨。愤惋从中出，意气不得驯。
> 天宇尽寥阔，谁能容吾身？余生有几日，著书敢不勤？
> 胸抱万古悲，凄凉失所群。易水声变徵，断琴奏《南薰》。
> 竹简书日月，石鼓发奇文。王通抱空策，默塞老河汾。
> 灌圃南山下，愿言解世纷。所之不合宜，自与鱼鸟亲。
> 若说陶弘景，拟我非其伦。

这首诗写得很是流畅易解，绝不同于陶渊明《述酒》的隐晦。明、清易代后张岱躲入深山，他在这首诗里说，同南朝那位热衷于入山修道的高人陶弘景不同，自己完全是因国破家亡不得已而入山避难，但仍然要勤奋著书。张岱完全抛开了陶渊明《述酒》那种谜语式的写法，也不赞成后代某些学者将陶渊明此诗往政治上生拉硬拽的种种猜测和拔高，只不过借他这个题目来写自己的新诗罢了。张岱自是高人。

其次，陶渊明曾与桓玄发生过密切的关系。在此前后的诗中每有政治情绪的流露。

桓玄取代东晋建立自己的“楚”王朝，可以看成晋、宋易代之前的一次预演，陶渊明并没有反对其人主导的这一次改朝换代。

将陶渊明形容成东晋王朝的忠臣，就无法解释他曾经为桓玄效力，特别是无法解释他在桓玄得志之时多次流露出山的意向。当下了台的晋安帝被安置于他的家乡寻阳时，陶渊明似应有一点什么表示，然而不仅丝毫没有，却相反地一再向桓玄致意。这还不足以宣布“忠愤”说简直没有什么起码的根据吗？

第三，刘宋王朝建立后，陶渊明的生活一切如常，他同刘宋的官员颇有来往，晚年甚至有可能接受刘宋王朝的征辟。

晋、宋易代之次年春节期间，陶渊明约同几位邻居一起出游斜川，时间在辛酉即刘宋永初二年（421）年初，诗中没有任何“忠愤”，只有游山玩水的闲适。只有到当年晚些时候，下台的晋恭帝司马德文死于非命，陶渊明才在《述酒》诗中淡淡地发表了一点感慨。先前桓玄并没有杀晋安帝司马德宗，而是把他打发到寻阳安置，用的是传统政治精英的老规矩；刘裕行伍出身，可以说是新派政治精英，他根本不按传统牌理出牌，陶渊明很看不惯。

易代之初陶渊明除了用诗文淡淡地寄意以外，别无任何慷慨激昂的行动。此后随着时间的推移，他的态度更为平和，与刘宋的官员颇有来往，接受过老朋友始安太守颜延之二万钱的馈赠，他还对颜太守说：“独正者危，至方则碍。哲人卷舒，布在前载。取鉴不远，吾规子佩。”（转引自《陶征士诔》）他与刘宋的江州刺史王弘也有所交往。用鲁迅先生的话来说，此时的陶渊明“乱也看惯了，篡也看惯了，文章便更和平”（《而已集·魏晋风度及文章与药及酒之关系》）。这正是他的主流和归宿。“哲人卷舒”一语十分有趣，中国古代知识分子大抵有这样一种本领，他们固然并不超越于政治之外，但也不怕改变自己的立场；中古时期的士人尤其往往无特操，善卷舒，否则就很难安身立命。陶渊明在这一方面也颇典型，其人其作之深得人心，可以说是理所当然的。陶渊明晚年可能应刘宋王朝的征聘，只因为匆匆去世而没有结果。

明朝人许学夷《诗源辩体》卷六写道：

> 靖节诗，惟《拟古》及《述酒》一篇，中有悼国伤时之语，其他不过写其常情耳，未尝沾沾以忠悃自居也。赵凡夫云：凡论诗不得兼道义，兼则诗道终不发矣。如谈屈、宋、陶、杜，动引忠诚悃款以实之，遂令尘腐宿气孛然而起。且诗句何足以概诸公，即稍露心腹，不过偶然，政不在此时诵其德业也。

看来他是反对搞“忠愤”扩大化的。陶渊明其人其诗值得重新予以估价，只有把严重扩大化的“忠愤说”打包挂起，科学地重估陶渊明才能顺利进行。

总体来看，陶渊明并不是与政治无关的山林隐逸之人，他曾经进入官场，并与稍后一度夺取了东晋政权的桓玄产生过相当密切的关系，但由于桓玄最得志之时恰恰与陶渊明服母丧之期叠合，因此陶渊明介入政局并不深。归隐以后，陶渊明有时也还关心朝政，对刘裕的某些举措有委婉的讥刺，似乎有一点遗老的口吻；其实他同许多士大夫一样，并不看好东晋，处理人际交往时态度比较舒卷自如，并不僵硬。

《述酒》一诗是他创作中一次不算成功的尝试，不必夸张渲染它的意义。

下　卷

陶渊明的诗文与思想

第七章　陶诗七说

陶渊明的文学创作，诗、文、小说三足鼎立，全面开花，其中以诗最为著名，数量也比较多，有一百二十多首。提起陶渊明，人们都称之为诗人，而不大说他是散文家、小说家。

陶渊明的这些诗，从题材和内容来看，约可分为七类，它们是行役、田园、饮酒、读书、赠答、游览、咏怀。这样来分类自然是大概而言，其中不免多有交叉、复合等情形，例如他的《读〈山海经〉》，乃是典型的读书诗，而其中第一首却首先说到“既耕亦已种”“摘我园中蔬”——他总要干完农活以后才有时间来读书。至于在前六类诗里也总会多少有点咏怀的意思，而仍然要分出一个第七类予以单列者，无非因为这里大抵直接咏怀，而不大说到行役、田园等具体事情。

以下依次从这七个方面简略说说陶渊明的诗。

一、行役诗

陶渊明曾经在桓玄、刘裕、刘敬宣等高级将领手下任职，为他们出差，于是就有了《庚子岁五月中从都还阻风于规林》《辛丑岁七月赴假还江陵夜行涂口》《始作镇军参军经曲阿》等诗篇，其中大抵写到乘舟远行的辛苦，又总要说到很希望回老家过悠闲的隐居生活。《乙巳岁三月为建威参军使都经钱溪》道：

> 我不践斯境，岁月好已积。晨夕看山川，事事悉如昔。
> 微雨洗高林，清飙矫云翮。眷彼品物存，义风都未隔。
> 伊余何为者，勉励从兹役？一形似有制，素襟不可易。
> 园田日梦想，安得久离析？终怀在归舟，谅哉宜霜柏。

沿途的山川都是很熟悉的，固然也要看看，其实并没有多少兴趣；而自己这样东奔西走，受制于他人，失去自我，这种情形很应该改变了。这时他已决心归隐，半年后愿望终于得以实现。

陶渊明的行役诗甚少写景，也没有任何豪情壮志，突出的只是很想回家闲居这样一层意思，写法也比较单一，在陶诗中不算优秀，也较少进入选本。它们只是对于考证陶渊明前半生(归隐之前)的生平与思想具有相当重要的意义。换言之，就是其文献价值高于文学价值，所以历来就此写考据文章的多，作艺术鉴赏的少。其实这些诗中亦偶有写景的佳句，例如这首诗中的“微雨洗高林，清飙矫云翮”二句，便写得大有画意。

二、田园诗

陶渊明是最著名的田园诗人，五首《归园田居》尤为其著名的代表作。后来南朝诗人江淹(字文通)作《杂体诗三十首》(《文选》卷三十一)，其中模仿陶渊明的一首即题作“田居”，且一度被当作陶渊明本人的作品，列为《归园田居》的第六首。

在正式归隐之前，陶渊明在几度当官的间隙里总是生活在故乡的田园里，并早已就此写诗，著名的有《癸卯岁始春怀古田舍》二首：

在昔闻南亩，当年竟未践。屡空既有人，春兴岂自免？
夙晨装吾驾，启涂情已缅。鸟哢欢新节，泠风送余善。
寒草被荒蹊，地为罕人远。是以植杖翁，悠然不复返。
即理愧通识，所保讵乃浅。

先师有遗训，忧道不忧贫。瞻望邈难逮，转欲志长勤。
秉耒欢时务，解颜劝农人。平畴交远风，良苗亦怀新。
虽未量岁功，即事多所欣。耕种有时息，行者无问津。
日入相与归，壶浆劳近邻。长吟掩柴门，聊为陇亩民。

这两首田园诗作于癸卯岁即元兴二年（403）。诗人在亲自参加过若干农业劳动以后体会到了田野之美。这时他已经不再像早前那样俯瞰农村（详见《劝农》），而是把自己的身心都融进去，真心热爱这里了。“虽未量岁功，即事多所欣”也正是一种审美的态度。

“平畴交远风，良苗亦怀新”二句写在春风吹拂下禾苗生机勃勃，心中充满了对未来的希望，这正是自然之美、劳动之美，其中还包含了生活中的哲理。苏东坡曾手写这两句分赠身边诸人，一再大声叫好。《东坡诗话录》卷下载：“苏子瞻一日在学士院闲坐，忽命左右取纸笔，写‘平畴交远风，良苗亦怀新’两句，大书小楷行草，凡写七八纸，掷笔太息曰：‘好！好！’散其纸于左右给事者。”这实在是陶渊明接受史上的一段佳话。

到义熙元年（405）十一月，陶渊明彻底抛弃官职回老家，从此全身心地来过自己的田园隐居生活。第二年就写出了其田园诗的代表作《归园田居》，共五首，其前三首：

少无适俗韵，性本爱丘山。误落尘网中，一去三十年。
羁鸟恋旧林，池鱼思故渊。开荒南野际，守拙归园田。

方宅十余亩，草屋八九间。榆柳荫后园，桃李罗堂前。
暧暧远人村，依依墟里烟。狗吠深巷中，鸡鸣桑树巅。
户庭无尘杂，虚室有余闲。久在樊笼里，复得返自然。

野外罕人事，穷巷寡轮鞅。白日掩荆扉，虚室绝尘想。
时复墟曲中，披草共来往。相见无杂言，但道桑麻长。
桑麻日已长，我土日已广。常恐霜霰至，零落同草莽。

种豆南山下，草盛豆苗稀。晨兴理荒秽，带月荷锄归。
道狭草木长，夕露沾我衣。衣沾不足惜，但使愿无违。

其一，描写自己归隐后住进一座四处无邻居的小园，这里宽敞干净、绿化得好，一个在官场拘束里待了多年的倦客终于得到安顿自己的家园，回到自然的怀抱，深感荣幸和安慰。其二，描写自己的这个住处远离尘俗，在这里可以闭门沉思，同农民交往也只谈谈桑麻和土地，而无须理会官场的种种恶俗，唯一担心的是恶劣天气会带来麻烦。其三，写自己下地给豆苗锄草，早出晚归，自得其乐。

归隐以后取代官场事务和应酬的是农耕生活以及与农民的交往，陶渊明很乐意干点力所能及的农活，《归园田居》诗中说起干农活有助于"绝尘想"，即使弄脏打湿了衣服也无所谓，只要"愿无违"就好。"愿无违"就是自由，自由也必然是有代价的。陶渊明的诗往往包含着自己从切身生活中获得的哲理，因此就高于两种当时常见的作品：一是趴在现实上的写景诗，一是悬在半空中的玄言诗。

陶渊明归隐后直到去世，始终过他的田园生活，诗中涉及田园的自然非常之多，试再举两首来看。

第一，义熙六年(410)的《庚戌岁九月中于西田获早稻》诗云：

人生归有道，衣食固其端。孰是都不营，而以求自安！
开春理常业，岁功聊可观。晨出肆微勤，日入负禾还。
山中饶霜露，风气亦先寒。田家岂不苦？弗获辞此难。
四体诚乃疲，庶无异患干。盥濯息檐下，斗酒散襟颜。
遥遥沮溺心，千载乃相关。但愿长如此，躬耕非所叹。

诗中所说的“西田”在山中，离陶渊明的住处比较远，所以必须早出晚归。从春天耕种到秋天收获，付出了许多辛勤的劳动，为了生活，再苦再累也得干。从这首诗看去，陶渊明已经有必要去干比较重的农活，在经历了一场火灾以后，他的经济状况很有些下降，不少农活非亲力亲为不可，而且也得计较“岁功”，不能一味高谈审美了。

“盥濯息檐下，斗酒散襟颜”二句写收工以后的情形颇为真切。喝点酒解解乏，干重体力活儿的人往往有这样的习惯。诗中的陶渊明已经不像过去那样游离于底层生活之外，而似乎多少有点老农的意思了。

亲自切实参加劳动让陶渊明在某种意义上拉开了同孔子的距离，而认同孔子不以为然的两位隐士长沮和桀溺（详见《论语·微子》）。陶渊明本来是熟读儒家经典，非常崇敬孔子的，但现在他在这里却说，自己的心同当年批评孔子的长沮、桀溺相通，所以也避世而躬耕。先前陶渊明在诗里说“先师有遗训，忧道不忧贫”（《癸卯岁始春怀古田舍》其二），那时他还完全认同先师孔子；而现在他却说“人生归有道，衣食固其端！”那是儒家之道，这里说的则是普通劳动者的“道”。农业劳动的实践大大改变了陶渊明，中国古代的诗人还从来不曾有过达到这种思想水平的——陶渊明的伟大意义之一正在此。

第二，义熙十二年（416）的《丙辰岁八月中于下潠田舍获》。诗云：

贫居依稼穑，戮力东林隈。不言春作苦，常恐负所怀。
司田眷有秋，寄声与我谐。饥者欢初饱，束带候鸣鸡。
扬楫越平湖，泛随清壑回。郁郁荒山里，猿声闲且哀。
悲风爱静夜，林鸟喜晨开。曰余作此来，三四星火颓。
姿年逝已老，其事未云乖。遥谢荷蓧翁，聊得从君栖。

诗末提到的"荷蓧翁"亦即先前《癸卯岁始春怀古田舍》中述及的"植杖翁"，其人也是与孔子同时的隐士（亦见《论语·微子》），此翁虽在乡下隐居躬耕，对外面的情形倒也很了解，并且对孔子持强烈的批评态度。陶渊明说自己要跟着他走，就隐含着对孔子的疏离与不敬，态度比六年前更为分明。古代诗评家论陶诗，对此往往避而不谈，唯恐得罪孔子，而其实这正是陶渊明思想解放的重要表现。晋人思想大抵比较活跃，不局限于某一家，不以孔子为绝对权威，而善于杂取各路思想资源为我所用。

这首诗描写秋季节的劳动，天不亮就起来干活，"饥者欢初饱，束带候鸣鸡"，描写秋收的喜悦与辛苦，言简而意深，"非惯穷不知此趣"（《古诗归》卷九钟伯敬评语），给人留下极深刻的印象。诗中写湖山景色，猿声林鸟，这样写景的句子在陶诗中别具一格，视为山水诗亦未尝不可。

陶渊明除了到外地当官的那些年之外，一生绝大部分时间都生活在故乡农村中，而他对农耕、农民和农村生活的态度前后多有变化。早年他不免有些高高在上的意思，只是劝农民好好干活；后来他在参加了一部分农业劳动后，逐步体会到农村之美，身心渐渐融入，同农民也建立了比较融洽的关系。归隐后陶渊明大写其田园诗，更多有脍炙人口的名篇。从他的诗中可以看到，他已从崇拜儒家经典一变而为认同于当年批评孔子的躬耕隐士，表现了思想上的重大突破。

三、饮酒诗

陶渊明自称“性嗜酒”(《五柳先生传》),几篇正史传记都大写他的酒德,例如《宋书·隐逸·陶潜传》载:

潜不解音声,而畜素琴一张,无弦,每有酒适,辄抚弄以寄其意。贵贱造之者,有酒辄设。潜若先醉,便语客:“我醉欲眠,卿可去。”其真率如此。郡将候潜,值其酒熟,取头上葛巾漉酒,毕,还复着之。

由此可知他请登门问候之郡将喝的酒是自产自销的家酿酒,须临时滤去糟粕渣滓。当然他更喜欢喝专业水平的好酒,晚年他的老朋友颜延之要到西南去上任,途经寻阳,天天同陶渊明一起喝酒,“临去,留二万钱与潜,潜悉送酒家,稍就取酒”。二万钱不是一个小数目,很可以喝一阵子好酒了。

比一般好酒更高级的是所谓“名酒”,陶渊明《饮酒》诗序云:“余闲居寡欢,兼秋夜已长,偶有名酒,无夕不饮,顾影独尽,忽焉复醉。既醉之后,辄题数句自娱,纸墨遂多,辞无诠次,聊命故人书之,以为欢笑尔。”喝名酒不仅浑身舒坦,写诗也多有灵感。陶渊明现存诗歌一百二十来篇,而他的这一组《饮酒》诗就多达二十篇,将近占了六分之一,其中的内容五花八门,多有名篇名句。其他在诗的题目里直接提到酒的还有一些,如《述酒》《止酒》《连雨独饮》等。所谓“止酒”即戒酒,陶渊明不过说说而已,根本没有戒掉,直到临终,还说是“但恨在世时,饮酒常不足!”(《拟挽歌辞》其一)其《连雨独饮》诗云:

运生会归尽,终古谓之然。世间有松乔,于今定何间?

故老赠余酒，乃言饮得仙。试酌百情远，重觞忽忘天。
天岂去此哉，任真无所先。云鹤有奇翼，八表须臾还。
自我抱兹独，僶俛四十年。形骸久已化，心在复何言。

他的意思是说，饮酒虽然不可能成仙，但可以暂时同旧我告别，抛弃固有的感情（“试酌百情远”），忘记身外的一切（“重觞忽忘天”）。这时可以神游八极，无远弗届（“云鹤有奇翼，八表须臾还”），摆脱一切束缚，而仅仅留下自由的心灵（“形骸久已化，心在复何言”）——这样的境界是多么美妙啊！陶渊明把喝酒的妙处上升到哲学的层面上去了。

四、读书诗

陶渊明一辈子喜欢读书，自然就此大写其诗。这些诗中以充满了非正宗思想趣味且多奇句的《读〈山海经〉》最为读者所喜闻乐见。陶渊明又读过大量的历史书，于是又多写咏史诗，这里有组诗《咏贫士》，此外又有三首分别单出而又近于组诗的咏史诗：《咏二疏》《咏三良》《咏荆轲》。其中《咏二疏》有联系自己发表感慨的意思，或可谓之“有我之境”；另外二首则基本就史书所载之古人事迹敷衍歌咏之，则属于“无我之境”。

汉代的二疏（疏广、疏受）叔侄都是先当官后退出、隐居于民间的，陶渊明的经历同他们有相近之处；疏广老爷子打算把皇帝赐给他的财富同乡亲们一道吃光花光而不留给子女——他认为年轻人忽然有了许多钱绝非好事。这种旷达的胸怀，也正是陶渊明赞赏并且用另外的方式来实施的，于是陶渊明的《咏二疏》便容易写成“有我之境”的咏史诗。至于历史上为秦穆公殉葬的子车氏之三子（“三良”）与大名鼎鼎的刺客荆轲，同陶渊明本人的情况相去极其辽远，没有什么可比性、相关性，那就无从将自己带入，只能“漫然咏史”了。

前人论陶诗，一个很常见的毛病是将陶渊明那些涉及历史而原属“无我之境”的诗篇误当作“有我之境”，并就此硬加比附，将陶渊明从政治正确、道德高尚两方面猛烈拔高。“三良”是为主公殉葬的，荆轲是为主公去充当刺客而死的，于是明朝学者黄文焕就解释说，这是陶渊明感叹在晋、宋易代以后既没有“死而报君父之恩如三良者”，也没有“生而报君父之仇如荆轲者”。清朝的陶学大专家陶澍走得更远，他更进而具体地指出，《咏三良》诗中的“厚恩固难忘”“投义志攸希”等句是影射晋、宋易代之际那个不肯执行刘裕命令的张祎，他宁可自杀也不肯去下毒，将过去的主人、业已下台的晋恭帝司马德文害死。为了给自己的意见寻找理论根据，陶澍甚至武断地说：“古人咏史，皆是咏怀，未有泛作史论者。”这样的提法显然与文学史的基本事实不符，从班固《咏史》以来，“泛作史论”的咏史诗大量存在，数不胜数。对陶渊明咏史诗应当实事求是地作出解说和评价，而不能凭空起意，强加发挥。

五、赠答诗

“诗可以群”（《论语·阳货》）是古老的诗学观念之一，先秦时代诗歌在人际交往乃至国际（例如春秋列国）交往中发挥很好的作用，赋诗言志互为赠答曾经非常繁荣。后来作诗赠答成了一种新常态，西汉有著名的李陵赠苏武诗，虽然今天在《文选》等书中看到的所谓苏李诗出于后人的模拟，而当时确曾有过以诗为赠的故事。东汉有秦嘉、徐淑夫妇间的赠答诗。建安以后文人交往频繁，赠答诗一脉大为流行，名篇迭出，《文选》中多有选录。

陶渊明赠答诗中有两首是写给族人、家人的。其中一首赠给继承了长沙公爵位的族孙陶某。陶渊明是第一代长沙公陶侃的曾孙，他见到的现任长沙公比他低两辈。诗中对这位继承了祖先爵位的远房后辈非常尊重，勉励有加。尽管出了五服，关系甚远，平时也没有什么交集，已同路人，而诗中仍然流露了深厚的宗族感情，感慨在短暂的相见之后就要分手(“笑言未久，逝焉西东”)，希望将来多多联系。

另外一首《癸卯岁十二月中作与从弟敬远》的受赠者堂弟陶敬远同陶渊明关系很近，情同手足。此诗的内容更为深入，与《赠长沙公》多少还有些礼节性客套有所不同。癸卯岁即晋安帝元兴二年(403)，陶渊明正因母丧待在寻阳故家，失去官俸使他的生活比较清贫。此诗前半大诉自己在衡门之下饥寒交迫之苦，说虽然外面是很好的雪景(“倾耳无希声，在目皓已结”)，但完全无心欣赏。“君子固穷”(《论语·卫灵公》)，说起来很简单好听，真要做这样的君子相当不容易。陶渊明在诗中坦率地说自己是“谬得固穷节”，表明他本来并不想走这样一条路，现在只是不得已而为之罢了。

陶渊明更多的赠答诗是写给官场中的朋友和熟人的。其中有一些应酬意味甚浓，例如赠给本地父母官的《酬丁柴桑》(此诗似已有残缺)；大部分作品则内容比较充实具体，或表达诚挚的友情，或哀叹自己的贫困，或谈论人生哲理，或描写乡村的景色，或发抒对政局的感慨，多有精美的篇章。

哀叹贫困这一层意思集中地见之于《怨诗楚调示庞主簿邓治中》：

天道幽且远，鬼神茫昧然。结发念善事，僶俛六九年。
弱冠逢世阻，始室丧其偏。炎火屡焚如，螟蜮恣中田。
风雨纵横至，收敛不盈廛。夏日长抱饥，寒夜无被眠。
造夕思鸡鸣，及晨愿乌迁。在己何怨天，离忧凄目前。

吁嗟身后名，于我若浮烟。慷慨独悲歌，钟期信为贤。

陶渊明写此诗时庞氏任江州主簿，与邓治中为同僚。诗的主要内容是诉苦，历数自己的不幸，所说都属实，例如第一任夫人的去世、遭遇火灾、自然灾害严重影响收成等，都可以在他的其他作品和史传材料中得到印证。此诗言外大约也有一点向庞、邓二人求援的意思，诗末提到“钟（子）期”，以对方为知音，正是很风雅地传递了这样一种信息。

说理之作，如《五月旦作和戴主簿》：

虚舟纵逸棹，回复遂无穷。发岁始俯仰，星纪奄将中。
南窗罕悴物，北林荣且丰。神渊写时雨，晨色奏景风。
既来孰不去，人理固有终。居常待其尽，曲肱岂伤冲。
迁化或夷险，肆志无窊隆。即事如已高，何必升华嵩。

戴主簿其人不详，大约也是江州州府里的僚佐，他应是喜欢清谈的高人，并先有一首玄言诗赠陶渊明。陶渊明在这首和诗中主要谈世事总是在不断变化运动之中，有来有往，往复无穷，所以为人要有定力，要能同世界和谐相处。“即事如已高，何必升华嵩”，意思是说应当超越具体物象，领会人生真谛。陶渊明是玄言诗的绝顶高手，他从不抽象地演说玄理，而是在生活中领悟和提炼哲理。本诗由时序和景物入手，进而讲到人事，再进而高升到形而上的领域，最后又用一个不一定要爬高山而自可登高望远的比喻作为收束。首尾圆合，妙得神理，比一般常见之哲学讲义式的玄言诗高明多了。

写景之作，如《和郭主簿》二首：

蔼蔼堂前林，中夏贮清阴。凯风因时来，回飙开我襟。

息交游闲业，卧起弄书琴。园蔬有余滋，旧谷犹储今。
营己良有极，过足非所钦。舂秫作美酒，酒熟吾自斟。
弱子戏我侧，学语未成音。此事真复乐，聊用忘华簪。
遥遥望白云，怀古一何深。

和泽周三春，清凉素秋节。露凝无游氛，天高风景澈。
陵岑耸逸峰，遥瞻皆奇绝。芳菊开林耀，青松冠岩列。
怀此贞秀姿，卓为霜下杰。衔觞念幽人，千载抚尔诀。
检素不获展，厌厌竟良月。

在此诗之先，大约是郭主簿有写景之诗来赠。陶渊明的酬和之诗往往依来诗的性质而定，此亦所谓来而不往非礼也。如果能看到与此有关的郭氏之诗，体会应当可以更多。

这两首诗可以进入陶渊明最优秀的作品之列。前一首写夏天的景物和自己的生活：虽然是夏天，但自家园林里仍然清凉舒适，有蔬菜，有粮食，有美酒，读书，弹琴，怀古，逗才学说话的小宝贝们玩玩——生活是多么美好啊。后一首写秋天的景色和自己的生活，天高气爽，松菊为伴，喝喝老酒，非常愉快，只是很久未得友人的来信（“检素不获展”），又不免有些惆怅了。这里描写的应是陶渊明归隐之初的生活，他还很有些转轨未久的兴奋，手头又颇有积蓄，生活上毫无紧迫感。后来等到他家遇上失火，又遭逢各种天灾，日子过得越来越紧巴，他的情绪就没有这样平静愉悦了。

陶渊明对人生和政局的感慨也一再流露于他的赠答诗中。人生的意义及其困境是陶渊明深入考虑过的大问题。在比较年轻的时候陶渊明希望能够驰骋政坛，当他因母丧而居家守制时，有一首《和胡西曹示顾贼曹》诗云：

蕤宾五月中，清朝起南飔。不驶亦不迟，飘飘吹我衣。
重云蔽白日，闲雨纷微微。流目视西园，晔晔荣紫葵。
于今甚可爱，奈何当复衰。感物愿及时，每恨靡所挥。
悠悠待秋稼，寥落将赊迟。逸想不可淹，猖狂独长悲。

由此不难体会到他此时急于出山的心情和未获发挥能力之机会的遗憾。时不我待啊！那时陶渊明的心态还如此积极。

可是不久以后他就灰心了，在短期担任了几个职务（镇军参军、建威参军、彭泽令）以后毅然归隐，从此不再从政，上了年纪之后，更日趋消极，深感死亡正在逼近。这一方面的思想感情在赠答诗中的典型反映见于《岁暮和张常侍》：

市朝凄旧人，骤骥感悲泉。明旦非今日，岁暮余何言。
素颜敛光润，白发一已繁。阔哉秦穆谈，旅力岂未愆。
向夕长风起，寒云没西山。厉厉气遂严，纷纷飞鸟还。
民生鲜常在，矧伊愁苦缠。屡阙清酤至，无以乐当年。
穷通靡攸虑，憔悴由化迁。抚己有深怀，履运增慨然。

既老且贫，失去生机，只好听凭命运的安排。老境容易令人颓唐，虽达人陶渊明亦在所难免。张常侍不知为何许人，他的原作已经亡佚，其中或许可能已谈到老境之可怕吧。

此诗曾有人往政局变化上硬拉，说什么“义熙十四年十二月，宋公刘裕弑安帝于东堂而立恭帝。靖节和此岁暮诗，盖亦适当其时”（刘履《选诗补注》卷五），看似头头是道，其实全是自说自话，未足起信。凭什么证明《岁暮和张常侍》作于义熙十四年十二月呢？没有任何说明。后来陶渊明在他的《述酒》诗里是涉及过晋、宋易代的，他对刘裕在这一过程中滥用暴力表示过不满，但他并没有正面否定易代，在易代的前后情绪也没有多大变化，看来是平静地接受了这一政局上的大变化。当时许多士大夫甚至包括一批高官都是如此。

晋、宋易代水到渠成，比起先前的魏、晋易代顺利多了。在易代之前，刘裕成功地领导了北伐，一直打到长安，中间收复了大批中原故地，取得了晋朝中央政权和大量中原世家南渡以来最为激动人心的伟大胜利。刘裕由此积累起巨大的政治资本，为后来实行改朝换代准备了充分的条件。陶渊明曾为刘裕北伐的成功而欢欣鼓舞，义熙十三年(417)他写诗赠给老朋友羊松龄，其人当时奉江州刺史、左将军檀韶之命，以长史身份“衔使秦川”，去关中向北伐的将士表示祝贺。这首《赠羊长史》可谓陶渊明生平第一快诗。全国快要统一了，可以到中原去看看了，陶渊明兴奋之至，对刘裕的丰功伟绩大加肯定。尽管刘裕后来有些事情做得很不妥，而其人功劳太大，仍然不能全盘否定。

陶渊明的邻居中有一位姓殷的朋友，“先作晋安南府长史掾，因居浔阳。后作太尉参军，移家东下”，陶渊明作《与殷晋安别》一诗以赠，诗云：

> 游好非久长，一遇尽殷勤。信宿酬清话，益复知为亲。
> 去岁家南里，薄作少时邻。负杖肆游从，淹留忘宵晨。
> 语默自殊势，亦知当乖分。未谓事已及，兴言在兹春。
> 飘飘西来风，悠悠东去云。山川千里外，言笑难为因。
> 良才不隐世，江湖多贱贫。脱有经过便，念来存故人。

陶渊明充分肯定对方是“不隐世”的“良才”，希望对方将来在方便的时候，再回来见见面。诗中充满了温厚的朋友之情。

陶渊明虽然有他自己的信仰与操守，而对朋友绝不作任何苛求，对别人的进退出处一概表示尊重。他晚年与另外一位朋友庞参军的赠答诗也典型地表现了这种宽厚崇高的风格。

在陶渊明的集子里有两首《答庞参军》，四言一首，五言一首，应当是写赠同一人的，唯时间略有先后，五言的在前，四言的在后。

四言的一首《答庞参军》诗序说："庞为卫军参军，从江陵使上都，过浔阳见赠。"可知这位庞参军是驻节于江陵的卫将军手下的参军，这时作为他的使者到首都去办事，经过寻阳，而他们过去是相熟的朋友。查晋宋之际任荆州刺史而同时拥有卫将军头衔者只有权臣谢晦，此人卷入宋初的政治斗争很深，稍后很快就被杀了。《宋书·文帝纪》："元嘉元年秋八月……庚子，以行抚军将军、荆州刺史谢晦为抚军将军、荆州刺史。癸卯……抚军将军、荆州刺史谢晦进号卫将军。"朝廷的连续提拔其实只是为了稳住权重一时的谢晦，到元嘉三年(426)春天朝廷就派兵讨伐谢晦，很快就抓住了他，并加以诛杀。陶渊明对那些高层政治斗争的内幕可能并不详悉，但也未尝没有揣测和预感。庞参军曾经是他的邻居和朋友，在一起弹琴咏诗的，而现在仆仆道途，实在是辛苦而且危险。于是他的赠诗写道：

衡门之下，有琴有书。载弹载咏，爰得我娱。
岂无他好，乐是幽居。朝为灌园，夕偃蓬庐。

人之所宝，尚或未珍。不有同爱，云胡以亲？
我求良友，实觏怀人。欢心孔洽，栋宇惟邻。

伊余怀人，欣德孜孜。我有旨酒，与汝乐之。
乃陈好言，乃著新诗。一日不见，如何不思。

嘉游未斁，誓将离分。送尔于路，衔觞无欣。
依依旧楚，邈邈西云。之子之远，良话曷闻。

昔我云别，仓庚载鸣。今也遇之，霰雪飘零。
大藩有命，作使上京。岂忘宴安，王事靡宁。

惨惨寒日，肃肃其风。翩彼方舟，容裔江中。
勖哉征人，在始思终。敬兹良辰，以保尔躬。

此诗当作于元嘉二年(425)的冬天，庞参军奉“大藩”荆州刺史谢晦之命“作使上京”，途经寻阳，与老友盘桓数日，就又要分别了。陶渊明临别赠诗颇有些依依不舍，而诗中有句道“王事靡宁”，结末更说“勖哉征人，在始思终。敬兹良辰，以保尔躬”。老诗人是否对当时荆州面临的危险已经很有些预感了？

充当藩镇的使者从江陵出发到“上京”去办事，陶渊明先前追随桓玄时也曾有过这样的经历，曾经写过一首题为《辛丑岁七月赴假还江陵夜行涂口》的诗。现在这首诗中的“依依旧楚，邈邈西云”二句即大有怀旧的意味——当下友人庞参军也要干“大藩”之特使这种差事，陶渊明不禁为他捏一把汗。宦海里充满了风波，随时可能翻船，还是躲在乡下“朝为灌园，夕偃蓬庐”为好啊！

这首《答庞参军》写得非常含蓄，充满了对友人的关心和温情，但许多话不便明言，就只用“惨惨寒日，肃肃其风”这样的景语代替情语，庞参军应当能够接收到其中的信息吧。

五言的一首《答庞参军》大约作于元嘉二年(425)的春天，陶、庞二公是上一年冬天结为邻居的，现在庞氏要到江陵去为官了，交往虽不甚久，却结下了很深的友情。分手前夕其人先有诗赠陶渊明(已佚)，陶渊明作此诗为答。诗前有小序云：“三复来贶，欲罢不能。自尔邻曲，冬春再交，款然良对，忽成旧游。俗谚云‘数面成亲旧’，况情过此者乎？人事好乖，便当语离。杨公所叹，岂惟常悲。吾抱疾多年，不复为文。本既不丰，复老病继之。辄依《周礼》往复之义，且为别后相思之资。”来而不往非礼也，于是作答诗云：

相知何必旧，倾盖定前言。有客赏我趣，每每顾林园。
谈谐无俗调，所说圣人篇。或有数斗酒，闲饮自欢然。
我实幽居士，无复东西缘。物新人惟旧，弱毫多所宣。
情通万里外，形迹滞江山。君其爱体素，来会在何年。

这时陶渊明已经六十一岁了，身体不好，久不作诗，但对于来觃的盛情自应有所酬答。诗中说彼此相交虽然时间不长，却倾盖如故。庞氏应当比较年轻一点，经常到访陶渊明的园林，一起高谈阔论，一起饮酒为欢。自己喜欢幽居，现在年纪又大了，不想东奔西走，你要出远门了，自己多多保重吧。

这首五言《答庞参军》是比较典型的应酬之作，但洋溢着士人温厚的友情，代表了陶渊明为人的风格。远亲不如近邻，邻里关系很重要，在古代尤其是如此。先前陶渊明在《移居》诗中就说过搬家主要要考虑邻居的状况，人文环境比什么都重要。

正因为庞氏与陶渊明的关系很好，所以等到当年冬天他作为荆州刺史、卫将军谢晦的参军，从江陵到首都建康出差途中在寻阳稍息的时候，特别来看望陶老，而在分手之际，陶渊明又作四言诗一首为赠，抒发友情，同时表达一种不便明言的关心。前人评此诗谓“自有一种深挚不可忘处，此古人所以不可企也”（温汝能《陶诗汇评》卷二）。其言得之。

老年的陶渊明已经修养到炉火纯青的境界，大可称为青年朋友的良师益友。

通观陶渊明的赠答诸作，可以看到有三大特点：

其一，陶渊明分明不像过去的赠答诗那样将内容基本限定于彼此之间的关系上，而是抒情、写景、说理无所不可，与咏怀、杂诗等一样非常自由。赠答诗由此获得极大的解放，海阔天空，鸢飞鱼跃，有着极其广阔的用武之地。陶渊明的家世、生活、思想、感情、政见等在他的赠答诗都有生动的反映或流露。

其二，在赠答诗中引进“酬”“和”等概念，这样答诗就可以同原唱若即若离，保持自己创作的充分自由。陶渊明是讲究潇洒的人，连束带见长官都不愿意，写诗更不会多受原唱的牵制。

其三，从形式上来说，五言、四言皆有，徒诗和乐府（如用过“楚调”）并用，丰富多彩，行所无事。凡大诗人总有些创新之处，完全谨守传统之规范者，一般只能落入第二义。

六、游览诗

陶渊明对游览大有兴趣，经常去附近的庐山。当刘裕收复了大批中原故地以后，他又曾打算远游，去凭吊古代的圣贤。

不过他的游览诗一般只涉及比较靠近的地方，也并非一般意义上的景点，而是那些废墟和坟墓，在这样的地方很容易产生一种触底反弹式的人生思考，觉得应当珍惜生命，及时行乐。陶渊明晚年也曾比较正式地出游过一次，这就是《游斜川》一诗所描写者。其中有句云：“气和天惟澄，班坐依远流。弱湍驰文鲂，闲谷矫鸣鸥。迥泽散游目，缅然睇曾丘。虽微九重秀，顾瞻无匹俦。提壶接宾侣，引满更献酬。未知从今去，当复如此不?”弱湍曾丘，风景清幽。陶渊明与他的游伴在此野餐饮酒，深感人生的短暂，最应珍惜。过去陶渊明只在家门口一带散散步，或凭吊附近的废墟，这一次算是走得比较远一点了。到今年陶渊明已经五十七岁，身体又不大好，将来还有没有体力和兴趣出远门游山玩水是很难说的，必须抓紧机会，享受生活。

《游斜川》是一首山水诗，具有开创性，写出的时间比谢灵运著名的《登池上楼》(423 年)早两年。过去人们都称陶渊明为田园诗人，而以谢灵运为山水诗的大腕，其实陶渊明也写山水，《登池上楼》却没有写什么山水，而以政治牢骚为主，谢灵运回到始宁后的那些山水诗写的其实是他自家田庄里的风光。田园诗、山水诗之间没有绝对的界限。德国汉学家顾彬(Wolfgang Kubin)曾在《中国文人的自然观》中指出："中国的文学评论家不把陶渊明看成是山水诗人，而称他为'田园诗人'，这是同谢灵运比较而得出的结论。陶氏不歌唱山水，而歌唱田园。尽管这种观点是对的，但陶渊明实际上描写了自然，不过只是田园中及其周围小范围内的自然罢了。"他这里介绍通常的看法而颇有进境，而陶、谢比较论尚有可以进一步研讨的地方。

七、咏怀诗

在陶渊明各类题材的诗篇中都可以看到他的议论、感慨和抒情，此外他还有些专门用来咏怀言志的诗，其典型的代表主要是《杂诗》《拟古》这两大组诗。

中古诗歌中的杂诗，相当于后来散文中的杂感。陶渊明的《杂诗》有十二首，其中前八首写他关于人生的感慨，九至十一首涉及他早年最初的出仕，最后一首可能是后来加进来的，流露了他对神仙世界的向往。

从这些诗中可以直接了解陶渊明的思想感情，例如《杂诗》其五诗云：

忆我少壮时，无乐自欣豫。猛志逸四海，骞翮思远翥。
荏苒岁月颓，此心稍已去。值欢无复娱，每每多忧虑。

气力渐衰损，转觉日不如。壑舟无须臾，引我不得住。
前涂当几许？未知止泊处。古人惜寸阴，念此使人惧。

这些乃是诗人上了年纪以后的感慨。青年时代充满了理想和欢乐，老了以后就没有那时的豪情了，他提倡爱惜寸阴，来好好生活。爱惜光阴是陶侃特别重视的，这里颇有所发挥。

陶渊明《拟古》各篇所拟的原作颇不可考，他大抵是抒发自己的意见。例如其四云："迢迢百尺楼，分明望四荒。暮作归云宅，朝为飞鸟堂。山河满目中，平原独茫茫。古时功名士，慷慨争此场。一旦百岁后，相与还北邙。松柏为人伐，高坟互低昂。颓基无遗主，游魂在何方？荣华诚足贵，亦复可怜伤！"用最后必不可免的死亡来倒逼关于人生的思考，高贵者被埋葬在高坟里，那么先前的富贵荣华还能有多少意义？此诗"悲怆淋漓"（温汝能《陶诗汇评》卷四），发人深省。陶渊明将人世的得失、荣辱看得很淡，读来令人觉得可以放下种种，走向旷达——但也容易从此消极下去，那就未必是合适的了。

第八章　陶文三看

陶渊明的作品以诗为主，文章的数量较少，一共只有十三篇（如果《读史述九章》算九篇，则为二十一篇，但其实乃是一篇，分为九章而已），其目如下：

辞赋三篇：《感士不遇赋并序》《闲情赋并序》《归去来兮辞并序》；

文十篇：《桃花源记并诗》《晋故征西大将军长史孟府君传》《五柳先生传》《扇上画赞》《读史述九章》《与子俨等疏》《祭程氏妹文》《祭从第敬远文》《自祭文》《尚长禽庆赞》。

其中经常进入选本的名篇是《归去来兮辞》《桃花源记》《五柳先生传》三篇，占四分之一，这是很可观的比例；其余诸篇亦大有意思，也都值得深入寻味研究。

阅读陶公诸文，似应注意下列三个方面，一是从中探索作者生平，二是了解他的思想，三是欣赏其文章之妙。无非还是义理、考据、辞章这样三条。以下举出两篇来一谈，最后对陶文的特点稍加总结。

一、《桃花源记》

《桃花源记》是陶渊明最著名的作品之一，对后世的影响也最为深远复杂，而其文甚短：

> 晋太元中，武陵人捕鱼为业。缘溪行，忘路之远近，忽逢桃花林，夹岸数百步，中无杂树，芳华鲜美，落英缤纷。渔人甚异之，复前行，欲穷其林。林尽水源，便得一山。山有小口，仿佛若有光。便舍船从口入。初极狭，才通人。复行数十步，豁然开朗。土地平旷，屋舍俨然。有良田、美池、桑竹之属。阡陌交通，鸡犬相闻。其中往来种作，男女衣着，悉如外人。黄发垂髫，并怡然自乐。见渔人，乃大惊，问所从来，具答之。便要还家，为设酒杀鸡作食。村中闻有此人，咸来问讯。自云先世避秦时乱，率妻子邑人来此绝境，不复出焉，遂与外人间隔。问今是何世，乃不知有汉，无论魏、晋。此人一一为具言所闻，皆叹惋。余人各复延至其家，皆出酒食。停数日，辞去。此中人语云："不足为外人道也。"既出，得其船，便扶向路，处处志之。及郡下，诣太守，说如此。太守即遣人随其往，寻向所志，遂迷不复得路。南阳刘子骥，高尚士也。闻之，欣然规往，未果，寻病终。后遂无问津者。

在陶渊明的小说集《搜神后记》里，也有这么一则传奇故事，内容悉同，字句略有差异，比较大的出入是小说中曾说起渔人和太守的姓名，而没有末了的"南阳刘子骥"等几句。按修改文章的一般规律看去，《搜神后记》本当是初稿，而《陶渊明集》本则是经过修改的文本。

陶渊明与刘驎之为同时代人而略晚，他们之间可能有些交往。陶渊明关于桃花源的记叙或即得之于其人的介绍，亦未可知。传闻是中古小说的重要来源。

世外桃源代表了古人特别是农民对于"乐土"的热烈向往，那里环境优美，人们共同劳动，关系和谐，好客而注意保密；与《桃花源记》配套推出的《桃花源诗》又具体地写到这块“乐土”里的另外一些特色，如没有租税、风俗古朴等。

此文虽短，却不仅首尾完具，而且余韵悠然，中间写桃源胜境里的情况极其简明扼要，而凡是人们关心的几个方面：土地、住房、水源、作物、交通、衣着、人情，都一一说到，全无遗漏，确为乐土。

陶渊明笔下的桃花源虽然是一个稍一露出真相又迅速关闭起来的神奇的所在，但毫不怪异。它只是在现行体制之外，并不在人世的彼岸；只是一个先秦遗民在某一与外界隔绝的山水隐秘之处所开辟的家园，一个在现存政治社会体制之外的隐士的乐园——所以这里的自然条件、生活方式同外界并无本质差异，虽然特别美好，却没有任何超自然的奇迹。这里没有神仙活动的余地。

世外桃源寄托了陶渊明的美好理想，在近代以前产生过巨大的影响。如果只让举一篇作品为陶渊明的代表作，那么一定是这一组《桃花源记并诗》；《归去来兮辞》虽然也很能代表他，但那一篇作于陶渊明归隐之初，他的思想还没有完全成熟，意思也没有这里说得如此生动透彻，当然方向完全一致。此文曾被选入著名的文章选本《古文观止》（卷七），有评语说：“桃源人要自与尘俗相去万里，不必问其为仙为隐。靖节当晋衰乱时，超然有高举之思，故作记以寓志，亦《归去来辞》之意也。”

从后来的情况看去，用桃源这个题目写诗的甚多，撰文的较少，钱锺书先生举过一个例子：“《全唐文》卷五二九顾况《仙游记》，刻意拟仿（陶）潜此篇，有云‘曰：“愿求就居得否？”云：“此间地窄，不足以容。”’较潜记‘此中人语云“不足为外人道也”’，风致远逊。”(《管锥编》第四册)顾况在这里涉及移民问题，他笔下的追梦仙游者非常看好这里，意欲落户，但遭到了婉拒。拟仿之作能就原作有所推进，而又合情合理，顾况自是高人。陶渊明一向非常留恋故乡和眷属，别妇抛雏地一个人去当移民完全非所思存，于是只写到“不足为外人道也”而止。

二、《与子俨等疏》

《与子俨等疏》是《陶渊明集》中唯一的一篇书信体文章，全文字数无多，好像也比较平易，而其中仍多有待发之覆。试为作释证，先录原文如下：

> 告俨、俟、份、佚、佟：天地赋命，生必有死。自古贤圣，谁能独免。子夏有言：“死生有命，富贵在天。”四友之人，亲受音旨。发斯谈者，将非穷达不可外求，寿夭永无外请故耶？吾年过五十，少而穷苦，每以家弊，东西游走。性刚才拙，与物多忤。自量为己，必贻俗患。僶俛辞世，使汝等幼而饥寒。余尝感孺仲贤妻之言，败絮自拥，何惭儿子。此既一事矣。但恨邻靡二仲，室无莱妇，抱兹苦心，良独内愧。少学琴书，偶爱闲静，开卷有得，便欣然忘食。见树木交荫，时鸟变声，亦复欢然有喜。常言：五六月中，北窗下卧，遇凉风暂至，自谓是羲皇上人。意浅识罕，谓斯言可保。日月遂往，机巧好疏。缅求在昔，眇然如何。疾患以来，渐就衰损。亲旧不遗，每以药石见救，自恐大分将有限也。汝辈稚小家贫，每役柴水之劳，何时可免？念之在心，若何可言。然汝等虽不同生，当思四海皆兄弟之义。鲍叔、管仲，分财无猜；归生、伍举，班荆道旧。遂能以败为成，因丧立功。他人尚尔，况同父之人哉。颍川韩元长，汉末名士，身处卿佐，七十而终，兄弟同居，至于没齿。济

北汜稚春，晋时操行人也，七世同财，家人无怨色。《诗》曰："高山仰止，景行行止。"虽不能尔，至心尚之。汝其慎哉！吾复何言。

《与子俨等疏》 这个题目其实比较不易理解，写给儿子们的信，何以称为"疏"？沈约《宋书·陶潜传》引用此信称为《与子书》；唐人编撰的类书《艺文类聚》卷二十三"人部七·鉴诫"节选了此文的一个小节，则题作《诫子书》。这两个题目比《与子俨等疏》好多了，再出陶集，似宜选用。《与子俨等疏》这个标题可能是陶渊明集的后代编者另拟的，用之既已很久，大家都习惯了，也可以继续使用。

此信的写作时间，文中未作明确说明，据"吾年过五十"一句推测，当在五十以后不久，如果暂拟为五十一岁，那么就在义熙十一年(415)。此时陶渊明的健康大有危机，不免想到了死，于是给儿子们写信，总结自己的一生，并对后事有所交代。

俨、俟、份、佚、佟 这是陶渊明五个儿子的大名。陶渊明有《责子》诗："白发被两鬓，肌肤不复实。虽有五男儿，总不好纸笔。阿舒已二八，懒惰故无匹。阿宣行志学，而不爱文术。雍端年十三，不识六与七。通子垂九龄，但觅梨与栗。天运苟如此，且进杯中物。"这时孩子们都还比较小，所以皆称小名：阿舒(俨)、阿宣(俟)、阿雍(份)、阿端(佚)、通子(佟)。前四位小名模式相同，而老五自成一新的格局，这大约是因为前四子是陶渊明的前妻所生，老五乃出于稍后续娶之翟氏。综合各种信息来推测，老大陶俨当生于太元十六年(391)，次子陶俟生于太元十七年；老三、老四即陶份、陶佚大约是双胞胎，生于太元十九年，这一年陶渊明三十岁，而孩子们的妈妈去世了——这就是《怨诗楚调示庞主簿邓治中》一诗之所谓"始室丧其偏"。幼子陶佟生于隆安二年(398)。如果事情确实是这样的话，则《责子》诗作于义熙二年(406)，此时陶渊明刚刚彻底归隐，不像过去须在外地应付官场事务了，这才发现儿子们情况都不大理想，于是逐一点名予以批评教育。到义熙十一年陶渊明写《与子俨等疏》时，几个儿子的年龄分别是：陶俨二十五岁，老二陶俟二十四岁，陶份、陶佚都是二十二岁，老小陶佟十八岁。

“汝等虽不同生”与《责子》诗中的“雍、端年十三”，这两句曾经引起许多猜测和讨论，钱锺书先生曾有所介绍，并对前人之“牵引无数葛藤”大大地不以为然：“自宋马永卿《嬾真子》卷三、洪迈《容斋随笔》卷八至清张宗泰《鲁岩所学集》卷七《书袁文〈瓮牖闲评〉后》、平步青《霞外捃屑》卷五，苦心逞臆，或谓陶有妻有妾，或谓其丧室续娶，或谓其有二子孪生，推测纷纭。闲人忙事，亦如朱彝尊《曝书亭集》卷五五《书〈杨太真外传〉后》、恽敬《大云山房文稿》初集卷一一《驳朱锡鬯〈书《杨太真外传》后〉》以来之争辩‘处子入宫’，烟动尘上，呶呶未已。文献征存之考真妄，与帷薄阴私之话短长，殆貌异而心同者欤。”(《管锥编》第四册)按，陶渊明的儿子们的情形，同理解他的作品颇有关系，是值得研讨的。陶渊明确实有过两次婚姻，此亦无所谓“帷薄阴私”。将前代学者的推测研讨一举全部否定之，稍觉简单粗暴，恐怕未必明智。

又按，洪迈认为陶渊明“犹有庶子”，雍、端二人“必异母尔”，其说未免武断。马永卿认为陶渊明有妻有妾，并嘲笑说“先生清德如此，而乃有如夫人，亦可一笑”，其议论似无可取。古代诗人中有如夫人的多了去了，如果他的诗没有能写到陶渊明的水平上，又不以“清德”著称，一般来说就不会有人去批评他。公众人物容易挨批挨骂，文学史上的大人物也是如此。其实我们只管多读他的诗就好。“雍、端年十三”的情形，也许是年头生一个阿雍，年尾又生了一个阿端，或雍、端二子是双胞胎，都有可能，而后一种情形的几率似乎更大一些。正因为陶渊明的五个儿子非一母所生，所以他格外要强调自己死后千万不要分家。

天地赋命，生必有死。自古贤圣，谁能独免。　给儿子们的信从这里写起，便有生命哲学的意味，而非只谈家庭琐事。生必有死的道理似乎不言自明，但因为那时神仙道教流行，多有相信通过修炼可以长生不老者，所以讲这个道理仍然有意义。病重者容易想到死，亦为古今之通义。《与子俨等疏》虽然并非临终遗言，但有点像，无非就是因为此时陶渊明预感到自己行将一病不起。

子夏有言："死生有命，富贵在天。"四友之人，亲受音旨。　子夏的这两句话见于《论语·颜渊》。陶渊明说是听老师说的，此即所谓"亲受音旨"。至于"四友"，据《孔丛子·论书》的说法是指颜渊、子贡、子张、子路，子夏不在其列。陶渊明《四八目》（即《集圣贤群辅录》）曾引用过这一段《孔丛子》。他这里的意思是说，子夏乃是"四友"一类的人物，也是孔子的高足，曾经亲耳听到过夫子有关死生富贵的教诲。

穷达不可外求，寿夭永无外请。　穷达寿夭都是命中注定的，无法改变。陶渊明有非常坚定的天命论思想，并习惯于拿来应付各种情况且安慰自己。他大抵不相信佛教、道教和民间流行的法术，也都以儒家思想和天命论为其底气。

吾年过五十。　这一句对推究此文的写作时间关系很大，而曾经有人要改"五十"为"三十"，未读通原文而欲改订其字，胆子也大了一点。元人李公焕《笺注陶渊明集》卷八引赵泉山曰："……当作年过三十。按靖节从此十一年间，自浔阳至建业，再返，又至江陵，再返，故云'东西游走'，及四十一岁，序其倦游于《归去来》云'心惮远役'，四十八岁《答庞参军》诗云：'我实幽居士，无复东西缘。'若年过五十，时投闲十年矣，尚何游宦之有？"他似乎不明白

"年过五十"是说现在写这封信的时间，而非早年"东西游走"时的年龄。

又有视《与子俨等疏》为陶渊明的临终遗嘱而将他的卒年大为提前者，如古直先生在《陶靖节年谱》中定陶渊明的享年为五十二岁，其根据之一就是《与子俨等疏》中的这一句"吾年过五十"。其实虽然此时陶渊明认为自己的身体不行了，但并没有真的很快去世，他这时把病情估计得太严重了。这种情形在生活中也是常见的。读材料做考证不宜拘执于一隅，而要顾及常识和情理。

少而穷苦，每以家弊，东西游走。　陶渊明因为父亲死得比较早，小时候比较清贫，颜延之《陶征士诔》说他"少而贫病，居无仆妾，井臼弗任，藜菽不给"；《宋书·陶潜传》也说他"亲老家贫"，所以出去任过好几次小官。按，陶渊明一生当过六任官，其中江州祭酒、彭泽令这两次是地方官，为时皆甚短，另外四次是在桓伊、桓玄、刘裕、刘敬宣手下任职，都是作为使者为主公出差办事，所以他这里说自己"东西游走"。

性刚才拙，与物多忤。自量为己，必贻俗患。　这几句是解释为什么要弃官归隐：自己是个讲原则的直性子，没有适应官场那一套的才能，而按照自己的性格办事，必然会同流俗格格不入，一定会倒霉的，不如早早离开。然则陶渊明之逃离官场大有避患之意，当然这只是从消极方面来说的，就其积极方面而言，则是为了获得自由。

僶俛辞世，使汝等幼而饥寒。　这里"辞世"的意思是告别官场，而非告别世界（死亡）。不当官了，收入就会减少，全家生活水平下降，让孩子们受苦了。陶渊明在《归去来兮辞》里说"世与我而相违，复驾言兮焉求"，也是用"世"字来指代官场或曰上流社会。他又一向把自己的当官同创造收入联系在一起，大有视当官为就业的意思，而从来不唱什么致君泽民一类的高调。

余尝感孺仲贤妻之言，败絮自拥，何惭儿子。此既一事矣。但恨邻靡二仲，室无莱妇，抱兹苦心，良独内愧。 这几句说，因为“使汝等幼而饥寒”，没有尽到做父亲的责任，对不起孩子们，十分惭愧。“孺仲贤妻之言”指东汉太原人王霸（字孺仲）的妻子劝解丈夫的一席话，其详见于《后汉书·列女传》：“霸少立高节，光武时，连征不仕……妻亦美志行。初，霸与同郡令狐子伯为友，后子伯为楚相，而其子为郡功曹。子伯乃令子奉书于霸，车马服从，雍容如也。霸子时方耕于野，闻宾至，投耒而归，见令狐子，沮怍不能仰视。霸目之，有愧容，客去而久卧不起。妻怪问其故，始不肯告，妻请罪，而后言曰：‘吾与子伯素不相若，向见其子容服甚光，举措有适，而我儿曹蓬发历齿，未知礼则，见客而有惭色。父子恩深，不觉自失耳。’妻曰：‘君少修清节，不顾荣禄。今子伯之贵孰与君之高？奈何忘宿志而惭儿女子乎！’霸屈起而笑曰：‘有是哉！’遂共终身隐遁。”王霸之妻的水平更高。她认为穷一点没有什么可以惭愧的，只要不忘初心便好。陶渊明说自己也很欣赏王霸之妻的高论，这是一个方面。而另一方面是自己没有志气相投的邻居（典出《三辅决录》，蒋诩与同样逃名不出的羊仲、求仲为邻，舍中三径为三人专用），没有高水平的妻子（老莱子之妻水平甚高，隐居之志比丈夫更坚定），所以仍然不免惭愧。

少学琴书，偶爱闲静，开卷有得，便欣然忘食。 文章从这里忽然转入回顾自己的往事和一向的人生态度。爱好音乐和文学，喜欢看书，有时废寝忘食。陶渊明对读书的热爱，可参见《五柳先生传》。他具有很好的音乐素质，后人或以为他不会弹琴，那是不可能的。有时琴弦断了，他也拿出来抚弄一番。他很有些禅悦的意思，并非不懂琴艺。

见树木交荫，时鸟变声，亦复欢然有喜。常言：五六月中，北窗下卧，遇凉风暂至，自谓是羲皇上人。意浅识罕，谓斯言可保。 树和鸟是陶渊明非常喜欢的两个东西，诗文里曾一再写到，略举数例如下——“孟夏草木长，绕屋树扶疏。众鸟欣有托，吾亦爱吾庐。”(《读〈山海经〉》其一)“木欣欣以向荣，泉涓涓而始流。”(《归去来兮辞》)“鸟哢欢新节，泠风送余善。”(《癸卯岁始春怀古田舍》其二)夏天偶尔来一阵凉风，便感到非常幸福，如同回到了上古。他的与自然和谐相处、容易满足以及浓厚的复古思想，都表达得分明如画。

日月遂往，机巧好疏。缅求在昔，眇然如何。 自己过去曾经那样洒脱无机心，而现在回顾起来，已经渺茫不可复求了。他的意思是说，自己现在也在考虑一些世俗的事务了。此乃为下文提出孩子们不要分家作出铺垫。

疾患以来，渐就衰损。亲旧不遗，每以药石见救，自恐大分将有限也。 陶渊明此时身体不好，药石似乎皆无效，于是想到了死亡(“大分将有限”)，于是下文颇有提出遗嘱的味道。文章雍容转折，至此渐入正题。陶渊明把自己的病估计得太严重了，事实上他后来病好了，又活了十多年。前人或有将此文系于去世前不久者，虽事出有因，但查无实据。病人的情绪随病情而变化，实为常见之事。

汝辈稚小家贫，每役柴水之劳，何时可免？念之在心，若何可言。 “柴水之劳”指最基本的家务劳动。古人要自行打柴，取水，现代人举手之劳的事情，那时都相当费力。现在有时还把工资称为“薪水”，仍有古之遗意。

当陶渊明还在彭泽令任上时，曾经派一农奴到家里去帮忙干活，他有一个给儿子的便条说：“汝旦夕之费，自给为难，今遣此力，助汝薪水之劳。此亦人子也，可善遇之。”(萧统《陶渊明传》)现在陶家已经没有这样的"力"即农奴了。

然汝等虽不同生，当思四海皆兄弟之义。 "不同生"指同父异母，不是彻底意义上的亲兄弟。"不"在若干陶集中作"曰"字，意思相反，不通了。唐人所编类书《艺文类聚》卷二十三的引文作"不"。"四海之内，皆兄弟也"（《论语·颜渊》），是子夏转述的孔夫子的话。

鲍叔、管仲，分财无猜；归生、伍举，班荆道旧。遂能以败为成，因丧立功。 鲍叔牙同管仲是朋友，他知道管仲比较穷，一起经营时在财产上对他非常照顾，不以为贪。管仲后来说："生我者父母，知我者鲍叔也。"（详见《史记·管晏列传》及《索隐》引《吕氏春秋》）子朝之子归生与伍参之子伍举是朋友，后来伍举亡命国外，归生见到他仍然像过去那样热情，并且帮助他回国，伍举后来立了大功。这两个例子说明友情的伟大力量。

他人尚尔，况同父之人哉。 朋友之间尚且那样互相帮助，何况是同父的兄弟呢？陶渊明借古代两组朋友的故事，教育儿子们要加强团结，互相帮助。

颍川韩元长，汉末名士，身处卿佐，七十而终，兄弟同居，至于没齿。济北氾稚春，晋时操行人也，七世同财，家人无怨色。 这里讲古今都有兄弟们不分家的正面典型，古有韩元长一家，今有氾稚春一家，都是聚族而居、家产共有的优秀榜样。陶渊明要求孩子们向他们学习，并且落到实处。这里说到济北氾氏乃"晋时操行人也"，有研究者遂认为这应是业已入宋之后的口气，并由此来推论《与子俨等疏》的写作时间。其实这里提到"晋时"是对应于前文的"汉末"而言的，与晋、宋易代没有关系。其实即使是单独地说到"晋"，也未必就是入宋后的语气，明显的例证如《祭程氏妹文》一开头就写道："维晋义熙三年。"这样行文其实是很正常的，曲意求深，并无是处。

《诗》曰："高山仰止，景行行止。"虽不能尔，至心尚之。汝其慎哉！吾复何言。　最后陶渊明又加了这么几句鼓励的话，未作硬性规定，但意思到了。对业已成年的子女下死命令是不合适的，容易引起反感，甚至抵制。

《与子俨等疏》文字不长，而曲折甚多，对儿子们的要求一直到最后才提出。如此雍容，乃是随笔的写法，也最容易为对方接受。信中用了相当的篇幅讲自己的事情：曾经多次出仕，希望多搞创收，但是自己生性耿直，不能适应那里腐朽的规则和复杂的人事关系，待久了恐怕要倒大霉，所以主动出局，但这样一来就穷了，"使汝等幼而饥寒"，对此自己的心情是很矛盾的。又说起清贫的生活相当潇洒，自由高于富贵，这应当是陶渊明对孩子们的一种教育，但并不采用耳提面命的格局，只是在闲谈。最后用历史上的先进典型勉励儿子们争取变坏事为好事("以败为成，因丧立功")，而其关键就在于不要分家，团在一起过穷日子。这些意思说得何等有情有义。萧统曾经说陶渊明"少有高趣，博学，善属文"。——这三点到老未变，只是更加老到老成了。

陶渊明的家虽然是个核心家庭，但人际结构有点特殊性，作为家长的自己还在世的时候好说，自己身后如何是可能有问题的，言念及此，不禁很有点担心，但是口头上说说恐怕不够，所以要特别给儿子们正式写这么一封信。他强调不能分家，这样对老五和他的生母最为有利。由此颇可见陶渊明晚年的心事。

陶渊明《与子俨等疏》的行文之妙值得再三体会。陶渊明最大的心愿是将来不能分家；但他在信中闭口不提自家如果分家的后果，只是从容不迫地讲些道理和历史上的表率。这样比较容易接受。

陶渊明在措辞上相当委婉，例如："余尝感孺仲贤妻之言，败絮自拥,何惭儿子。此既一事矣。但恨邻靡二仲,室无莱妇,抱兹苦心,良独内愧。”这里的言外之意说,妻子对自己不能完全理解,看到孩子们如此贫困,就不免有些怨言。按《南史·隐逸传》说,陶渊明的第二任妻子思想水平很高,同丈夫很和谐,“志趣亦同,能安苦节,夫耕于前,妻锄于后云”。联系《与子俨等疏》的说法看去,她的隐居躬耕大约总还是有些不得已的意思,她自己还好说,一看到孩子们的处境,便深感丈夫所选择的人生道路实在大有问题。此亦人之常情。她的情绪对陶渊明自然会产生影响,觉得自己确实对不起下一代。

陶渊明既说“何惭儿子”,又说“良独内愧”,可知其内心有矛盾,不免相当痛苦。这些话都说得很真诚,很深入。唯真诚是最能动人的。

肯说这话的人不多。清人林云铭说:“与子一疏,乃陶公毕生实录,全副学问也。穷达寿夭,既一眼觑破,则触处任真,无非天机流行。末以善处兄弟劝勉,亦其至情不容已处。读之惟见真气盘旋纸上,不可作文字观。余雅有琴书之癖,四十解组,闭户建溪,每诵是篇,语语如意中所欲出,逌然相遇于寤寐间。但玩篇中所云‘邻靡二仲,室无莱妇’四语,俗眼千古相同,古今多少高人,止为此关打言。陶公‘内愧’二字,不肯作欺人语也如此。”(《古文析义》初编卷四)受到过来自夫人方面压力的丈夫,古今皆不乏其人,肯直言者不多,而又委婉如此,殊为难得。陶公措辞之妙,有如此者。

人们一向高度评价陶渊明的诗,其实他的文章同样是超一流的。岂但在晋朝不可多得,在整个中古时代,都很难找出第二人。

三、“大文弥朴”,“鸿文无范”

读陶渊明的文章,给人留下深刻印象的至少有下列三点:

首先是他的语言，同当时流行的讲究骈偶、多用典故、装饰性很强的文学语言非常不同，总是相当通俗，朴实清新，生动活泼，有时甚至近于口语。例如《桃花源记》里不仅一无典故，而且极其通俗易懂，“土地平旷，屋舍俨然。有良田、美池、桑竹之属。阡陌交通，鸡犬相闻。其中往来种作，男女衣着，悉如外人。黄发垂髫，并怡然自乐”。这样的文句质朴优美，雅俗共赏。

端起某种架子来写文章，乃是古今的通病。一味仿古的土八股、生吞活剥学外国的洋八股以及种种与时俱进的党八股，这一类文章往往漫山遍野，充满了文坛，作者和读者往往都习以为常，而其实没有多大意思，很快就会过时，后人很少愿读。

其次，陶渊明文章的取材，有超过一半是写自己和亲属以及感情关系密切之人的，写自己的《五柳先生传》《自祭文》和《归去来兮辞》，写外祖父的《晋故征西大将军长史孟府君传》，写妹妹的《祭程氏妹文》，写堂弟的《祭从弟敬远文》，写给儿子们的《与子俨等疏》，还有一篇是写所爱之人的《闲情赋》。这样高的比例，在汉魏以来的作家中堪称绝无仅有。

另外有三篇是赞颂古代先贤的，这就是《扇上画赞》《读史述九章》和《尚长禽庆赞》。陶渊明关心的重点是人，他为文不去讲玄理，也不记山水，更没有什么官场应用文和社交圈子里的应酬文字。文学是人学，陶渊明是一个非常合适的例证。他是纯粹的文学家，而非以文学为服务性工具的官员或其他庸俗之辈。

陶渊明说，他写文章，是为了“导达意气”(《感士不遇赋序》)，用以“自娱”(《五柳先生传》)，这也正是纯粹文学家的格调。这样的文学家在中古以至整个中国古代时期都很不多见。

剩下的两篇，一是继董仲舒、司马迁而续作的《感士不遇赋》，一是根据传说写成的近于小说的《桃花源记》，也都是不写则已，一写惊人之作。文学创作数量多寡并不重要,关键在质量,成败看影响,“文章千古事”,一时的地位和声誉都不能算数。

第三,陶渊明的文章充满了创造性。《与子俨等疏》把一般来说是遗嘱的内容写成一封措辞委婉的书信,是前无古人的。《闲情赋》大写其恋爱的体验,却又用一把保护伞盖起来,虽然是有传统的,但陶渊明写得如此痛快淋漓,萧统就看不下去了,这同样体现了陶渊明的创造性。萧统并非腐儒,并不完全排斥在作品中描写爱情,他主持编撰的《文选》,在辞赋一类之下安排了“情”这一小类,录入了宋玉的《高唐》《神女》《登徒子好色》诸赋以及曹植的《洛神赋》。他并不是不欣赏美好的爱情,但陶渊明出格的笔墨,是他不能接受的。一直到二十世纪,鲁迅还说《闲情赋》显得很“摩登”,然则该赋的前卫性也就可以想见了。

读陶渊明文,令人想起扬雄《太玄经》中关于文章的两句话:“大文弥朴,质有余也”,“鸿文无范,恣意往也”——内容特别充实的文章总是显得很朴素,富于创造性的文章总是大胆地开辟自己的道路而无须墨守成规。

第九章　小说家陶渊明

一、《搜神后记》是伪书吗

陶渊明的著作，除了诗文集即《陶渊明集》十卷之外，还有一部志怪小说集《搜神后记》，《隋书·经籍志》杂传类著录十卷，题陶潜撰。而前此南朝梁释慧皎在《高僧传·序》中已经提到“陶渊明《搜神录》”，看来此书在南朝至唐初一直流传，只是书名有不同的提法，估计其原名为《搜神录》，后来考虑到这与赫赫有名的干宝《搜神记》容易混淆，遂改题《搜神后记》。陶渊明的确是接着干宝《搜神记》的路径往下写的。

《搜神后记》中屡次提到刘宋时代的故事，此书可能是作者晚年的作品，当然更可能是他逐步撰写的一束草稿，各条撰出的时间有早有晚，最后由后人编辑成书。可惜关于此书的具体成书过程，现已无从确知。

《搜神后记》曾经被认为是伪书，署名陶潜乃出于后人假托。具有很高权威性的《四库全书总目》卷一四二《子部·小说家类三》指出：

> 旧本题晋陶潜撰。中记桃花源事一条，全录本集所载诗

> 序，惟增注“渔人姓黄名道真”七字。又载干宝父婢事，亦全录《晋书》。剽掇之迹，显然可见。明沈士龙跋谓潜卒于元嘉四年，而此有十四、十六两年事。陶集多不称年号，以干支代之，而此书题永初、元嘉，其为伪托，固不待辨。然其书文词古雅，非唐以后人所能……

细读这一段提要，其措辞似乎底气明显不足，而且自相矛盾。通行本《晋书》是唐初官修的，既说《搜神后记》中关于干宝父婢的记载剽掇《晋书》，却又说其书“非唐以后人所能”，那么这部书究竟是什么时候伪造假托的呢？

唐修《晋书》取材甚广，且喜录小说。干宝父婢事，《搜神后记》书之于前，《晋书》跟进于后，岂非顺理成章之事？

至于古小说中夹有若干作者身后之事，乃是比较常见的情形，一般来说这是后来的抄录者（须知古籍的流传有过很长的抄本时代）、整理者按同类项合并的思路，将另外一些比较晚出的故事加了进来，指出这一情况是完全必要的，但不能因此就断定全书皆伪。夹有后人附加之条目这种情形在古小说中屡见不鲜，如果就此断言“其为伪托，固不待辨”，其实是不明白这种常见的情形，如果真是那样，古小说中的伪书恐怕就太多太多了。《四库全书总目》成于众手，有些片段水准较低亦不足为奇。

又鲁迅先生以“陶潜旷达，未必拳拳于鬼神”为理由，确认《搜神后记》“盖伪托也”。（《中国小说史略》第五篇《六朝之鬼神志怪书（上）》）这个理由同样难以起信。陶渊明固然是旷达的，但他的思想和趣味其实也相当复杂，从诗中可以看到他对《山海经》《穆天子传》等奇书颇为爱重，而且在阅读时神游八极，多有奇思妙想，他又有两句著名的诗句道“奇文共欣赏，疑义相与析”（《移居》其一）——由此不难推知，眼界这样开阔的老作家未必与志怪小说完全绝缘。

《穆天子传》在西晋时出土以及郭璞为《山海经》作注显然大大刺激了人们的艺术想象，并从而有力地推动了两晋志怪小说的繁荣。

在未能真正证伪之前，我们自然还是要将《搜神后记》视为陶渊明的著作。只可惜他的这部志怪小说早已亡佚，现在能看到的乃是明朝人的辑本，约一百二十条，其全本先后载于胡震亨辑刻《秘册汇函》、毛晋《津逮秘书》、张海鹏《学津讨原》等丛书中；另有节录本多种。新印本比较通行者有汪绍楹先生校注本（中华书局1981年版）、王根林先生校点本（在《汉魏六朝笔记小说大观》一书中，上海古籍出版社1999年版），晚近又有李剑国先生新辑本（中华书局2007年版），后出转精，应可取代旧时诸本。

二、神仙鬼怪与不凡的历史人物

《搜神后记》的内容，自不外神、仙、鬼、怪的故事以及各种奇迹，也有少量条目专讲人间之事，但总是有些神奇不凡之处。

关于神仙的故事，这里颇有重要的条目，例如关于袁相、根硕两位猎人的故事，写他们这在深山中忽入仙境，分别同两位仙女结为夫妇，后来又复回人间。此乃后来非常著名的刘晨、阮肇入天台故事（详见刘义庆《幽明录》）的先导。又有神女下凡，到人间来当义工的故事，她就是著名的白水素女，后来的童话田螺姑娘的故事即从此出。《搜神后记》中又多有人、鬼恋爱，死而复生等故事，这同那时盗墓之风甚炽，有些尸体尚未腐烂，人们遂多遐想有关。陶渊明也曾直接写到盗墓的故事：

承俭者，东莞人。病亡，葬本县界，后十年，忽夜与其县令梦云："没故民承俭，人今见劫，明府急见救。"令便敕内外装束，作百人仗，便令驰马往冢上。日已向出，天忽大雾，对面不相见，但闻冢中哅哅破棺声。有二人坟上望，雾暝不见人往。令既至，百人同声大叫，收得冢中三人。坟上二人遂得逃走。棺木坏，令即使人修复之。其夜，令又梦俭云："二人虽得走，民悉志之：一人面上有青志，如藿叶；一人断其前两齿折。明府但案此寻觅，自得也。"令从其言追捕，并擒获。

《搜神后记》较少抄录旧书，其中诸作的情节大抵比过去的志怪小说更复杂，叙事更细致，渐有自觉作小说之意；但书中也还有不少短小的记载异常之事的片段，文字甚少，没有什么情节，只是介绍一件奇闻的梗概，如《虹化丈夫》《毛人》《两头人》《杨生狗》之类，格局颇类张华《博物志》。在同一书内，铺陈神仙故事与零星记载奇迹这两种类型并存的局面，是古代笔记小说的常态，后来一直到《聊斋志异》都还是这样长短杂陈的。

最值得注意的是，《搜神后记》中有若干则关于现当代历史名人的传说故事，例如卷二有关于郭璞及其外孙杜不愆的神奇故事四则，可见郭璞当年在士人心目中简直就是一位半仙，连跟他学过占卜的外孙都有非凡的本领。《山海经》是陶渊明很爱读的书，郭璞为《山海经》写过注释，又提供插图，于是关于他的故事也留意记录。陶渊明是郭璞的一大粉丝。

这里又有关于桓玄出生的神话，《搜神后记》卷三"流星堕瓮"条载：

袁真在豫州，遣女妓纪陵送阿薛、阿郭、阿马三妓与桓宣武。既至经时，三人半夜共出庭前月下观望，有铜瓮水在其侧，忽见一流星，夜从天直堕瓮中。惊喜共视，忽如二寸火珠，沉于水底，炯然明净，乃相谓曰："此吉祥也，谁当应之？"于是薛、郭二人更以瓢杓接取，并不得。阿马最后取，星正入瓢中，便饮之，既而若有感焉。俄而怀桓玄。玄虽篡位不终，而数年之中，荣贵极矣。

早先陶渊明的外祖父孟嘉是桓玄之父桓温（谥宣武）的朋友和僚佐，关系非同一般；陶渊明本人又是直接在桓玄手下效过劳的，情况自然比较熟悉。后来桓玄率部攻入东晋的首都，迫使晋安帝司马德宗把国家政权禅让给他，上台称帝，改国号为“楚”，但他很快就被刘裕打垮，昙花一现，国灭身死。他确实像一颗一闪而过的流星。

值得注意的是，即使在桓玄败亡之后，陶渊明也没有把他看成是大逆不道的坏人。小说中的这一段记载对于人们了解陶渊明的政治态度显然大有帮助。

《晋书》卷九十九《桓玄传》一开头说起他出生的奇迹道：“桓玄字敬道，一名灵宝，大司马温之孽子也。其母马氏尝与同辈夜坐，于月下见流星坠铜盆水中，忽如二寸火珠，冏然明净，竞以瓢接取，马氏得而吞之，若有感，遂有娠。及生玄，有光照室，占者奇之，故小名灵宝……温甚爱异之。临终，命以为嗣，袭爵南郡公。”这一段叙述很可能录自《搜神后记》，当然也可能还另有其他史源。陶渊明同桓氏家族关系颇深，所以能够详悉南郡公桓家内部流传的这些奇迹。

桓玄之父桓温曾经建立过极大的功勋，也颇有自己上台当皇帝的野心，但一直没有迈出关键的一步，最后还是东晋的大臣。《搜神后记》中有一则奇闻解释他为什么能守住臣节：

晋大司马桓温，字元子。末年，忽有一比丘尼，失其名，来自远方，投温为檀越。尼才行不恒，温甚敬待，居之门内。尼每浴，必至移时。温疑而窥之。见尼裸身挥刀，破腹出脏，断

> 截身首,支分脔切。温怪骇而还。及至尼出浴室,身形如常。温以实问,尼答曰:“若逐凌君上,形当如之。”时温方谋问鼎,闻之怅然。故以戒惧,终守臣节。尼后辞去,不知所在。

这位尼姑的奇迹似乎是用来警示桓温的,她竟然已预见到了桓温会来窥视她如何洗澡。人们知道陶渊明的曾祖陶侃也曾有问鼎之意,后来因为做了一个怪梦,就不敢行动了——准此以推,那尼姑自己破腹肢解并以此来警告桓温的情节,也很像是桓温的一个噩梦,于是他也不敢去逾越君臣之际的红线了。

《搜神后记》中又有一则故事讲桓温之死:

> 桓大司马从南州还,拜简文皇帝陵,左右觉其有异。既登车,谓从者曰:“先帝向遂灵见。”既不述帝所言,故众莫之知。但见将拜时频言“臣不敢”而已。又问左右殷涓形貌。有人答:“涓为人肥短,黑色甚丑。”桓云:“向亦见在帝侧,形亦如此。”意恶之。遂遇疾,未几而薨。

桓温晚年精神似乎很有些恍惚,加上年纪大了,又一向有病,遂匆匆去世。殷涓其人是被他无端杀掉的,桓温这时很担心他的鬼魂前来报复。后来《晋书·桓温传》记叙桓温的结局,也说到此事,应当是参用了《搜神后记》的上述故事。只是窥视尼姑洗澡的故事《晋书》没有阑入,那一段故事小说气息过于浓厚,而且有点不雅,未便入史。

人是真人,故事则是传说中的奇闻,中古的小说喜欢采用这样的模式。

陶渊明的曾祖陶侃曾获长沙公爵位,后来世代相传,陶渊明对自己家族的这份荣耀十分珍视(详见《赠长沙公》),也十分习惯东晋的门阀政治体制。所以,他对南郡公桓家父子很自然地有一种亲近感,即使桓玄垮了,也不肯以成败论人。与此同时,陶渊明并不反对刘裕开创的宋王朝,他同刘宋的官员颇有来往。关于刘裕诛杀诸葛长民一事,《搜神后记》中有过一则志怪式的反映,称诸葛长民最后"伏诛",这样的叙事语气表明作者完全站在刘裕这一边。陶渊明并不反对刘宋王朝的开国皇帝刘裕。

在晋、宋易代之际采取这种与时俱进式政治态度的官员和士人相当多见。凡禅让,就是前朝把所有的臣民一起打包送交给新朝了,还有什么必要守着老皇历过日子呢。

但是后来的人,例如赵宋以后的士大夫,未见禅让已久,只知道天下是真命天子打得来的,往往抱有忠于一家一姓的政治伦理,又相信你死我活的斗争哲学,遂不能理解中古时代包容性甚强的那种风习,他们非把陶渊明改塑成东晋的忠臣与遗民不可,于是弄得陶渊明研究中疙瘩甚多,矛盾百出。细读《搜神后记》,有助于人们消除固陋,回归对历史人物合于当时情理的正常理解。

三、故事桃花源

"搜神"之"神",大抵有两方面含义:一是神仙鬼怪的统称,这四类分子在故事里往往会出现那么一两种;二是泛指世所罕见的奇闻怪事,即今人大抵谓之"神奇""奇迹"者。

《搜神后记》中最著名的奇迹是桃花源的故事:

> 晋太元中,武陵人捕鱼为业。缘溪行,忘路远近,忽逢桃花,夹岸数百步,中无杂树,芳华鲜美,落英缤纷。渔人甚异之。(渔人姓黄,名道真。)复前行,欲穷其林,林尽水源,便得一山。山有小口,仿佛若有光。便舍舟,从口入。初极狭,才通

人。复行数十步，豁然开朗，土地旷空，屋舍俨然，有良田、美池、桑竹之属。阡陌交通，鸡犬相闻。男女衣着，悉如外人。黄发垂髫，并怡然自乐。见渔人，大惊，问所从来，具答之。便要还家，为设酒杀鸡作食。村中人闻有此人，咸来问讯。自云先世避秦难，率妻子邑人至此绝境，不复出焉，遂与外隔。问今是何世，乃不知有汉，无论魏、晋。此人一一为具言所闻，皆为叹惋。余人各复延至其家，皆出酒食。停数日，辞去。此中人语云："不足为外人道也。"既出，得其船，便扶向路，处处志之。及郡，乃诣太守，说如此。太守刘歆即遣人随之往，寻向所志，不复得焉。

世界上竟然有这么一处藏得极深仅偶尔一露其真容的世外桃源，确为一大奇迹。陶渊明《桃花源记并诗》之"记"的内容，同这一段小说大抵相同，其间的差别：其一，是小说文本中的个别字句，在《桃花源记》里略有增删修润，例如在"忽逢桃花"一句后加一"林"字，"土地旷空"后二字改为"平旷"，"男女衣着，悉如外人"以前加了一句"其中往来种作"，这样说得更准确，语气也更顺畅。这些修改表现了很高的辞章水平。其二，删去了渔人(黄道真)和太守(刘歆)的姓名。其三，文末加了一小节尾声："南阳刘子骥，高尚士也。闻之，欣然规往，未果，寻病终。后遂无问津者。"查刘子骥确有其人，后来同陶渊明一起被列入了《晋书·隐逸传》。《搜神后记》也曾写到其人，紧接着桃花源一条之后就讲他的奇遇故事说："南阳刘骥之，字子骥，好游山水。尝采药至衡山，深入忘反。见有一涧水，水南有二石囷，一闭一开。水深广，不得渡。欲还，失道，遇伐弓人，问径，仅得还家。或说囷中皆仙方灵药及诸杂物。骥之欲更寻索，不复知处矣。"陶渊明的这些记载，后来多为唐修《晋书》所取材。《晋书·隐逸传》关于刘骥之的部分写道："刘骥之字子骥，南阳人，光禄大夫耽之族也。骥之少尚质素，虚退寡欲，不修仪操,人莫之知。好游山泽,志存遁逸。尝采药至衡山,深入忘反。见有一涧水,水南有二石囷,一囷闭,一囷开。水深广,不得过。欲还,失道,遇伐弓人,问径,仅得还家。或说囷中皆仙灵方药诸杂物。骥之欲更寻索,终不复知处也。车骑将军桓冲闻其名,请为长史,骥之固辞不受……"此中关于采药至衡山的一节,完全抄自陶渊明《搜神后记》。中古时期的小说强调写真实,所以唐人修史时往往视为珍贵史料,多有征引。刘子骥颇有志于探寻奇迹,他打算去再探桃花源是符合其性格、爱好的。

太元为东晋孝武帝时的年号,凡二十一年,渔人发现桃花源一事具有新闻性。小说家为了表示自己作品的真实性,往往会在小说里提到大家知道的名人,好像不过是顺便说说,其实意在提供人证,让读者相信故事是真的。渔人黄道真和太守刘歆知名度不够高,于是删去,另行请出一位大名人来。从这些地方看去,桃花源故事之《搜神后记》本在先,《桃花源记并诗》在后,而不是像《四库全书总目》所说的小说在后,出于"剽掇"。

在深山老林与外界甚少来往之处,有些过着古老生活的人们,这种情形应当是存在过的,是可以想象的,那里"俎豆犹古法,衣裳无新制"(《桃花源诗》),也很合于情理。因避乱而进入深山的情形在古代确曾发生过,例如秦汉之际的商山四皓就是如此;晋太元中又出现了一些新的传说,《桃花源诗》云:"嬴氏乱天纪,贤者避其世。黄绮之商山,伊人亦云逝。"意思是说,桃花源中人应是与商山四皓同时退藏于密之高人的后裔。这样的传说再加上若干艺术想象,就构成了陶渊明的小说《桃花源》。

以《搜神后记》本《桃花源》为底本,陶渊明又写出了一组诗文,这就是《桃花源记并诗》。

由小说衍生出来的《桃花源记并诗》知名度很高,历来的解释、阐发和再创作甚多，影响巨大而且深远。追寻桃花源的所在、定为神仙洞穴或旅游景点之风源远流长，至今未尝衰歇。兹举一例以明之。清末人余良栋《桃源洞记》（《桃源县志》卷一）云："桃源洞在邑南三十里，碑镌'秦人古洞'。光绪十八年，邑令余良栋捐金重修靖节先生祠，缘山布置亭阁，按陶诗记额以佳名，有曰：问津亭、延至馆、穷林桥、水源亭、桃花潭；渔人从入处：豁然亭、高举阁、寻契亭；渔人辞去处：既出亭、向路桥诸胜，金碧焜耀青松绿篆间。"世界上有不少名胜古迹大约都是这么来的，为时一久，也就弄假成真。然亦甚可喜，盖虽查无实据，到底事出有因也。现在新造的假古董景点，如果水平比较高，即使为高人所诟病，多年后仍有可能成为名胜。

对桃花源故事及有关诗文历来多有误解，曲意求深，过度诠释，弄得很难理解，非得"摆落悠悠谈"（《饮酒》其十二）不可。只要相信常识，平视原作，其内容和意义本来是并不难懂的。

对桃花源的诠释中有一派致力于联系作者的政治态度来思考，认为它的要害是"愤宋"——愤恨篡夺了东晋之国家大权的刘裕（宋武帝）。

这一派意见的着眼点是《桃花源记》里桃源中人"自云先世避秦时乱，率妻子邑人来此绝境，不复出焉，遂与外人隔绝"这几句；《诗》里又说"嬴氏乱天纪，贤者避其世。黄绮之商山，伊人亦云逝"。可知桃源中人的先世同商山四皓一样，因避秦时乱而入曲水深山，遂与外界隔绝。他们立即就指出，作品中的"避秦时乱"乃是影射现实生活中的避宋时乱，陶渊明反对刘裕篡夺东晋政权，建立他自己的刘宋王朝，所以要写这一组《桃花源记并诗》来释愤抒情，以寄其意。在他们看来，《桃花源记并诗》作于晋、宋易代之际，并且是针对这一政局的大变化而发的。试举二例以见该论之一斑：

桃源之事,以避秦为言,至云"无论魏、晋",乃寓意于刘裕,托之于秦,借以为喻耳。近时胡宏仁仲一诗,屈折有奇味,大略云:"靖节先生绝世人,奈何记伪不考真。先生高步窘末代,雅志不肯为秦民。故作斯文写幽意,要使寰海离风尘。"其说得之矣。(洪迈《容斋三笔》卷十)

此愤宋之说也。事在太元中,计太元时晋尚盛,元亮此作,当属晋衰裕横之日,借往事以抒新恨耳。观其记曰"后遂无问津者",足知为追述之作;观其诗曰"高举寻吾契",盖以避宋之怀匹避秦也。(黄文焕《陶诗析义》卷四)

此后阙士琦(《桃源县志》卷十三《桃源避秦考》)、孙人龙(《陶公诗评注初学读本》卷二)、郑文焯(《陶集郑批录》)等论客全都赞成并发挥洪迈的见解,将桃花源的意义落实到晋、宋易代上来并大加肯定。王瑶先生在他所编注的《陶渊明集》中将有关"桃花源"的一诗一文系于刘宋永初二年(421),后来有些注本也采用此说或略有变通。

这样的结论,包括关于写作时间的推定,均未见任何具体的论证。他们先存一个陶渊明忠于东晋,反对刘裕的成见,由此遂顺流而下地演绎出关于《桃花源记并诗》写作时间的结论,而其前提是完全不可靠的。

在陶渊明研究中早就有一种"忠愤说",稍后影响逐步扩大,成为解读陶渊明创作的一大思路,关于《桃花源记并诗》的"愤宋说"亦由此衍生而出。这样的结论,最宜将它同整个"忠愤说"打成一包,高高挂起。

陈寅恪先生关于《桃花源记并诗》另有新见,现在看去也是可以挂起的。

1936年陈先生在《清华学报》第11卷第1期发表了著名的论文《桃花源记旁证》，提出一系列令人耳目一新的见解，颇为学术界所推崇；《陶渊明资料汇编》曾全文录入。笔者过去曾经基本相信他的意见，虽然也不免有若干怀疑，而未及深究。近年来重新思考"桃花源"问题，则觉得陈文中疑点甚多，深感未足起信。

陈先生在该文中提出五条结论，为便于讨论起见，先行全录如下：

> （甲）真实之桃花源在北方之弘农，或上洛，而不在南方之武陵。
> （乙）真实之桃花源居人先世所避之秦乃苻秦，而非嬴秦。
> （丙）《桃花源记》纪实之部分，乃依据义熙十三年春夏间刘裕率师入关时戴延之等所闻见之材料而作成。
> （丁）《桃花源记》寓意之部分，乃牵连混合刘驎之入衡山采药故事，并点缀以"不知有汉，无论魏、晋"等语所作成。
> （戊）渊明《拟古》诗之第二首可与《桃花源记》互相印证发明。（《桃花源记旁证》，《金明馆丛稿初编》）

他的总结论则是"陶渊明《桃花源记》寓意之文，亦纪实之文也"。《桃花源记旁证》一文的重点，则在论证其为"纪实之文"这一侧面。

陈先生博引史料并据以提出，在西晋末年的大动乱中，一部分人成了影响中古历史甚深的流民，而"其不能远离本土迁至他乡者，则大抵纠合宗族乡党，屯聚堡坞，据险自守，以避戎狄寇盗之难"，这种堡坞往往选择"险阻而又可以耕种及有水泉之地"，"具备此二者之地必为山顶平原，及溪涧水源之地”。这样就同“桃花源”有点近似了。

可是这种盛行于西晋末年堡坞，后来已渐归于消亡，它们同一百年后陶渊明撰写的《桃花源记》能有什么关系呢？

陈先生找到了同陶渊明时代相当靠近以至于同时的堡坞。跟随刘裕北伐中原、到过关中的戴祚（字延之）曾为军事目的而“穷览洛川”，著有《西征记》二卷，其中提到弘农、上洛一带堡坞的情形——陶渊明由此获得新的资讯，从而写出了《桃花源记》。

现在看去，这种可能性极小。刘裕率师入关在义熙十三年（417）春夏间，攻克长安以后他很快就撤回南方，当年十二月“发自长安，以桂阳公（刘）义真为安西将军、雍州刺史，留腹心将佐以辅之”（《宋书·武帝纪》）。刘义真是刘裕的次子，戴祚被留下来担任刘义真的主簿。而此后不到一年，刘义真部及其继任者就被夏王赫连勃勃击破，全军覆没。戴祚的《西征记》遗稿，陶渊明未必能够及时看到，他同戴氏有过什么联系，更于史未闻。

陈先生根据陶渊明《赠羊长史》诗，提出结论说：“陶公之与征西将佐本有雅故，疑其间接或直接得知戴延之等从刘裕入关途中之所闻见，《桃花源记》之作即取材于此也。”按，羊长史羊松龄原是陶渊明的朋友，当刘裕伐后秦、破长安以后，羊松龄奉江州刺史、左将军檀韶之命前往称贺，陶渊明因作《赠羊长史》诗。在这首诗里，陶渊明只是对羊松龄长史有机会去中原一行、能够就地凭吊古圣先贤表示十分羡慕，又对全国行将统一（“九域甫已一”）大为欢欣鼓舞；从这里完全看不出陶渊明“与征西将佐本有雅故”。

后来人们知道，刘裕之收复中原，大建新功，是为他准备取晋而代之的大目标服务的。这种政治家的思路远非陶渊明所能认识。如果他真的“与征西将佐本有雅故”，应当不至于如此天真。

此后羊松龄、戴延之与陶渊明之间有什么间接或直接的联系，史料中绝未道及，而陈先生仅用一个“疑”字就为《桃花源记》乃纪实之作安排下联系因果的链条，这实在未免太薄弱、太危险了。

刘裕一度占领长安，稍后又退出，刘义真留守长安；到义熙十四年(418)十月，刘裕“遣右将军朱龄石代安西将军桂阳公(刘)义真为雍州刺史。义真既还，为佛佛虏所追，大败，仅以身免。诸将帅及龄石并没”(《宋书·武帝纪》)。戴祚很可能牺牲于这一次战乱中，他的遗著陶渊明大约无从很快看到。

陈先生的第二点结论“桃花源居人先世所避之秦乃苻秦，而非嬴秦”，同样依据渺茫，难以起信。《桃花源记》原文说得很清楚，此中之人的先世避的是嬴秦之难，从此退藏于密，与外界完全隔绝，于是“不知有汉，无论魏、晋”。如果所避之秦乃是苻秦，那就完全讲不通了。何况避苻秦难时间不会很久，“问今是何世”也就显得完全没有必要了。

陈先生特别强调桃花源居人之先世所避的是苻秦，大约是因为存世史料中有讲起苻生政治残暴、民不聊生之种种情形的(详见《晋书·苻生载记》)，又有讲苻坚亡国后“道路断绝，千里无烟”(《晋书·苻坚载记》)之惨状的，而戴延之跟随刘裕正是去讨伐取代苻秦(前秦)的姚秦(后秦)，因此他所记载的堡坞自然是避苻秦之难的，于是陶渊明依据戴延之所提供的资料写成的《桃花源记》，其中人物之先世也就是避苻秦，而非嬴秦了。

这样的一系列推论似乎步步为营，头头是道，而其实近于沙上建塔，很容易连根倒掉，因为作为推论前提的只是一种无从证明的假设。戴延之的所见所闻，陶渊明未必知晓，即使听说一星半点，也未必就据以写成一文一诗。陈先生的原意在讨论作品，却又抛开原作，而从另外的似乎相关而其实未必有关的史料出发，再倒过来改造这作品——如此反客为主、削足适履，怎么能得出确论，取信于读者呢。

至于陶渊明的《拟古》其二，更大抵同《桃花源记》无甚相干，诗云：

辞家夙严驾，当往志无终。问君今何行？非商复非戎。
闻有田子泰，节义为士雄。斯人久已死，乡里习其风。
生有高世名，既没传无穷。不学狂驰子，直在百年中。

诗中歌咏的英雄田子泰（田畴）是右北平无终人，在东汉末年的动乱中"率举宗族他附从数百人"，"入徐无山中"以避世乱，"数年间至五千余家"（《三国志·魏书·田畴传》），这种情形很像是两晋之际盛行一时的堡坞，似乎确有可以同《桃花源记》互相发明的地方。但是《拟古》其二诗中丝毫没有涉及这个方面，诗的着眼点只在其人的"节义为士雄"，即他的勇于为国家作出贡献而高调谢绝名利。建安十二年（207）曹操北征乌丸时，田畴率五百人马给他开路，出卢龙口小道，出其不意地直攻乌丸之根本重地柳城，大获全胜。事后曹操表论其功，一一列举其贡献，最后道："畴文武有效，节义可嘉，诚应宠赏，以旌其美。"（《三国志·魏书·田畴传》裴注引《先贤行状》）曹操封田畴为亭侯，但他死也不肯接受。田子泰硬朗高贵的风格，同所谓"狂驰子"亦即为个人利益向前狂奔的人，恰好完全相反。陶渊明非常仰慕其人，写诗大加歌颂。

陶渊明在《感士不遇赋》的序中说过："夫履信思顺，生人之善行；抱朴守静，君子之笃素。自真风告逝，大伪斯兴，闾阎懈廉退之节，市朝驱易进之心……悲夫！寓形百年，而瞬息已尽；立行之难，而一城莫赏。此古人所以染翰慷慨，屡伸而不能已者也。"《拟古》其二热情歌颂"廉退之节"，可以说乃是《感士不遇赋》的变奏，这同

《桃花源记》无甚关系。离开咏叹历史人物之作品的具体文本而另外去关心该历史人物的其他事迹，再加引申发挥，堪称节外生枝，当非文学研究的坦途。

钱锺书先生曾经批评文学研究中的一种多发病常见病说：“不解翻空，务求坐实”，“借知人论世之名，为吠声射影之举”。（《谈艺录》）此论虽然并非为陈寅恪先生而发，但用来评说他的《桃花源记旁证》一文，似乎却正好合适。

但是陈文也自有两点深刻而发人深思之处，一是指出《搜神后记》虽有后人增入之文，但基本应是陶渊明的著作，其中卷一第五则的“桃花源”，“实陶公草创未定之本。而渊明文集中之《桃花源记》，则其增修写定之本，二者俱出陶公之手”（《桃花源记旁证》，《金明馆丛稿初编》）。二是将“刘驎之入衡山采药故事”同《桃花源记》联系起来思考。

陶渊明与刘驎之为同时代人而略晚，陶渊明关于桃花源的记叙或即得之于刘的介绍，当时知道这一传闻的人大约不少。传闻是中古小说的重要来源。这里总不免会有许多姑妄言之、添枝加叶的内容。《桃花源诗》的故事大抵出于诸如此类的民间传说，再加上作者的许多想象虚构，这是不必博引史料予以坐实的。鲁迅先生说：“六朝人也并非不能想象和描写，不过他不用于小说，这类文章，那时也不谓之小说。例如阮籍的《大人先生传》，陶潜的《桃花源记》，其实倒和后来的唐代传奇文相近……”（《且介亭杂文二集·六朝小说和唐代传奇文有怎样的区别？》）这里明确指出《桃花源记》与小说很接近，多有想象虚拟的意味，堪称后来唐人传奇的先导。

《搜神后记》在《桃花源》一则的前后又有记叙嵩高山北大穴、长沙醴陵穴、何氏穴等神奇洞府的故事，都可以与桃花源故事互相辉映。《搜神后记》卷一的第二则故事说，嵩高山北有大穴，深不可测，曾有人失足掉下去，在里面走了十几天，忽见光明，草屋中有两位仙人在弈棋，让他喝一种特别的饮料解渴，又告诉他怎样走出洞穴。其人走了半年终于出穴，却已在蜀中。据说对弈的是仙馆大夫，他们请坠穴者喝的是玉浆。何氏穴的故事也在《搜神后记》卷一，是紧靠桃花源故事前面的一条：

荥阳人姓何，忘其名，有名闻士也。荆州辟为别驾，不就，隐遁养志。尝至田舍，人收获在场上，忽有一人，长丈余，萧疏单衣，角巾，来诣之，翩翩举其两手，并舞而来，语何云："君曾见韶舞否？此是韶舞。"且舞且去。何寻逐，径向一山。山有穴，才容一人，其人命入穴，何亦随之入。初甚急，前辄闲旷，便失人，见有良田数十顷。何遂垦作，以为世业。子孙至今赖之。

穿过一个很小的洞穴，就别有一番天地，有丰富的土地资源、《桃花源记》所记故事的基本模式也是如此。卷一又有长沙醴陵穴的记载，同样是从一个偶然发现的洞穴进去，"便开明朗然，不异世间"。诸如此类意境美好的民间传说正是产生桃花源故事的素材和酵母。

至于两晋之交的堡坞，则绝不是什么美好的存在。那里的情形《搜神后记》中也曾有所涉及：

晋永嘉五年，张荣为高平戍逻主。时曹嶷贼寇离乱，人民皆坞垒自保固。见山中火起，飞埃绝焰十余丈，树颠火焱，响动山谷。又闻人马铠甲声，谓嶷贼上，人皆惶恐，并戒严出，将欲击之。乃引骑到山下，无有人，但见碎火来洒，人袍铠马毛鬣皆烧。于是军人走还。明日往视，山中无燃火处，见髑髅百头，布散在山中。

在堡坞及其周边充满了动乱和灾难，要在这里寻找美好的环境和平静的生活，无异缘木求鱼。说“真实之桃花源”就是那些避乱的堡坞，显然是不符合当年的实际，也不符合陶渊明一贯的看法的。我们只能说，正是两晋之交的战火和髑髅，以及陶渊明亲身经历过的战争和丧乱，促进人们强烈地向往和平生活。“桃花源”乐土的乌托邦构想，也因为诸如此类的刺激油然而生。用历史的长镜头来看，《桃花源记并诗》正是代民意立言虚构故事。

第十章　家庭教材《五孝传》与《四八目》

一、真伪之辨

在陶渊明作品的整理结集方面，贡献最大的是六世纪的两位学者：一是率先从事于此的梁昭明太子萧统；一是北齐文学家阳休之，后来流传的各本陶集大抵都以他所编定的十卷本为依据。

萧、阳所编集的原本现在都看不到了，但还能看到他们分别写就的序言：萧统序大抵是思想和文学评论；而阳休之的《陶集序录》则以文献说明为主，据此序录可知，他掌握三种旧本《陶渊明集》，其中两种较差，内容不全，编排混乱，只有萧统的八卷本是好的，但其中未收非文学性的《五孝传》及《集圣贤群辅录》（一称《四八目》，圣贤群辅的分组名目，以四人、八人一组的为多）。阳休之把这两份文档补充进来，此外大约还做了若干编辑加工，形成了他自己的十卷本。以后的《陶渊明集》一般都按阳休之本作十卷，也都收录了《五孝传》和《四八目》。

但是后来渐有学者怀疑《五孝传》和《集圣贤群辅录》这两份文本出于伪托，最有权威的意见出于《四库全书总目》（卷二十九集部别集类一），略云：

> 昭明太子去（陶）潜世近，已不见《五孝传》《四八目》，不以

> 入集，阳休之何由续得？且《五孝传》及《四八目》所引《尚书》，自相矛盾，决不出于一手，当必依托之文，休之误信而增之。以后诸本，虽卷帙多少、次第先后各有不同，其窜入伪作，则同一辙，实自休之所编始。（宋）庠《私记》但疑《八儒》《三墨》二条之误，亦考之不审矣。今《四八目》已经睿鉴指示，灼知其赝，别著录于子部类书而详辨之，其《五孝传》文义庸浅，决非（陶）潜作，既与《四八目》一时同出，其赝亦不待言，今并删除。惟编（陶）潜诗文，仍从昭明太子为八卷。虽梁时旧第，今不可考，而黜伪存真，庶几犹为近古焉。

《四库全书》本来就大有权威，这里更直接有圣旨（“睿鉴”）在背后起作用，更不容怀疑。于是此后出版的陶集中，就不再包括《五孝传》和《集圣贤群辅录》这两部分了。今人编注陶集，也往往一删了之，肯纳入附录予以收容就算是包容性很好的了。

阳休之远在北齐，尚且能看到《五孝传》和《集圣贤群辅录》，可见陶渊明这两份文本影响之大、流传之广。阳休之水平很高，《北齐书》本传称他“博综经史”，著有《幽州古今人物志》，他编书当自有根据。后人对他如有怀疑，应提出具体证据，而实际上从没有人提出过像样的证据。

以萧统的水平和工作条件而言，他看到过这两份文本应当是没有问题的，而终于没有编入陶渊明的集子者，无非有两种可能：一是认为不可信；一是认为这两份文本不属于诗文创作，而是陶渊明编撰的基础读物。后一种可能性更大。换言之，这两部分不入萧编本《陶集》的原因，应当在体例不合而不在其内容之伪。萧统《陶渊明文集序》写道：

> 有疑陶渊明诗篇篇有酒。吾观其意不在酒，亦寄酒为迹

> 焉。其文章不群，词采精拔，跌宕昭彰，独超众类，抑扬爽朗，莫之与京。横素波而傍流，干青云而直上。语时事则指而可想，论怀抱则旷而且真。加以贞志不休，安道苦节，不以躬耕为耻，不以无财为病，自非大贤笃志，与道污隆，孰能如此乎！余爱嗜其文，不能释手，尚想其德，恨不同时，故更加搜求，粗为区目。……

可知萧统的着眼点完全在陶渊明的“文”或曰“文章”。他编的是陶渊明的文集而非全集。萧统是编过大型文学选本《文选》的，其中所收，都是赋、诗、文，也就是一般所说的“集”部的内容，至于经、史、子三部的文本，则一概不收，只有某些史书中赞论序述的部分，因为“事出于沉思，义归乎翰藻”，很近于文，“故与夫篇什，杂而集之”(《文选序》)。这样的文献观念在中国文学史上具有重大的意义。

《文选》不录经、史、子，并非认为那些文本不可靠，也不是萧统没有看到，而是因为既不是“文”，自然不入《文选》。他编陶渊明的集子，自然也采用同样的体例。《五孝传》和《集圣贤群辅录》都是关于历史人物按类型编撰的简要记载，按四部分类的办法来说，属于史部。这些文本，当然不能进入由他编定的《陶渊明文集》。曾有文献学家说过：“《五孝传》及《四八目》实休之所增，萧统旧本无是也。统《序》称深爱其文，故加搜校，则八卷以外不应更有佚篇。”(姚振宗《隋书经籍志考证》卷三十九)这里最后一句的结论无非流露了他对萧统编辑思想的隔膜。八卷之外还有些“文”之外的著作，才是合乎逻辑的结论。

《四库全书总目》卷一三七子部“类书类存目·一”《集圣贤群辅录》条下指出：

> 《五孝传》引“孝乎惟孝，友于兄弟”之文，句读尚从包咸

注，知未见古文《尚书》。而此录“四岳”一条，乃引孔安国传，其出两手，尤自显然。

这里指出的矛盾见于《五孝传》与《集圣贤群辅录》之间：

《五孝传·卿大夫孝传赞》：孔子，鲁人也。入则事父兄，出则事公卿，丧事不敢不勉，故称曰：孝乎惟孝，友于兄弟，是亦为政也。

《集圣贤群辅录·上》羲仲、羲叔、和仲、和叔。右羲和四子。孔安国云，即尧之四岳，分掌四岳诸侯。

检孔子的原话见于《论语·为政》：“或谓孔子曰：‘子奚不为政？’子曰：‘《书》云：“孝乎惟孝，友于兄弟，施于有政。”是亦为政，奚其为为政？’”孔子的意思是说，孝顺父母，友爱兄弟，把这种好的风气放射到政治上去，就要算是参与政治了。他引用的那几句，在今文《尚书》里没有，应当是亡佚了；陶渊明熟读《论语》，行文时转述其大意，自然只能是“孝乎惟孝，友于兄弟，是亦为政也”。古今的人们一般也都这么理解、断句，未必就是按照包咸注。

至于后来出现的古文《尚书》之《君陈》篇里有几句话也涉及“孝”和“友”：“王若曰：‘君陈，惟尔令德孝恭。惟孝友于兄弟，克施有政。命汝尹兹东郊。敬哉！’”古文《尚书》一般认为是伪书，但在伪造时也有些先前的依据，《论语》自是其一。这里的句读与《论语》所引之《书》稍有出入，完全无关紧要。古人写文章是引用文献，有时只是举其大意，未必一字不能移易。至于伪古文《尚书》的孔安国《传》即所谓伪孔《传》者，就其署名而言固然可以说是伪的，但其内容大抵是有些根据的，并不全伪。陶渊明引用其中关于“四岳”的说法，没有什么可以指摘的毛病，这同他《五孝传》里的行文并不构成任何矛盾。

陶渊明读书“不求甚解”，潇洒得很；而四库馆臣则不仅读书“求甚解”，而且奉旨唯谨，有意找碴。现在看来，根据《尚书》学史的常识，可以将他们的“高见”高高挂起。

二、品德教育与历史知识教育双管齐下

儒家最重孝道，认为这是做人的根本。《论语》中一再指出过这一点，子曰：“弟子入则孝，出则悌，谨而信，泛爱众，而亲仁。”（《论语·学而》）孔子的高足有若说：“君子务本，本立而道生。孝弟也者，其为仁之本与。”（《论语·学而》）孔子的学说以“仁”为中心，而“仁”以“孝”为根本。

所以后来有一部专门的《孝经》，其《开宗明义章第一》写道：

> 仲尼居，曾子侍。子曰：“先王有至德要道，以顺天下，民用和睦，上下无怨。汝知之乎？”曾子避席曰：“参不敏，何足以知之？”子曰：“夫孝，德之本也，教之所由生也。复坐，吾语汝。身体发肤，受之父母，不敢毁伤，孝之始也。立身行道，扬名于后世，以显父母，孝之终也。夫孝，始于事亲，中于事君，终于立身。《大雅》云：‘无念尔祖，聿修厥德。’”

接下来的五章分别论述天子、诸侯、卿大夫、士和庶人讲求孝道的若干基本原则。陶渊明的《五孝传》正是按照这部经典奠定的格局来安排的，他分别举出了若干代表人物，形成一部简明的孝子传，用来对子女进行道德教育。这里分为五种类型，举出了十八名标兵，他们是：一、天子：虞舜、夏禹、殷高宗、周文王；二、诸侯：周公旦、鲁孝公、河间惠；三、卿大夫：孔子、孟庄子、颍考叔；

四、士：高柴、乐正子春、孔奋、黄香；五、庶人：江革、廉范、汝郁、殷陶。五部分分别首先介绍有关人物，最后各有一段韵语的“赞”，加以总结。这里的五段赞词也可以当作四言诗来读。

历史上的孝子当然远不止于这里提到的十八人，陶渊明在这里也不过是举例性质，提供一批道德标兵来供自家子弟学习。陶渊明是一位诗人，早年“好读书，不求甚解”（《五柳先生传》），后来编书似乎也比较潇洒，意思到了便是，并不打算写成什么严谨的著述。

《集圣贤群辅录》的情形大体也是如此。因为内容甚多，分上、下两部分，其上卷包括：燧人四佐、伏羲六佐、黄帝七辅、少昊四叔、羲和四子、八伯、四凶、高阳氏才子八人（八凯）、高辛氏才子八人（八元）、九官、舜七友、舜五臣、八师、三后、殷三仁、二老、文王四友、周八士、太姒十子、周十乱、五王、晋文公从亡五人、三良、郑七穆、三桓、六族、作者七人、四科、孔子四友、六侍、齐威王疆埸四臣、战国四豪、三杰、商山四皓、二疏、五龙、二龚、二唐、五侯、四子、二仲、河北二十八将、河西五守、三达、八使、韦氏三君、杨氏四公、袁氏四世五公、五处士、汝南六孝廉、三君（窦武、陈蕃、刘淑）、八俊、八顾、八及、八厨、三君（陈寔、陈纪、陈谌）。

下卷包括：二十四贤、凉州三明、韦氏三义、荀氏八龙、公沙五龙、济北五龙、京兆三休、魏文帝四友、竹林七贤、吴八绝、晋中朝八达、河东八裴、琅邪八王、太原王五世、京兆杜五世、八儒、三墨。

以上历史人物基本按时间先后排列。只是到最后忽然又出现了时代较早的“八儒”“三墨”这样先秦时代的条目，显得比较奇怪，所以宋庠认为可以删去，但这两条也许是带有补遗性质的附录，或者也可以不删吧。

这样一份材料同样不像是专门的著述。前人曾推测它和《五

孝传》一样,是陶渊明编写的家庭教育教材。清朝学者陈澧指出:

> 陶渊明有《五孝传》,或疑后人依托,澧谓不必疑也。盖陶公于家庭乡里,以《孝经》为教,称引故实以证之。故其《庶人孝传》赞云:“嗟尔众庶,鉴兹前式。”(《东塾读书记》上卷一)

方宗诚《陶诗真诠》也说:

> 《五孝传赞》大抵略述古人之孝,以示诸子者耳,非著述也。观《与子俨等疏》后段勉其兄弟友爱引古人以示之准,可悟此传为命子之作,非特著以示世者也。若以为述以示后世,则不该不备嫌于陋矣。
>
> 《集圣贤群辅录》……予谓此或渊明偶以书籍所载,故老所传,集录之以示诸子,识故实,广见闻,非著述也。《八儒》《三墨》,大抵亦记故事以示诸子,后人辑之以附集后耳。谓为著述则浅之乎视渊明矣。谓非渊明书,亦似不然。陆象山称渊明知道,陆桴亭称渊明可以从祀于文庙,予深以为然。

这些推测分析都大有道理。晋、宋时代学校教育已经很不行,只有极少数地方官比较注意,天下一乱,则根本无人问津。陶渊明有五个儿子,都不是很爱读书的(见《责子》诗),只好自己来加强教育。他自行编撰的《五孝传》是品德教育方面的教材,《四八目》则是历史知识教材。这两份文本称为著述虽不足,用于庭教育那是绰绰有余的。

亲自编撰教材来教育自家子弟,在中国是有传统的,至今也还有。只是往往比较简陋,用过就作废,而且一般不肯外传。陶渊明是一代名人,材料编得也比较认真,于是不仅外传,而且被好事者编进他的集子里去了。

三、编撰家庭教材与诗文创作贯通

尽管《五孝传》和《集圣贤群辅录》都不过是家庭教育的产物，但它们同陶渊明本人的诗文创作也颇有些关系。

这里介绍的历史人物，有些正是陶渊明前前后后吟诗的内容。例如“三良”，《集圣贤群辅录》卷上介绍说：“奄息、仲行、铖虎。右三良，子车氏之子。秦穆公没，要以从死。诗人悼之，为赋《黄鸟》。见《左传》《毛诗》。”而陶渊明诗中正有《咏三良》。

《集圣贤群辅录》卷上又介绍汉朝的二疏：“太子太傅疏广，字仲翁。太子少傅疏受，字公子。右二疏。东海人。宣帝时并为太子师傅，每朝，太傅在前，少傅在后，朝廷以为荣。授太子《论语》《孝经》，各以老疾告退，时人谓之二疏。见《汉书》。”陶渊明诗中又正有《咏二疏》。

另有一些人物陶渊明虽然没有专题地加以歌咏，但在诗里曾经提到，而其人在《集圣贤群辅录》中也是出现过的。例如《赠羊长史》诗里提到绮里季、角里先生等商山四皓，在《集圣贤群辅录》中也是介绍过的，略云：“园公、绮里季、夏黄公、角里先生。右商山四皓，当秦之末，俱隐上洛商山。皇甫士安云：并河内轵人。见《汉书》及皇甫谧《高士传》。”

由此可知，编撰家庭教育材料同陶渊明的诗歌创作在内里其实也是贯通的。这样的例子甚多，如《读史述九章》中率先写到的(伯)夷、(叔)齐，对应于《集圣贤群辅录》里的“二老”；《扇上画赞》里的好几位人物，也在《集圣贤群辅录》中也多有表述，如此等等，不一而足。先生之道一以贯之。

陶渊明曾有诗云:“历览千载书,时时见遗烈。”(《癸卯岁十二月中作与从弟敬远》)历史上的高尚人物乃是陶渊明的精神支柱,他自己反复歌咏赞叹,也希望下一代能了解这些伟大的先辈,从中汲取精神力量。传统文化历来是中国人安身立命之本。为青少年编写这方面基础性的教材和读物,至今仍有重要的意义。

这样看来,《五孝传》和《集圣贤群辅录》乃是陶渊明作品中不可或缺的组成部分,为他新编全集时绝对不应删除,也不能同《问来使》一类伪作打成一包列入附录。

第十一章　陶渊明的思想与艺术

在我们将陶渊明的生平和创作梳理讨论过一番之后，不能不把他的思想与艺术略略作些归纳，以下拟分四点来说。

一、接受前代思想的庞杂性

陶渊明出生于江州寻阳的世族高门，江州是儒风颇盛的地方（逯钦立先生有专文论及此事，见于《读陶管见·一　陶渊明少年时期江州一带各种社会思潮的斗争》，载《汉魏六朝文学论集》），陶渊明从小接受过良好的教育，熟读儒家经典，后来在作品中也曾多次提到他这一方面的幼学，说自己“游好在六经”（《饮酒》其十六）。他在诗里很喜欢引用《论语》里孔夫子的语录，据统计有将近四十次之多。清朝诗论家沈德潜说：“晋人诗，旷达者征引老、庄，繁缛者征引班、扬，而陶公专用《论语》。汉人以下，宋儒以前，可推圣门弟子者，渊明也。”（《古诗源》卷九）这话说得有点夸张，但陶诗多用《论语》确是事实，这样的诗人在晋朝并不多见。

陶渊明青年时代的大志是“奉上天之成命，师圣人之遗书，发忠孝于君亲，生信义于乡闾”（《感士不遇赋》），这里的“圣人”当然指儒家圣人孔夫子，“忠孝”“信义”也正是儒家最为重视的道德修养。

但陶渊明又绝非纯儒，他接受的前代思想遗产相当丰富驳杂，他的老朋友颜延之在诔文中说他“学非称师”(《文选》卷五十八《陶征士诔》),他自己也说读过若干多有“疑义”的“奇文”——这些显然在儒家经典之外。在中古时代很少有汉朝那种死守一经笃尊师说的儒者,思想比较复杂色彩显得多元的知识分子则甚多,鲁迅曾戏称之为“杂拌儿”,他在分析刘勰时曾经深刻地指出:“中国自南北朝以来,凡有文人学士,道士和尚,大抵以‘无特操’为特色的”,他们自称“信教”,其实是“吃教”:

> 有宜于专吃的时代,则指归应定于一尊;有宜合吃的时代,则诸教亦本非异致。不过一碟是全鸭,一碟是杂拌儿而已。刘勰亦然。(《准风月谈·吃教》)

在此之前的东晋,情形已经大体是如此,只是到南北朝以后佛教的成分更有所加重而已。

除了儒家的正统思想之外,道家思想在陶渊明头脑中也占有很重要的地位。他在诗文作品中引用《庄子》近五十次,数量超过了《论语》。陶渊明极其重视个人自由,反对各种拘束,最后选定了在家常生活中亲近自然、安顿心灵的生活方式。凡此种种,大抵近于道家而远离儒家——儒家总是强调把自己放在体制之内、人伦社会关系之内,讲究认清自己的坐标,尽到自己的责任;而道家则强调摆脱拘束,坚持个人心灵自由,独与天地精神相往来。在这个意义上其实可以说,陶渊明乃是道家。陈寅恪先生也曾经有一个著名的结论,说陶渊明“外儒而内道”(《陶渊明之思想与清谈之关系》,《金明馆丛稿初编》)。

陶诗中引用得比较多的还有《列子》,将近二十次。陶渊明强调实际物质生活的意义,鄙弃空名,反对因果论,相信天命论,都与《列子》所宣扬者一致。《列子·力命》:

不知所以然而然，命也。今昏昏昧昧，纷纷若若，随所为，随所不为，日去日来，孰能知其故，皆命也夫。

死生自命也，贫穷自时也。怨夭折者，不知命者也；怨贫穷者，不知时者也。当死不惧，在穷不戚，知命安时也。

陶渊明在诗里多次写到“在穷不戚”这一层意思，其根据在于相信天命；晚年在诗文中又一再讲起死是必然的正常的事情，也归结为天命，故无所用其惧怕或悲伤——这些也都与《列子》的思想相通。

《列子》书中又大讲现时的享乐，说死了就是完全结束了。这些意思集中地见于《杨朱》篇：

太古之人知生之暂来，知死之暂往，故从心而动，不违自然所好。当身之娱非所去也，故不为名所劝；从性而游，不逆万物所好，死后之名非所取也，故不为刑所及。名誉先后，年命多少，非所量也。

万物所异者生也，所同者死也。生则有贤愚、贵贱，是所异也；死则有臭腐、消灭，是所同也……十年亦死，百年亦死；仁圣亦死，凶愚亦死。生则尧舜，死则腐骨；生则桀纣，死则腐骨。腐骨一矣，孰知其异？且趣当生，奚遑死后！

晏平仲问养生于管夷吾，管夷吾曰：“肆之而已，勿壅勿阏。”晏平仲曰：“其目奈何？”夷吾曰：“恣耳之所欲听，恣目之所欲视，恣鼻之所欲向，恣口之所欲言，恣体之所欲安，恣意之所欲行……”

(晏)平仲曰：“既死，岂在我哉？焚之亦可，沉之亦可，瘗之亦可，露之亦可，衣薪而弃诸沟壑亦可，衮衣绣裳而纳诸石椁亦可，唯所遇焉。”

所有的人，不管生前的身份和地位如何，死后都成为同样的腐骨；人生十分短暂，生前应当肆意享受，随心所欲，随遇而安，死后的事情大可一概不问。

活着就要好好活着，尽量享受生活；死了就一切结束，不必去管它了——这样的思想过去虽然也曾经有过，但远没有《列子》讲得如此系统、透彻，富于理论性。晋朝人讲究享受，谢绝崇高，专重当下，非常现实，而谓之“自然”。此种人生哲学与儒家提倡的“闻道”“行道”“知其不可而为之”“未知生，焉知死”等原则大异其趣，而影响于后来者甚大，陶渊明诗文中曾一再流露这样的思想和情绪。他一定是深入读过《列子》的，生活中也奉行这一套，只是因为比较穷，其享受不过是经常喝点小酒之类而已。

《列子》一书的署名作者列御寇资格极老，庄子曾多次提到过他，据说其人“御风而行，泠然善也，旬有五日而后反”(《庄子·逍遥游》)；《汉书·艺文志》著录了《列子》八篇，但此书后来长期失传，直到东晋才忽然由张湛提供出来，他还为该书撰写了注释。由于来历可疑，一般认为这一《列子》文本乃是伪作，作伪者很可能就是这位张湛，或者是比他略早一点的人，但总应在汲冢竹书被发现(咸宁五年，279)之后，因为《列子》第三卷《周穆王篇》十分明显地从汲冢竹书本《穆天子传》中多所取材，作伪者应当了解新近出土的《穆天子传》。《列子》书中又有些佛教生死轮回的思想，清儒钱大昕云：“《列子·天瑞篇》：林类曰：‘死之与生，一往一反，故死于是者，安知不生于彼。’……《列子》书晋时始行，恐即晋人依托。”(《十驾斋养新录》卷八《释氏轮回之说》)此说简明通达，最为可取。要之此书之作伪者当是晋人。当然，传世本《列子》中也将一些晋人可以看到的原本《列子》之残存片段整合了进来，有些地方颇近于杂凑;先后参与重新编撰作伪者当不止一二人,书中思想颇为驳杂的原因应在于此,而这些思想在晋朝颇为流行,连儒家出身的陶渊明也与之认同。

陶渊明不肯加入庐山佛教外围组织莲社是人们熟知的,他不能离开老婆孩子,不能不喝酒,不能去遵守那些自寻枯槁的宗教戒律;但他也并没有反对佛教,他有两句诗道:“人生似幻化,终当归空无”(《归园田居》其四),这种意思虽然是中国古已有之的,但也很像是宣传佛教的教义,其《乞食》诗中又偶尔说起“冥报”这样的话头。看来陶渊明虽然不相信佛教,但也不反对从这里吸收一些营养和话语。

所以可以说,陶渊明也如后来的大理论家刘勰一样,是“一碟杂拌儿”,而唯其如此,就不便说他是“外儒而内道”,他其实是内外一致的,儒家有一点,道家有一点,《列子》书的思想有一点,佛教的东西也有那么一点点。他都没有隐瞒,而一一坦然道之。

各种思想都有一点,那么还能够指出一种主导的东西吗?如果勉为其难,也许可以说,陶渊明还是以儒家思想为主导,在他心目中,孔子和汉儒乃是伟大和重要的标杆,可惜由于自己生不逢时,无从完全追随其后,只好逃离上层社会,远离体制,躲到乡下去,喝点小酒,自得其乐,不去同流合污也就是了。

二、复古主义社会理想

陶渊明归隐的要害是退出了官场,但并没有像老派隐士那样退出社会;岂但没有退出,他倒是有机会更深入到中国社会的农村基层去,接受了农民的某些思想,形成了自己复古主义的社会理想。

中国古代的农民不代表新的生产力和生产关系，所以也不能有什么新社会的理想。既然不能向前看，那就只好向后看，总觉得淳朴的上古是最好的时代，最好能够回到那时去，这自然做不到，那就希望出现一个实行古代办法的世外乐土——陶渊明笔下的桃花源就代表了这种美妙的理想。

《桃花源记并诗》洋溢着一派古风。这里平和安详，一团和气，其中的人物虽然同那个无意中闯入的渔人生活在同一时代，但由于他们一向“与世隔绝”，甚至“不知有汉，无论魏、晋”，所以其生活、思想、作风、礼俗、服饰都完全是古代化的，他们仍在五六百年前的先秦，风貌甚至近于上古。

《桃花源诗》更具体地说到此中人一些古老的做派：

> 嬴氏乱天纪，贤者避其世。黄绮之商山，伊人亦云逝。
> 往迹浸复湮，来径遂芜废。相命肆农耕，日入从所憩。
> 桑竹垂余荫，菽稷随时艺。春蚕收长丝，秋熟靡王税。
> 荒路暧交通，鸡犬互鸣吠。俎豆犹古法，衣裳无新制。
> 童孺纵行歌，斑白欢游诣。草荣识节和，木衰知风厉。
> 虽无纪历志，四时自成岁。怡然有余乐，于何劳智慧。
> 奇踪隐五百，一朝敞神界。淳薄既异源，旋复还幽蔽。
> 借问游方士，焉测尘嚣外。愿言蹑轻风，高举寻吾契。

他们日出而作，日入而息，各尽所能，和平安详，自产自销，没有租税。

“秋熟靡王税”这一层意思是《桃花源记》里没有明确写到的。没有“王税”，也就没有“王”，完全由居民自治——因此这里的人们特别幸福愉快。

魏晋时代本有一股"无君论"的思潮，阮籍认为"无君而庶物定，无臣而万事理"，"君立而虐兴，臣设而贼生"(《大人先生传》)；《列子》一书中多处说起无君的理想；鲍敬言认为"古者无君，胜于今世"(《抱朴子·诘鲍》)。从陶渊明的这一句诗中我们可以感受到诗人同这一思潮的某种联系。

有一首据说是上古的歌谣《击壤歌》这样唱道："日出而作，日入而息。凿井而饮，耕田而食。帝力于我何有哉！"这里的"帝"不知道是指天帝还是人间的帝王。此诗出自《艺文类聚》卷十一引《帝王世纪》，大约是后人出于想象而编造出来的。中国古人一直相信，在上古有过一段没有统治、没有苦难、道德高尚、廓然大公的幸福时代，《礼记·礼运篇》谓之大同之世："大道之行也，天下为公，选贤与能，讲信修睦。故人不独亲其亲，不独子其子。使老有所终，壮有所用，幼有所长，矜寡孤独废疾者皆有所养。男有分，女有归。货恶其弃于地也，不必藏于己；力恶其不出于身也，不必为己。是故谋闭而不兴，盗窃乱贼而不作。故外户而不闭。是谓大同。"这样的理想世界，历来为中国古人所向往。陶渊明笔下的桃花源正是一个具体而微的大同世界。

古人把上古想象成乐土，无非是拿来同当下糟糕的现实做对比。描写桃花源里那样的美好社会，也正是对东晋晚期种种丑恶的批判。

陶渊明在别的诗里也曾表达过他对上古理想世界的向往，其《戊申岁六月中遇火》一诗写道：

> 草庐寄穷巷，甘以辞华轩。正夏长风急，林室顿烧燔。
> 一宅无遗宇，舫舟荫门前。迢迢新秋夕，亭亭月将圆。
> 果菜始复生，惊鸟尚未还。中宵伫遥念，一盼周九天。
> 总发抱孤介，奄出四十年。形迹凭化往，灵府长独闲。

> 贞刚自有质，玉石乃非坚。仰想东户时，余粮宿中田。
> 鼓腹无所思，朝起暮归眠。既已不遇兹，且遂灌我园。

诗人在自家住宅被一把火烧光、准备实行"瓜菜代"（"果菜始复生，惊鸟尚未还"）暂度时艰的当口，想起了上古的"东户"盛世（即帝尧的时代，东户季子是当时的一个诸侯），那时路不拾遗，打下的粮食就堆在田边上听人自取。各尽所能，各取所需。在桃花源里，也大有诸如此类的古风。

生活在苦难之中而没有力量改变这种苦难的人们，很容易产生"桃花源"或"东户"一类的乌托邦。饱受租税之苦的人们幻想取消一切"王税"，也正是顺理成章的事情。

在实际的社会生活当中，"王税"总是会有的。政治乃管理众人之事，而这需要成本。国家要收税乃古今之通义，完全不收税太反常了，也绝不是好事。例如在中古时代的堡坞里就无所谓"王税"；但那里绝非乐土，而只是特殊历史时期一方豪强的独立王国。《晋书·祖逖传》中提到的坞主张平、樊雅、董瞻、于武、谢浮等人，都是占山为王的割据分子，祖逖为了对付他们费了很大力气。还有一个割据势力的盟主苏峻，其人"纠合得数千家，结垒于本县"（《晋书·苏峻传》），成为了一批割据势力的领军人物，后来更反对中央，闹出很大的乱子。在正常的统治秩序稍稍恢复之后，中央政权必然要取消这些地方割据性的土围子，将其中的农奴解放出来变为国家的编户齐民。普通老百姓与其沦为丧失全部剩余劳动成果、依附坞主的农奴，不如成为向国家缴纳"王税"的农民。同无"王税"的割据状态比较起来，与收税相联系的皇权乃是历史进步的因素。

中国老百姓并不怕成为纳税人，就怕天下大乱，没有了王法和秩序。但是在复古主义的乌托邦思想里，不考虑这些实际问题，只是一门心思地幻想，要多美妙有多美妙。

“俎豆犹古法，衣裳无新制”二句更直截了当地表达了复古的思想。俎是做菜时用的砧板，豆是装祭品的容器，这两个字加在一起指代祭祀。桃花源里的人是先前避乱之贤者的后代，他们既不是道教徒宣传得很厉害、诗人们写得活灵活现的活神仙，也不是佛教徒宣传的在“净土”里安享幸福的不生不灭的灵魂——惟其如此，他们的生存模式同外界基本一样，无非特别古朴罢了：他们完全从事于农耕，过自给自足的乡村生活，并且尊重传统，讲究祭祀祖先。他们是重视家族伦理的中国人——“俎豆犹古法”一句的意义在此。唐人以桃花源为题材赋诗，往往将这里描写成仙境，如王维《桃源行》、韩愈《桃源图》、刘禹锡《桃源行》等皆如此。这大约是因为《桃花源诗》中有“奇踪隐五百，一朝敞神界”之句的缘故；其实陶渊明之所谓“神界”只是形容其神奇，并不是说这里就是神仙世界。苏轼《和桃源诗序》云：“渊明所记，止言先世避秦时乱来此，则渔人所见，似是其子孙，非秦人不死者也。又云杀鸡作食，岂有仙而杀者乎……使武陵太守得而至焉，则已化为争夺之场久矣。”苏说甚是。

“衣裳无新制”的意思是说，因为同外界隔绝，这里的衣着还保持着他们的祖先在先秦时代的旧式，没有任何现在的时装。《桃花源记》里说“男女衣着，悉如外人”，指的是他们也同外界的世人一样穿着普通的衣裳，并不怪异，这里不牵涉式样问题。一诗一文并无矛盾。论者或以为“衣裳无新制”言外表明外界虽然发生了晋、宋易代，服装也发生变化了，而这里却保持不变，因此诗里这样写大有反对改朝换代的意味。这样来解读“衣裳无新制”恐怕是脱离了文本的实际，穿凿求深了。中国古代在改朝换代以后，对于帝王和官员的制服、饰物会有一些具有政治意味的新规定，但这并不涉及普通老百姓。一旦改朝换代，全国老百姓都必须更换衣装，这样的大动作在中古历史上未尝出现过。

中国古人早就希望出现一种“乐土”(《诗经·魏风·硕鼠》)亦即理想国,桃花源也在这一个系列之中。世外桃源寄托了陶渊明的美好理想。

陶渊明一生追求两个东西,一曰“真”,一曰“善”。有“真”则有“善”,“真”是最重要的。可惜当下的社会“真风告逝,大伪斯兴”(《感士不遇赋》),“羲农去我久,举世少复真”(《饮酒》其二十)——人们都在为金钱和权势进行着残酷的斗争,弄虚作假,言行不一,上古的淳朴之风已经荡然无存,所以他希望回归于上古,过朴素真诚的生活。桃花源里的世风近于传说中的上古,因此最为陶渊明所仰慕。元人赵孟頫《题桃源图》(《松雪斋文集》卷二)诗云:“战国方忿争,嬴秦复狂怒。冤哉鱼肉民,死者不知数。斯人逃空谷,是殆天所恕。山深无来径,林密绝归路。艰难苟生活,种莳偶成趣。西邻与东舍,鸡犬自来去。熙熙如上古,无复当世虑。”桃源近于上古,而中国古代的士人,很少有不仰慕上古的。沈德潜说《桃花源诗》“即羲皇之想也”(《古诗源》卷八),颇能一语中的。

陶渊明又认为,只要人们都去躬耕,同最基层的自食其力的“陇亩民”(《癸卯岁始春怀古田舍》其二)生活在一起,做到“真”其实也并不难。陶渊明痛心地看到,眼前的现实里道德沦丧,儒家的好传统丧失殆尽,所以他虽然无意于进取,却始终不忘加强自己的道德修养,不断地完善自己的人格。“养真衡茅下,庶以善自名”(《辛丑岁七月赴假还江陵夜行涂口》)——这两句诗把他的基本思想讲得非常简明透彻。

在桃花源里,人们耕田养蚕,人际关系非常和谐友善,对于忽然闯进来的客人热情招待,很诚恳地介绍这里的来由,毫无戒心和机心。这种生存状态正是陶渊明最为仰慕的，所以他在《桃花源诗》的最后高呼“愿言蹑轻风，高举寻吾契！”

陶渊明在故乡隐居，无非是想建立一小方这样的基地，可惜还做不到与“尘嚣”完全隔绝，所以只好寄希望于“心远地自偏”（《饮酒》其五）。如果有一块偏僻的、与“尘嚣”完全隔绝而又水土肥美的村庄，同一批“素心人”（《移居》其一：“昔欲居南村，非为卜其宅。闻多素心人，乐与数晨夕。”）无忧无虑地生活在一起，那岂不更是上上大吉！

《桃花源记并诗》表明陶渊明具有强烈的复古思想，而其底色大抵是儒家的。《礼记·礼运》正是儒家的经典，讲究祭祖，提倡简朴的古装，也都合于儒家的传统。当然这里也吸收了老子关于小国寡民的美妙设想。

陶渊明虽然可能出身于一个世代信奉天师道的家族（详见陈寅恪《魏书司马睿传江东民族条释证及其推论》，《金明馆丛稿初编》），但他本人并不相信道教，对于所谓长生久视之道完全不屑一顾，他的诗句“天道幽且远，鬼神茫昧然”（《怨诗楚调示庞主簿邓治中》）、“世间有松乔，于今定何间”（《连雨独饮》）就都是对道教神仙的质疑和否定。有些唐代诗人把桃花源看成是神仙洞穴，简直是同陶渊明对着干。

陶渊明也不相信佛教。陶渊明家乡的南边是庐山，那里是一代高僧慧远的住锡之地，也是佛教净土宗的大本营。净土宗强调形尽神不灭，人死神在，欲使此神进入“泥洹”（涅槃）亦即不生不死、免受轮回之苦的美妙状态，所以须在生前念佛，“神有冥移之功。但彻悟者反本，惑理者逐物耳”（慧远《沙门不敬王者论·形尽神不灭第五》，《弘明集》卷一），“反本”就是与佛教净土宗认同，修来世之福。陶渊明则根本否认有所谓来世，主张活着就好好地活。他有几句直指人心的诗句道："三皇大圣人，今复在何处？彭祖爱永年，欲留不得住。老少同一死，贤愚无复数。日醉或能忘，将非促龄具？立善常所欣，谁当为汝誉？甚念伤吾生，正宜委运去。纵浪大化中，不喜亦不惧。应尽便须尽，无复独多虑。"（《形影神·神释》）与委运任化的通达之见相比，道、佛两教显得全是空忙，没有任何意义。

桃花源虽然出于幻想，但是与道教宣传的神仙世界、佛教经典所渲染的佛国乐土相比，却显得脚踏实地，十分亲切。这一理想境界在道、佛两教颇为流行的晋、宋之际提出，表明陶渊明具有某种独立之精神，自由之思想，但它们仍然在儒家思想的笼罩之下。

陶渊明神往于上古的小国寡民，又设想其中的人物都过着隐士般的幸福生活，这样的社会美梦与人生理想完全可以理解，而且是很高尚的，可毋庸讳言的是，这只是一种空想。桃花源里可耕田？答案是世界上本没有这样的乐土。

理想应在于未来，应当是通过奋斗可以实现的。理想境界必须是开放而非凭险自蔽、完全封闭的——封闭必然落后走向衰亡。

但是我们不能拿这些现代思想要求于陶渊明，他生活在一千六七百年前，自然很难面向未来，于是只好回望过去，利用历史材料加上幻想构成他的"桃花源"。他不安于现状，不满于现状，而有高远之思，在那时已经是一位先进的、有思想的高人了。

三、陶渊明的人生哲学

中国古代的思想家大抵最关心人生哲学，立言并不抽象，同人生的践行关系非常密切，而且往往得之于切身的经历和体悟。陶渊明也是如此。"在中国哲学史中，精心结撰，首尾贯穿之哲学书，比较少数，往往哲学家本人，或其门人后学，杂凑平日书札语录，便以成书。”（冯友兰《中国哲学史》上册）陶渊明更是无意于当什么哲学家、思想家，他的人生哲学流露于诗文言谈之中。其间最为集中的是他的一组玄言诗《形影神》，该组诗包括《形赠影》《影答形》和《神释》三首，有逐首深入之妙，这在中国诗史和哲学史上都是前所未有的格局。

在一般的印象里，思想家的言说应当很透彻、很纯净，逻辑性很强并且自有体系，但中国古人更强调包容，有些方向很不同的思想，在这些高端的头脑里往往表现为相反相成、融会贯通，而且其间自不免多有沉浮起伏。所以陶渊明的思想固然见于《形影神》组诗中作为最后总结的《神释》（此诗堪称陶渊明之晚年定论）之中，而前面两首诗中所流露的也是他本人的思想，后来只是扬弃了其中一部分。这两首诗也代表了陶渊明人生哲学的某些侧面。

《形影神》诗前小序写道：“贵贱贤愚，莫不营营以惜生，斯甚惑焉。故极陈形影之苦，言神辨自然以释之。好事君子，共取其心焉。”这里最重要的一个词是“共取其心”中的“共”字。据此可知“惜生”和“自然”也其实都是陶渊明所认可的思想。他本人这两手都很硬。后来者应按他的指示“共取其心”，作全面的了解和借鉴继承。

陶渊明这三首一组的诗写于何时颇难确知，大约总在他归隐之后思想已经成熟之时，具体年月无从考定问题不大，因为这里是谈人生哲学，而人生哲学总归是相对稳定，不至于因为外界有一点什么风吹草动就会改变的。

《形赠影》诗云：

天地长不没，山川无改时。草木得常理，霜露荣悴之。

谓人最灵智，独复不如兹！适见在世中，奄去靡归期。
奚觉无一人，亲识岂相思？但余平生物，举目情凄洏。
我无腾化术，必尔不复疑。愿君取吾言，得酒莫苟辞！

“形”代表人的物质存在。人不能像天地山川那样长久，也成不了仙，最后总是与草木同腐。在十分有限的人生中，包括吃喝住穿在内的物质生活是存在的必要条件，在嗜酒的陶渊明看来，喝酒自然也非常重要。人首先得解决这些问题，然后才能谈到其他。

“形”大声疾呼道：“得酒莫苟辞！”“酒”在这里乃是物质生活的一个代表。“形”的意思是说，一定要重视实际的物质生活，充分享受人生。陶渊明是一个非常讲究实际的人，从青年时代直到老死都是如此，其间没有根本性的变化。

陶诗中强调物质生活之重要以及与此相应的生产劳动之必要这一层意思的甚多，试举两首来看：

民生在勤，勤则不匮。宴安自逸，岁暮奚冀？
儋石不储，饥寒交至。顾尔俦列，能不怀愧。（《劝农》）

人生归有道，衣食固其端。孰是都不营，而以求自安！
开春理常业，岁功聊可观。晨出肆微勤，日入负禾还。
山中饶霜露，风气亦先寒。田家岂不苦？弗获辞此难。
四体诚乃疲，庶无异患干。盥濯息檐下，斗酒散襟颜。
遥遥沮溺心，千载乃相关。但愿长如此，躬耕非所叹。
《庚戌岁九月中于西田获早稻》

所以农民要好好劳动，种庄稼养活自己一家。士人可以用出仕来“代耕”，靠官俸来养活自己一家；如果不当官了，那就回家种地。陶渊明归隐以后即参加一部分农业劳动，对于“躬耕”没有任何看不起的意思。“耕”与“读”是中国古代士人安身立命的两个基本点。

陶渊明曾经多次出仕，从最早的在州刺史桓伊手下效力，到最后一次为彭泽令，无论在当时还是在事后，他都说是去谋职养家，即所谓“口腹自役”（《归去来兮辞·序》），而甚少唱什么治国平天下的高调。

同“得酒莫苟辞”这一层意思呼应得最紧的也许是他的《饮酒》其三：

> 道丧向千载，人人惜其情。有酒不肯饮，但顾世间名。
> 所以贵我身，岂不在一生。一生复能几，倏如流电惊。
> 鼎鼎百年内，持此欲何成！

他直截了当地叹息人生苦短，指出世间的空名完全无用（诗中“持此欲何成”一句中的“此”即指上文提到的“世间名”），与其去忙那些空洞无用的名声头衔，还不如踏踏实实地来饮酒自娱。

这种强调现实享受更重于世间名声的提法，在陶诗里出现过多次。此乃晋代的流行思想，“道丧”的时代容易使人产生诸如此类比较消极的想法。世上既已无“道”，这种背景下的“名”还有什么价值？

如果天下有道，人生态度自当以积极为是，《饮酒》其三的潜台词如此。《影答形》诗也对“形”的偏至之论提出批评。

《影答形》诗云：

> 存生不可言，卫生每苦拙。诚愿游昆华，邈然兹道绝。

与子相遇来，未尝异悲悦。憩荫若暂乖，止日终不别。
此同既难常，黯尔俱时灭。身没名亦尽，念之五情热。
立善有遗爱，胡可不自竭。酒云能消忧，方此讵不劣！

形影之喻中的“形”代表人的物质存在，“影”则代表精神生活，包括人的名声。“形”一味强调物质生活，“影”则讲究精神追求，提倡“立善”：活着是个君子，死后也有好的名声——这是比好歹活着、借酒消愁更加重要的事情。

立善是儒家圣贤最为重视的事情，约可分为两种类型，用孟子的话来说，就是“穷则独善其身，达则兼善天下”（《孟子·尽心上》）。“兼善天下”是放大的善，能够如此当然最好，不得已而求其小善，那就是守住个人独善的底线。小大由之，都应力争“止于至善”（《礼记·大学》）。

陶渊明青年时代颇有豪情，想干一番大事业：“奉上天之成命，师圣人之遗书。发忠孝于君亲，生信义于乡闾”，并且“病奇名之不立”。（《感士不遇赋》）这里的“圣人”当然指儒家的祖师。这时陶渊明积极入世，是很重视善以及由此而产生之“名”的。可是等到他深入涉世以后，却很快就有些失望退缩之意了。当他在桓玄手下任职时，就在诗里说：“久游恋所生，如何淹在兹。静念园林好，人间良可辞。当年讵有几？纵心复何疑。”（《庚子岁五月中从都还阻风于规林二首》其二）“纵心”是指满足自己内在的自由要求，唾弃人间的约束。但这时陶渊明还远未下决心归隐，“静念园林好，人间良可辞”，可辞而未必辞。事实上陶渊明此后又曾不止一次地出仕，前前后后加起来，总的时间跨度有二十年之久。这时陶渊明的人生哲学还远远没有成熟。诗里比较具体的感慨自然是有的，而甚少真有理趣的议论。

到义熙元年（405）陶渊明正式归隐并下决心不再复出的时候，

他的思想算是成熟了，定型了，这时候他把儒、道两家的传统巧妙地结合起来，创造出一种新的人生道路：官可以不当，而儒家最为重视的品德修养仍然不可不讲。

儒家也讲仕与不仕。孔子说“邦有道则仕，邦无道则卷而怀之”（《论语·卫灵公》）；儒者退出官场以后并没有放弃“善”，只是退避政治而“独善其身”（《孟子·尽心上》）。儒家到底以出仕以兼济天下为主，不能出仕的时候回到家里去加强修养，并非往而不返，在一般情况下只不过是等待时机以备东山再起。

道家的避世隐逸与儒家的不仕很不同，道家认为人世间一片污浊，政坛尤为罪恶渊薮，世事一无可为，唯一的办法是躲到深山老林里去寻求个人心灵的自由。

陶渊明兼取这两者加以改造，他的归隐固然是表示与官场告别，避开种种纠葛麻烦，而同时也或者说更重要的乃是满足自己热爱自然的本性。虽然此后并不打算东山再起，但仍然绝不放弃在加强修养、磨炼节操等方面的努力，他在《辛丑岁七月赴假还江陵夜行涂口》中有两句诗说得好：“养真衡茅下，庶以善自名。”“真”是道家最看重的状态。关于“真”，顾炎武有一段议论最得要领：“五经无‘真’字，始见于老、庄之书。《老子》曰：‘其中有精，其精甚真。’《庄子·渔父篇》：‘孔子愀然曰：“敢问何谓真？”客曰：“真者，精诚之至也。”’《大宗师篇》曰：‘而已反其真，而我犹为人猗。’《列子》曰：‘精神离形，各归其真，故谓之鬼。鬼，归也，归其真宅。’……《说文》曰：‘真，仙人变形登天也。’徐氏《系传》曰：‘真者，仙也，化也，从匕，匕即化也……’以生为寄，以死为归，于是有‘真人’‘真君’‘真宰’之名。秦始皇曰：‘吾慕真人。’自谓真人，不称朕；魏太武改元太平真君；而唐玄宗诏以四子之书谓之‘真经’，皆本乎此也。后世相传，乃遂与‘假’为对。”（《日知录》卷十八《破题用庄子》）陶渊明既讲道家之“真”，又坚持儒家之“善”。“以善自名”正是“穷则独善其身”。在衡门下“养真”之时仍然“以善自名”，这种态度可以说是非儒非道，亦儒亦道。这是一种崭新的模式。

陶渊明的归隐是为了恢复和保持自己的“质性自然”（《归去来兮辞·序》），争取个性免遭束缚——这是道家式的；但他绝无道家派隐士往往会有的“任诞”作风，始终过着非常踏实淳朴的生活。他既讲究儒家的修养，独善其身，而又能高蹈于流俗之外，与世推移，优游不迫。这样，在后代士人的心目中，陶渊明的人生哲学造就了一种新的理想的行为范式。

陶渊明始终没有放弃“善”，可知《影答形》中所表达者也是他人生哲学的基本元素之一。不过在《影答形》诗里，“善”和“名”还是联系在一起的，“名”仍然指现世之名。后来陶渊明又进了两步：一是将“善”与“名”分开，不再要“名”，但不放弃“善”；二是不仅不要当世之名，也不要后世之名，他在《怨诗楚调示庞主簿邓治中》中有句道：“吁嗟身后名，于我若浮烟。”“世间名”固然没有意思，“身后名”也是空的，大可统统捐弃不复道。但“善”还是要的，道德是要紧的。陶渊明自有他的取舍与底线。

《神释》对“形”和“影”都有所批评，并提出一种更新更高的境界：

> 大钧无私力，万理自森著。人为三才中，岂不以我故。
> 与君虽异物，生而相依附。结托善恶同，安得不相语！
> 三皇大圣人，今复在何处？彭祖寿永年，欲留不得住。
> 老少同一死，贤愚无复数。日醉或能忘，将非促龄具？
> 立善常所欣，谁当为汝誉？甚念伤吾生，正宜委运去。
> 纵浪大化中，不喜亦不惧。应尽便须尽，无复独多虑。

这里批评“形”说，生命总是要结束的，看得那么重干什么。圣人和寿星也将离开这个世界，而大喝其酒则只能减少寿命。“神”又批评“影”说，“立善”是好的，但这必须是内在的要求，而不是求名的手段。“神”最后提出正确的态度是“委运”——把自己的一切交给命运去安排，此即陶渊明在此诗小序中所说的“自然”。

先前在魏晋之际，“自然”与“名教”纷争甚久，思想上的分歧甚至引出严重的实际斗争，有人头落地之事发生，有正统派官员对名士派的压迫。到西晋初年，向秀、郭象、裴頠等人欲总结先前的纷争，致力于把“名教”和“自然”结合起来，提出所谓“内圣外王之道”（郭象《庄子注序》）。他们认为，道家的“自然”固然是最高的“道”，而实际生活中的“名教”也未尝不合于这个“道”，完全可以把这两者结合起来达到更高的综合。名教即出于自然，以道家思想为本，儒家思想为用，这就是所谓的“内圣外王”，如此则可以使天下大治。从个人修养来说，他们认为应当儒表道里，“随变所适，而不荷其累”（郭象《庄子·人间世》注）。

陶渊明也是要调和“名教”和“自然”的冲突，由于他归隐后大抵不甚过问政治，所以专讲人生哲学。他以“自然”为人生哲学的理论基点，以田园耕读生活作为实际依托，用“天命”作为沟通各方、解决问题的关键，直凑单微，用不着许多理论思辨，就轻而易举地解决了“名教”和“自然”的纷争，找到个人安身立命的指导思想与实际道路。

陶渊明在《归去来兮辞·序》中自称“质性自然，非矫励所得；饥冻虽切，违己交病”。为了过这种不“违己”的自由生活，他宁可降低自己的物质生活水平。所谓“衣沾不足惜，但使愿无违”（《归园田居》其三）正是他轻物质、重精神之人生哲学的真切写照。

既然充分肯定了“质性自然”，并以“使愿无违”为生活的准则，那么如何安顿传统的“兼善天下”，或者他本人早先说过的“大济于苍生”呢？是不是就否定那个方面呢？那也并不，陶渊明曾经暗示说，归隐只是“世与我而相违”(《归去来兮辞》)时的做法，并不是唯一的选择，这就给“邦有道”时重新出山留下了广阔的余地。陶渊明晚年可能应刘宋王朝的征辟而复出，其根据在此，只是因健康原因未能形成事实而已。

即使在自己并不愿意的情况下，如果万不得已，也可以出仕，服从命运的安排。“命”“运”“天命”“天运”这些词在陶渊明作品中多次出现。“天命”的运动他又称为“化迁”，服从命运的安排则叫作“凭化迁”，或曰“委运”。

当陶渊明寄迹于刘裕部下时，他在诗中说“聊且凭化迁，终返班生庐”(《始作镇军参军经曲阿》)，可见他虽然并不愿意为刘裕效劳，但既然命运作出了这样的安排，他也并不做激烈的反抗，可以敷衍一下，形为物役而神气无变就是了。这与一味讲“自然”并且写信与山涛绝交的嵇康态度大不相同。当归隐时陶渊明又说“聊乘化以归尽，乐夫天命复奚疑”(《归去来兮辞》)，可见他认为自己的归隐也是命中注定的，合于自然之道，并不是什么奇怪或特别的事情。尽管陶渊明对于世事并没有遗忘和冷淡，但强大的天命论思想帮助他克服了种种内心的骚动，而获得宁静与和平。

一切都是命运，应当服从安排。命运既然不可改变，那么唯一的选择就是认这个命——他称之为“委运”。陶渊明有五个儿子，据说都不大有出息，他叹气说“天运苟如此，且进杯中物”(《责子》)。这正是无可奈何而归之于命运。陶渊明归隐后不久家里遭遇了一场火灾，损失相当惨重，而他在诗中写道：“……正夏长风急，林室顿烧燔。一宅无遗宇，舫舟荫门前。迢迢新秋夕，亭亭月将圆。果菜始复生，惊鸟尚未还。中宵伫遥念，一盼周九天。总发抱孤介，奄出四十年。形迹凭化往，灵府长独闲。贞刚自有质，玉石乃非坚。”(《戊申岁六月中遇火》)其态度之旷达有如此者。他过去是“形迹凭化往”,与世推移,无怨无尤;现在面对夏天里的一把火,仍然一如既往,毫无怨天尤人、叹老嗟贫之意,仍然很淡定地保持其哲人式的宁静,在月光下静思默想。清朝学者钟秀就此评论陶渊明的思想道:“此诗当与《挽歌》三首同读,才晓得靖节一生学识精力有大过人处。其于死生祸福之际,平日看得雪亮,临时方能处之泰然,与强自排解、貌为旷达者不啻有霄壤之隔。”(《陶靖节纪事诗品》卷二)这一番话大有见地,陶渊明之“学识”在这里表现为彻底的天命论。

陶渊明委运任化的天命论思想在死生问题上也有充分的表现。他身体一向不大好,因为长期饮酒过度,到五十岁左右就急剧衰老,于是常常提到“死”。四十九岁时陶渊明作《止酒》诗,说是戒酒可得长生;五十岁时他生了一次大病,从此“气力渐衰损,转觉日不如”(《杂诗》其五),于是便想到了死,《杂诗》其七有句云:“弱质与运颓,玄鬓早已白。素标插人头,前涂渐就窄。家为逆旅舍,我如当去客。去去欲何之,南山有旧宅。”其时他还写了一份近乎遗嘱的《与子俨等疏》,其中直接引用了“死生有命,富贵在天”这句老话。陶渊明和所有的人一样,也不免有生之留恋,所以他服营养品(主要是菊花),练长生功,虽然明知道“自古皆有没,何人得灵长”,但仍然追求丹木、玉膏一类古巫书上说过的不死之药(详见《读〈山海经〉》其四),希望“不死复不老,万岁如平常”(《读〈山海经〉》其八)。这些都是人之常情。等到他知道死亡确已无可改变时,心态是平静的,据他的老朋友颜延之说,陶渊明临终前“视死如归,临凶若吉。药剂弗尝,祷祀非恤。傃幽告终,怀和长毕”(《陶征士诔》)。既已自知不起,他便平和地委运任化。元嘉四年(427)九月,陶渊明作《自祭文》,说自己“识运知命,畴能罔眷?余今斯化,可以无恨”。他写的三首《挽歌诗》尤为旷达,充分表达了他的乐天知命思想。

在天命论思想的笼罩下，陶渊明坚持委运任化的人生哲学，生死祸福，泰然处之，听其自然，清净无为，这正是实践了《神释》一诗中所宣示的主张："纵浪大化中，不喜亦不惧。应尽便须尽，无复独多虑。"言行一致，确为高人。

《形影神》颇近于玄言诗，是人们了解陶渊明之人生学最直接最重要的材料。清朝人马墣说："委运者，渊明无可奈何之归宿处。虽古今之大圣有不能逾焉者，况渊明乎。而渊明之此心，诚孔、孟以后仅见之一人矣。"(《陶诗本义》卷二)陶渊明有了这种根深蒂固、化为自己血肉的天命论思想，便足以处变而不惊，始终保持内心的平衡，真能旷达，而绝非低水平的"强自排解貌为旷达者"。但这同孔、孟无从相提并论，因为他们的人生哲学其实不尽相同。马墣此说意在抬高陶渊明，而陶渊明很难认可其说。

陶渊明生活在政治风云激荡的东晋后期至刘宋初年，他本人曾经与桓玄、刘裕等风云人物、当代英雄有过直接的联系，但他很快抽身而出，刚过四十岁就归隐于故乡，此后在作品中甚少正面涉及社会政治问题，即使是改朝换代那样的巨变，他的态度也相对平静。陶渊明的作品反复咀嚼和体味人生，颇多见道之言，平淡而深沉，看似题材单调却显得气象万千，意味无穷，以至于千古传诵。这跟陶渊明对于人生哲学颇多挖掘实在大有关系。

当作为陶诗背景的晋宋之际的种种纷争已经成为历史陈迹以后，陶渊明对当时种种事件的态度更加不复成为什么严重的问题，只有少数学者锲而不舍地、过细地研究陶渊明的政治态度，而更多的读者似乎多半在玩味陶诗中的意趣和哲理，欣赏或批评他的人生态度。所以，如果从阅读接受或所谓文学生活史的角度来看，对陶渊明作品中流露出来的人生哲学更多地作出分析评论应当是一个大有兴味的课题，这里还有许多功课可做。

四、艺术上的创新

思想上很有独特见解的陶渊明，在诗歌创作中也颇有创新，主要表现为两条：革新了题材，改换了笔墨。

题材的革新主要表现在陶渊明引进了田园生活，为诗歌王国开辟了一片很大的领土；他又改造了赠答诗、咏史诗和玄言诗，多方面地焕然一新。

在先前的民歌中，民间的歌手也曾歌咏过农耕生活，但远不充分，大约在他们的心目中这是非常普通的事情，没有必要多唱，还不如多唱唱爱情。《诗经》中还有一首著名的农事诗《豳风·七月》，汉乐府中竟举不出类似的名篇来。陶渊明却以一个隐士的身份大写田园的风光和生活，也咏叹农村的凋敝和农民的辛苦，给予人们很多审美的享受，从此以后田园就成了诗歌中的热门题材，唐诗中即有孟浩然、储光羲等人的田园诗派。

陶渊明又改造了传统的赠答诗，极大地扩展了这一古老题材的艺术容量。

赠答诗古已有之，建安以来更为繁荣，佳作不少，但后来颇有流于一味应酬，把彼此的具体关系讲得太多太琐碎，又有或作无聊之吹捧者，可以用于社交，等于请客送礼，完全失去了文学价值。又有为人代作的情形（例如贾谧赠陆机的诗是潘岳代作的），也使诗歌丧失了个性，成为一种秘书式的作业。

陶渊明写了不少赠答诗，他一般不去多写彼此关系的细节，而以抒发自己的情愫和感慨为主，成为抒情诗中的一大模式。赠答在他只是一枚钉子，各种内容都可以挂在下面。例如他的《赠羊长史》《别殷晋安》等篇，都是意味深长的名篇，而绝非只是交游考的插图。赠答诗的写法在陶渊明手中获得极大的解放，他的家世、生活、思想、感情、政见等都生动地反映或流露在这里。

咏史诗自东汉的班固以来，形成了以韵语形式将历史故事和人物敷衍为诗歌的传统，而自西晋左思以来，又新辟了借咏史来咏怀的抒情诗写作新路径。陶渊明的厉害之处在于他左右开弓，两手都很硬，甚至在同一组诗中，也兼用这样两种手法，而仍能从容不迫得心应手。

陶渊明又成功地实行了玄言诗的革新。在陶渊明生活的时代，诗坛上最流行的是玄言诗，笔者在一篇旧作《玄言诗初探》中写道："到东晋，玄学在社会上士大夫阶层中广泛流行，懂得一点玄理并拿来装点门面的人多了，能够就玄学哲理进行一对一的辩论亦即所谓'清谈'的人多了，哲学思辨的平均水平则不免大为下降；此时绝大部分名士并不研究玄学而只是运用玄学，或者简直是在享受玄学，借玄言以自炫。而正在玄学水平并无提高更无突破的时候，玄言诗却大为膨胀繁荣起来。参与某一运动之人数的增加，历来会促使它平均水准的下降，二三流的文人在这当中往往会起相当大的推波助澜的作用。玄言诗可以说乃是玄学得到普及以至变成一种时髦的产物。"(《燕京学报》新16期)所以作品数量虽多，水平大抵不高，连出于兰亭集会上诸位名流之手的大作也不免是如此。晋朝的玄言诗后来大量地被时间所淘汰。

陶渊明也写过传统的玄言诗，如《形影神》，但已大有改造，其中的思想不是从书本上抄来，而是自己从生活中体会提炼出来的，只是形式上还保持着传统的面貌。他的另外一些作品则取消全诗都作玄言的格局，改为在常见的叙事抒情中有机地插入包含哲理的诗句，例如《归园田居》其三全诗写自己去为豆苗锄草，其中顺便说起——“衣沾不足惜，但使愿无违。”为了自由，可以付出各种代价。衣服弄脏弄湿，小事一桩，完全不足惜的。

又《饮酒》其五全诗谈自家的住宅和日常生活，开头便道——“结庐在人境，而无车马喧。问君何能尔？心远地自偏。”第四句朴素而深刻，一举形成警句，后来更视为格言。高级的真理总是朴素的，而且来自生活。相反，装腔作势，故作高深，一定是没有多大意思，只能用来忽悠外行。

陶渊明改造了当年流行的玄言诗，结束了那种哲学讲义似的陈旧模式，直接从生活中提炼哲理，并且与诗中的叙事抒情融为一体，多有理趣，而无理障。陶渊明很少写通篇玄言的诗，却把许多似乎家常平淡的诗篇写得充满哲理，耐人寻味，深思。这就丰富了诗歌的表现手法，为后人的诗歌创作开启了新的门径。

笔墨的改换主要表现在陶渊明一贯采用平淡自然、相对散文化的句子来写诗，不少诗句近于所谓“农家语”，似乎是信口道来。“结庐在人境，而无车马喧”（《饮酒》其五），简直同现在的口语也差不了多少。其他的一些诗篇，他好像也没有费什么大劲，不过缓缓道来，丝毫没有苦吟的意思。这些其实都是炉火纯青的表现，是绚烂之极归于平淡，功夫到了家自然没有任何斧凿的痕迹，而能达到“质而实绮，癯而实腴”（苏轼《与苏辙书》）的绝高水平。这种“豪华落尽见真淳”（元好问《论诗绝句》）的境界，很不容易达到。

陶渊明的诗非常讲究运用生动的细节，而较少一般化的笔墨，这样就大大加强了抒情诗的艺术表现力和可读性。

陶渊明写诗，几乎完全没有一般意义上的重大题材，同天下大事大抵无甚相干，所写的无非是自己的感触、情怀，以及农村的生活和风物。他在非常家常的草根题材里挖掘出许多诗意，情、景交融，事、理皆至，给读者留下极深刻的印象。例如他写自家的那座

“园田居”，有道是：“暧暧远人村，依依墟里烟。”《归园田居》其一中这样似乎并无深意的两句，却写出了他归隐之初尚存老派隐士的遗风，神往于离群索居，安家之处远离俗人。这一层意思虽未明言而自在言外。到后来他又有所进步，融入新的环境，乐于在和邻居的友好相处中来享受生活，则见于《移居》。

他写和风拂煦下的田野，有道是：“平畴交远风，良苗亦怀新。”(《癸卯岁始春怀古田舍》其二)作物的幼苗在微风吹拂下卷舒自如，诗人想象它们内心充满了对未来的希望——这是多么美好的自然状态！诗人平静而喜悦的心情，也一并表达了出来。优秀的细节总是平淡中见警策，具有巨大的艺术表现力。

陶渊明的《归去来兮辞》是他的代表作之一，其文体介乎诗、文之间，行文非常之生动，颇有神来之笔的细节，例如其中写自己返回故园的情形道：

> 归去来兮，田园将芜胡不归？既自以心为形役，奚惆怅而独悲。悟已往之不谏，知来者之可追。实迷途其未远，觉今是而昨非。舟遥遥以轻飏，风飘飘而吹衣。问征夫以前路，恨晨光之熹微。乃瞻衡宇，载欣载奔。僮仆欢迎，稚子候门。三径就荒，松菊犹存。携幼入室，有酒盈樽。引壶觞以自酌，眄庭柯以怡颜。倚南窗以寄傲，审容膝之易安。园日涉以成趣，门虽设而常关。……

陶渊明踏上了回家的路，先坐船，后走陆路。“风飘飘而吹衣”一句见出行船时风比较大，又令人想起不久前按规矩必须“束带”去拜见督邮而他很不高兴一事。现在弃官而去，正可以不必着正装，无拘无束，很是舒服。“载欣载奔”用的是《诗经》里常见的句式，虽然很古老，而这里恰好能写出陶渊明急于到家的心情，一路小跑，很像一个小孩子。“稚子候门”一句亦复细微而生动，爸爸要回来了，小孩子希望能尽早见到，所以要到门口来等，但到底还小，不敢远出，候在门边上正合适。在农村生活过的人们对“稚子候门”一定很熟悉，为人父者看到小家伙坐在门槛上等候自己，总是很暖心的啊。

平淡无奇的日常生活到了陶渊明笔下，竟能一一充满诗意。细节写好了，就根本用不着什么华丽的辞藻和奇妙的结构，只须缓缓道来，隐居生活的味道就出来了。

陶渊明在诗歌的艺术创新方面，成就甚为深广，总是充分地表现他的自我，所以他能不蹈前人窠臼，取得了辉煌的成就。

最后不妨再谈一谈陶渊明的艺术形式上的新创造，以结束此一课题。

陶渊明的杰作《桃花源记并诗》思想上表现为复古，而艺术上却完全是创新。

在此之前，虽然也有过诗与文的配合，但总是以某一边为主，另一边为附属，而并非像陶渊明这里似的诗文固然是配合得很好的一组，而同时又各具相对的独立性。或者以诗为主，前有短短的小序——这种办法源远流长；另一种模式则反过来，以文为主，其中夹有一点诗篇，例如阮籍的《大人先生传》，是一篇比较长的文章，后半文末写到这位大人先生遇到一位“薪于阜者”，问他是不是一直充当打柴人当到底，“薪者”回答说，是不是“以是终”根本无须多虑，因为“穷达讵可知耶？且圣人以道德为心，不以富贵为志，以无为用，不以人物为事。尊显不加重，贫贱不自轻，失不自以为辱，得不自以为荣。木根挺而枝远，叶繁茂而华零。无穷之死，犹一朝之生。身之多少，又何足营?”此公讲究的是随遇而安，以无为用，“藏器于身，伏以俟时”；至于世俗的种种问题特别是一己的贵贱荣辱完全用不着去想它。“薪者”又唱了一首歌道：

> 日没不周方，月出丹渊中。阳精蔽不见，阴光大为雄。
> 亭亭在须臾，厌厌将复东。离合云雾兮，往来如飘风。
> 富贵俯仰间，贫贱何必终。留侯起亡虏，威武赫夷荒。
> 邵平封东陵，一旦为布衣。枝叶托根柢，死生同盛衰。
> 得志从命升，失势与时颓。寒暑代征迈，变化更相推。
> 祸福无常主，何忧身无归？推兹由斯理，负薪又何哀？

这简直像是一首新的《咏怀诗》，然后大人先生也唱了一首歌。这里虽然也出现了诗与文的配合，但这些诗都只是文章的组成部分而非独立的篇章。

要之，历来的传统是：要么是诗，其前面可以有短文为序；要么是文，其中可以夹有诗篇——像《桃花源记并诗》这样一文一诗成组推出的样式是未尝出现过的。这是陶渊明的新创造。鲁迅先生非常重视这一创造，他深刻地指出：

> 陈鸿《长恨传》置于白居易的长歌之前，元稹的《莺莺传》既录《会真诗》又举李公垂《莺莺歌》之名作结，也令人不能不想到《桃花源记》。（《且介亭杂文二集·六朝小说和唐代传奇文有怎样的区别？》）

一文一诗，配套成龙。互为补充，互相生发，这种新的文学样式，不仅影响到唐人传奇与诗歌的配合，其实也可以说是此后散句与唱词交相为用之变文和弹词的先驱。

第十二章　陶诗陶文选析

发抒“匡扶世道”之热肠

（《停云》《时运》《荣木》）

停云，思亲友也。樽湛新醪，园列初荣。愿言不从，叹息弥襟。

霭霭停云，蒙蒙时雨。八表同昏，平路伊阻。
静寄东轩，春醪独抚。良朋悠邈，搔首延伫。
停云霭霭，时雨蒙蒙。八表同昏，平陆成江。
有酒有酒，闲饮东窗。愿言怀人，舟车靡从。
东园之树，枝条载荣。竞用新好，以怡余情。
人亦有言，日月于征。安得促席，说彼平生？
翩翩飞鸟，息我庭柯。敛翮闲止，好声相和。
岂无他人，念子实多。愿言不获，抱恨如何。（《停云》）

时运，游暮春也。春服既成，景物斯和。偶景独游，欣慨交心。

迈迈时运，穆穆良朝。袭我春服，薄言东郊。

山涤余霭，宇暧微霄。有风自南，翼彼新苗。
洋洋平泽，乃漱乃濯。邈邈遐景，载欣载瞩。
称心而言，人亦易足。挥兹一觞，陶然自乐。
延目中流，悠悠清沂。童冠齐业，闲咏以归。
我爱其静，寤寐交挥。但恨殊世，邈不可追。
斯晨斯夕，言息其庐。花药分列，林竹翳如。
清琴横床，浊酒半壶。黄唐莫逮，慨独在余。（《时运》）

荣木，念将老也。日月推迁，已复九夏，总角闻道，白首无成。

采采荣木，结根于兹。晨耀其华，夕已丧之。
人生若寄，憔悴有时。静言孔念，中心怅而。
采采荣木，于兹托根。繁华朝起，慨暮不存。
贞脆由人，祸福无门。匪道曷依，匪善奚敦？
嗟予小子，禀兹固陋。徂年既流，业不增旧。
志彼不舍，安此日富。我之怀矣，怛焉内疚！
先师遗训，余岂之坠？四十无闻，斯不足畏。
脂我名车，策我名骥。千里虽遥，孰敢不至！（《荣木》）

五言诗兴起之后，很快就取代四言诗成了诗坛上采用最多的样式。五言诗的一句之中可以包含更多的内容，念诵起来节奏可以有所变化而不至于像四言诗那样比较单调，都是它明显的优越性。到齐梁时代钟嵘写《诗品》的时候，就只评说五言诗，而基本置四言诗于不顾了。四言诗的衰落经历了一个很长的时段，在晋朝写四言的人还比较多，有专心于此的，而许多以五言为主要形式的诗人，也会写些四言诗，显得两手都很硬。例如在王羲之主持的兰亭诗会上，群贤所赋之诗就是两种样式皆有。四言并未完全退出诗坛。直到很晚的时候仍有人写四言诗，只是名篇佳作甚少而已。

四言诗的优势在于资格老。按照论资排辈的古老传统,资格老的地位就高,就得排在前面。在诗文集里,四言历来排在五言之前。陶渊明写诗以五言为主,兼顾四言,所以在通行本陶集中,卷一先列四言诗九首,到卷二、三、四才来安排五言诗。

列于陶集卷一最前的三首,即《停云》《时运》《荣木》,可以视为一组,它们形式结构相同,小序的写法相同,内容亦有内在联系,显然作于同时。其中《荣木》之第四章有句云"四十无闻,斯不足畏",可见这一组诗很可能作于诗人四十岁即所谓"不惑"之年前不久的春夏间,如果订于他三十九岁之时,则为东晋元兴二年(403),当然也可能略早或略晚一点。

这三首一组之诗的主题,如明朝的陶诗专家黄文焕所说,是发抒"匡扶世道之热肠"(《陶诗析义》卷一)。诗中有这样一些意味深长的诗句:"静寄东轩,春醪独抚。良朋悠邈,搔首延伫。""岂无他人,念子实多。愿言不获,抱恨如何!"(《停云》)"先师遗训,余岂云坠?四十无闻,斯不足畏。脂我名车,策我名骥。千里虽遥,孰敢不至!"(《荣木》)

陶渊明在想念一位老友,希望登上名马所拉之名车奔驰而去。

联系当时的大背景来看,陶渊明寄予很大希望的人,应是他的老上司桓玄。

桓玄是东晋高官桓温的儿子,很有才干,陶渊明曾在他手下任职,其《辛丑岁七月赴假还江陵夜行涂口》就是那时的作品。辛丑岁为隆安五年(401),"赴假"是销假的意思。当时陶渊明在江陵有职务在身,一度请假回故乡寻阳,现在又连夜赶路回到江陵去忙他的公务了。江陵是荆州的治所,而其时坐镇荆州的正是荆江二州刺史、督八州八郡诸军事的桓玄。

桓玄后来一度篡夺东晋政权,建立自己的"楚"政权,而为时甚短就垮了台。按“败则为寇”的传统逻辑，其人乃是一大反面人物，所以后来许多学者为爱护陶渊明起见，不大肯谈他与桓玄的关系，或曲为之说。鉴于隆安五年（401）时在荆州主政的是桓玄，而陶渊明要到那里去“赴假”，于是就解释为桓玄要请陶渊明出来帮忙，而陶渊明不肯干，就到江陵去请假。清朝学者恽敬解释说：“先生本传曰：州召主簿，不就。先生既抱羸疾，召主簿必以疾乞假，至满则赴之，而终以疾辞。故本诗言投冠，言不萦好爵是也。先生江州人，州召主簿，应赴江州，而赴江陵者，是时桓玄领江州刺史驻南郡，是先生以辞主簿至江陵耳，亦了然者也。”（《大云山房文稿》二集卷二《靖节集书后一》）这样说实在很不“了然”，“州召主簿，不就”，不就就是不就，无须请假，更不存在什么销假的问题。连夜开船去辞职，而理由是自己有病，像这样能长途奔波哪里是身体不好？

当然也有敢于直面事实的人，宋朝人叶梦得说：“荆州刺史自隆安三年桓玄袭杀殷仲堪，即代其任，至于篡，未别授人，陶渊明之行在五年，岂尝仕于玄耶？”（详见自吴仁杰《陶靖节先生年谱》隆安五年条下）朱自清先生研究陶渊明的生平，有一个结论说：“以（《辛丑岁七月赴假还江陵夜行涂口作》）全诗及所纪之年考之，陶渊明固尝仕玄，盖无庸讳，惟所仕何官则不可知矣。”（《陶渊明年谱中之问题》，《朱自清全集》第8卷）

隆安五年（401）陶渊明曾回家一行，稍后复回江陵公干；到当年冬天陶渊明遭遇母丧，依礼制退出官场，回寻阳故家守孝三年。而就在他居丧期间，政治舞台上发生了一系列重大的事件：隆安五年桓玄本已积极准备东下攻取首都建康；到第二年元兴元年（402），在朝廷里掌实权的尚书令司马元显称诏发兵讨伐桓玄，桓玄迅即带兵东下，攻入建康，杀司马道子、元显父子，自为都督中外诸军事、丞相、录尚书事、扬州牧，领徐、荆、江三州刺史，兼统西府、北府兵,实际上取得了中央以至地方的军政全权,稍后更合乎逻辑地“讽帝以禅位”;元兴二年冬,桓玄“接受”禅让,称帝,国号楚,改元永始。被废掉的晋安帝则被打发到寻阳安置。

元兴元年(402)桓玄领兵东下时,气势很盛,其时应是英雄用武之际;而到元兴二年冬,桓玄登基之后,要用之人当然更多,他甚至细致到打算请几个隐士出来为新政权作点缀,“乃征皇甫谧六世孙希之为著作,并给其资用,皆令让而不受,号曰‘高士’。时人名为‘充隐’”(《晋书·桓玄传》)。此时应是陶渊明大显身手的大好时机,但居丧让他完全失去了这些机会。

于是陶渊明不免就心潮起伏了,一段时间里写了不少诗。其《癸卯岁始春怀古田舍》有句云:“耕种有时息,行者无问津。”癸卯即元兴二年(403),本年春天桓玄攻入首都并准备上台,而陶渊明就有这样急于出山的表示。本年五月陶渊明又曾在《和胡西曹示顾贼曹》诗(此诗系年据王瑶编注《陶渊明集》)中写道:“感物愿及时,每恨靡所挥。悠悠待秋稼,寥落将赊迟。逸想不可淹,猖狂独长悲。”由此不难体会到他此时急于出山的心情是何等迫切。

此后陶渊明在《癸卯岁十二月中作与从弟敬远》一诗中有句云:“平津苟不由,栖迟讵为拙。寄意一言外,兹契谁能别!”癸卯岁夏天桓玄称楚王,十二月三日称帝,改元永始。陶渊明此时作诗大发感慨,对于自己走不上坦途(“平津”)而只能隐没于草野之间作聊以自慰的叹喟。

这几首诗的思想感情是前后照应的。从《癸卯岁始春怀古田舍》的希望有人来“问津”,到《和胡西曹示顾贼曹》的欲及时有为,并致憾于自己没有发挥能力的机会,再到《癸卯岁十二月中作与从弟敬远》的哀叹自己不得不隐居:陶渊明当年的心事,可谓线索分明。此事发人深思。

《停云》《时运》《荣木》这一组三首诗同上述三首五言诗所表达的思想感情也是互相照应的。这是陶渊明一生中心态最为积极的时候。

可是桓玄很快就垮了。打垮他并取代他主导政局的是刘裕，陶渊明也曾在刘裕手下干过几天，很快离去，不久以后更干脆归隐了。陶渊明从此再也没有这样积极进取过，只是躲在故乡过平静的田园生活。《停云》等三首诗之所以被边缘化，其深层原因在此。

自嘲自讽

（《乞食》）

饥来驱我去，不知竟何之。行行至斯里，叩门拙言辞。
主人谐余意，遗赠岂虚来。谈谐终日夕，觞至辄倾杯。
情欣新知劝，言咏遂赋诗。感子漂母惠，愧我非韩才。
衔戢知何谢？冥报以相贻。

陶渊明这首《乞食》诗非常著名，诗的题目极能吸引眼球：大诗人已经穷到向人乞讨的地步了！也确曾有不少论著拿这首诗来证明陶渊明晚年的极度贫困。

但是只一读诗的正文便可以知道事情远没有那么严重。陶渊明不过是到一个很熟悉的朋友家蹭了一顿饭吃，他们在一起高谈阔论，饮酒赋诗，这一天过得非常愉快。诗中所说的“主人”是谁，现在已无从查考，想必是经济状况高于陶渊明，而又很理解陶渊明的一个好人，他不仅请陶渊明喝酒吃饭，还另备礼品相送。陶渊明不虚此行。

诗的结尾两句“衔戢知何谢？冥报以相贻”，意思是死后报恩，这话说得太严重了——吃了老朋友一顿饭，何至于如此。估计陶渊明同这位主人太熟了，所以诗末顺便跟他开了这么一个玩笑。苏轼《书渊明乞食诗后》（《东坡题跋》卷二）云：“渊明得一食，至欲以冥谢主人，此大类丐者口颊也。”此言极是，但应认清这种口吻乃是开玩笑时所需要的。所以苏轼这段跋语的下面几句话就不能用来解释原诗了：“哀哉，哀哉，非独余哀之，举世莫不哀之也。饥寒常在身前，声名常在身后。二者不相待，此士之所以穷也。”这显然乃是东坡的借题发挥，借陶渊明之酒杯，浇自家的块垒；不宜作为原诗之确诂。

要之，从陶诗原作的全局看去，“丐者口颊”无非是个玩笑。准此以推，诗的题目也是一个玩笑。整首诗写得很是轻松愉快，充满谐趣。在诗文里自嘲自讽是陶渊明的一贯风格，即如他在《责子》诗里把五个儿子都说得一塌糊涂，显然言之过重，表达的其实是慈爱和旷达。黄庭坚《书陶渊明责子诗后》(《豫章黄先生文集》卷二十六)云：“观渊明之诗，想见其人岂弟慈祥，戏谑可观也。俗人便谓渊明诸子皆不肖，而渊明愁叹见于诗，可谓痴人前不得说梦也。”这段话不仅可以帮助人们理解《责子》，而且具有普遍意义，足以启陶诗读者之蒙。陶渊明作品里有些话不宜呆看，而弄不好就会“死于句下”。

鲁迅先生说得好：“穷到透顶，愁得要死的人，哪里还有这许多闲情逸致来著书？……高吟‘饥来驱我去……’的陶征士，其时或者偏已很有些酒意了。正当苦痛，即说不出苦痛来，佛说极苦地狱中的鬼魂，也反而并无叫唤。”(《华盖集·“碰壁”之后》)这一鞭辟入里的分析，对于人们正确领会《乞食》一诗提供了深刻的启示，不能因为是杂文中语而轻轻看过。

能去蹭饭吃的人家，同自己肯定不是泛泛之交。鲁迅先生本人也有过一次类似的“乞食”经历。1926 年 6 月 28 日，鲁迅外出买药，顺道往访刘半农不遇，又累又热，于是就近跑到 C 君即齐寿山家去——

> 我首先就要求他请我吃午饭。于是请我吃面包，还有葡萄酒；主人自己却吃面。那结果是一盘面包被我吃得精光，虽然另有奶油，可是四碟菜也所余无几了。
>
> 吃饱了就讲闲话，直到五点钟。

客厅外是很大一块空地方，种着许多树。一株频果树下常有孩子们徘徊；C君说，那是在等候频果落下来的；因为有定律：谁拾得就归谁所有。我很笑孩子们耐心，肯做这样的迂远事。然而奇怪，到我辞别出去时，我看见三个孩子手里已经各有一个频果了。(《华盖集续编·马上日记》)

齐先生是鲁迅的老同事老朋友，他们之间关系一向非常之密切。齐先生为不速之客鲁迅提供面包、菜肴和葡萄酒，相当于《乞食》诗中“主人谐余意……觞至辄倾杯”；而两位老朋友“讲闲话，直到五点钟”则相当于陶诗中所说的“谈谐终日夕”。鲁迅写这一段供发表之用的日记，固然有事实作为依据，但也不排除他心目中正有《乞食》一诗在垫底。

日本资深汉学家冈村繁先生对陶渊明及其作品多有新鲜的见解，他认为“在渊明的时代，真正的廉洁隐者似乎是绝不接受他人施舍的”，陶渊明本人也在《咏贫士》其五中赞颂过袁安、阮修二人不肯接受资助的高洁，“按理说这与他自己的生活信条应当是一致的”；接下来冈村繁先生就引用《乞食》诗，严正指出这里所表现的思想感情太不同了，“渊明对于施舍他酒食的这家主人感激涕零，其态度与袁安、阮修的廉洁迥然相异，显得卑屈而近于厚颜无耻”(《陶渊明新论》第一章第四节《清廉与卑屈》，《冈村繁全集》第四卷《陶渊明李白新论》)。这一严峻的批判性结论恐怕又一次表现了论者对于陶渊明的隔膜。陶渊明做人一向讲究原则和骨气，所以他不为五斗米折腰，也不肯接受本地父母官檀道济的馈赠：

郡遣督邮至县，吏白应束带见之，潜叹曰：“我不能为五斗米折腰向乡里小人！”即日解印绶去职，赋《归去来》。(沈约《宋书·隐逸·陶渊明传》)

躬耕自资，遂抱羸疾。江州刺史檀道济往候之，偃卧瘠馁有日矣。道济谓曰："贤者处世，天下无道则隐，有道则至。今子生文明之世，奈何自苦如此？"对曰："潜也何敢望圣贤，志不及也。"道济馈以粱肉，麾而去之。（萧统《陶渊明传》）

这些都表现了陶渊明的高洁。对于历史上不肯随便接受馈赠的贫士黄子廉，陶渊明专门写过一首诗加以歌颂，诗的后几句道："惠孙一晤叹，腆赠竟莫酬。谁云固穷难，邈哉此前修。"黄子廉不肯接受（"莫酬"）那一笔厚礼（"腆赠"）的具体原因和背景，因为史料不足，不知其详，但有一点很明确：有些馈赠是不能要的。至于《咏贫士》其五中的袁安和阮公，同馈赠之接受与否并无直接关系。要之，历史上的高人不肯接受某种馈赠，自有其道理；现实生活中的事情也是一样，例如江州刺史檀道济送来的粱肉之不能接受，显然就是因为他说的那一番话官方气息太浓，陶渊明不爱听。

但是对于友人的帮助接济，陶渊明是愿意接受的，并不矫情地乱摆隐士架子。试举一个矫情的例子：《晋书·隐逸传》载郭翻的故事说："曾坠刀于水，路人有为取者，因与之。路人不取，固辞。翻曰：'尔向不取，我岂能得？'路人曰：'我若取此，将为天地鬼神所责矣。'翻知其终不受，复沉刀于水。路人怅焉，乃复沉没取之。翻于是不逆其意，乃以十倍刀价与之。其廉不受惠皆此类也。"郭翻只顾保持自己的高尚，不免置对方于难堪的地位，做法远于人情，其实是不可取的。陶渊明接受的最著名一笔馈赠，大约是颜延年送他的二万钱，这不是一个小数目，可以用来喝很多酒。他还接受过另外一些馈赠，包括《乞食》诗中提到的这一次。

因为要保持高士的身段而绝对不接受任何馈赠，在陶渊明看来也未免矫情做作，并不可取。这是陶渊明的家常随和之处，同廉洁与否完全无关。为此他写过一首题为《有会而作》的诗，大意说救济是可以接受的，如果死顾面子不接受援助，那是不值得的。陶渊明在对待贫困的问题上既有他的原则性，也有他的灵活性。为了生存下去，他可以接受某种馈赠，也可以主动“乞食”。这是很正常的人生态度，怎么就成了“近于厚颜无耻”呢？

“清歌散新声，绿酒开芳颜”
（《诸人共游周家墓柏下》）

现代人的旅游，一般总是去好看好玩的地方，例如名山大川、风景名胜，或者是有特色的乡村、山区或海滨；而陶渊明却喜欢到墓园里去一游。他有一首《诸人共游周家墓柏下》，诗云：

> 今日天气佳，清吹与鸣弹。感彼柏下人，安得不为欢。
> 清歌散新声，绿酒开芳颜。未知明日事，余襟良已殚。

这里最值得注意的是诗题中的那个“游”字，不是去凭吊逝者，更非扫墓——以陶渊明为首的这一批游客无非是因为这里柏树长得好，地方开阔，遂到此一游，并在此放声歌唱，盘桓野餐。

在别人家的墓地里唱流行歌曲（“清歌散新声”），大喝其酒（“绿酒开芳颜”），须无人干涉才行——大约这周家曾经是大户人家，墓园相当讲究，而现在衰落了，无人看守管理，变成一块公共绿地，陶渊明一行看好这里，遂带着美酒和很高的兴致结伴来游。

此诗的写作时间以及墓主周家是什么人家，诗的题、序和正文皆未提到，但对这两点都有可能做些推测。

时间，简而言之，《诸人共游周家墓柏下》似应作于陶渊明把家搬到南村（义熙七年，411）以后，有可能与《游斜川》一诗的写作时间比较靠近。

义熙初陶渊明开始归隐时住在“园田居”，那里远离村庄，没有什么邻居，他过的是离群索居的幽静生活，出去散步，或独自一人，

或带着自家的下一代,其《归园田居》诗其四云:

久去山泽游,浪莽林野娱。试携子侄辈,披榛步荒墟。
徘徊丘垄间,依依昔人居。井灶有遗处,桑竹残朽株。
借问采薪者,此人皆焉如? 薪者向我言,死没无复余。
一世异朝市,此语真不虚。人生似幻化,终当归空无。

陶渊明"携子侄辈"在较远的一处废墟漫步,对人生的兴衰不定变幻无常生出许多感慨来。他总是喜欢找些怪怪的地方散步游观。搬到城郊的南村以后,邻居、朋友大为增加,不仅聚在一起"奇文共欣赏,疑义相与析"(《移居》),有时还结伴出游,著名的同游斜川是查明有据的一次,据诗序,那是在辛酉(刘宋永初二年,421)正月五日那一天。似此,则诸人共游周家墓柏下或亦在东晋之末或刘宋初年吧。

关于这一处周家,清代陶诗专家陶澍有过一个推测。其集注本《靖节先生集》卷二写道:

《晋书·周访传》:陶侃微时,丁艰,将葬,家中忽失牛,遇一老父,谓曰:"前冈见一牛,眠山污中,其地若葬,位极人臣矣。"又指一山云:"此亦其次,当世出二千石。"言讫不见。侃寻牛得之,因葬其处,以所指别山与访。访父死,葬焉,果为刺史。自访以下,三世为益州四十一年,如其所言云。周、陶世姻,此所游,或即访家墓也。

据《晋书》卷五十八《周访传》可知,周访乃两晋之交的重臣,生于寻阳,与陶渊明的曾祖陶侃为同乡、同僚,后结为儿女亲家。《周访传》载:"周访字士达,本汝南安城人也。汉末避地江南,至访四世。吴平,因家庐江寻阳焉……访少沉毅,谦而能让,果于断割,周穷振乏,家无余财。为县功曹,时陶侃为散吏,访荐为主簿,相与结友,以女妻侃子瞻。”后周访以军功封寻阳县侯,其子孙四代人周抚、周楚、周琼、周虓一直有相当高的地位,可惜最后周虓为了救母、妻之命不得已投降了前秦的苻坚,而他的心始终向着东晋,最后病死于太原,遗体由东晋方面迎回,得以还其旧陇——但这寻阳周家从此也就衰落了。

所以陶渊明诸人游于本地的周家墓柏下是大有可能的。人的命运、家族的命运都往往沉浮不定,“人生似幻化”,活着的时候就好好活着吧。末了的“未知明日事,余襟良已殚”这两句格言式诗句的意思是说,未来完全无从预料,我的心里话实在都说完了!他之所谓心里话(“余襟”)就是前面的两句诗:“感彼柏下人,安得不为欢。”死了也就完了,活着的人要高高兴兴地活着——让我们弹琴唱歌,开怀畅饮吧。

死亡是必然要发生的事情,它倒逼我们乐观通达地面对生活,千万不要自寻什么烦恼!

深得酒中趣

（《连雨独饮》）

饮酒是陶渊明的最大嗜好。他出任彭泽令时，拟将作为他俸禄的全部“公田”都拿来种上作为酿酒原料的秫稻（黏高粱），夫人固请种杭（粳稻），他不得已，同意让出六分之一的土地解决全家人的吃饭问题（详见《宋书·隐逸·陶潜传》）。

前人说陶渊明诗篇篇有酒，略见夸张，但他喜欢喝酒并一向在诗里大谈其酒则确是事实。从酒说起，各种内容都可以挂靠上去。陶渊明专门谈饮酒之心得，并且谈得最集中、最透彻的大约就要数《连雨独饮》一诗：

> 运生会归尽，终古谓之然。世间有松乔，于今定何间？
> 故老赠余酒，乃言饮得仙。试酌百情远，重觞忽忘天。
> 天岂去此哉，任真无所先。云鹤有奇翼，八表须臾还。
> 自我抱兹独，僶俛四十年。形骸久已化，心在复何言。

这首诗很有些玄言诗的气息。

陶渊明曾经写过一篇《晋故征西大将军长史孟府君传》，其中说起他本人的外祖父孟嘉同桓温的一番对话：“（桓）温尝问君：‘酒有何好，而卿嗜之？’君笑而答曰：‘明公但不得酒中趣耳。’”孟嘉实际上是笑而未答。饮酒之趣这个问题，现在由《连雨独饮》一诗来做一个晚到的具体回答。陶渊明说，有一种意见（以赠酒给自己的故老为代表）说饮酒可以成仙，这不可能，人总是要死的，从古到今没有例外（“运生会归尽，终古谓之然”）。赤松子、王子乔一类仙人，不过说说而已。喝酒的妙处在于，喝醉以后可以暂时同平时的自我告别，抛弃旧有的感情（“试酌百情远”），摆脱肉体的束缚，而仅仅留下自由的心灵（“形骸久已化，心在复何言”）。

在那些阴雨连绵下个不停的沉闷日子里，陶渊明独自饮酒，思考人之自由的问题，写下这首诗。陶渊明像他的外祖父孟嘉一样，深得酒中之趣。他深刻地指出，虽然饮酒不能成仙，也不能改变客观状况，但可以借此获得陶醉，让身心暂得休息，精神进入自由王国——这是何等美妙的享受！

明朝人黄文焕引沃仪仲评论此诗的高见道：“他作谈生死，犹是彭殇齐化之达观，独此云忘天任真，形化心在，诚有不随生存、不随死亡者。一生本领，逗泄殆尽。”（《陶诗析义》卷二）这首诗不是运用庄子的相对主义去齐一生死，而是拿一种暂时自由的心灵去对抗以至化解实际生活中的人生无奈——这确实是陶渊明的一大本领，也是他的作品一向颇得人心之奥妙的所在。

南村的丰富生活

（《移居》）

现在搬家是生活里常会发生的，古代搬家的事情要少一些，以搬家为题材写的诗则更少，陶渊明的《移居》二首是这一领域内最著名的篇章。诗云：

昔欲居南村，非为卜其宅。闻多素心人，乐与数晨夕。
怀此颇有年，今日从兹役。弊庐何必广，取足蔽床席。
邻曲时时来，抗言谈在昔。奇文共欣赏，疑义相与析。

春秋多佳日，登高赋新诗。过门更相呼，有酒斟酌之。
农务各自归，闲暇辄相思。相思则披衣，言笑无厌时。
此理将不胜，无为忽去兹。衣食当须纪，力耕不吾欺。

可见他从原先的住处搬到这南村来是因为看中这里的人文环境好，可以同许多合得来谈得来的“素心人”为邻。“素心”一词含义丰富深远，后来颇为流行。

陶渊明的移居也还有别的重要原因，他在这里没有提到，那是因为他原先的住处被一把火烧光了。

此前陶渊明的住所他自己称为“园田居”，这住宅远离村落。当陶渊明抛弃彭泽令回来隐居的时候，写过五首《归园田居》，其中第一首就很高兴地描写他的这一宝宅道：“方宅十余亩，草屋八九间。榆柳荫后檐，桃李罗堂前。暧暧远人村，依依墟里烟。狗吠深巷中，鸡鸣桑树巅。”他很欣赏这孤独幽静的院落。离群而索居，遗世而独立。

在正式归隐之前，陶渊明早早地就把这处院落经营安排好了。这里的最大妙处是同最近的村子还有一段距离，这一点从诗中有“暧暧”“依依”这样的措辞就不难看出。先前的老派隐士往往喜欢孤身一人逃进深山老林里去躲避俗人，那种模式颇为陶渊明所不取。他喜欢仍在人间，要同老婆孩子在一起过家常生活，但这时他认为同俗人保持相当的距离仍然是完全必要的，于是选中了这里，建设起一个小小的隐士高人的独立王国来。

可惜这种高雅脱俗的生活过了没有几年就无从继续，而他也不想继续了。

陶渊明离开彭泽回老家在义熙元年乙巳(405)十一月，到义熙四年戊申六月，他这座高雅幽静的“园田居”就毁于一场大火。归隐后的陶渊明在“园田居”只享了两年半的清福，就遭到很大不幸，财产有重大损失，一时竟没有住处，只好暂时在一条船上安身。

老待在船上显然不是长久之计，陶渊明准备重新安家。新居得有邻居，否则一旦发生意外，简直无人救援，眼前的教训太惨重了。

在正式动迁之前需要有一处过渡的住处。陶渊明的新家是后来的南村住宅，而他的过渡房似乎是在山里。他有一首《庚戌岁九月中于西田获早稻》诗云：

人生归有道，衣食固其端。孰是都不营，而以求自安！
开春理常业，岁功聊可观。晨出肆微勤，日入负禾还。
山中饶霜露，风气亦先寒。田家岂不苦？弗获辞此难。
四体诚乃疲，庶无异患干。盥濯息檐下，斗酒散襟颜。
遥遥沮溺心，千载乃相关。但愿长如此，躬耕非所叹。

到这时即义熙六年庚戌(410),陶渊明已经不像归隐之初那样大谈琴书,又说什么“园日涉以成趣,门虽设而常关”(《归去来兮辞》)了,关门主义已经行不通,必须走出家门去干农活。“田家岂不苦?弗获辞此难”,这是灾后重建时的真实心态。从“山中饶霜露,风气亦先寒”二句看去,他这时住在山里。

陶渊明的躬耕是他家经济情况急剧下降以后的事情,是不得已才如此的。这时他非得计较“岁功”(收获)不可,不能像过去那样随便干点农活以遣兴,道是“虽未量岁功,即事多所欣”(《癸卯岁始春怀古田舍》其二),一味高谈审美了。癸卯岁当东晋元兴二年(403),那时他还可以非功利,七八年以后他已经失去那种从容了。

从“遥遥沮溺心”一句诗看去,亲自参加生产劳动让陶渊明思想发生了相当的变化,这时他转而认同孔子不以为然的两位隐士——长沮和桀溺。这在儒家信徒陶渊明是一件非同小可的大变化。《论语·微子》载:

> 长沮、桀溺耦而耕。孔子过之,使子路问津焉。长沮曰:“夫执舆者为谁?”子路曰:“为孔丘。”曰:“是鲁孔丘与?”曰:“是也。”曰:“是知津矣。”问于桀溺,桀溺曰:“子为谁?”曰:“为仲由。”曰:“是鲁孔丘之徒与?”对曰:“然。”曰:“滔滔者,天下皆是也,而谁以易之?且而与其从辟人之士也,岂若从辟世之士哉?”耰而不辍。子路行以告。夫子怃然曰:“鸟兽不可与同群,吾非斯人之徒与而谁与!天下有道,丘不与易也。”

孔夫子说,避世的隐士与鸟兽同群,而自己则要同体制中人在一起;现在天下无道,所以要来实行变革;如果天下有道了,自己也就可以不出来搞什么变革了。孔子委婉而坚定地表明,自己同隐士们走的完全是两条路。陶渊明原先是非常崇拜孔子的,现在却说自己的心是同长沮、桀溺相通的。戊申岁夏天里的一把火在客观上改造了陶渊明，让他的生活状态发生了很大变化，思想感情也发生了意义重大的变化。没有这些变化就没有后人看到的那个伟大诗人陶渊明。

这一把火同时也决定陶渊明必须移居。不幸的火灾和稍后的移居于南村，客观上让陶渊明进入他的思想成熟期和创作丰收期。他一生的精华都在这最后的二十年(408—427)。

在移居南村之前陶渊明一度住到山里去，起先大约有一些具体的事务性的原因(筹划经费，建造房子，等等)，后来可能还有安全方面的考量。

义熙六年(410)寻阳一带颇有战事，造反的广州刺史卢循及其部下始兴太守徐道覆与晋官兵在寻阳一带反复拉锯，《资治通鉴》卷一一五《晋纪三七》当年条下载：

安成忠肃公何无忌自寻阳引兵拒卢循……贼众云集，无忌辞色无挠，握节而死。于是中外震骇，朝议欲奉乘舆北走，就刘裕；既而知贼未至，乃止。

……循之初入寇也，使徐道覆向寻阳，循自将攻湘中诸郡。荆州刺史刘道规遣军逆战，败于长沙。循进至巴陵，将向江陵。徐道覆闻(刘)毅将至，驰使报循曰："毅兵甚盛，成败之事，系之于此。宜并力摧之；若此克捷，江陵不足忧也。"循即日发巴陵，与道覆合兵而下。五月，戊午，毅与循战于桑落洲，毅兵大败，弃船，以数百人步走，余众皆为循所虏，所弃辎重山积。

初，循至寻阳，闻(刘)裕已还，犹不信；既破毅，乃得审问，与其党相视失色。循欲退还寻阳,攻取江陵,据二州以抗朝廷。道覆谓宜乘胜径进,固争之。循犹豫累日,乃从之。

可知寻阳一度被卢循、徐道覆占领,附近颇有恶战。稍后卢、徐乘胜东进,不久即被刘裕消灭,寻阳得以恢复平静。陶渊明在南村的新住宅大约在卢循、徐道覆杀来之前已经大体准备就绪,而考虑到南村离城不远,不大安全,所以迟迟未搬,留滞于山中——待在这里可以免去“异患”的骚扰。《移居》其一说到搬家一事的推迟:“怀此颇有年,今日从兹役”,其内情或当在于此。

卢、徐离去之后,陶渊明就可以放心地搬进南村的新居了,此事应在义熙七年(411),他的生活从此揭开了新的一页。

同先前的“园田居”相比,这里的房子显然要小一些差一些,也不像过去那样远离尘嚣,所以陶渊明只说这里的住房也还可以安下几张床铺(“弊庐何必广,取足蔽床席”);他又曾解嘲地说过一句名言:“心远地自偏。”(《饮酒》其五)他看中这近郊的好处是人口密度比较高,邻里来往方便。

当陶渊明刚刚逃离官场的时候,他希望尽可能地安静些;而当他带着老婆、孩子以及奴子离群索居了一段时间,尤其是经历了一场火灾之后,他深刻地感到生活中很需要友情。有一批住得靠近而又谈得来的邻居,乃是无比宝贵的财富。

陶渊明移居南村以后的生活状态,比他住在“园田居”和“山中”之时更加充实丰富:既参加一些农业生产(“农务各自归,闲暇辄相思”),又有朋友间的互访闲谈(“邻曲时时来,抗言谈在昔”)、游览赋诗(“春秋多佳日,登高赋新诗”)和学术讨论(“奇文共欣赏,疑义相与析”)——这样的生活内容非常对陶渊明的胃口。

南村新住宅就其硬件而言，远不如“园田居”，但这里的人文环境则远远高于过去。

陶渊明在南村的生活片段，一再反映在他的创作里。

例如，他同邻居们一起赋诗。现在还可以看到陶渊明与其友人的赠答和联句。同陶渊明联句的有“愔之”“循之”二位，当时没有写下其贵姓，所以现在也无从了解——由此亦可见他们彼此都很熟悉，完全不拘礼节。又有人帮他抄诗，陶渊明著名的组诗《饮酒》二十首诗前有小序云：“余闲居寡欢，兼比夜已长，偶有名酒，无夕不饮，顾影独尽，忽焉复醉。既醉之后，辄题数句自娱，纸墨遂多，辞无诠次，聊命故人书之，以为欢笑尔。”这里说的“故人”最可能的应当就是他的南村邻居。

同陶渊明有诗互相赠答而确知为邻居者有殷晋安、羊松龄、庞参军等人。

陶渊明晚年还同他的南村邻居组团出游，作有《游斜川》一诗，其小序云：“辛酉正月五日，天气澄和，风物闲美，与二三邻曲，同游斜川……欣对不足，率共赋诗。悲日月之遂往，悼吾年之不留。各疏年纪乡里，以记其时日。”可惜其同游者的作品未能保存下来。

通过品读《移居》，人们可以对陶渊明的生活、思想和创作增加许多了解。这两首诗乃是他的代表作，应当予以足够的重视。

送的什么客

（《于王抚军座送客》）

晋、宋之际的江州刺史王弘，是同陶渊明颇有关系的一位高官。其人乃是王导的曾孙，在当时的政治舞台上要算是一个比较重要的人物。《宋书》卷四十二《王弘传》载，王弘同刘裕关系一向很好，他从东晋义熙十四年(418)起为抚军将军、江州刺史，到刘宋永初三年(422)入朝，进号卫将军、开府仪同三司；后来头衔还有进一步的高升，但继续担任江州刺史如故，直到元嘉三年(426)正式调出江州，改任司徒、录尚书事、扬州刺史。稍后江州刺史一职由檀道济接任。

王弘在江州任刺史八年，同陶渊明建立了相当不错的关系，虽然不能算很亲密，但一直比较融洽。一位高隐肯这样接受一位本州最高父母官，应当说已经相当难得。

开始时陶渊明不肯见这位州刺史，王弘放低身段想方设法争取见到这位比他年长的隐士诗人，沈约《宋书·隐逸·陶潜传》写道：

> 江州刺史王弘欲识之，不能致也。潜尝往庐山，弘令潜故人庞通之赍酒具，于半道栗里要之。潜有脚疾，使一门生二儿舉篮舆，既至，欣然便共饮酌。俄顷弘至，亦无忤也。

这大约是王弘到任未久之时的事情。陶渊明不想结识这位本地最高长官，但王弘作出了一个巧妙的安排，在陶渊明出游途中之栗里安排私人酒会，借此机会见了一面，而陶渊明态度随和，倒也并不拒人于千里之外。成功地走过这一回破冰之旅以后，事情就变得比较顺利了，《晋书·隐逸·陶潜传》叙述其前前后后的经过道：

> 刺史王弘以元熙中临州，甚钦迟之。后自造焉，潜称疾不见。既而语人云："我性不狎世，因疾守闲，幸非洁志慕声，岂敢以王公纡轸为荣邪。夫谬以不贤，此刘公幹所以招谤君子，其罪不细也。"弘每令人候之，密知当往庐山，乃遣其故人庞通之等赍酒，先于半道要之。潜既遇酒，便引酌野亭，欣然忘进。弘乃出与相见，遂欢宴穷日。潜无履，弘顾左右为之造履，左右请履度，潜便于坐申脚令度焉。弘要之还州，问其所乘，答云："素有脚疾，向乘篮舆，亦足自反。"乃令一门生二儿共轝之至州，而言笑赏适，不觉其有羡于华轩也。弘后欲见，辄于林泽间候之。至于酒米乏绝，亦时相赡。

元熙(419—420)是东晋最后一个年号，此后就晋、宋易代了。王弘水平很高，很会处理同隐逸高人之间的关系。

这样陶渊明就与王弘成了朋友。陶渊明曾到他的衙门里去过，后来就写了这首《于王抚军座送客》，更可见他已经成为抚军将军、江州刺史王弘的座上客，并作为陪客一道饯别王弘的其他客人了。诗云：

> 冬日凄且厉，百卉具已腓。爰以履霜节，登高饯将归。
> 寒气冒山泽，游云倏无依。洲渚四缅邈，风水互乖违。
> 瞻夕欲良谯，离言聿云悲。晨鸟暮来还，悬车敛余晖。
> 逝止判殊路，旋驾怅迟迟。目送回舟远，情随万化遗。

一个冬日的傍晚，王弘在某一高处的台阁上设宴送客，大家依依惜别。这诗在陶渊明的作品里只算平平。凡带有应酬性质的诗要想写得好是很难的,应酬之作总有一番客套,有一大通非说不可的套话。

但这首诗仍然很值得研究。首先当然是最好能弄清楚写作的时间,以及送的是什么客。可惜这两点在陶诗里毫无线索。

巧乎不巧乎,在《文选》卷二十里有一首同江州刺史王弘送客直接有关的诗,这就是谢瞻(字宣远)的《王抚军庾西阳集别作诗》:“祇召旋北京,守官反南服。方舟(一作析)旧知,对筵旷明牧。举觞矜饮饯,指途念出宿。来晨无定端,别晷有成速。颓阳照通津,夕阴暖平陆。榜人理行舻,辅轩命归仆。分手东城闉,发棹西江隩,离会虽相亲,逝川岂往复。谁谓情可书?尽言非尺牍。”诗题下有小注云:“时为豫章太守,庾被征东还。”(这些字曾混入诗题。)李善注又引了更多的材料,可知被召回首都担任要职的是原来的西阳太守庾登之,王弘为他送行。其时谢瞻将仍回豫章去当他的太守,也参与此会。饯别的地点在湓口南楼。

早就有学者将谢瞻此诗同陶渊明的《于王抚军座送客》联系起来,说陶渊明诗里说起的于抚军将军、江州刺史王弘座上所送之客就是庾登之和谢瞻。首倡此说者为元人李公焕,他在《笺注陶渊明集》卷二中写道:

> 按年谱,此诗宋武帝永初二年辛酉秋作也。《宋书》:王弘字休元,为抚军将军、江州刺史,庾登之为西阳(今黄州)太守,被征还;谢瞻为豫章(今洪州)太守,将赴郡。王弘送至湓口(今浔阳之湓浦),三人于此赋诗叙别。是必休元要靖节预席饯行,故《文选》载谢瞻即席集别诗,首章纪座间四人。

可是如今的各本《文选》都没有提到“座间四人”。此诗也许同陶渊明无关，谢诗中“祇召旋北京，守官反南服”分指庾登之和谢瞻本人，主人则是江州刺史王大人，这里似乎没有涉及第四者的意思。

所以陶、谢二诗所叙者是否为同一次饯别，恐怕是颇有问题的。但近年来著名学者王叔岷力挺李公焕，弥缝其说云：“谢诗‘方舟新旧知’，李善注：‘旧知，庾也。’新知，盖谓陶公。则谢诗所纪，实休元、登之、陶公及瞻自己四人。李(公焕)注不误。”(《陶渊明诗笺证稿》)可是“方舟”指两船相并，所载者应当都是行将离开此地之人，这里的“新知”似乎是指谢瞻本人，如用以指送客的陶公，似觉稍有勉强。

但王说确有意味，所论亦并非绝无可能；袁行霈先生进一步弥缝其说并为此诗系年说：

> 刘裕还彭城在义熙十四年正月，宋台之建在此年六月。据《宋书》卷四四《谢晦传》及《宋书》卷五六《谢瞻传》：宋台初建，谢晦为右将军，时谢瞻尚在家。则谢瞻之任豫章太守必在义熙十四年之六月以后。王弘既在江州与谢瞻、庾登之集别，则谢瞻之赴任又在王弘赴江州之后，且在王弘结识渊明之后。谢瞻《王抚军庾西阳集别时为豫章太守庾被征还东》曰：“祇召旋北京，守官反南服。”既曰“反”，则非初次上任。或上任后曾入都又南返，途经江州，适值庾登之由西阳入为太子庶子，亦经江州。王弘遂邀谢、庾及渊明集别。检《宋书》卷五三《庾登之传》，其入为太子庶子时间不确定。但据《宋书·武帝纪》，元熙元年十二月刘裕之世子义符为宋太子，元熙二年六月刘裕即位改元永初，八月义符被立为皇太子，庾登之入为太子庶子，必在义熙(顾按，此处误排，当作“元熙”)元年十二月之后。兹系此诗于宋武帝永初元年庚申(420)。(《陶渊明集笺注》)

据此看来,将谢瞻那首诗系于宋武帝永初元年庚申(420)是比较合适的。陶渊明的《于王抚军座送客》很可能即为同一次集别,只是尚难予以最后确认。

不过我们仍然可以姑且设定陶、谢二诗写的是同一集别。如此则陶诗亦当作于永初元年(420)或稍晚。到永初三年王弘"进号卫将军,开府仪同三司"(《宋书·王弘传》),这以后就不能再称为"王抚军"了。

根据上文所说的情况,可以作出下列四点推论:

第一,王弘在就任江州刺史以后不久的元熙年间就设法会见了陶渊明,可见陶渊明已是一方名人,而更有一层关系是义熙末朝廷曾征陶渊明入京为官,虽然陶渊明没有去就此职,但作为地方最高官去拜会一下这位社会贤达,以示礼贤下士,是完全必要的。王弘当官很有一套,自会处理这些事务。

其次,晋、宋易代前后,王弘都在江州刺史任上,陶渊明对于改朝换代,也并不甚介意。这一次换代可算水到渠成,十分平静。此后王弘在送往迎来的公务宴会上继续邀请陶渊明到会作陪,陶渊明亦欣然与会,还就此赋诗,都是情理中事。

第三,这些宴会所迎送的客人大抵是朝廷命官,他们对诗人陶渊明也许要敷衍客气几句,但未必就看得起他,从根深蒂固的官本位立场来看,这一类草根名流其实不算什么东西。很难要求那些官员都有王弘的见识、水平和雅量。陶渊明也不大买他们的账,在诗里说:"逝止判殊路,旋驾怅迟迟",他有自己的身份。

最后,如果这一次确实是王、庾、谢、陶的四人集别,则前三人不仅官阶高(王是州级,庾、谢是郡级),而且门第高——琅琊王氏、颍川庾氏、陈郡谢氏,都是那时海内最高的望族;寻阳陶氏,在本地也许算是一流的高门,但放到全国范围里去衡量,就算不上有多高了。谢瞻的诗里基本上无视陶渊明的存在,道理在此。

王弘在江州任刺史任上多年,举行过的送别宴会必多,陶渊明这诗写的到底是哪一次,难以弄清,但总在永初三年(422)稍前的几年之中。

低沉而悲凉之作

（《悲从弟仲德》）

中国古代小家庭少，大家族多，除了亲兄弟以外，还会有若干从兄弟（现在习惯称堂兄弟），关系往往比较密切，没有分过家的就尤其是如此。陶渊明家的详细情况现在不甚了解，只是从他的作品中可以知道他有两位从弟，一位叫仲德，一位叫敬远。

陶敬远同陶渊明关系特别靠近，他的父亲同渊明的父亲是亲兄弟，而二人的母亲又恰恰是姊妹，可谓双料的近亲。陶仲德同陶渊明的关系也算比较近，但他们后来不生活在一起。其人亦英年早逝，他的夫人死得更早些，最后留下一位老母和两个未成年的孩子，情形非常糟糕。为哀悼他的不幸去世，陶渊明作了一首《悲从弟仲德》，诗云：

> 衔哀过旧宅，悲泪应心零。借问为谁悲？怀人在九冥。
> 礼服名群从，恩爱若同生。门前执手时，何意尔先倾。
> 在数竟未免，为山不及成。慈母沉哀疚，二胤才数龄。
> 双位委空馆，朝夕无哭声。流尘集虚坐，宿草旅前庭。
> 阶除旷游迹，园林独余情。翳然乘化去，终天不复形。
> 迟迟将回步，恻恻悲襟盈。

诗中的所谓“旧宅”应指陶家的一处老宅子，陶渊明早年也曾经在此住过若干时日，后来他迁出单住，其他成员也大抵迁出，这里遂近于废墟。义熙五年（409），陶渊明在《还旧居》一诗中曾经说到过这个地方，其时已经完全荒废了——现在陶仲德夫妇的棺柩就停在这里，其家一时无力安葬。在这暂厝遗体的地方连哭丧的人也没有，只见尘埃和宿草，空虚寂寞，一派死气沉沉。《悲从弟仲德》是陶渊明作品中最低沉、最悲凉的作品，“流尘集虚坐，宿草旅前庭”二句很富于镜头感，鬼屋的情形如此。

现在这一家老的老（“慈母沉哀疚”），小的小（“二胤才数龄”），这日子怎么过呢。陶渊明悲哀之至，迟迟不忍离去，但也无可奈何，一筹莫展，只是泪流满襟。陈祚明批评此诗“真率”而“体弱”，认为要“矜琢”一些才好（《采菽堂古诗选》卷十四）。殊不知面对此情此景，诗人是无从雕琢的，建议陶渊明在这样的题材里雕章琢句，相当于劝他在官场里闭着眼瞎混，那是根本做不到的。诗论家恐怕不宜作此越位之思。

“聊且凭化迁”

（《始作镇军参军经曲阿》）

《始作镇军参军经曲阿》（《文选》卷二六于诗题下有“作”字）诗云：

弱龄寄事外，委怀在琴书。被褐欣自得，屡空常晏如。
时来苟宜会，婉娈憩通衢。投策命晨装，暂与园田疏。
眇眇孤舟游，绵绵归思纡。我行岂不遥，登降千里余。
目倦修涂异，心念山泽居。望云惭高鸟，临水愧游鱼。
真想初在襟，谁谓形迹拘？聊且凭化迁，终返班生庐。

“镇军”是镇军将军的简称，级别相当高，仅次于武职中级别最高而一般情况下不做安排的“大将军”。《晋书·职官志》：“骠骑、车骑、卫将军、伏波、抚军、都护、镇军、中军、四征、四镇、龙骧、典军、上军、辅国等大将军，左右光禄、光禄三大夫，开府者皆为位从公。”这些高官只比三公（太尉、司徒、司空）低一级，而收入相同，诸公及开府位从公者“品秩第一”，都拿最高的俸禄。

诗人当时在镇军将军刘裕手下担任参军。开府的将军手下有一批属官，其中包括参军六人。东晋晚期拥有镇军将军头衔的高级武官能够充当陶渊明府主的只有北府兵领导人刘裕。《文选》李善注首先指出了这一点，他在《始作镇军参军经曲阿作》一诗题下引臧荣绪《晋书》曰：“宋武帝行镇军将军。”虽然只有一句话，却已为理解此诗指明了方向。

刘裕后来势大权重，终于取东晋而代之，自己当了宋王朝的开国皇帝（宋武帝）。过去某些研究者坚持认为陶渊明是忠于东晋、反对刘宋王朝的，所以对陶渊明曾在刘裕手下当过参军一事耿耿于怀，很不愿意承认。而在陶渊明的集子里，这首《始作镇军参军经曲阿》被安排在《庚子岁五月中从都还阻风于规林》与《辛丑岁七月赴假还江陵夜行涂口》以及《乙巳岁三月为建威参军使都经钱溪》等篇之前，诗题中又有“始作”二字，于是这些以“忠愤论”陶的学者就特别强调在庚子（隆安四年，400）、辛丑（隆安五年，401）之前刘裕根本就不是镇军将军，那时他的地位要低得多，即以此来证明陶渊明诗题中所说的“镇军”绝对不可能是刘裕。例如梁章钜《文选旁证》卷二十三引赵曦明的意见说：

按本集此题著“始作”二字，则在为建武（威）参军之前矣。下篇从都还诗著“庚子岁”，则此为隆安三年己亥矣。镇军虽莫考为何人，然此年刘裕方参刘牢之军事，至元兴二年始行镇军将军事。题注非也。

他这样来批评李善看似头头是道，其实似是而非。传世的陶渊明集并非以编年体编成者，各篇排列的顺序并不表明原作写作时间的先后，所以不能说《始作镇军参军经曲阿》就应当作于庚子岁前一年的“隆安三年己亥”。

订此诗作于《庚子岁五月中从都还阻风于规林》之前、与刘裕无关之说，前已见于宋人吴仁杰之《陶靖节先生年谱》，而其根据之一是“先生亦岂从裕辟者？”这种所谓证据无非表明了他的某种先入之见。在不少人心目中陶渊明“耻事二姓”，不可能仕于刘裕。

事实上此诗当作于元兴三年（404）三月以后，其时刘裕正在镇军将军任上。此前一年十二月，业已攻入首都建康（今江苏南京）的桓玄完成了其父桓温先前想做而没有做成的大事，取代东晋，上台称帝，国号楚，并将那个被挤出去的晋安帝司马德宗打发到寻阳安置。但他很快就失败了,本年二月,刘裕率刘毅、何无忌等在京口(今江苏镇江)起兵反桓玄,三月桓玄朝廷溃散,桓玄沿长江向上游逃亡;刘裕进入首都,恢复了东晋的法统,《宋书·武帝纪》写道:"庚申,高祖(指刘裕)镇石头城,立留台官,焚桓温神主于宣阳门外,造晋新主,立于太庙。遣诸将帅追玄,尚书王嘏率百官奉迎乘舆(指被桓玄赶下台的晋安帝)。司徒王谧与众议推高祖领扬州,固辞。乃以谧为录尚书事,领扬州刺史。于是推高祖为使持节、都督扬徐兖豫青冀幽并八州诸军事,镇军将军,徐州刺史。"而桓玄则先逃到寻阳,再逃回其老巢江陵。《宋书·武帝纪》继续写道:"玄经寻阳,江州刺史郭昶之备乘舆法物资之。玄收略得二千余人,挟天子(指晋安帝)走江陵,冠军将军刘毅、辅国将军何无忌、振武将军刘道规率诸军追讨。"稍后刘裕所遣诸将攻克寻阳,刘裕又被加上了一个"都督江州诸军事"的职衔。陶渊明充当他的参军应在此后。

《始作镇军参军经曲阿》诗题中的曲阿即今江苏丹阳,而刘裕的本官徐州刺史,治所在丹徒,所以当晋安帝复辟回到建康以后,加给刘裕一大堆头衔,为了表示谦让,新加的头衔他一概不受,且"屡请归藩","旋镇丹徒",陶渊明应是为了到那里去就职而经过曲阿。

陶渊明看来是被请出来任职的("投策命晨旅,暂与园田疏"),他并不十分愿意,还是在故乡隐居舒服。于是一面在赶路,一面思念故乡,很惭愧自己的出山("目倦修涂异,心念山泽居。望云惭高鸟,临水愧游鱼"),他说自己早晚是要回去的("聊且凭化迁,终返班生庐")。陶渊明过去也当过官,都是文职,现在要担任军职,他显然不习惯。而且天下多故,仕不如隐。诗题中的"始作"二字似专就武职而言,也可以借此略去过去的种种不足为外人道的履历。

园田和琴书更适合陶渊明,充当僚佐,东跑西颠,非其所长。不太愿意而仍然就职,必有其故,可惜现在无法知悉,甚至也难以猜测。除了有较多的陶渊明研究者否认李善注的意见以外，也曾有学者赞成李善注，承认诗题中的镇军即指刘裕，但往往同时强调陶渊明虽曾仕于刘裕，而他实在是出于不得已，如宋人叶梦得即持此说（详见自吴仁杰《陶靖节先生年谱》隆安五年条下）；又清人恽敬云："先生为镇军参军，当以《文选》李善注元兴三年甲辰参刘裕军为是。裕建义旗，先生从之，故自题始作，盖幸之也。其经曲阿，则裕本始事丹徒，当更有收集之事耳。"（《大云山房文稿》二集卷二《靖节集书后一》）而稍后他微窥刘裕大有篡权的野心，遂迅速离去云云。

朱自清先生研究这一问题，提出两点给人很深启迪的结论：

> 实则勿论渊明见解如何，（刘）裕是时逆迹未著，亦何由"微窥"，"逆揣"，知其必篡，辄于十六年前耻事二姓哉！此一事也。
>
> ……寻《宋书·武帝纪》元兴三年（西404）裕镇石头城，义熙元年（西405），屡请归藩，三月，旋镇丹徒。渊明始作（镇军）参军而经曲阿，当是赴丹徒，味"归藩"之语，裕在丹徒殆亦设军府也。"始作"但谓初就军职……此二事也。（《陶渊明年谱中之问题》，《朱自清全集》第8卷）

此皆明通之论。"凭化迁"就是服从命运的安排，一切都是天命。陶渊明用这一原则来解释自己的一切，因此他一向心安理得，"始作镇军参军"时也是如此。

牢骚太盛

（《庚子岁五月中从都还阻风于规林》）

陶渊明"少年罕人事，游好在六经"（《饮酒》其十六），早就把儒家经典读得很熟，于是后来在诗歌里常有引用或化用，尤以《论语》为多，一般还算比较好懂；他偶用《周易》，理解起来也不算难。如果没有特殊情况，陶渊明很讲究诗歌的可读性。

陶诗用卦名的情形，可以举他早年的作品《庚子岁五月中从都还阻风于规林》其二为例来看：

> 自古叹行役，我今始知之。山川一何旷，巽坎难与期。
> 崩浪聒天响，长风无息时。久游恋所生，如何淹在兹。
> 静念园林好，人间良可辞。当年讵有几？纵心复何疑。

庚子岁当东晋安帝司马德宗隆安四年（400），三十六岁的陶渊明正在雄心勃勃的地方实力派桓玄手下任职，充当他的使者到首都建康去办事，返回的途中遇到狂风激浪，只好在规林地方停下来暂避。这时他写诗大发牢骚说，老是出差东跑西颠实在辛苦而且无谓，待在自家园林里过安稳日子多好！还是故乡好啊，我奔到这鬼地方来干什么！壮年时代（"当年"）还能剩下多少啊（"讵有几"）？还是过几天顺心的日子吧！

"巽""坎"是八卦中的两个卦名，分别代表风和水，这在古人是非常熟悉的。"巽坎难与期"是说行船途中有许多不确定性，风和浪的情况难以预料。那时没有天气预报，而就是现在也会有很突然的情况发生，仍然难以准确地预知，例如龙卷风。天有不测风云，待在自己家里都好说，出门在外，行船走马，就有可能摊上麻烦甚至危险。陶渊明想到归隐了。

当然这时他还只是在特殊情况下顺便发点牢骚，他真的下决心归隐，还要在几年之后。

清朝人马星翼说："陶诗用卦名不甚可解"(《东泉诗话》卷一)，其例句之一就是"巽坎难与期"，只不过他引作"巽坎相与期"——能够同风与水"相与期"，那很好啊，而下文又说风急浪崩情况很糟，这样的诗句前后矛盾，确实不好理解。马星翼读陶渊明用的本子不佳，以致影响了他对陶诗的观察和评价。

马星翼引来作为例子的另外一句陶诗也是文本有误，那里是把"瞻夕欲良讌(宴)"(《于王抚军座送客》)错成"瞻夕欲良谦"了，原句只是说准备在一个美好的晚上举行宴会，同卦名完全无关；而"讌"误作"谦"就麻烦了——六十四卦中是有"谦"这么一卦的，艮下坤上，表示"君子裒多益寡，称物平施"——这样一来就引起了很大的困惑，这句诗也变得"不甚可解"了。

读书而不用校勘精良的本子，很容易将自己引入困境。再就此来发议论，肯定不能中肯。书非校不能读也。

仕与隐的矛盾

（《辛丑岁七月赴假还江陵夜行涂口》）

《辛丑岁七月赴假还江陵夜行涂口》诗云：

闲居三十载，遂与尘事冥。诗书敦宿好，林园无世情。
如何舍此去，遥遥至西荆！叩枻新秋月，临流别友生。
凉风起将夕，夜景湛虚明。昭昭天宇阔，皛皛川上平。
怀役不遑寐，中宵尚孤征。商歌非吾事，依依在耦耕。
投冠旋旧墟，不为好爵萦。养真衡茅下，庶以善自名。

“赴假”就是销假的意思。据诗题可知，当时陶渊明在江陵有职务在身，一度请假回故乡寻阳，现在假期已满，又要连夜赶路到江陵去上班了。江陵是当时荆州的治所，而其时坐镇荆州的是荆江二州刺史、督八州八郡诸军事的桓玄。从诗的行文看去，他对江陵的官职不感兴趣，是被动而得的（“商歌非吾事”用宁戚商歌以引起齐桓公注意的典故），还是待在故乡的园林里读书养生为好。

辛丑岁当隆安五年（401）。宋人叶梦得说：“荆州刺史自隆安三年桓玄袭杀殷仲堪，即代其任，至于篡，未别授人，渊明之行在五年，岂尝仕于玄耶？”（详见自吴仁杰《陶靖节先生年谱》隆安五年条下）桓玄是后来一度篡夺了东晋政权的罪人，所以曾经有不少研究者否认叶氏这种看法，而此事其实是否定不了的，或提出解释说他到江陵去是去辞掉州主簿一职的，似近于乱扯。如恽敬《大云山房文稿》二集卷二《靖节集书后一》云：“先生本传曰：州召主簿，不就。先生既抱羸疾，召主簿必以疾乞假，至满则赴之，而终以疾辞。故本诗言投冠,言不萦好爵是也。先生江州人,州召主簿,应赴江州,而赴江陵者,是时桓玄领江州刺史驻南郡,是先生以辞主簿至江陵耳,亦了然者也。"这样的推测过于离奇,完全不合逻辑。

事实是陶渊明确曾仕于桓玄。桓玄、刘裕都是东晋晚期具有全国影响的风云人物,在历史上分别留下了痕迹。而陶渊明对于在他们手下任职大抵不感兴趣,他所神往的是故乡、茅屋、躬耕、诗书和良好的名声。他在与此二人有关的诗中都大谈最好是离开这里回老家归隐,其中涉及的都是仕与隐之间一般性的矛盾,其中并没有对桓玄或刘裕本人的任何批评或异议。

这在那时是很少见的心态,但他仍然人在囧途,夜不能寐。他一向无可奈何而安之若命。事隔一千五百多年以后,陶渊明当时的政治立场如何已不重要,有意味的是他那些诗的抽象意义——做违心的事情而一直很忙,这样荒谬的处境在现代人这里显得更加丰富多彩,陶诗不朽的魅力其在此乎。

寝迹衡门，还是踏上平津

（《癸卯岁十二月中作与从弟敬远》）

《癸卯岁十二月中作与从弟敬远》诗云：

> 寝迹衡门下，邈与世相绝。顾盼莫谁知，荆扉昼常闭。
> 凄凄岁暮风，翳翳经日雪。倾耳无希声，在目皓已洁。
> 劲气侵襟袖，箪瓢谢屡设。萧索空宇中，了无一可悦。
> 历览千载书，时时见遗烈。高操非所攀，谬得固穷节。
> 平津苟不由，栖迟讵为拙。寄意一言外，兹契谁能别？

这首诗作于癸卯岁即晋安帝元兴二年（403），当时诗人再次在故乡闲居。

陶渊明一向被称为“古今隐逸诗人之宗”（钟嵘《诗品》卷中），所以人们往往特别重视晋安帝义熙元年（405）他四十一岁时抛弃彭泽令一官、彻底离开官场回故乡隐居以后的生活和诗文。其实陶渊明先前已经隐逸闲居过三段时间：一是他二十岁初次出仕以后，干了一段时间就回了家；二是他二十九岁那年即晋孝武帝太元十八年（393）“起为州祭酒，不堪吏职，少日自解归”（《宋书·陶潜传》），从这时起到他三十五岁即安帝隆安三年（399）出山在桓玄手下任职以前的那五六年；三是从隆安五年冬陶渊明因母丧退出官场离开桓玄起到安帝元兴三年（404）再度出山到刘裕手下任职之前，这三年时间，陶渊明固然是遵守当时的礼制回家守孝，同时也可以视为他的再度隐居，尽管这是不得已的事情。在此后不长的时间里，陶渊明先后当过镇军将军刘裕的参军、建威将军刘敬宣的参军和一个小小的地方官彭泽令，这几次为官时间都很短，一共不足两年，终于在义熙元年十一月彻底归隐。

陶渊明义熙元年(405)彻底归隐后也曾经有人劝他东山再起，他没有同意，说是“吾驾不可回”(《饮酒》其九)。为什么先前他的大驾可回，而到这时就不再可回呢？可见到这时候他的思想完全成熟了，人生道路基本定型了；而在这以前他还年轻，可以选择的道路比较多。《癸卯岁十二月中作与从弟敬远》一诗作于陶渊明再隐期内，这时他还没有真正找准自己的人生定位，诗中明显地流露出矛盾和动摇。这是一篇具有标志性的重要作品。

陶渊明的出仕，大而言之是要有所作为，实现自己的人生价值，小而言之是寻找生活出路，弄点收入养家糊口。这两层意思他在诗文中都曾经说起过，前者以《感士不遇赋》之所谓“大济于苍生”说得最为简明，后者则他在《归去来兮辞》的小序中明确说过“尝从人事，皆口腹自役”：这些都是真心话。而如果退出官场，过隐居的生活，一则大志无从实现，二则生活水准必然下降。后者尤为立竿见影，而且必有切肤之痛。《癸卯岁十二月中作与从弟敬远》一诗前半用了许多笔墨写自己在衡门之下饥寒交迫的苦况，甚至说出了这样的令风雅之士觉得大煞风景的话：虽然外面是很好的雪景，“倾耳无希声，在目皓已洁”——这两句，前人评价极高，被称为“千古咏雪之式”(《古诗源》卷八)，“后来者莫能加也”(《鹤林玉露》卷五)——而自己却完全无心欣赏。人太穷了就顾不上审美。

孔子说过“君子固穷，小人穷斯滥矣”(《论语·卫灵公》)，事实上固守其穷绝非易事。陶渊明在诗中坦率地说说自己是“谬得固穷节”，论者或以为这是他的谦辞，其实这一句诗表明他本来并不想走这样一条路，现在只是不得已而为之罢了。

在陶渊明面前有两条路：一是在官场里不断运作和升迁，那是阳关大道（“平津”）；另一条是退守田园，栖迟于衡门之下，这是独木小桥。陶渊明说，既然前一条路走不成，那么只好走后一条，这也不算是“拙”。话是这么说，却总是有点不得已而求其次的味道，有自我安慰的意思。这时的陶渊明认为固守其穷乃是“拙”，算不得“高操”。可知他本心深处并不打算“拙”，只是形势所迫，无可奈何罢了；这与他后来下决心“守拙归园田”（《归园田居》其一），心情是很两样的。

这首诗绝大部分诗句意思都相当明确，只有结穴处“寄意一言外，兹契谁能别”两句颇有玄言的色彩。这里的“一言”，或谓指“固穷”，或谓指“栖迟讵为拙”，恐怕都不大合适，既然是“一言”，应当只能是指上句之末的那个“拙”字——否则就不止“一言”了。

“拙”字在陶诗中出现过多次。陶渊明后来往往在褒义上使用此字，除了他的名句“守拙归园田”以外，还有：“人皆尽获宜，拙生失其方。理也可奈何，且为陶一觞。”（《杂诗》其八）“介焉安其业，所乐非穷通。人事固以拙，聊得长相从。”（《咏贫士》其六）“饥来驱我去，不知竟何之。行行至斯里，叩门拙言辞。”（《乞食》）“拙”字的含义已经由贬而褒；而在本诗中“栖迟讵为拙”这一句是为“栖迟”亦即隐居辩护的，他说这样活着还不能说是“拙”，这里“拙”字明显是贬义的。当然，陶渊明立即又说，“拙”字在它的一般义之外还有言外之意，这就含有要替“拙”字推陈出新的意思了。诗中末句忽然发问道，谁能够对此作出分析研究呢？他大约是寄希望于他的从弟陶敬远罢，但也没有明言，此时诗人自己陷入了深沉的反思。前人论陶渊明此诗往往一味称道其高尚，而无视其情感上的矛盾纠葛，尚未可称为知言。

陶敬远生平事迹不详，据陶渊明的《祭从弟敬远文》可知，其人逝世于义熙七年辛亥（411），年纪不过三十刚出头（“年甫过立”）。他比陶渊明大约要小十五六岁，当元兴二年（403）陶渊明写《癸卯岁十二月中作与从弟敬远》送他的时候，这位从弟也就二十小几岁，陶渊明希望他能够明白自己的深意，而亦不便作过高的要求。祭文写道：

> ……感平生之游处，悲一往之不返。情恻恻以摧心，泪愍愍而盈眼。乃以园果时醪，祖其将行……余尝学仕，缠绵人事，流浪无成，惧负素志，敛策归来，尔知我意，常愿携手，置彼众意。每忆有秋，我将其刈，与汝偕行，舫舟同济。三宿水滨，乐饮川界，静月澄高，温风始逝。抚杯而言，物久人脆，奈何吾弟，先我离世！

写这篇祭文的时候，陶渊明已经彻底归隐好几年了，他这时回想起八年前同敬远在一起的那些日子，不禁感慨万千。关于他本人十年前回家暂隐的缘故，这里说成是“缠绵人事，流浪无成，惧负素志，敛策归来”，似乎是对政局另有所见，并基于某种人生哲理主动退回故乡的，可是我们知道这分明与事实不合，实际上应当是他遭遇母丧，非回家不可。回忆中总不免用较近之时的想法取代当年的事实和思路。

写《癸卯岁十二月中作与从弟敬远》一诗时桓玄的事业方兴未艾，所以在陶渊明眼中还有一条“平津”大道；而到现在，桓玄早已彻底垮台，政治局面同先前大不相同了，于是他的措辞就发生了不小的变化。人们往往在无意之中就用现在的意思取代当年的想法而根本感觉不到，回忆性叙事之不尽可信，一大原因在此，倒不一定是叙事者故意要作伪。

明智冷静地对待意外

（《戊申岁六月中遇火》）

住宅失火也许是人生最大的不幸之一，一把大火烧下来，人纵不亡，家也必破。水火无情，千万大意不得。但是火灾总是时有发生，诗人陶渊明的住宅也曾被大火烧过一把，事后他还写过一首著名的诗《戊申岁六月中遇火》，这是一份不可多得的大有意味的文献，不可不读，不可不加以分析。诗曰：

> 草庐寄穷巷，甘以辞华轩。正夏长风急，林室顿烧燔。
> 一宅无遗宇，舫舟荫门前。迢迢新秋夕，亭亭月将圆。
> 果菜始复生，惊鸟尚未还。中宵伫遥念，一盼周九天。
> 总发抱孤介，奄出四十年。形迹凭化往，灵府长独闲。
> 贞刚自有质，玉石乃非坚。仰想东户时，余粮宿中田。
> 鼓腹无所思，朝起暮归眠。既已不遇兹，且遂灌我园。

戊申年即东晋义熙四年（408），这年的六月，陶渊明的住宅被一把火烧得精光，“一宅无遗宇”，无处安身，只好暂住在故宅附近湖泊上的舫舟之中——后来他把家搬到了柴桑城郊的南村。因为受这次火灾的打击，陶渊明一家的生活水准明显地有所下降。

陶宅火灾的原因和详情他自己没有说过，其他文献中也没有提到，现在当然更加无法查明，但细读本诗并联系有关资料仍然可以作出若干推测分析。

其一，陶宅的建筑材料太不防火了，这在当年自然是一件无可奈何的事情。《归园田居》其一曾经高兴地提到他的隐居之宅：“方宅十余亩，草屋八九间。榆柳荫后檐，桃李罗堂前。暧暧远人村，依依墟里烟。狗吠深巷中，鸡鸣桑树巅。”在这种地方隐居固然相当清静，草屋也自有它的妙处，但就防火而言，隐患实在很大。陶渊明虽然当过好几任官，最后一任是县长，但他不是那种会弄钱的人，所以并无豪宅，家里仍是普通老百姓那种下砖木、上草顶的草房，这里的干柴一旦遇上烈火，那是很难救的，何况那一天风又很大；尽管陶渊明住宅的不远处就有水源，仍然无济于事。

其二，陶渊明的住宅卓然孤立，离开村子比较远，这一点从《归园田居》其一诗中的“暧暧远人村，依依墟里烟”之句可以推知。这样的环境平时固然安静，但一旦有事，援救的条件显然比较差，对于这一点陶渊明事先大约缺少忧患意识。隐士往往只考虑远离尘嚣，避开俗人；然而生活中总是存在着大量的世俗的因素，不加以考虑是不行的。

第三，在火灾发生、无可挽救以后，陶渊明首先考虑的是人，全家转移到附近水面的船上，房子只好放弃，其中的财物估计也只能是运出多少算多少，只要人员没有伤亡就好。陶渊明孩子比较多，首先要把他们安顿好。这场火灾让陶渊明及其全家很受了一番惊吓，事后他总算能够冷静对待，收拾善后，准备今后过比较艰苦的日子。

陶渊明的这首《戊申岁六月中遇火》的诗应是稍后他们一家还暂住在船上的时候写的，诗中的“惊鸟尚未还”之句正是他本人的写照，“且遂灌我园”一句则表明他对未来生活的设想。这种明智而冷静的态度是可取的。

陶渊明从这一次火灾得到了什么教训，后来采取过什么防范措施，现在也看不到有关的材料；但有一点是明确的：他后来的新住处邻居比较多，他和邻居的来往也比较多（详见《移居》）。在凡事全靠人力的古代,离群索居是绝对不利的。一把火终于让隐士陶渊明想通了这样一个世俗的道理。

过去的诗论家对陶渊明这首诗也曾多有分析,大抵就此称颂诗人的达观冷静,如谓:“六月中遇火,而此诗乃作于七月上中浣之间,故曰‘新秋’‘月将圆’也……‘仰想东户时’六句,是安命之言。”(邱嘉穗《东山草堂陶诗笺》卷三)“靖节一生学识精力有大过人处,其于死生祸福之际,平日看得雪亮,临时方能处之泰然。”(钟秀《陶靖节纪事诗品》卷二《宁静》)这些话都有道理,只是全然不提陶渊明后来接受了教训这一点,未免稍有不足。

醉后自娱
（《饮酒》）

《饮酒》二十首是陶渊明最著名的作品之一，其诗前有小序云：

> 余闲居寡欢，兼秋夜已长，偶有名酒，无夕不饮，顾影独尽，忽焉复醉。既醉之后，辄题数句自娱，纸墨遂多，辞无诠次，聊命故人书之，以为欢笑尔。

可知这一批总题为《饮酒》的诗并非精心结撰的组诗，而是在拥有"名酒"的某一年秋天，偶然陆续随意写出的，后来由他的朋友抄写编次为一组，略加编辑而形成的。

值得注意的是当年编就并由故人书之的这一组诗，本来大约到不了二十首，后来在陶集流传过程中被加进了若干，才形成我们现在看到的情形。选本和类书中的某些信息证明了这一点：《文选》卷三十录入今本《饮酒》中的诗二首（其五、其七），而题作《杂诗》；《艺文类聚》卷六十五"园"部节选了这两首，也题作《杂诗》。但该书卷七十二"酒"部又录入《饮酒》中的另一首："有客常同止，趣舍邈异景。一士长独醉，一夫终年醒。醒醉还相笑，发言各不领。"此诗在今本陶集中列为《饮酒》诗其十三，《艺文类聚》节选了其中六句，仍然题作《饮酒》，而且还引用了几句诗序："既醉之后，辄以数句自娱。纸墨遂多，别辞无次。聊命故人书之，以为谈笑也。"（诗序的文字与今本稍异，可为校勘之资。）这一首应在《饮酒》原编本之内。

可见在较早的抄本陶集中，虽然确有一组带序的《饮酒》诗，但可以肯定其总数不到二十首;换言之,现在的《饮酒》诗二十首中某些篇章原来不在这一组中,而另题为《杂诗》或别的什么题目,只是因为其中也写到了酒,后来就有人也把它们一并收编到《饮酒》这一组里来了,加起来一共达到二十首。这种增补的操刀者及其动手的时间,现在都无从知道。关于《饮酒》的写作时间,因为其十九有"终死归田里""亭亭复一纪"之句,于是有学者即据以指出这一组诗当作于陶渊明抛弃彭泽令(义熙元年,405)的一纪(十二年)之后,也就是晋安帝义熙十二、三年。(前贤多有持此说者,如汤汉注《陶靖节先生诗》卷三、温汝能《陶诗汇评》卷三、方东树《昭昧詹言》卷四等;时贤亦多有类似之看法者,不具引。)这样来推算自然是有根据的,还可以为此说补充一个证据,《饮酒》其九写一"田父"劝陶渊明与体制认同,而诗人回答说"吾驾不可回"——他忽然来谈自己的生活方向不能改变,应有比较具体的背景。按《宋书·陶潜传》载:"义熙末,征著作佐郎,不就。"《南史·陶渊明传》也有同样的记载。所以其九这一首应作于义熙十三年丁巳(417),才是合乎逻辑、可以理解的事情。其九与其十九形成一种互相支持的关系,表明《饮酒》中有一部分作于义熙十二、三年间。还有些作品可能写得更晚,甚至在晋、宋易代之后。这次易代比较自然,陶渊明的心态也相当平静。

但《饮酒》中另外一些作品大约写得相当早,如其十六,其中提到"行行向不惑",则此诗当作于陶渊明四十岁之前不久,例如三十九岁(亦即晋安帝元兴二年癸卯,403)左右。

《饮酒》组诗中另外较多的篇章则自当作于义熙元年(405)十一月诗人彻底归隐之后,但难以进而确指其写作的具体年代,只能有一个大概的推测。如其四("栖栖失群鸟")一首欣慰于自己明智地退出了官场,也流露了一点孤独之感,似应作于陶渊明归隐之初。又如《饮酒》其五中有"结庐在人境,而无车马喧"以及"心远地自偏"等句,当不可能作于他归隐之初住在"园田居"之时(其时心与地全都偏远，看其时《归园田居》其一中有“暧暧远人村，依依墟里烟”之句就可以知道）。其五这一首应作于义熙四年戊申“园田居”住房毁于一场火灾、后遂移居于南村之后。这时他的住地离柴桑城区较近，不像过去那样偏远，才会说这样的话。

总起来看，《饮酒》诗二十首本就来路不一，写作时间也前前后后多有差距，只能宽泛地说，大抵是归隐之后的作品。

饮酒是陶渊明的最爱。前人说陶渊明诗篇篇有酒，略见夸张，但他喜欢喝酒并一向在诗里大谈其酒也确是事实。从酒谈起，各种内容都可以挂靠上去。陶渊明像他的外祖父孟嘉一样，颇得酒中之趣。饮酒不能成仙，也不能改变客观状况，只是借此获得陶醉，让身心暂得休息，进入自由王国。这个看法放之古今而皆准。

读《饮酒》二十首最宜采取通达的态度，不必认定某一年作，或以为只谈某一具体主题。这里总的话题是人生哲学，其中涉及许多方面。

以下试分别简述之。

其一　衰荣无定在，彼此更共之。邵生瓜田中，宁似东陵时。
寒暑有代谢，人道每如兹。达人解其会，逝将不复疑。
忽与一觞酒，日夕欢相持。

此首虽然列为《饮酒》诗二十首的第一首，但并非序诗。这些诗的顺序本来就是非常随意的，“辞无诠次”，没有什么逻辑上或情绪上的前后。前人或以为这第一首是“二十首总冒”（吴瞻泰《陶诗汇注》卷三引汪洪度语）；又有人认为这一组诗有“大章法”，“藏诠次于若无诠次之中”（黄文焕《陶诗析义》卷三），皆求之过深，牵强无据，也讲不清楚。此诗中用了秦汉之际前东陵侯邵平种瓜的典故〔《史记·萧相国世家》:“召(邵)平者,故秦东陵侯。秦破,为布衣,贫,种瓜长安城东。瓜美,故世俗谓‘东陵瓜’,从召平以为名也。”〕,表明富贵荣华不可能长期保持,很容易发生变化。“彼此更共之”乃是人间的规律(“人道”),对此能够充分认识的才是“达人”。人生的意义即在于顺应世事的变化——那么不如还是来喝酒吧。

其实认识人世的规律同饮酒之间并没有什么必然的联系,但喜欢饮酒的人可以随便找到一个什么理由,世事无常自然是一个方便的理由,用这个题目喝酒可以提升其意义,显得很有必要的样子。这正如老烟枪之大抽其烟,可以说借此休息,又说可以帮助动脑筋,既可以抽支烟凉快凉快,也可以抽支烟暖和暖和。嗜好在任何情况下总不缺少它充足的理由。

其二　积善云有报,夷叔在西山。善恶苟不应,何事空立言?
　　　九十行带索,饥寒况当年。不赖固穷节,百世当谁传。

《饮酒》其二这一首批评因果报应论。像伯夷、叔齐这样了不起的好人,却没有什么好报,最后竟然饿死。“积善之家,必有余庆;积不善之家,必有余殃”原是中国传统思想中固有的观念,后来佛教更大讲因果,陶渊明完全不相信这种说教,他说过“夷投老以长饥,回早夭而又贫。伤请车以备椁,悲茹薇而殒身。虽好学与行义,何死生之苦辛!疑报德之若兹,惧斯言之虚陈”(《感士不遇赋》),已经举伯夷(以及短命的颜回)为例;这里又以“夷叔在西山”来证明世界上不存在什么善有善报。陶渊明相信天命决定论,不赞成因果报应论。

诗的后四句写荣启期(其事迹详见《列子·天瑞》)。其人安贫乐道,是“君子固穷”的典范。可知诗人不相信因果报应之论,而仍然高度重视为人的操守和境界，这并不是要得到什么善报，而是理应如此。

其三 道丧向千载，人人惜其情。有酒不肯饮，但顾世间名。
所以贵我身，岂不在一生。一生复能几，倏如流电惊。
鼎鼎百年内，持此欲何成！

本诗的主旨在于叹息人生苦短，空名无用，不如饮酒。《列子》里大讲享乐有理，晋朝人多有这种思想。张翰早就说过："使我有身后名，不如及时一杯酒！"毕卓说："一手持蟹螯，一手持酒杯，拍浮酒池中，便足了一生。"(《世说新语·任诞》)陶渊明也反复申述虚名之毫无意义，与其追求什么身后之名，不如生前来痛快地饮酒——"道丧"的年代容易使人产生诸如此类的想法。

其四 栖栖失群鸟，日暮犹独飞。徘徊无定止，夜夜声转悲。
厉响思清晨，去来何依依。因值孤生松，敛翮遥来归。
劲风无荣木，此荫独不衰。托身已得所，千载不相违。

开头的"失群鸟"应当是陶渊明的自喻，他在脱离了官僚阶层以后只好"独飞"，必须找到一个"托身"之所来安身立命，他很荣幸地找到了，这就是归隐，于是下决心在故乡的田园里坚持下去，千载而不相违。

所谓"孤生松"可以是拿局部指称全体，代指他的乡间别墅，也就是《归园田居》五首其一里提到的那一处住所："方宅十余亩，草屋八九间。榆柳荫后檐，桃李罗堂前。暧暧远人村，依依墟里烟。狗吠深巷中，鸡鸣桑树巅。"从"暧暧"两句看去，这里离本地老百姓的村庄有相当的距离——这就是所谓"孤松"了。陶渊明在这里离群索居。《归去来兮辞》中也曾经提到“景翳翳以将入,抚孤松而盘桓”。这“孤松”固然可能是他家庭院中实有的东西,也可能只是一种象征,诗人因孤立而感到光荣与高傲。

陶诗中写到鸟特别是归鸟这一类意象的句子甚多,还有一首专门的《归鸟》。《饮酒》其四则一上来就径写“栖栖失群鸟”,以表达自己的孤独寂寞之感。他脱离了官场,脱离了他曾经非常熟悉的上流社会,不免有一种难以摆脱的“失群”之感。面对落差很大的生活方式的转轨,一时总有一点不大适应,尽管这一断然的转轨完全出于他自己的选择。中国古代的士大夫在本阶层的群体里待惯了;他们所信奉的儒家思想所关注的也完全是如何在体制之内的人际关系网里安身立命——而这软硬两个方面现在在陶渊明的生活中忽然统统失落了,他在心理上难以承受,因此必须在诗文中提出强有力的解说让自己得到解脱。

有一座别墅,就硬件而言可以说“托身已得所”,更上一层则还要有合适的软环境,做到“托心”亦复“得所”。《归去来兮辞》写道:“归去来兮,请息交以绝游。世与我而相违,复驾言兮焉求?悦亲戚之情话,乐琴书以消忧。”造成自己“失群”状态的责任并不在自己而在“世”,是“世与我而相违”。于是他只好转而在亲情中找慰藉,在琴书中找寄托。

前人或将此诗与晋、宋易代联系起来考虑,其实此时离易代尚远。政治上失意或绝望之后转而从亲情中寻找安慰和寄托,乃是古代文人的惯例,例如率先模仿陶渊明的刘宋诗人鲍照有句云:“弃置罢官去,还家自休息。朝出与亲辞,暮还在亲侧。弄儿床前戏,看妇机中织。自古圣贤皆贫贱,何况我辈孤且直!”(《拟行路难》其六)鲍照此诗即与改朝换代完全无关。(参见顾农《鲍照美文 殊以动俗》)

离群索居到底是痛苦的,于是陶渊明便入乡随俗地多与农民交往,“相见无杂言,但道桑麻长”(《归园田居》其二);但他始终没有也不可能完全融入农民的群体之中,归隐之初他把自家的住处安排在远离村庄的地方就是一个明显的标志;他后来主要与一批农村知识分子、地方官员交往,“奇文共欣赏,疑义相与析”(《移居》其二),在一起喝酒谈天以消除寂寞。当然,陶渊明同那些遁入深山老林的老派隐士不同,他具有某种程度的世俗化的品格,因而也就具有某种可推广性,终于成了“古今隐逸诗人之宗”(《诗品·中》)。

陶渊明归隐之初的一批诗文乃是为他本人的心理调适而写的,所以其中有许多很有对自己行为的解释和自我安慰。这与他在另外若干作品中流露出来的得以归隐的欣喜之情正可以互相生发,互为补充。

其五　结庐在人境,而无车马喧。问君何能尔?心远地自偏。
采菊东篱下,悠然望南山。山气日夕佳,飞鸟相与还。
此中有真意,欲辩已忘言。

这首《饮酒》其五是陶渊明最著名的诗篇之一。按说“结庐”当然是“在人境”,这有什么好说的呢?但不能忘了在陶渊明之前,许多隐居之士往往躲入深山老林或其他人迹罕至之处,离群索居,以奇特的生活方式表示他们对政治对社会的厌恶和疏离——即使在二十一世纪的今天,也还有人跑到终南山深处去隐居。

所以隐居也叫“隐遁”——从人间逃亡出去,不理会人间的种种;而陶渊明实行的却是“归隐”,退出官场,回到自己的老家,过农村知识分子很普通的生活,却已经获得老派隐士们代价甚高的自由。“结庐在人境”相当于宣布自己是实行一种新型的隐居方式,带有革易前型的重大意义。

老派隐士之所以要遁入山林,一大原因是要远离人世的浑浊和喧嚣,防止污染,取消麻烦,遗世独立。现在陶渊明竟然在故乡就地隐居,用传统的眼光看起来,“结庐在人境”根本缺少隐居的基础性条件,人间必有种种世俗的干扰,“车马喧”就是这种干扰的形象化的说法。“问君何能尔?”诗人要回答这样的质疑,这样就有了下面的诗句。

说“心远”就“地自偏”也大有意味。一般来说“地”偏不偏要看它具体的地理位置,买房子首先要挑地段。但“心”的作用也很大。观察评估同一个对象,不同的人主观感受可以很不同。语云“情人眼里出西施”,而在跟她不相干的人看去,她就未必是绝代佳人,甚至根本算不上漂亮。住处是否偏远安静,同样与“心”大有关系。

“心远”的人心胸开阔,思理深远,拥有一种哲理意义上的潇洒,毫不拘执于眼前的琐屑。这一点陶渊明没有作正面的解说,只是用形象的描绘予以暗示:“采菊东篱下,悠然望南山。山气日夕佳,飞鸟相与还。”人在自家宅院的东篱下采菊,眼却望着南山,又转而去看飞鸟:这就是所谓的“心远”了。

采菊与“望南山”之间有着内在的联系。晋朝的流行观念是相信服食菊花可以延年益寿;陶渊明采菊就是为了服食,他喜欢用菊花泡酒喝。“南山”就是庐山(当时或称南岳),也可以指向《诗经》里说过的“如南山之寿”。这里古典与今典字面上恰好合而为一。

陶渊明游庐山的次数应当极多,但未见他有专门写此山胜景的诗篇,而大抵取来作为叙事抒情的背景。深于《易》者不言《易》。

服食菊花是为长寿,但能不能真的令人长寿,陶渊明也不是很计较,他奉行当时“心无”派思想家之所谓“于物上不起执心”(元康《肇论疏》)——反正酒是要喝的,于是就大喝其菊花泡酒,能有助于长寿最好,如果效果不明显或完全无效也没有什么。所以他是“悠然望南山”,态度潇洒得很。我们现在吃一点滋补品,也不能指望立竿见影地就有神效。在争取达到某一目的的时候而能没有志在必得的意思，人的精神就可以放松下来了。

“悠然”是一种不大容易达到的境界，须忘怀得失甚至看破人生才行。冯友兰先生在《新世训》中说过：“若作事常计较个人的利害，计较其事的可能底成败，即是有所为而为。有所为而为者，于其所为未得到之时，常恐怕其得不到；恐怕是痛苦底。于其所为决定不能得到之时，他感觉失望；失望是痛苦底。于其所为既得到之后，他又常忧虑其失去；忧虑亦是痛苦底。所谓患得患失，正是说这种痛苦。但对于事无所为而为者，则可免去这种痛苦。”说的正是这一层意思。

无所为而为乃是所谓“心远”的一大要领。所以我们现在有时还劝那些急功近利以至于气急败坏的朋友“悠着点儿”。一点“悠然”的意思都没有，那就活得很累了。

归隐后的陶渊明想给豆苗锄锄草就去锄草，衣裳沾湿了也不足惜；想采菊便去东篱下采菊，吃下去能否长寿，也没有什么大关系。他希望在无拘无束中享受人生，名利等身外之物皆可忽略不计，物质生活水平如何也不重要，最要紧的是不违背自己的意愿，不丧失本性。“此中有真意，欲辩已忘言。”有些复杂精微与传统观念格格不入的意思，确实不是几句话就能说明白的，从来言不尽意，全在各人体悟。

其六 行止千万端，谁知非与是？是非苟相形，雷同共誉毁！
三季多此事，达士似不尔。咄咄俗中恶，且当从黄绮。

这首诗说是非难分，毁誉也就难定，“达士”，亦即其一诗中说起过的“达人”，总是超越世俗的是非毁誉，例如秦末汉初的商山四皓就躲进深山，不管世俗的雷同一响。

清人方东树说此诗要旨在于“言心不远者，但见是非纷纭而不能已于言”(《昭昧詹言》卷四)；而陶渊明却高出许多，在归隐生活中自得其乐，不欲与俗人去啰唆计较。

其七　秋菊有佳色，裛露掇其英。泛此忘忧物，远我遗世情。
一觞虽独进，杯尽壶自倾。日入群动息，归鸟趋林鸣。
啸傲东轩下，聊复得此生。

陶渊明喜欢喝菊花酒，当时的人们普遍相信服食菊花非常有助于养生长寿。长期大量喝酒对身体显然没有好处，所以陶渊明也曾考虑过戒酒，还写过一首题为《止酒》的诗，但他根本没有戒成。在酒中泡菊花，这酒就是有益无害的了。“酒能祛百虑，菊解制颓龄”(《九日闲居》)，喝菊花酒既可以过酒瘾又达到了养生长寿的目的，岂非一举两得。

中国古人服食菊花起源甚早，《离骚》中已有“夕餐秋菊之落英”之句，晋朝人一般都相信服食菊花有助于保健长寿，例如傅玄在《菊赋》(《全晋文》卷四十五)中明确指出：“服之者长寿，食之者通神。”孙楚在《菊花赋》(《全晋文》卷六十)中称赞菊花“超庶类而神奇”，而著名博物学家嵇含在《菊花铭》(《全晋文》卷六十五)中更说“诜诜仙徒，食其落英。尊亲是御，永祚亿龄。”

用菊花泡酒当年似乎颇为流行，潘尼《秋菊赋》(《全晋文》卷九十四)有句云：“泛流英于清醴，似浮萍之随波”，这正是陶诗之所谓“泛此忘忧物”了。陶渊明的爱菊是最有名的，而在背后起作用的是晋代流行的观念和常识。

此后食菊花之风历久不衰，宋人谢翱《楚辞芳草谱》释菊云：“观崔实、费长房九日采菊语，则茹菊延龄，自古已然”，可见此风一脉未断。又宋人范成大《菊谱·序》云：“山林好事者，或以菊比君子……《神农书》以菊为养性上药，能轻身延年。南阳人饮其潭水，皆寿百岁……故名胜之士，未有不爱菊者，至陶渊明则尤甚爱之，而菊名益重。”至今人们还在服食菊花，最简便易行的办法是用杭菊花泡茶，据说有降火、明目等特效云。

除了菊花酒以外，陶渊明还神往于上古巫书中说起的“丹木”和“玉膏”，《读〈山海经〉》其四云：“丹木生何许？乃在密山阳。黄花复朱实，食之寿命长。白玉凝素液，瑾瑜发奇光。岂伊君子宝，见重我轩黄。”丹木、玉膏均见于《山海经·西山经》，乃是传说中黄帝轩辕氏享用的东西，据说丹木“员叶而赤茎，黄华而赤实，其味如饴，食之不饥”。白玉则是玉膏的凝固状态，“其原沸沸汤汤，黄帝是食是飨”，“君子服之，以御不祥”。陶渊明对这一类神仙的专用品也大有兴趣，看来他并不满足于效果未必特别明显的菊花酒，还有着更高的追求；只不过就他而言最切实可行的养生之道还只有喝这种土法自制的菊花酒。

其八　青松在东园，众草没奇姿。凝霜殄异类，卓然见高枝。
连林人不觉，独树众乃奇。提壶挂寒柯，远望时复为。
吾生梦幻间，何事绁尘羁。

“连林人不觉，独树众乃奇”原是一种常见的情形，而其中确含哲理，是陶渊明率先提出来的，遂成绝妙的警句。先前的玄言诗也大谈哲理，但没有几句给人留下印象，那是因为其中的哲理乃是从书上抄来的，只见其引用前人，全然没有自己的新发现和新体悟。

卓然的孤松是陶渊明一再写到的意象，见之于《归去来兮辞》（“抚孤松而盘桓”）和《饮酒》其四（“因值孤生松，敛翮遥来归”）。陶渊明一向以此为人生的依托，为精神的安慰。在《饮酒》其八这首诗中，他写自己把酒壶挂在青松的寒枝上，向远处眺望——这样的画面似乎可以作为陶渊明的标准像。有关陶渊明的画像甚多,袁行霈先生在《陶渊明影像——文学史与绘画史之交叉研究》一书中有深入的分析,可参看。

“心远”与饮酒是陶渊明安顿人生的两手,他这两手都很硬。

其九 清晨闻叩门,倒裳往自开。问子为谁欤?田父有好怀。
壶浆远见候,疑我与时乖。褴褛茅檐下,未足为高栖。
一世皆尚同,愿君汩其泥。深感父老言,禀气寡所谐。
纡辔诚可学,违己讵非迷。且共欢此饮,吾驾不可回!

这首诗主要由一番对话构成,用的是乐府诗里常见的手法。“田父”带着酒来看望诗人,劝他放弃高隐,与体制认同,也就是重新出来当官;诗人则回答说自己的本性就是不与“一世”认同,不能违背自己的本心,“吾驾不可回!”我们不谈这些,还是来高高兴兴地喝酒吧。

这样的场景可能真的发生过,也可能出于诗人的虚拟,而表达的意思都是一样的,不愿意东山再起。

《宋书·陶潜传》载:“义熙末,征著作佐郎,不就。”义熙是东晋的年号,凡十四年(405—418)。陶渊明是义熙元年(405)归隐的,一晃十几年过去,朝廷竟然想起陶渊明,要请他出山了。陶渊明虽然当官多次,但从未在朝廷任过职,这一次的征辟,不知道有什么具体的背景,总之诗人的文名已经上达朝廷了。但是陶渊明不干。不过受到过朝廷征辟也是一种荣誉,一个身份,所以等到他去世以后颜延之作《陶征士诔》(《文选》卷五十八),就特别强调他的这一身份。诔文写道:“有晋征士寻阳陶渊明,南岳之幽居者也”,又道是“有诏征著作郎,称疾不到。春秋若干,元嘉四年月日,卒于寻阳县之某里”。这里说是朝廷以“著作郎”一职虚席以待,比《宋书》本传所说的“著作佐郎”更高一档。李延寿《南史·陶渊明传》说:“义熙末，征为著作佐郎，不就。”与《宋书·陶潜传》全同——大约确实是准备请他当著作佐郎。陶渊明不肯出山。

后来刘宋王朝又曾请他出山。萧统《陶渊明传》载：“元嘉四年将复征命，会卒，时年六十三。”这一次陶渊明似乎倾向于接受征辟，但因为健康原因，已经来不及到任了。到晚年他的态度何以会有这样的变化，现在看不到什么明确的记载，但我们知道他晚年在同刘宋官员颜延之的谈话中说过：“独正者危，至方则碍。哲人卷舒，布在前载。”这些话自然是他对年轻朋友的教诲，同时应当也表明他晚年的人生态度有所变化，由“吾驾不可回”一变而为吾驾亦未尝不可以回了。这一轮见面在刘宋永初三年(422)，陶渊明时年五十八。

如果不是那样匆匆地去世，陶渊明的形象也许会发生令人刮目相看的新发展吧。

其十　在昔曾远游，直至东海隅。道路迥且长，风波阻中涂。
此行谁使然，似为饥所驱。倾身营一饱，少许便有余。
恐此非名计，息驾归闲居。

本诗提到的“远游”并非一般的旅游或如唐人之所谓“壮游”，应是出仕的委婉说法，实指陶渊明的初仕。陶渊明二十岁时开始仕于江州刺史桓伊。

所以此诗无非是回忆往事，说自己那时为了生计出去当小官，四处奔走，经历过许多风波，十分辛苦，那原是不得已而为之啊。

陶渊明不止一次说起自己二十岁时的往事，如《怨诗楚调示庞主簿邓治中》诗中所谓“弱冠逢世阻”，以及《有会而作》一诗开头所说的“弱年逢家乏”，都与《饮酒》其十的“此行谁使然，似为饥所驱”

互相呼应。二十岁时陶渊明深感必须谋取一个职务才能养活自己并资助家庭,但当时这个差事与他的远大理想不尽相合,干了一段时间就回家去了。

到太元十八年(393)他二十九岁时,再次出山,仕于其时的江州刺史王凝之,但干的时间却更要短得多。陶渊明一生的仕途折腾甚多,他始终不大愿意接受官场的拘束。

前人因为不甚了解陶渊明的初仕与初隐,此诗遂不能获得正解。例如有人说:“此直赋其辞彭泽而归来之本意”(邱嘉穗《东山草堂陶诗笺》卷三),其实此时离任彭泽令又挂冠而去还相当远,具体的情绪也有许多不同。当然,陶渊明反复出仕、反复退隐确有一对基本的矛盾:一想获得官俸以改善生活,二欲闲居于故园以享受自由,而二者不可得兼。

其十一　颜生称为仁,荣公言有道。屡空不获年,长饥至于老。
虽留身后名,一生亦枯槁。死去何所知,称心固为好。
客养千金躯,临化消其宝。裸葬何必恶,人当解意表。

其十一这首的主旨也在于强调现实生活最为重要,身后的空名没有什么意义。

陶渊明主张,一要生存,最好长寿;二要滋润,不能枯槁;三要称心,不要违己。人应当好好活着,死了就是死了,到那时一切财富都将没有意义。嵇康讲“越名教而任自然”,是否定现行政治体制中的用来教化的“名”而回归自己的本性,陶渊明更进一步,把诱导人们认同现行体制的身后之名也一道抛弃了。

“客养千金躯,临化消其宝”被认为是陶渊明最要紧的警句之一。“保千金之躯者,亦终归于尽,则裸葬亦未可非也。”(汤汉注《陶靖节先生诗》卷三)

有人说："陶公一生志节如是，其顾惜身名为何如耶！篇中言身世不足惜，不过世人之见，反言之以自写其一时达趣云尔。不然，饮酒之余，身名不惜，何以为靖节哉。"(温汝能《陶诗汇评》卷三)把陶渊明正面宣扬的思想当作他不以为然的思想，目的无非怕影响陶渊明的正面形象，其实却完全歪曲了陶渊明，抽空了陶渊明，把他改塑为传统的正人君子——这种做法正如把他改塑为东晋王朝的遗老一样，在陶渊明研究中曾经产生过很大的影响，并且至今仍在起作用。不把这些外加的东西去掉，将无从认清陶渊明的真相。

应当承认，先前陶渊明也同一般的士人一样，是相信名教，看重"身后名"的，也曾经在作品中说过"病奇名之不立"(《感士不遇赋》)，感慨过"四十无闻，斯不足畏"(《荣木》)；但后来终于认识到只有抛弃名，包括"身后名"，才能真正获得自由。

鲁迅先生也是不要身后之名的，他在遗嘱中有三条道："赶快收敛，埋掉，拉倒"；"不要做任何关于纪念的事情"；"忘记我，管自己生活。"(《且介亭杂文末编·死》)

鲁迅和陶渊明由此获得了最充分的心灵自由——而后人也没有忘记他们。

其十二　长公曾一仕，壮节忽失时。杜门不复出，终身与世辞。
仲理归大泽，高风始在兹。一往便当已，何为复狐疑？
去去当奚道，世俗久相欺。摆落悠悠谈，请从余所之。

诗中提到的两位古人和他们的事迹都大有言外之意。这首诗的写法略近于咏史，又完全没有涉及饮酒，有可能是后来加进《饮酒》组诗里来的，另外还有几首也是如此——可惜此事现在都无从证明或证伪。当然，起初在不在《饮酒》组诗里关系并不大，反正都是陶渊明的诗。

汉朝人张长公曾经先仕后隐,但只是一次性的,没有任何反复。(《史记·张释之列传》:"其子曰张挚,字长公,官至大夫,免。以不能取容当世,故终身不仕。")这同陶渊明本人在仕与隐之间多次折腾颇异其趣。唯其如此,他对张长公其人非常仰慕,多次在作品里提到,有时还就此作自我批评。例如:"远哉长公,萧然何事?世路多端,皆为我异。敛辔朅来,独养其志。寝迹穷年,谁知斯意。"(《读史述九章》)"张生一仕,曾以事还。顾我不能,高谢人间。"(《扇上画赞》)至于那个"归大泽"的仲理即汉朝的儒师杨伦,则在仕与隐之间有所反复(《后汉书·儒林传》:"杨伦,字仲理。为郡文学掾,志乖于时,去职,讲授大泽中,弟子至千余人。后特征博士,前后三征,皆以直谏,不合。既归,闭门讲授,自绝人事。"),虽然不失其高风,终不免落入第二义。折腾什么呀!陶渊明批评他"一往便当已,何为复狐疑?"这其实也正是陶渊明的自我批评。

陶渊明忽然在诗中歌咏这两位汉朝名人并有所议论,大约是以朝廷征辟他出任著作郎或著作佐郎为背景,他似乎也未尝没有动过心,而这时他想到了张挚和杨伦,想到自己的过去和现在,终于得到一个明确的结论:"吾驾不可回!"把《饮酒》其十二与其九联系起来读,可以看出他的内心世界是何等生动。

其十三　有客常同止,趣舍邈异境。一士长独醉,一夫终年醒。
醒醉还相笑,发言各不领。规规一何愚,兀傲差若颖。
寄言酣中客,日没烛当炳。

这里写到很不相同的两个人或两类人,一是"长独醉"的,一是"终年醒"的,他们之间没有什么共同的语言,说话自然不能投机。陶渊明以醉人自居,甚至主张点起烛光来,夜以继日地饮酒。

先前屈原形容自己说众人皆醉我独醒,现在陶渊明说,不要去管那些清醒的人，继续沉醉吧。说起来似乎截然相反，其实乃是殊途同归：我行我素，走自己的路。别人说什么不必理会，反正说不到一块儿去（“发言各不领”）。

在陶渊明的熟人中必有不赞成他一味归隐的，也必有劝他东山再起的，陶渊明认为他们都太清醒太积极了，自己宁可醉得颓然而自适，这才是当今需要的聪明（“兀傲差若颖”）。

宋朝人汤汉解释本诗说：“醒者与世讨分晓，而醉者颓然听之而已。渊明盖沉溟之逃者，故以醒为愚，而以兀傲为颖耳。”（汤汉注《陶靖节先生诗》卷三）古语说大智若愚，又说其智可及，其愚不可及也，都是剥进一层的见道之言；清朝大画家、诗人郑板桥的名言“难得糊涂”，亦犹此意也。

其十四　故人赏我趣，挈壶相与至。班荆坐松下，数斟已复醉。
父老杂乱言，觞酌失行次。不觉知有我，安知物为贵。
悠悠迷所留，酒中有深味！

本诗写诗人同他的好友一起很开心地共饮，铺点草木坐在地上，也不讲究什么礼仪，就那么随意喝酒，杂乱闲谈，大家都进入了物我两忘的境界。陶渊明写饮酒之趣，似以这一首为最舒适。

其十五　贫居乏人工，灌木荒余宅。班班有翔鸟，寂寂无行迹。
宇宙一何悠，人生少至百。岁月相催逼，鬓边早已白。
若不委穷达，素抱深可惜。

本首转折甚多，“灌木荒宅以下，是贫居景象，宇宙句放笔向空中接”（方东树《昭昧詹言》卷四）；以下念宇宙之无穷，叹双鬓之已白，感慨人寿几何，深知必须达观委命，保持自己一贯的思想和风格。

人上了年纪之后,往往会发生若干变化,其常见的消极的方面有固执吝啬,所以孔子早就说过“及其老也,血气既衰,戒之在得”(《论语·季氏》)。老年人心理上不能老,要保持过去的“素抱”,勿使半途而废。

其十六　少年罕人事,游好在六经。行行向不惑,淹留遂无成。
竟抱固穷节,饥寒饱所更。弊庐交悲风,荒草没前庭。
披褐守长夜,晨鸡不肯鸣。孟公不在兹,终以翳吾情。

既然说“行行向不惑”,可见这首《饮酒》其十六作于四十岁前不久,似可系于元兴二年癸卯(403)诗人三十九岁之时。

本年陶渊明又作有《癸卯岁十二月中作与从弟敬远》,最宜互相参看:“寝迹衡门下,邈与世相绝。顾盼莫谁知,荆扉昼常闭。凄凄岁暮风,翳翳经日雪。倾耳无希声,在目皓已洁。劲气侵襟袖,箪瓢谢屡设。萧索空宇中,了无一可悦。历览千载书,时时见遗烈。高操非所攀,谬得固穷节。平津苟不由,栖迟讵为拙。寄意一言外,兹契谁能别?”《饮酒》其十六中提到弊庐和荒草,而这里也说到空宇萧索,二诗的情绪也都比较低沉——其写作时间应当相当靠近。此时陶渊明正因为母丧在家守制。

陶渊明四十一岁(义熙元年,405)之前,在几度出仕的间隙里已经隐居过几段时间,但其时他还做不到固守其穷,所以往往闲居了若干时日以后就又出来当官,反复出仕,反复归隐,折腾过多次,到最后一次出山也还是想弄一点钱来作为“三径之资”(《宋书·陶潜传》);后来实在是觉得“违己交病”(《归去来兮辞·序》),无法忍受,这才最后下定决心退回老家。而即使是在离开彭泽归隐之后,在他内心深处也还有两种思想倾向的斗争,在两种生活模式之间犹豫动摇,这就是他诗中之所说的“贫富常交战,道胜无戚颜”(《咏贫士》其五）。毫无内心冲突而固守其穷，那是远于人情的。

陶渊明的伟大之处不仅在于他终于战胜了自己的情欲而心甘情愿地固守其节操，还在于他一向说真话，敢于暴露其真实思想。这可能比固守其穷还要难。

固守其穷的人也还希望得到别人的理解。在《饮酒》其十六这首诗中，陶渊明除了感慨隐居生活的辛苦之外，还于无意间流露了一点自己内心深处的矛盾，这就是诗的最后两句："孟公不在兹，终以翳吾情"，如果孟公在兹则如何？诗人很可能就要向他诉苦，希望得到其人的理解和同情。"孟公"指东汉人刘龚，"龚字孟公，长安人。善议论，扶风马援、班彪并器重之"（《后汉书·苏竟传》）；又，皇甫谧《高士传》载："张仲蔚者，平陵人也，与同郡魏景卿俱修道德，隐身不仕。明天官博物，善属文，好诗赋。常居穷素，所处蓬蒿没人。闭门养性，不治荣名。时人莫识，唯刘龚知之。"固守其穷的张仲蔚虽然闭门自守，也还有一个知音刘龚刘孟公，而自己则没有这样的幸运，陶渊明很有些寂寞的悲哀。他在另外一首诗中又曾写到张仲蔚与刘孟公："仲蔚爱穷居，绕宅生蒿蓬。翳然绝交游，赋诗颇能工。举世无知者，只有一刘龚。"（《咏贫士》其六）人生得一知己足矣，而陶渊明却缺少这样一个知己。饥寒交迫、长夜难眠固然痛苦，无人理解、孤独寂寞则更加痛苦。《饮酒》其十六最深刻的悲哀在此，其动人之处也正在这里。由此可知陶渊明在"行行向不惑"之时还没有坚强到不怕孤独的水平，总要到若干年后，他才锻炼成为不惧严寒孤独的青松。

其十七　幽兰生前庭，含薰待清风。清风脱然至，见别萧艾中。
　　　　行行失故路，任道或能通。觉悟当念还，鸟尽废良弓。

"高鸟尽，良弓藏"曾经是社会政治生活中的常态，本诗咏叹此事,似属老生常谈,而陶渊明本人其实并没有这样的遭遇——有人以陶渊明的抛弃彭泽令为良弓被废,恐怕没有根据;即使委婉一点,说成是"鸟尽弓藏,盖借昔人去国之语,以喻己归田之志"(汤汉注《陶靖节先生诗》卷三),也大感难通,陶渊明立言不当如此牵强。

清人温汝能《陶诗汇评》卷三说:"此诗只是借幽兰以自喻,似无别意。唯末语所指不甚明晰。"不知为不知,是知也。此诗传世本或已有残缺,而由后人拉杂编入《饮酒》组诗中。

其十八　子云性嗜酒,家贫无由得。时赖好事人,载醪祛所惑。
觞来为之尽,是谘无不塞。有时不肯言,岂不在伐国。
仁者用其心,何尝失显默。

两汉之交的大学者、大作家扬雄(字子云)是个穷人,喝不起酒,要靠朋友门生资助。几杯酒下肚来了精神,这时谈起学问来,什么困难问题都能解决,而碰到敏感的政治问题,他就不肯多说什么了。什么事情该讲,什么事情应当沉默,扬雄从不失去应有的原则和分寸。

"仁者"自有自己的底线。陶渊明是喜欢喝酒的,他写这首诗大约是要表示,自己并没有喝昏了头,也自有其原则和分寸。

其十九　畴昔苦长饥,投耒去学仕。将养不得节,冻馁固缠己。
是时向立年,志意多所耻。遂尽介然分,终死归田里。
冉冉星气流,亭亭复一纪。世路廓悠悠,杨朱所以止。
虽无挥金事,浊酒聊可恃。

本诗是考证《饮酒》写作时间的重要文证。这里说到自己先前的出仕("去学仕")和归隐("归田里"),而至今又是十二年过去了。由此可知，原本《饮酒》的一组诗当作于义熙末年（416—417）。由于后来又被加进了一些其他作品，今本《饮酒》中各首的写作时间就比较复杂，不能下简单化的结论了。

诗里说，自从归隐以后自己就大喝其酒，经济情况不甚佳，不可能像汉朝退休的高官疏广、疏受那样大把的花钱喝酒，但也还能有点低端的浊酒喝喝，这也就不错了。陶渊明要求不高，一向自得其乐。

其二十　羲农去我久，举世少复真。汲汲鲁中叟，弥缝使其淳。
凤鸟虽不至，礼乐暂得新。洙泗辍微响，漂流逮狂秦。
诗书复何罪，一朝成灰尘。区区诸老翁，为事诚殷勤。
如何绝世下，六籍无一亲！终日驰车走，不见所问津。
若复不快饮，空负头上巾。但恨多谬误，君当恕醉人。

本诗中“汲汲鲁中叟”指孔夫子，他的工作是为了再使风俗淳；“区区诸老翁”指汉初诸老儒，他们在秦火的浩劫之后努力地恢复儒家的经典，立下了很大的功劳。

可惜如今儒家学派再次衰落了，六经简直没有人读，只知道在名利场中奔走驰骋。现实的状态如此，我能有什么办法，只好喝酒取醉，酒后发些狂言，还要请大家原谅才好！

陶渊明始终没有完全离开儒家。

但陶渊明又绝非所谓纯儒，他接受的前代思想遗产相当丰富驳杂，除了儒家思想以外，道家有一点，《列子》书的思想有一点，佛教的东西也有那么一点点。陶渊明还是以儒家思想为主导，在他心目中，孔子和汉儒是一些伟大的标杆，只是自己生不逢辰，无从完全追随其后，只好逃离上层社会，躲在乡下，喝点小酒，自得其乐。《饮酒》组诗正是他这种思想风貌的集中体现。

游戏之作

（《止酒》）

同所有的大诗人一样，陶渊明写过许多杰出的诗作，但也偶有游戏之作，而并不成功，遂为败笔。即如《止酒》：

居止次城邑，逍遥自闲止。坐止高荫下，步止荜门里。
好味止园葵，大欢止稚子。平生不止酒，止酒情无喜。
暮止不安寝，晨止不能起。日日欲止之，营卫止不理。
徒知止不乐，未知止利己。始觉止为善，今朝真止矣。
从此一止去，将止扶桑涘。清颜止宿容，奚止千万祀？

饮酒是陶渊明最大的嗜好，从来没有想到改变（“平生不止酒，止酒情无喜”），但喝得太多不免影响健康，大约在某次健康危机之后忽然下决心戒酒（“始觉止为善，今朝真止矣”），而一旦实行之后，他就对此寄予了极大的希望，似乎马上就可以进入仙境、获得长寿了。

这样的酒鬼心态是可以理解的，老烟枪戒烟的心理与此十分相近。但这样的精神状态，酒或烟恐怕是戒不成的。成仙既不可能，那么还是来喝酒吧。陶渊明后来改饮菊花酒，那时的人们相信菊花是助成长寿的特效滋补品，陶渊明有两句诗道：“酒能祛百虑，菊解制颓龄”（《九日闲居》），用菊花泡酒喝，既可以过酒瘾，又达到了养生长寿的目的。“采菊东篱下”是《饮酒》其五中有名的诗句，写的无非是他“止酒”以后的新举措。

“从此一止去，将止扶桑涘”，这话后来完全落空，成为一句玩笑。据说马克·吐温说过戒烟是很容易的事情，他已经戒过一千次了。这些都不足为训。从艺术形式上来说，《止酒》诗每句藏一“止”字，属于俳谐体，更可见只是一个玩笑，这恰恰与他并未真下决心实行戒酒相匹配。清人蒋薰评此诗曰“想是偶然乏酒，作此游戏言”（《陶渊明诗集》卷三），“游戏言”三字极得要领。

当然，我们从这里也可以感受到诗人理性与癖好之间的矛盾，不无认识价值，但这样的诗篇在佳作如林的陶诗中不能不说是一份败笔，“故作创体，不足法也”（陈祚明《采菽堂古诗选》卷十三）。而前人对此诗亦有作极高之评价者，以为其中包含许多深意。这无非是神化陶渊明。以为大人物的任何作品都有了不起的微言大义，是文学评论中的多年痼疾。

陶渊明另一游戏败笔是他的《述酒》。此诗只是从酒出发一味浮想联翩，许多话说得含糊曲折，近于谜语，令读者很难读明白。这首诗在艺术上没有达到陶渊明的平均水平，可以说其实是失败的。

《述酒》与《止酒》皆是陶渊明的创新试验，一谐一讔，可惜都不成功。刘勰《文心雕龙》有《谐讔》篇，分述这两种类型道：“谐之言皆也。辞浅会俗，皆悦笑也……本体不雅，其流易弊。”“讔者隐也。遁辞以隐意，谲譬以指事也……自魏代以来，颇非俳优，而君子嘲隐，化为谜语。”陶渊明通脱，于此二种皆有所尝试，但也只是偶一为之，后来就不再写这样的诗了。

关于救济与接受的人情物理

（《有会而作》）

陶渊明平生有一个著名的故事，是他拒绝了本地新任州官檀道济的慰问和馈赠：

> ……躬耕自资，遂抱羸疾。江州刺史檀道济往候之。偃卧瘠馁有日矣。道济谓曰："贤者处世，天下无道则隐，有道则至。今子生文明之世，奈何自苦如此？"对曰："潜也何敢望圣贤，志不及也。"道济馈以粱肉，麾而去之。（萧统《陶渊明传》）

檀道济是东晋、刘宋间著名将领，打过许多胜仗，他担任江州刺史在刘宋元嘉三年（426）讨平谢晦之后，《宋书》卷四十三本传载："事平，迁都督江州荆州之江夏豫州之西阳新蔡晋熙四郡诸军事、征南大将军、开府仪同三司、江州刺史，持节、常侍如故。"在他之前担任江州刺史的是王弘，他们的交接即在当年。《宋书·文帝纪》载："（元嘉）三年春正月丙寅……遣中领军到彦之、征北将军檀道济讨荆州刺史谢晦，上亲率六师西征。大赦天下。丁卯，以车骑大将军、江州刺史王弘为司徒、录尚书事、扬州刺史……夏五月乙未，以征北将军、南兖州刺史檀道济为征南大将军、江州刺史……"王弘任江州刺史颇历年所，同陶渊明来往比较多，关系比较好，时常有些馈赠。这种对本地著名社会贤达表示敬意的办法檀道济继承下来了，但他没有王弘那样的修养，不大会说话，一出马就碰了一个软钉子，陶渊明不肯领情，将送来的粱肉退回。

以这个小故事垫底，我们就可以读懂陶渊明晚年的重要诗作

《有会而作》了。该诗小序云："旧谷既没，新谷未登。颇为老农，而值年灾。日月尚悠，为患未已。登岁之功，既不可希，朝夕所资，烟火裁通。旬日已来，始念饥乏。岁云夕矣，慨然永怀。今我不述，后生何闻哉！"诗云：

弱年逢家乏，老至更长饥。菽麦实所羡，孰敢慕甘肥！
惄如亚九饭，当暑厌寒衣。岁月将欲暮，如何辛苦悲。
常善粥者心，深念蒙袂非。嗟来何足吝，徒没空自遗。
斯滥岂彼志？固穷夙所归。馁也已矣夫，在昔余多师。

这首诗作于元嘉三年(426)岁末，正在陶渊明已经相当困苦而竟将太守檀道济"麾而去之"之后。

《有会而作》一诗除了写自己的饥寒困苦之外，最值得注意的是其中发挥了儒家经典的本来意义，讲清了关于救济与接受的人情物理。诗中"粥者""蒙袂""嗟来"诸句典出《礼记·檀弓下》："齐大饥，黔敖为食于路，以待饿者而食之。有饿者蒙袂辑屦，贸贸然来，黔敖左奉食右执饮，曰：'嗟，来食！'扬其目而视之曰：'予唯不食嗟来之食，以至于斯也。'从而谢焉。终不食而死。曾子闻之，曰：'微与，其嗟也，可去，其谢也，可食。'"陶渊明大体同意曾子的意见，认为在灾荒之年有人出来做慈善事业是值得感谢的，弱势群体只要能保住自己的人格尊严，接受救助是可以的，即使多少有一点屈辱之感也不必介意("嗟来何足吝")，因为接受救助可以保住自己的性命；如果一味硬挺，白白饿死，或生活质量极差，那是不值得的。陶渊明先前在"酒米乏绝"时接受过前任刺史王弘的若干馈赠，"亦无所辞焉"。王弘对陶渊明非常尊重，每次他想要见陶渊明，"辄于林泽间候之"(《晋书·陶潜传》)，不会冒冒失失地登门，更不会说一些政治正确的八股。

檀道济是一介武夫,对陶渊明尊重不足,说话又不会委婉其辞,他的那几句话歌颂当今“文明之世”,并有批评陶渊明的意思,老诗人很不爱听,不食其嗟来之食,让他走远一点。

《有会而作》一诗可以说正是他对于打发檀太守走人一事的解释,强调自己“君子固穷”的节操。陶渊明在对待贫困和接受馈赠的问题上既有他的灵活性,也有他的原则性。为了比较好地生存下去,他可以接受某种馈赠。在陶渊明看来,如果因为要保持高士的僵硬身段而绝对不接受任何馈赠,那是矫情做作,并不可取——这是陶渊明的家常随和之处;但他又强调一定要有自己的尊严,赠与同接受的彼此之间是平等的关系;如果赠与者态度恶劣,那就只能予以拒绝,即使自己已经饿得爬不起来的时候也是如此。

到第二年(元嘉四年,427),陶渊明就与世长辞了。

记录土风
(《蜡日》)

陶渊明有些诗其实是不看专家的注释或分析还好,看了反而觉得更糊涂的。这里只好采取"摆落悠悠谈"(《饮酒》其十二)、自己来做主的大胆策略,直接面对原作。这时没有中介也许更好些。例如《蜡日》一诗就是如此,诗云:

> 风雪送余运,无妨时已和。梅柳夹门植,一条有佳花。
> 我唱尔言得,酒中适何多!未能明多少,章山有奇歌。

这首诗的格调颇近于民歌。所谓"蜡日"是古代年终的一个大节日,后来称为"腊日",主题是祭祀万物,同时老乡们聚在一起放开肚皮喝酒,高声歌唱,尽兴狂欢。这个节日起源很早,后来渐渐不太流行,而在偏远的农村仍然照过不误。在唐朝人编的《艺文类聚》里还有关于这个节日的条目,摘录了许多有关材料,见于卷五《岁时下》。陶渊明这首诗的前四句说,过蜡日时虽然还有点风雪,但天气已经开始暖和起来,门边的春梅也开花了。五、六两句说大家喝酒唱歌,互相欣赏,非常适意。"未能明多少,章山有奇歌"两句的大意是说,有人唱起章山那边的山歌来,同本地民歌很不同,就不大容易听明白了。

一位习惯于求之过深而又求之不得的专家说,"通篇俱不着题。后四语未详其义"(邱嘉穗《东山草堂陶诗笺》卷三)。这话很奇怪,这里一、二两句说天气,三、四两句谈物候,都与蜡日关系密切,后四句也没有什么难懂的。他一定以为这里有什么大奥妙吧。

前人解说陶诗有一种带规律性的有趣现象,就是凡遇到他不大弄得懂的作品或其中某些部分,就往当时的政治上拉,往晋、宋易代的大变局上拉,其思路若曰:因为改朝换代,当时忌讳甚多,不能明说,所以陶渊明只好如此隐晦其词。这倒也不失为一条方便的逃路。《蜡日》也就这样被隐晦了——清朝人吴骞把它同《述酒》联系起来,指为同样是表达了对于刘宋取代东晋的愤慨。他在《拜经楼诗话》卷三中写道:

惟《述酒》一篇,从来多不得其解。或疑有舛讹。至宋韩子苍,始决为哀零陵王而作,以时不可显言,故多为廋辞隐语以乱之。汤文清汉复推究而细释之,陶公之隐衷始晓然表白于世。其《蜡日》诗,旧亦编次《述酒》之后,而文清未注。予细读之,盖犹之乎《述酒》意也。爰为补释于左,俟考古者论定焉。

"风雪送余运,无妨时已和。"此感蜡为岁之终,喻典午运已告讫,而宋祚方隆,臣民已多附从,不必更滋防忌,故曰无妨也。"梅柳夹门植,一条有佳花。"梅喻君子,柳比小人,夹门植谓参错朝宁。君子不能厉冰霜之操,小人则但知趋炎附时,望风而靡。"一条有佳花",有者犹言无有乎尔。"我唱尔言得,酒中适何多!"(刘)裕以毒酒一罂命张伟鸩帝,伟自饮之而卒,又命兵进药而害之。下句言酒中之阴计何多耶。"我唱尔言得",谓裕倡其谋,而附奸党恶者众也。"未能明多少,章山有奇歌。"《山海经》:"鲜山又东三十里,有章山。"《地理志》,章山在江夏竟陵县东北,古文以为内方山。按竟陵、零陵皆楚地,故假竟陵之山以寓意,犹《述酒》诗之用舜冢事也。渊明为桓公(陶侃)曾孙,昔侃镇荆楚,屡平寇难,勋在社稷。"未能明多少",谓若曹勿谓阴计之多,以时无英雄耳,使我祖若在,岂遂致神州陆沉乎！“有奇歌”，盖欲效采薇之意也。

逐句见文起意，越说越神，而诗的各句变得全然不能连贯。“有者犹言无有乎尔”一句尤纯属强词夺理。总之，你不讲我还明白，你越讲我倒越糊涂了。

关于《述酒》一诗，吴骞全然认同韩驹、汤汉那一套扩大化的政治解说，以为是陶渊明在晋、宋易代之际表达其“忠愤”的政治抒情诗，同时又进而把《蜡日》一诗也紧紧地挂靠上去。按吴骞的方案来解读《蜡日》，此诗已经完全不成其为诗，而是一套头绪纷繁的密码，内容同题目所说的蜡日格格不入。为什么过一个年底的节日，就表明东晋王朝气数已尽呢！

但吴骞的怪论仍然有人相信，还进一步加以发挥，弄得更加缠夹难以理解。如果敢于“摆落悠悠谈”，那就不难明白，这里是说本地人在蜡日聚会时大唱本地民歌，大家当然很理解（“我唱尔言得”）；而另有人唱起章山那边的民歌来，这就不大听得懂了（“未能明多少”）。古代的农民安土重迁，也很少到外地去，生活圈子比较狭隘封闭，听外地歌曲的能力不强，这是不奇怪的。“章山”是《山海经·中山经》里曾经提到过的山，据说就是那座在庐山北面的障山，那里离陶渊明他们的住处有相当一段距离。

这样一首简明生动记录土风的小诗，同改朝换代有什么关系，为什么一定要把它改造得那么牵强附会、复杂难懂呢！

感悟人生

（《拟古》）

清人陈沆《诗比兴笺》卷二关于陶诗有一段通论道："案，读陶诗者有二蔽：一则惟知《归园（田居）》《移居》及田间诗十数首，景物堪玩，意趣易明，至若《饮酒》《（咏）贫士》便已罕寻，《拟古》《杂诗》，意更难测。徒以陶公为田舍之翁，闲适之祖，此一蔽也。二则闻渊明耻事二姓，高尚羲皇，遂乃逐景寻响，望文生义，稍涉长林之想，便谓采薇之吟，岂知考其甲子，多在强仕之年，宁有未到义熙，预兴易代之感，至于《述酒》《述史》《读〈山海经〉》，本寄愤悲，翻谓恒语，此二蔽也。"这两点意见都包含了作者深刻的思考，值得进一步加以讨论和发挥。

《拟古》凡九首，大约不是同时之作，而是由他本人或后人陆续编辑起来的。其各首之间没有什么逻辑上的联系，排列的顺序也未见有何深意，总之并非组织严密的组诗。这正如他的《饮酒》，据该诗诗序所说，那里的二十首"辞无诠次"，顺序也是很随意的。陶渊明一向洒脱无拘束。

赵宋以来一批陶渊明专家干的一件成规模的大事，或者说犯的一大错误，就是把陶渊明打扮成一副"忠愤"的形象：忠于东晋王朝，愤恨那个取代东晋建立刘宋新王朝的刘裕。此说的发源地和重灾区自然在《述酒》一诗，而其论牵连甚广，祸水横流，尚待逐步收拾。陶渊明著名的组诗《拟古》这里同样灾难深重，亟待救助重估。

一、解读《拟古》组诗

以下试按今本陶集的顺序逐一解读《拟古》组诗。

其一　荣荣窗下兰，密密堂前柳。初与君别时，不谓行当久。
出门万里客，中道逢嘉友。未言心相醉，不在接杯酒。
兰枯柳亦衰，遂令此言负。多谢诸少年，相知不忠厚。
意气倾人命，离隔复何有。

明朝学者黄文焕《陶诗析义》卷四云："陶诗自题甲子者十余首，其余何年所作，诗中或自及之，其在禅宋以后，不尽可考。独此诗九首专感革运，最为明显，与他诗隐语不同。初首曰'遂令此言负'，扶运之怀，无可伸于人世也。二首以汉帝蒙尘，行在返命，遂入山不仕之田子泰为向慕，革运之慨，思一寄于入山也。其意皆隐言之。三首门庭日芜，问之巢燕，燕巢如旧，国运已易，意隐而情弥愤。四首山河满目，革运之悲于是露矣。五首孤鸾别鹤，明为晋处士者，只吾一人耳。六首厌闻世上，堪与同心者，出门岂可得哉？以此自矜，以此自慨，而归诸长夜之叹息，又牵连俱露矣。首阳不事周者也，易水欲刺秦者也，与前田子泰相映，意益露矣。至末章'忽值山河改'，尽情道出，愤气横霄。若以淡远达观视之，岂不差却千里！"这里黄文焕对《拟古》九首逐一作出了解说，后文还多有发挥，堪称系统的歪曲。但是这一套意见颇有影响，现在不少著作里还是讲《拟古》是对晋宋易代的哀悼和感慨。

为什么陶渊明说了一句"遂令此言负"，就表明他有所谓"扶运之怀"且无法实现？黄文焕这里说得过于简单而且含糊，底气明显不足。《拟古》其一这首诗显然同政治无关，同改朝换代无关。诗的主题在于感叹道德低落，人心不古。过去，如果外出一趟，分手时与老朋友约好不久再见，此后总会念念不忘，途中碰到新朋友，亦复真诚相待；等到回到原处，才知道老朋友已经不在了，遂觉得自己有负于彼。

诗的开头以兰、柳起兴，很像《古诗十九首》的写法。曾经的

"荣荣"之兰、"密密"之柳现在已经枯萎衰败,暗喻先前的友人(亦即第三句中的"君")业已下世。人生易老,多见亲友凋谢,这是老年人常常会提到的话题。现在的年轻人("少年")就不是那么回事了,当面说得激昂慷慨,天花乱坠,好像可以为朋友两肋插刀,玩命相助,可是分手以后就什么感情也没有了。老年人容易产生这种感叹。

朋友是老的好。小时候一起玩的伙伴,青少年时代的同窗,即使几十年不联系,偶一见面,感情如旧。新结识的朋友就不大可能这样了。小时候大家都天真无邪,只有所谓"赤子之心"而无"机心";以后认识的人越来越多,有各色各样的关系,难免会有些社交场中的客套或名利场上的计算,不容易有早年那样的真挚了。

前人解说此诗,颇有喜欢往政治上拉的,特别热衷于联系晋、宋易代来立论,例如说诗中的"君"指晋王朝的国君,又说陶渊明"及晋、宋易代之后终身不仕,岂在朝诸亲旧或有讽劝之者,故作此诗以寄意欤?"(刘履《选诗补注》卷五)又有人大发议论说:"此必当时有与公同约偕隐,已而背去附宋者,反未免侧目公也,故云。"(邱嘉穗《东山草堂陶诗笺》卷四)这些都是根据某种先入之见来凭空立论,未见提出任何根据。凡此种种,皆推想过远,实为陶渊明想象所不及。陶渊明的归隐在晋、宋易代之前多年。由晋入宋的官员极多,当时几乎没有不与时推移者。

中古时代许多优秀的抒情诗往往抒发普泛的人生经验通感,而非以特殊事件为谜底的谜面,它们能打动后代读者的原因即在于此。读陶诗最宜从实际出发、向平常处着想,读《拟古》尤须如此。

其二　辞家夙严驾,当往志无终。问君今何行?非商复非戎。
闻有田子泰,节义为士雄。斯人久已死,乡里习其风。

生有高世名，既没传无穷。不学狂驰子，直在百年中。

《拟古》其二的写法略近于咏史，并且直接点出了历史名人的大名。诗中假托有人（应当就是诗人本人的化身）欲去他心目中之汉末大英雄田子泰（或作田子春）的故乡无终，“斯人久已死，乡里习其风”，那里的“节义”之风是令人钦佩神往的。

田子泰原名畴，右北平无终人也，好读书，善击剑，文武双全，讲究节操和义气。《三国志·魏书》本传写了他一生的几件大事：其一，当董卓迁帝于长安时，宗室成员、幽州刺史刘虞欲派人去长安展效臣节，大家推荐年轻的田畴担此重任，他顺利地完成了任务，“诏拜骑都尉。畴以为天子方蒙尘未安，不可以荷佩荣宠，固辞不受”。回到幽州后才知道刘虞已为公孙瓒所害，田畴遂谒祭刘虞墓而去。其二，田畴回到故乡以后，“率举宗族他附从数百人”入徐无山中以避世乱，实行地方自治，成为后来两晋之际盛行一时之堡坞的先驱。建安十二年(207)曹操北征乌丸，田畴率五百人马给他开路，出卢龙口小道，出其不意地直攻乌丸的根本重地柳城，大获全胜。事后论功行赏，封田畴为亭侯，他不肯接受，成为功成不受爵的一大典型。

凡此种种都表现了田畴其人的高风亮节，为陶渊明所景仰。但陶渊明专家们往往只管他去了一趟长安、见到皇帝、然后又进入徐无山中一事，认为这里隐藏着陶渊明的深意，例如黄文焕《陶诗析义》卷四就具体指出：“晋主被废，有一人能为田畴者乎？此诗当属刘裕初废晋帝为零陵王所作。盖当时裕以兵守之，行在消息，总无能知生死何若，故元亮寄慨于子泰也。”按，晋恭帝司马德文将帝位交出以后仍居于秣陵，并没有到零陵地方去就国，这是他同汉朝的末代皇帝刘协不同的地方。刘协下台被封为山阳公以后，他真的去了山阳，并在那里一直待到老死，而《晋书·恭帝纪》载：“傅亮承(刘)裕密旨,讽帝禅位,草诏,请帝书之。帝欣然谓左右曰:‘晋氏久已失之,今复何恨。’乃书赤纸为诏。甲子,遂逊于琅邪第。刘裕以帝为零陵王,居于秣陵,行晋正朔,车旗服色一如其旧。”无论是哪一个朝代,禅位下台的皇帝也不是普通人可以见到的。晋恭帝司马德文下台后,陶渊明的生活和情绪一切正常,他不需要当什么田畴,也无须寄慨于其人。何况当年田畴去探望的皇帝并未下台,只不过是在董卓控制之下充当傀儡罢了,这同黄文焕辈读陶诗而始终念念不忘司马德文的情况完全不同,根本无从连类。

黄文焕把陶渊明此诗中歌颂的田畴单打一地同汉末皇帝的蒙尘联系起来,说陶渊明也强调入山不仕,如此岂不是“忠愤”吗。这无非攻其一点,不及其余,见文起意,不足为据。事实上田畴生平最有名的事是给曹操帮忙,立了大功而不肯接受爵位,这样的“节义”非常高尚,是陶渊明很景仰的,此事同晋、宋易代实在挂靠不上,黄文焕们就完全闭口不提了。

另一位陶诗专家马墣说:“此首似刘裕初废恭帝而作。故寄想于田畴,无限感慨,只从典故出之。”(《陶诗本义》卷四)他基本照抄黄文焕,略无进展。恭帝被废,陶渊明便寄想于田畴,这里毫无逻辑上的联系,只见一片传统的混乱。

清朝诗论家方东树关于陶渊明有很好的见解,他说:“渊明《拟古》,是用古人格作自家诗。”(《昭昧詹言》卷一)“(《拟古》其二)此只咏田子泰耳。起四句故为曲折,收句结出托意。”(《昭昧詹言》卷四)评语简明中肯。

所谓“狂驰子”是指那些只知为个人利益向前狂奔的人,他们不讲什么原则和操守。陶渊明一向最反感这种恶俗之辈,早在《感士不遇赋》的序中就说过:“夫履信思顺,生人之善行;抱朴守静,君子之笃素。自真风告逝,大伪斯兴,闾阎懈廉退之节,市朝驱易进之心。……悲夫！寓形百年，而瞬息已尽；立行之难，而一城莫赏。此古人所以染翰慷慨，屡伸而不能已者也。”“狂驰子”之得意，不过只有一时，其实就是人的整个一生，也是转瞬即逝；唯有“廉退之节”是永远不朽的。“节义”比一时的利益要重要得多，高尚得多。陶渊明之所以激赏历史上的田畴其人，其意在此。《拟古》其二可以说是《感士不遇赋》之主题的变奏，这一主题具有久远的生命，同改朝换代这种一时之事完全不在同一个层面之上。

陶渊明以“节义”称颂田畴是从曹操那里来的。《三国志·魏书·田畴传》裴注引《先贤行状》载曹操表论畴功，先一一列举其贡献，最后道：“畴文武有效，节义可嘉，诚应宠赏，以旌其美。”赵宋以下的陶渊明专家往往回避此事，在他们心目中曹操乃是一个反面人物，而陶渊明绝无此种成见。

其三　仲春遘时雨，始雷发东隅。众蛰各潜骇，草木从横舒。
翩翩新来燕，双双入我庐。先巢故尚在，相将还旧居。
“自从分别来，门庭日荒芜。我心固匪石，君情定何如？”

陶渊明这首《拟古》其三根据春天燕子归来、仍认旧庐一事发感慨，尽管门庭荒芜，这里既然是它先巢之所在，当然还是回到这里来。这同人间常见的世态炎凉、喜新厌旧大不相同。最后四句应当是燕子提出来的问题，所以我在这里给加上了引号。“我心匪石，不可转也”（《诗经·邶风·柏舟》），表示不会发生变化。燕子说，我是不会变化的，您的意思如何？燕子不是问陶渊明，而是问所有的人或者说一般的人。

古代有所谓“禽言诗”，这里包含着这样的成分。

陶渊明是非常讲究传统道德的人，坚持若干基本的原则，他非常看不起庸俗的趋时和善变，认为那是做人的低落。

这首诗用非常具体而简明的小情节,遥遥指向具有普遍意义的大原则。言简而意深,指小而旨远。开始四句从时令入手,写春雨春雷和草木昆虫的新动向,亦复极得要领。陶渊明无论是写诗还是撰文,都很讲究简洁不噜苏,从容有味道。

但就是这样一首意思比较明白的作品,“忠愤”派仍然不肯放过它,必欲拉到晋、宋之际的政治上去而后已。试看他们的两段高论:“自刘裕篡晋,天下靡然从之,如众蛰草木之赴雷雨,而陶公独惓惓晋室,如新燕之恋旧巢,虽门庭荒芜而此心不可转也。”(邱嘉穗《东山草堂陶诗笺》卷四)“此首似讥仕宋室者之不如燕也。”(马墣《陶诗本义》卷四)既然是“天下靡然从之”,岂不是表明刘宋之取代东晋很得人心吗?从史书的记载看去,原来仕晋的官员基本上完全被刘宋接受了下来,如果陶渊明真的“独惓惓晋室”,那还有什么意义?

关于燕子不变,人世易变,还有一首著名的诗,那就是唐人刘禹锡的《乌衣巷》:“朱雀桥边野草花,乌衣巷口夕阳斜。旧时王谢堂前燕,飞入寻常百姓家。”东晋南朝的高门贵族住宅区到唐朝已经由寻常百姓家入住了,而旧时之燕仍然到它们的“先巢”来。这样的感慨具有某种永久性,可以无须同具体的兴衰直接挂钩。刘禹锡并不以模拟学习陶渊明著称,但他颇能得其真传。刻意模仿没有大意思,诗心相通才最为重要。

其四　迢迢百尺楼,分明望四荒。暮作归云宅,朝为飞鸟堂。
山河满目中,平原独茫茫。古时功名士,慷慨争此场。
一旦百岁后,相与还北邙。松柏为人伐,高坟互低昂。
颓基无遗主,游魂在何方?荣华诚足贵,亦复可怜伤!

这首诗说为功名而斗争在当年固然是慷慨激昂、有声有色的,但斗到最后，英雄们也都脱不了一死，都要进入坟墓(北邙是洛阳附近的高级墓葬区)，成功者生前享受荣华富贵，一死也就成了死鬼游魂，连墓地上的树木也保不住的。

“诗意即所谓贵贱同归土一丘也，然独悲怆淋漓，令人不忍卒读。”(温汝能《陶诗汇评》卷四)死亡将一切都结束了。陶渊明经常发这样的感慨，他在诗里写道：“人生似幻化，终当归空无。”(《归园田居》其四)“民生鲜常在，矧伊愁苦缠。屡阙清酤至，无以乐当年。穷通靡攸虑，憔悴由化迁。抚己有深怀，履运增慨然。”(《岁暮和张常侍》)“得失不复知，是非安能觉。千秋万岁后，谁知荣与辱！”(《拟挽歌辞》其一)他反复咏叹的大抵是一个意思，这其实也是那时流行的思想，《列子》一书即大讲这一套。以死亡来了结一切，而将各种成败、得失、是非、荣辱一举打包挂起，功名富贵还有什么可争的呢？陶渊明的这种思想颇为根深蒂固，帮助他走向旷达，但也产生了若干消极的影响。

此诗明显是在一个很抽象的层面上发表人生感慨，但又仍然有学者联系晋、宋之际的政治变迁来解说。黄文焕《陶诗析义》卷四大发议论说：“前六语纯从国运更革寄怆，后八语兼拈士人生死分恨，然后总结以荣华怜伤。一命之士稍添荣华，便添怜伤，谓其生前之赫奕，难堪死后之寂寥也。而况有土之万乘，掷河山于他人，受未死之屈辱，可怜可伤，不更万倍乎？盖感愤于废帝极矣！”其实这首《拟古》其四同东晋废帝司马德文毫不相干。黄氏乃是戴着一副“忠愤”眼镜来解说陶诗的铁杆分子，一个司马德文弄得他六神不安。后来清朝人陶澍在他那部带有集大成意味的集注本《靖节先生集》卷四中就此诗写道：“慷慨而争，同归于尽，后之视今将亦犹今之视昔耳。哀司马即是哀刘裕，意在言外，当善会之。”谈读后感当然可以自由一点，但由来已久的“忠愤说”也总是在干扰人们的感慨取向，看来非加以清扫不可。

其五　东方有一士，被服常不完。三旬九遇食，十年著一冠。
辛苦无此比，常有好容颜。我欲观其人，晨去越河关。
青松夹路生，白云宿檐端。知我故来意，取琴为我弹。
上弦惊别鹤，下弦操孤鸾。愿留就君住，从今至岁寒。

中国古人非常愿意拜访具有特异功能的高人，看他表演，向他学习。先前的阮籍、嵇康都曾经到深山里去拜见高人。陶渊明尚未如此痴迷而付诸行动，只是在诗里虚拟了一段这样的情节，以表示其向往之意。

陶渊明笔下的这位住在高山上(由"白云宿檐端"一句知之)的高士倒也没有什么别的什么特别，只是衣食不周生活辛苦而"常有好容颜"，近乎半仙。看来他根本不管物质生活而极其重视精神生活，而精神生活的基本点就是孤独，一定要遗世而独立。所以他弹奏的曲子是《别鹤》和《孤鸾》。

陶渊明极其重视精神修养，强调孤独就是力量。其《归去来兮辞》中有云："云无心以出岫，鸟倦飞而知还。景翳翳以将入，抚孤松而盘桓。归去来兮，请息交以绝游。世与我而相违，复驾言兮焉求?"如此则陶渊明的孤独乃是一种不得已，所以他有时也会感到不大舒服，《饮酒》其四云："栖栖失群鸟，日暮犹独飞。徘徊无定止，夜夜声转悲。厉响思清远，去来何依依。因值孤生松，敛翮遥来归。劲风无荣木，此荫独不衰。托身已得所，千载不相违。"可知当陶渊明"失群"之初还有点不大适应，甚至会发出悲声。而更高层面的孤独如《拟古》其五中的东方之士则并非如此，他的孤独不是被迫的，是主动而自得其乐的。中国古代历来有本可以进入主流社会而却主动走向边缘甚至跑出体制之外去的人物。边缘上比较自由，体制外就更自由，但此岸的好处也会同时失去。陶渊明认为要失得起，要在失去以后还能"常有好容颜"。

黄文焕说："东晋祚移而举世无复为东之人矣，特言'东方有一士'，系其人于东也。鸾孤鹤别，岂复有耦哉。嗟夫，真能为晋忠臣者，渊明一身而已。自喻自负。"（《陶诗析义》卷四）——东晋终结后，它在世界上只有一个忠臣，这就是陶渊明。用这种调子来称颂陶渊明，也可以说是"辛苦无此比"而绝无仅有的了。

其六 苍苍谷中树，冬夏常如兹。年年见霜雪，谁谓不知时？
厌闻世上语，结友到临淄。稷下多谈士，指彼决吾疑。
装束既有日，已与家人辞。行行停出门，还坐更自思。
不怨道里长，但畏人我欺。万一不合意，永为世笑嗤。
伊怀难具道，为君作此诗。

陶渊明这首诗一共十八句，重心在后十四句，借一位打算到临淄去听取稷下谈士之高论的求索者在临行之前忽然取消此行的简单情节，表达了诗人的一种深思，他怕上当受骗，决定还是独立自主地来解决自己思想上的疑问。

山谷里的常青树，经历过各种气候，而不为所动，长青如故。这一形象同独立自主不受人欺的思想者，可谓异质同构，交相辉映。所以这首诗以"苍苍谷中树"等四句来起兴，构成思想与形象融会交响的格局。

先秦时代齐国的稷下曾经是思想家们活动的一大中心，司马迁说："（齐）宣王喜文学游说之士，自如驺衍、淳于髡、田骈、接予、慎到、环渊之徒七十六人，皆赐列第，为上大夫，不治而议论。是以齐稷下学士复盛，且数百千人。"（《史记·田敬仲完世家》）百家争鸣集中地表现于此。东晋的思想界没有这样繁荣，但儒、道、佛诸家也都非常活跃，庐山上慧远的净土宣传尤其给力。陶渊明也未尝不想向各路思想取经，但他终于决定还是自己来做主。

陶渊明此诗的高处在于,诗人并不回避自己的犹豫和动摇,他曾经打算到临淄去请稷下谈士来解决自己思想上的疑问,甚至已经收拾好行装就要出门了,到最后关头却“还坐更自思”,终于决定不去。这样的笔法很容易令人想起《离骚》,屈原准备好出国去,而且已经开始上路,却在飞出国门之前停了下来——“朝发轫于天津兮,夕余至乎西极。凤凰翼其承旗兮,高翱翔之翼翼……驾八龙之婉婉兮,载云旗之委蛇。抑志而弭节兮,神高驰之邈邈。奏《九歌》而舞《韶》兮,聊假日以愉乐。陟升皇之赫戏兮,忽临睨夫旧乡。仆夫悲余马怀兮,蜷局顾而不行。乱曰:已矣哉,国无人莫我知兮,又何怀乎故都。既莫足与为美政兮,吾将从彭咸之所居!”

一般认为《拟古》是学《古诗十九首》的,那时还没有十九首之说(要到《文选》以后才有),可以看到的五言古诗相当地多,陶渊明的《拟古》学这些是没有疑问的,同时他还学别的文学遗产。从外貌上看,陶渊明同屈原的作品似乎没有多少关系,其实他还是从这位老前辈大诗人那里学到许多东西,只是不大露出明显的痕迹罢了。最后关头发生变化,大彻大悟,这样写是大有诗意而且不无依托的。

在文学领域内,学习前人而生吞活剥,那就不专业了。

其七　日暮天无云,春风扇微和。佳人美清夜,达曙酣且歌。
歌竟长叹息,持此感人多。皎皎云间月,灼灼叶中华。
岂无一时好,不久当如何?

《拟古》九首,萧统在《文选》中只选录了第七首,被列入《文选》卷三十《杂拟上》。

写拟古诗大约可以有三种路子:一是模拟某一具体的古代诗篇,二是模拟某一具体的古代诗人,三是模拟古诗中的某种题材、风格和笔墨。前两种虽属正途，拘束太多，陆机拟古大抵取这个路子。陶渊明是不愿受拘束的，当他在彭泽当县令的时候，上级来了检查的官员督邮，有人提醒他应着正装，束带见之；陶渊明很不高兴受此拘束，立即挂印而去。他归隐的原因自然有种种，不仅是一个束带不束带的问题，但也可见他的不愿接受拘束，于是写起拟古诗来也就走上了第三条道路。

陶渊明平时写诗，题目往往很具体，《归园田居》《移居》《游斜川》……在这样的题目下写现实生活自然是合适的，由此而抒发人生感慨当然也未尝不可，但只能有那么一两句，不可能全力从事，不容易写得很充分。如果要集中地抒发某种感慨，题目就不能不换，例如可以用“咏怀”“感遇”“无题”之类，用“拟古”为题也是一个可行的办法。这是一只很大的篮子，什么菜都可以往里放。而且很具体的诗题必有较重的叙事成分，“拟古”一类题目则往往只须安排一点虚拟的叙事，而以抒情议论为主，获得许多表达意见的自由。

《拟古》其七的主题在于感慨人生易老，盛时难再，以歌女为中心来写。春风、佳人、清夜、酣饮、高歌，当然是美好的，正如明月、鲜花是美好的一样，但这些都是难以持久的，不久就会发生变化。

诸如此类的感慨，陶渊明在别的诗里也曾写过，但只是有那么一句两句，很快就得回到各诗的具体题目上去，不像这里如此集中，如此强烈。试将那些片段引来同此诗互证：“一世异朝市，此语真不虚。人生似幻化，终当归空无。”(《归园田居》其四)“悲日月之遂往，悼吾年之不留。”(《游斜川》诗序)“求我盛年欢，一毫无复意。去去转欲远，此生岂再值？”(《杂诗》其六)这样看来，从某种意义上来说，《拟古》其实可视为陶诗的一种提纲。认真读透这一组诗，就有可能纲举目张了。

其八　少时壮且厉，抚剑独行游。谁言行游近？张掖至幽州。
饥食首阳薇，渴饮易水流。不见相知人，惟见古时丘。
路边两高坟，伯牙与庄周。此士难再得，吾行欲何求。

同《拟古》中其他各首一样，这一首中的叙事成分也是虚拟性的，这样的安排是为诗的抒情、议论张本，当然其中也可能糅进了诗人自己的某些经历。

诗中的主人公到过首阳山，那是伯夷、叔齐兄弟退避隐居靠采薇过日子而不食周粟的地方；又到过易水，那是燕太子为刺客荆轲送别的地方。伯牙与庄周的坟墓究竟在什么地方，曾经有些传说，都未必很可靠。陶渊明这首诗的要点在于表明诗人对这几位古人的仰慕，其中的感慨评价大抵都有传统的依据。

孤竹君之二子伯夷、叔齐兄弟是儒家圣贤一再高度评价的大人物，据《史记·伯夷列传》，他们的著名事迹先是互相谦让，不肯接受其父留下的王位，都跑到周地来；后来是反对武王伐纣，叩马而谏，认为此乃“以暴易暴”；周取代商以后他们“义不食周粟”，终于饿死。儒家高度评价他们的仁义道德和高尚的原则性，孟子将伯夷与姜尚并称为“二老”，说：“二老者，天下之大老也。”(《孟子·离娄上》)陶渊明熟读儒家经典，对伯夷、叔齐当然十分尊重，见于他的《集圣贤群辅录》，又在诗里写道：“二子让国，相将海隅。天人革命，绝景穷居。采薇高歌，慨想黄虞。贞风凌俗，爰感懦夫。”(《读史述九章》其一)“积善云有报，夷叔在西山。善恶苟不应，何事空立言？九十行带索，饥寒况当年。不赖固穷节，百世当谁传。”(《饮酒》其二)前者完全是敷衍史传，“读史述”都是这样的写法。这些诗句无非是谈谈传统的话题，不能因为其中提到“革命”就简单地同晋、宋易代挂钩，以为是陶渊明“忠愤”的表现。孔、孟早就称颂伯夷、叔齐，他们本人并未面临什么易代。后者为伯夷、叔齐抱不平，并借以批评因果报应论，像伯夷、叔齐这样极端高尚的好人，并没有什么好报，最终却饿死了，讲因果完全是没有事实根据的空话！

荆轲是中国古代最著名的刺客，而所刺者又是暴秦的王，《史记·刺客列传》里写他的故事，非常生动，家喻户晓，特别是易水送别的一段，后来成了经典的场景："……遂发。太子及宾客知其事者，皆白衣冠以送之。至易水之上，既祖，取道，高渐离击筑，荆轲和而歌，为变徵之声，士皆垂泪涕泣。又前而为歌曰：'风萧萧兮易水寒，壮士一去兮不复还！'复为羽声慷慨，士皆瞋目，发尽上指冠。于是荆轲就车而去，终已不顾。"后文写荆轲在秦的宫殿里借口献图接近秦王，图穷而匕首见，"因左手把秦王之袖，而右手持匕首揕之"，已经到了这一步而竟然未能得手。当时鲁勾践就感慨说："嗟乎！惜哉，其不讲于刺剑之术也！"

陶渊明根据史传的记载，敷衍出一篇《咏荆轲》来。对刺客大感兴趣，诗也写得慷慨激昂，代表了陶渊明有时也会有热血沸腾感情冲动的一面。这同当下的政治局势并没有什么关系。

伯牙是古琴名家，他的知音是钟子期，完全能听懂他的演奏。后来钟子期死，伯牙不复鼓琴。陶渊明也很希望有自己的钟子期。（详见其《怨诗楚调示庞主簿邓治中》）庄周是道家大师，陶渊明在诗文中引用他的地方甚多，大大超过关于儒家经典的征引。庄子的知音是惠施，他们的意见往往不一致，但能够互相理解，惠施一死，庄子痛感从此没有对话的人了。诗中的主人公寻找"路边两高坟，伯牙与庄周"，大约是表示对知音的渴求和求之不得的失望。陶诗中另有两句道："知音苟不存，已矣何所悲"（《咏贫士》其一），找不到知音也只好拉倒。

儒家讲究"尚友古人"，同高尚的历史人物做朋友，从而提升自己,《拟古》其八的主旨在此。“忠愤”派自然不肯这样客观平淡地来读此诗,而总要同他们念念不忘的晋宋易代联系起来,其议论颇多牵强可笑者,例如:

此晋亡以后愤世之辞。首阳、易水,以寓夷、齐耻食周粟,荆轲为燕报仇之意。(何孟春注《陶靖节集》卷四)

夷、齐之叩马,荆轲之献图,生平慕之,今已矣,吾不能以昔之为商为燕者,为晋一明大义,少泄忿心矣。曰“不见相知人”,吾之力既不能施,吾之志亦莫能识也,但有,仍靠古丘作我知己,奈何奈何! 夷、齐、荆轲后忽接入牙、庄,章法幻奥。伯牙之琴不肯为不知音者轻鼓,庄周避世放言,不肯轻仕,得此人以为我之伴,虽不能匡复,犹堪偕隐,乃举世难觅也,又奈何!(黄文焕《陶诗析义》卷四)

不为易水荆轲,便作首阳夷、齐,此渊明“抚剑行游”初意。伯牙、庄周,其退步也。(蒋薰评《陶渊明集》卷四)

不管诗中提到一个什么人,都必有一番微言大义,而且都同改朝换代有关。如此则陶渊明哪里是什么隐士,倒像是潜伏在园田里的杀手或道德模范了!

其九　种桑长江边,三年望当采。枝条始欲茂,忽值山河改。
柯叶自摧折,根株浮沧海。春蚕既无食,寒衣欲谁待?
本不植高原,今日复何悔!

在这首《拟古》其九中因为有“忽值山河改”这样可以直接引申为改朝换代的句子,所以要将它解释为陶渊明对晋、宋易代的感慨,可以说是再容易不过的了。

而问题在于，以“忠愤”论陶特别是用以解释《拟古》诗的古代专家们，曾经反复强调诗人当时无法直言，所以不得不用了许多隐晦曲折的词句，或者说安排了大量的谜面以待他们来破译解码，那么这里的近乎直言不讳，倒是需要他们作出解释的，但他们对此一言不发，却只是很兴奋地说，看，“此章道出本意，不能自掩矣！”（李光地《榕村诗选》卷二）——陶渊明终于忍不住，干脆把事情挑明了！时贤亦有称此诗为“晋亡之诗史”者。

其实“忽值山河改”应当如实地看成是描写地形地貌的变化。在大江大河的两岸，因为水流的作用，或涨滩或崩岸是经常会发生的事情，所以太靠近水面的地方不能盖房子，也不宜种庄稼种树，以防产生损失。“种桑长江边”根本不是地方，所以后来发生“柯叶自摧折，根株浮沧海”的后果时，种桑者应该知道这事本来就是自己错了，后悔也没有用。

清初大学者何焯说得好：“此言下流不可处，不得谬比易代。”（《义门读书记》卷五十《陶靖节诗》）

《拟古》其九的意思是说，有些事可能预后不良并不难知道，硬着头皮去做是不明智的。如果做了，到时候就得接受其后果，而不必后悔。早干什么的？下棋总得远看几步，具有先见之明乃是人生智慧中重要的一条。

《拟古》这一组诗都是讲普遍规律讲人生哲理的，被安排在最后的这一首尤其显豁。明白事理的人不会在江边种桑，因为本来就不能对此寄予重大希望。还是多做点靠谱有把握的事情吧！

二、三点基本认识

将上文的琐碎议论总括起来，可以得到三点基本认识：

第一,虽然陶渊明传世的作品不算多,只有一百多首,但仍然可以看出他写诗路子甚广,有些是直接写他自己的生活和感受的,如《归园田居》《饮酒》等,读者最多,影响最大;另一些是根据书本写出来的,如《读史述九章》《咏荆轲》等;再有一些则如《拟古》,往往先叙述一点虚拟的情节,然后借此发表感慨和议论。最后这种写法比较复杂,作品也相对难懂一点,在某种意义上或者可以说是前两种模式的综合,代表了陶诗的最高水平。

第二,《拟古》甚少进入选本,影响也较小,一大原因是受到"忠愤说"的干扰,该说从《述酒》发难,旁及其他,其后果之一就是把《拟古》这九首诗解释得云山雾罩,似乎都是有关晋、宋易代的政治谜语,而陶渊明也被歪曲为东晋唯一的孤臣孽子,这样就消解了这些诗的思想和艺术价值,引不起读者的兴趣了。近年来已渐渐开始突破成见,实事求是地来解读《拟古》,但在总体估计上似尚未能彻底摆脱传统谬误的阴影。我们正应继续前进,把《拟古》从晋、宋易代的解释框架内完全解救出来。

第三,《拟古》九首内容非常丰富,简要地说是这样的:其一,应当笃于友情,批评不忠厚的作风;其二,向古代那位能做大事、讲究谦退、以"节义"著称的英雄田子泰表示敬意;其三,赞颂恋旧的操守,不赞成随便变化;其四,人寿几何,反对为功名富贵而斗争;其五,精神生活最重要,孤独就是力量;其六,思想上坚持独立自主,谨防受骗上当;其七,美好的东西总是不能持久的;其八,表示对伯夷、荆轲、伯牙、庄周等古代风流人物的景仰;其九,做事要有预见性,不要对不靠谱的事情寄予希望。这些虽然只是陶渊明关于人生经验的一些零星感想,却每一条都很有意思,其诗很值得反复细读。

复杂的人生思考

（《杂诗》）

中古时代多有所谓“杂诗”。这个专门名词解说起来约可分为两大义项，一是指相当一批诗的类别，一是用作某一首或某一组诗的具体标题。

在前一种义项下，说的是下列情形：前人的作品或本来就没有题目，或原有的题目在流传过程中亡佚，后人在编辑这些作品时为方便指称起见就称之为“杂诗”，例如著名的《古诗十九首》，在《文选》中就被纳入“杂诗”这一类。还有些诗，本来有标题并且也流传于后，而仍可纳入“杂诗”一类，如张衡的《四愁诗》，在《文选》中无类可归，于是也列入“杂诗”一类之下。

作为类别的“杂诗”概念，往往包容极广，可以统摄种种题材难以归类之诗。这时的“杂诗”有点像是一个编辑家建立的“诗歌收容所”。

在后一种义项下，诗人觉得某一作品难以命名，就避重就轻地称为“杂诗”。这个办法似乎是建安诗人们率先采用的，“三曹”“七子”中不少人用过“杂诗”这样的题目。《文选》卷二十九选录了王粲、刘祯《杂诗》各一首，曹丕《杂诗》二首，曹植《杂诗》六首等。李善在王粲《杂诗》题下出注说：“杂者，不拘流例，遇物即言，故云杂也。”后来的“咏怀”“感遇”“即事”“遣兴”以至“无题”等标题，大抵也是这一类的杂诗，只是换了些更新的说法。

杂诗往往抒发比较普泛的人生感慨，取一个什么具体的题目都不尽合适，篇数较多的时候尤其是如此，就将它们题作杂诗。中古诗歌中的杂诗,相当于后来散文中的杂感。

作为类别的杂诗和作为具体标题的杂诗虽然原是两回事,但很容易混为一谈,因为无伤大雅,也就可以不去严加别白。这种情形有点像现代文学中的"杂文"概念,按鲁迅的说法,编集子如果文章不分类而编年,就叫"杂文":"凡有文章,倘若分类,都有类可归,如果编年,那就只按作成的年月,不管文体,各种都夹在一处,于是成了'杂'。"(《且介亭杂文·序言》)在这种原来的意义上,"杂文"是文集的一个种类型即编年者,并不是指具体的某一篇文章;但是人们也往往说"这一篇杂文"如何如何——这种意义下的杂文其实相当于带有文学性的短评。

同组诗《饮酒》相似,陶渊明的《杂诗》十二首诗大约原非作于一时,稍后由他本人编集起来,而后来的人大约又有所增补改动。其中前八首大抵都是咏叹关于人生的思考和感悟。

其一　人生无根蒂,飘如陌上尘。分散逐风转,此已非常身。
落地为兄弟,何必骨肉亲!得欢当作乐,斗酒聚比邻。
盛年不重来,一日难再晨。及时当勉励,岁月不待人。

这诗讲人生短暂,"盛年"(二三十岁的青年时代)尤其短暂,光阴一去不复返,应及时努力,及时行乐。这是魏晋诗歌中反复咏唱过的一大主题,陶渊明也非常喜欢在诗里发表诸如此类的感叹。

其二　白日沦西阿,素月出东岭。遥遥万里辉,荡荡空中景。
风来入房户,夜中枕席冷。气变悟时易,不眠知夕永。
欲言无予和,挥杯劝孤影。日月掷人去,有志不获骋。
念此怀悲凄,终晓不能静。

《杂诗》其一说光阴一去不复返，其二则说因为理想未能实现而夜不能寐。“不眠知夕永”“终晓不能静”写失眠的情形最为简要中肯。大志未能实现这一层意思陶诗中曾反复提起，由此似可推知在他早年辗转于仕与隐之间多年，总是很有些难言之隐，他本人不大肯说，后人亦难知其详。

曾经有人认为，此诗中写“日沦月出，气变时易，似亦微指晋、宋革代之事而言。”（邱嘉穗《东山草堂陶诗笺》卷四）实属文外悬谈，毫无根据。把陶渊明的许多诗句硬往晋、宋易代上拉去，产生过极坏的影响，其流毒至今尚待进一步肃清。

其三　荣华难久居，盛衰不可量。昔为三春蕖，今作秋莲房。
严霜结野草，枯悴未遽央。日月有环周，我去不再阳。
眷眷往昔时，忆此断人肠。

这一首仍然讲盛时易过，而强调衰老来得很快，严霜令野草枯悴，自己的青春也那么一下子就过去了。陶渊明青年时代有多年在外面到处跑，后来觉得很可惜，“眷眷往昔时，忆此断人肠”——事情很可能是那些年的奋斗当初是寄予了重大的希望的，而最后落空了，还是回了故乡，还得从一般行政机关的“吏职”开始。

陶渊明早年的浪漫主义理想究竟包括哪些内容，现在无从确知。凡是未能实现的美梦，后来往往不愿被具体提到。先出去闯世界，然后不得已又回老家，正是许多人经历过的道路，用鲁迅小说《在酒楼上》的主人公吕纬甫的比喻来说，这相当于一只蜜蜂或苍蝇“飞了一个小圈子，便又回来停在原地点”。

理想不能实现，那就抛弃那些空想，过普通日子，享受生活的小乐趣吧。于是就拿这平庸的生活来报复先前的理想，甚至用来安排自己的一生,并从中寻找快乐和安慰。这种转折变化也是许多人经历过的。

其四 丈夫志四海,我愿不知老。亲戚共一处,子孙还相保。
觞弦肆朝日,樽中酒不燥。缓带尽欢娱,起晚眠常早。
孰若当世士,冰炭满怀抱。百年归丘垄,用此空名道!

陶渊明在《杂诗》其四中直言了其新的人生设计。这里开头说的“丈夫志四海”不过是虚晃一枪,事实是这样的远志已被抛弃,从此和老婆、孩子在一起,喝老酒,睡懒觉,不要任何空名,也不再有各种矛盾的念头(“冰炭满怀抱”),人生太短暂了,在被埋葬以前有什么必要去瞎忙呢。这话应当是陶渊明真实的想法,但听上去总不那么甘心,全部内容同开头所说的志在四海实在格格不入。

其五 忆我少壮时,无乐自欣豫。猛志逸四海,骞翮思远翥。
荏苒岁月颓,此心稍已去。值欢无复娱,每每多忧虑。
气力渐衰损,转觉日不如。壑舟无须臾,引我不得住。
前涂当几许?未知止泊处。古人惜寸阴,念此使人惧。

这样的似乎“欢娱”的日子其实充满了痛苦和忧虑,到第五首诗时,他摊出了更深层的想法。真正美好的还是青年时代,那时是即使没有什么可乐的事情,却仍然要高高兴兴的(“无乐自欣豫”)。青年时代充满了理想,有梦可做多么幸福,追梦的生活又是多么充实啊;可惜现在自己已经老了,即使有什么欢喜的事情也快活不起来(“值欢无复娱”),正在走向没落,走向死亡,只是不知道什么时候完蛋罢了,所以也还要爱惜光阴。晚年的陶渊明不免有点颓唐,尽管他一向强打精神,来享受生活。

其六　昔闻长者言，掩耳每不喜。奈何五十年，忽已亲此事。
求我盛年欢，一毫无复意。去去转欲远，此生岂再值。
倾家时作乐，竟此岁月驶。有子不留金，何用身后置！

《杂诗》其六主要谈了如何安排老年生活。所谓“长者言”无非就是老年人关于光阴似箭人生易老那些老生常谈，陆机《叹逝赋·序》说：“昔每闻长老追计平生，同时亲故或凋落已尽，或仅有存者……”，年轻时不爱听诸如此类的老话，等到自己过了五十岁，亲眼看到亲故凋谢（“忽已亲此事”），自己也渐渐老去，这才知道老话是有道理的，所以把钱花光、身体健康的方针是对的，这里的“有子不留金”用了汉朝人二疏的典故，太子太傅疏广、太子少傅疏受叔侄荣休时皇帝颇有赏赐，疏广回老家后天天请乡亲们喝酒，准备把那笔钱花光。有人劝他应多为子孙着想，给他们留些田产财宝，就此他发表了一通议论，阐明给子孙留下许多钱财只有坏处，不利于他们自力更生。陶渊明专门写过一首《咏二疏》发挥此意，是有名的诗篇。

其七　日月不肯迟，四时相催迫。寒风拂枯条，落叶掩长陌。
弱质与运颓，玄鬓早已白。素标插人头，前涂渐就窄。
家为逆旅舍，我如当去客。去去欲何之，南山有旧宅。

陶渊明是个达观的老人，对于行将来到的死亡，他抱一种非常通达的见解，听之任之，随时准备回老家。活着如住旅馆，总是临时的；死了是得到归宿，是回了老家。陶渊明关于死亡写过好几篇诗文，皆豁达之至，应为老年人所必读。

其八　代耕本非望，所业在田桑。躬亲未曾替，寒馁常糟糠。
岂期过满腹，但愿饱粳粮。御冬足大布，粗絺以应阳。

正尔不能得,哀哉亦可伤!人皆尽获宜,拙生失其方。
理也可奈何,且为陶一觞。

陶渊明对于功名、利禄、家庭、子女、生活、死亡都看得通明透亮,但他仍然觉得自己的一生很失败,辛辛苦苦地躬耕,也没有能够保住基本的生活,所以在这一组诗的最后他发了一通牢骚。

"代耕"指当官,《孟子·万章下》说:"禄足以代其耕";自己不想当官,愿意靠种地养活自己一家,这应当是最正当的吧,但活得很是窘迫,连最基本的生活都有些问题,令人哀伤。这是什么道理?实在想不通,毫无办法,还是来喝一杯吧。这正是庄子知其无可奈何而安之若命的意思,陶渊明一向用这种精神胜利法来安慰自己,渡过种种难关。

可以当官而不想当官,而虽欲自力更生又颇不可得,活得非常艰难——这是陶渊明最大的悲哀,也是他对当时社会最深刻的控诉。他为什么会写《桃花源记并诗》,可以由此得到解释。

其九　遥遥从羁役,一心处两端。掩泪泛东逝,顺流追时迁。
日没星与昴,势翳西山巅。萧条隔天涯,惆怅念常餐。
慷慨思南归,路遐无由缘。关梁难亏替,绝音寄斯篇。

其十　闲居执荡志,时驶不可稽。驱役无停息,轩裳逝东崖。
沉阴拟薰麝,寒气激我怀。岁月有常御,我来淹已弥。
慷慨忆绸缪,此情久已离。荏苒经十载,暂为人所羁。
庭宇翳余木,倏忽日月亏。

其十一　我行未云远,回顾惨风凉。春燕应节起,高飞拂尘梁。
边雁悲无所,代谢归北乡。离鹍鸣清池,涉暑经秋霜。

愁人难为辞，遥遥春夜长。

《杂诗》其九、十、十一这三首似乎都涉及陶渊明最初出仕的经历，并就此发表感慨。关于陶渊明的出仕，现在一般都认为开始于他二十九岁时始任江州祭酒，《宋书·陶潜传》："亲老家贫，起为州祭酒；不堪吏职，少日自解归。州召主簿，不就。躬耕自资，遂抱羸疾。"此事一般系于太元十八年(393)他二十九岁时，由此下数到义熙元年(405)他彻底退出官场，前后十三年，而这就被认为是《归园田居》其一之所谓"误落尘网中，一去十三年"。

但是"起为州祭酒"未必就是他的初仕。从《杂诗》中间的这三首诗看去，在充当州祭酒之前，陶渊明从二十岁起已经走出茅庐，忙于某种公务——是属于那种经常要舟车劳顿的差事，所以诗中称为"羁役""驱役"，"荏苒经十载，暂为人所羁"。

此事在正式的史传中未见记载，这里恰恰可以以诗补史。从"掩泪泛东逝，顺流追时迁"以及"慷慨思南归，路遐无由缘""沉阴拟薰麝，寒气激我怀"这些诗句看去，诗人似乎时时到长江下游去，那里有东晋的首都，看来他又曾到寒冷的北方去过，淹留甚久。那时南北对峙，东晋官兵在谢玄领导下正在北伐，估计陶渊明也曾代表江州刺史桓伊去执行特别的使命。

其十二 袅袅松标崖，婉娈柔童子。年始三五间，乔柯何可倚？
养色含津气，粲然有心理。

列于最后的《杂诗》其十二是一首有点怪异的作品。这一首太短，内容与前面各首也不相类，所以蒋薰说此诗"恐非《杂诗》，或《拟古》之十，亦缺落不全者"(蒋评本《陶渊明诗集》卷四)。事情很可能是如此。

这里所写的大约是所谓“仙童”,身体柔软,气色极佳。陶渊明在《拟古》其五中说起过“东方有一士,被服常不完。三旬九遇食,十年著一冠。辛苦无此比,常有好容颜”。这位活神仙的特异之处也在于面色极好看,而他的衣食都很糟糕。此其所以为神仙也。“袅袅松标崖”这一首在现存文本的前后应当还有些诗句,后来佚去,此诗遂不免费解。

但这首残缺而费解的诗仍然是有意义的,它表明当陶渊明在辛勤耕作而仍然不能保证最基本的生活之时,一方面寄希望于世外桃源,另一方面则不免向往神仙世界,所以他写过志怪小说《搜神后记》。曾经有人怀疑陶渊明既然那样旷达,又怎么会拳拳于鬼神。事实上他的旷达并不彻底,“理也可奈何”,理性之外的世界遂亦令他不无神往。

陶渊明好像很喜欢写组诗,在同一题目下陆续写出若干首,如《归园田居》《饮酒》《拟古》《读〈山海经〉》等皆属此类。一组中的各首之间大抵没有紧密的联系,全组显得比较松散,甚至杂乱。陶渊明一贯潇洒无拘束。

黄文焕在《陶诗析义》卷四却说陶渊明的组诗都是有严密组织的,《杂诗》也是如此,于是提出种种颇为牵强附会的分析,讲到第十二首更特别强调“结法最工,而其寓意深远,则尤在言外。”他把陶诗供起来读,顶礼膜拜之不暇,分析自不能中肯。要想将陶渊明研究深入一步,首先要把他请下神坛,回到那时的官场和田园里去。

贫士大谈贫士

(《咏贫士》)

病人总是喜欢谈他的病,贫士则喜欢谈论和歌咏他的贫。陶渊明亦不自外于此,“亲老家贫”是他常说的一句话,他当了大半辈子贫士,于是也就大写其贫士,有组诗《咏贫士》,凡七首。萧统《文选》选录了其中的第一首,列入今本卷三十“杂诗”部分。《文选》的选录标准在该书序言中曾有过明确的说明,但言之甚简;而从陶渊明《咏贫士》七选一这样的实例中,人们可以因为有了具体的依托而得到切实的领悟。

其一　万族各有托,孤云独无依。暧暧空中灭,何时见余晖。
　　　朝霞开宿雾,众鸟相与飞。迟迟出林翮,未夕复来归。
　　　量力守故辙,岂不寒与饥?知音苟不存,已矣何所悲。

这首诗从自己写起,说自己饥寒交迫,根子则在于坚持走一条清白自然的生活道路。“量力守故辙”,于是非饥寒不可了。

陶渊明之所谓“故辙”应当是指坚守故乡,躬耕于垄亩,而不愿意到官场里去打拼弄钱。

学而优则仕是那时的阳关大道,大量的一般的士人都走这样的道路,陶渊明的先辈也都是如此,同他们相比,陶渊明是一个孤独的另类。所以诗一上来就说“万族各有托,孤云独无依”——自己就是这种没有任何依托、没有世俗之所谓光明前途的孤云。

诗中接下来又打了一个比喻,说自己是一只笨鸟,在“众鸟相与飞”展翅争胜的时候,自己大为落伍,离开林子出发已经相当晚,却又早早地回了老窝,鸟倦飞而知还,这样哪里能找到多少食料?陶渊明初出江湖虽早,正式出仕却比较晚(二十九岁),而归隐又甚早(四十一岁),中间在官场里又总是断断续续的——这正是所谓"迟迟出林翮,未夕复来归",挨饿受冻是一定的了。

明知道没有什么利好,仍然固执己见,守其故辙。唯一的希望是还有几个至少一个理解自己的人,可以作为悲凉处境中的慰藉。如果连一个知音都没有,那就彻底绝望,完全心死,也无所用其悲伤了。

哀莫大于心死,能够悲伤还是荣幸的。这话令人不忍卒听。

其二　凄厉岁云暮,拥褐曝前轩。南圃无遗秀,枯条盈北园。
倾壶绝余沥,窥灶不见烟。诗书塞座外,日昃不遑研。
闲居非陈厄,窃有愠见言。何以慰吾怀?赖古多此贤。

此诗背景是寒冷肃杀的严冬,植物都凋谢了,自己无酒无食,只能靠晒太阳摄取一点热量。在这种可悲的贫穷生活中,能够作为慰藉的只有古代的若干贤人,他们也都是贫士。

前一首专谈自己,而实为全组诗的序曲;到这第二首开始转向古贤,其作用略似于八股文的"承题"。《咏贫士》是有计划的组诗,同他那些《饮酒》《拟古》等散漫的组诗不同。

其二诗中具体涉及的古贤只有一位,就是伟大的先师孔子。《论语·卫灵公》载:"在陈绝粮,从者病,莫能兴。子路愠见曰:'君子亦有穷乎?'子曰:'君子固穷,小人穷斯滥矣。'"孔子和他的学生们曾经厄于陈、蔡,在陈几乎断炊。其情形比起贫困闲居的自己来还要糟糕得多,当时连子路那样的高徒也不免情绪失常,大有怨言;而孔子则耐心地加以教诲,希望他在困难中坚持。

孔子是自己伟大的榜样，他的事迹是自己的安慰剂：世界上还有比自己伟大得多却又贫困得多的人物呢。这话听上去有点精神胜利法的味道。凡是现代人用来宽慰自己的理由，例如比上不足、比下有余，又如命中注定、只好认了，如此等等，陶渊明也都运用得很熟练很到位。读陶诗总是感到很亲切，他并不高高在上，而就在我们之中。可惜曾经有些专家总想把他打扮成一副神的模样，绝对高不可攀——殊不知这样恰恰让他离开读者而去，使得诗人和读者两败俱伤。

其三　荣叟老带索，欣然方弹琴。原生纳决履，清歌畅商音。
重华去我久，贫士世相寻。弊襟不掩肘，藜羹常乏斟。
岂忘袭轻裘？苟得非所钦。赐也徒能辩，乃不见吾心。

这首诗中提到了两位著名的贫士：荣启期和原宪。

传说中自得其乐的老汉荣启期据说与孔子同时，年纪更老一些。《列子·天瑞》载："孔子游于太山，见荣启期行乎郕之野，鹿裘带索，鼓琴而歌。孔子问曰：'先生所以乐，何也？'对曰：'吾乐甚多。天生万物，唯人为贵。而吾得为人矣，是一乐也。男女之别，男尊女卑，故以男为贵。吾既得为男矣，是二乐也。人生有不见日月、不免襁褓者。吾既已行年九十矣，是三乐也。贫者，士之常也。死者，人之终也。处常得终，当何忧哉？'孔子曰：'善乎，能自宽者也。'"荣启期不见于先秦经传，后来到《淮南子·主术训》里提到过他一下："夫荣启期一弹，而孔子三日乐，感于和。"此外《说苑·杂言篇》《孔子家语·六本篇》等比较早的载籍中也有关于他的记载。《列子》里给他安排的一段话则更为有名。要自己宽慰自己，根据可以很多，"贫者，士之常也"尤为见道之言。既然是知识精英、社会良心，那就不可能富裕。

原宪是孔子的学生,非常之穷,而操守不变,《韩诗外传》卷一第九章载:“原宪居鲁,环堵之室,茨以蒿莱,蓬户瓮牖,揉桑而为枢。上漏下湿,匡坐而弦歌。子贡乘肥马,衣轻裘,中绀而表素,轩车不容巷而往见之。原宪楮冠黎杖而应门,正冠则缨绝,振襟则肘见,纳履则踵决。子贡曰:‘嘻!先生何病也?’原宪仰而应之,曰:‘宪闻之,无财之谓贫,学而不能行之谓病。宪贫也,非病也。若夫希世而行,比周而友,学以为人,教以为己,仁义之匿,车马之饰,衣裘之丽,宪不忍为之也。’子贡逡巡,面有惭色,不辞而去。原宪乃徐步曳杖歌《商颂》而反,声满于天地,如出金石。”高大的贫士,藐小的达人,其形象对比之鲜明有如此者。

陶渊明说,自从尧、舜(重华)的时代结束以后,世界上总是有贫士,他们固然也希望过更好的生活,而如果他们放弃崇高的道德原则也可以苟且弄钱,但他们不肯。宁可贫穷,不能丢了原则。原宪说,有些事情是他不忍为之的。这样的道理为子贡之流不能理解,尽管他也是孔子的学生。陶渊明在《五柳先生传》中描写自己说:“环堵萧然,不蔽风日,短褐穿结,箪瓢屡空,晏如也。”这正是原宪的派头。

曾经有一种解说,认为陶渊明在这里提到的舜是树立标杆的意思,与前面说起孔子的作用一样,“以受厄陈蔡之孔氏、耕稼陶渔之重华,立贫士两大榜样”(黄文焕《陶诗析义》卷四)云云。这样看显然与诗意不合。虞舜在位时是上古的盛世,一个非常理想的时代,那时世界上根本没有贫士。(《庄子·秋水》:“当尧、舜而天下无穷人。”)陶渊明希望世界上没有贫士,所以才写著名的《桃花源记并诗》以寄托自己的理想。在陶渊明心目中,舜是上古的圣王,而非“资深”的贫士。

可惜现在不是那样的盛世了,所以只好来讲究操守,安于“君子固穷”。

其四　安贫守贱者，自古有黔娄。好爵吾不荣，厚馈吾不酬。
一旦寿命尽，弊服仍不周。岂不知其极，非道故无忧。
从来将千载，未复见斯俦。朝与仁义生，夕死复何求？

黔娄是古代贫士的一个著名的代表，陶渊明对他极其钦佩，其《五柳先生传》文末云："黔娄之妻有言：'不戚戚于贫贱，不汲汲于富贵。'极其言，兹若人之俦乎！"最可见他一向以黔娄为榜样。黔娄一向默默无闻，他的事迹到他死后才由其妻介绍出来："黔娄先生死。曾子与门人往吊之，其妻出户，曾子吊之。上堂，见先生之尸在牖下，枕墼席藁，缊袍不表。覆以布被，手足不尽敛，覆头则足见，覆足则头见……其妻曰：'昔先生，君尝欲授之政，以为国相，辞而不为，是有余贵也。君尝赐之粟三十钟，先生辞而不受，是有余富也。彼先生者，甘天下之淡味，安天下之卑位。不戚戚于贫贱，不忻忻于富贵，求仁而得仁，求义而得义。'"(《列女传》)

坚持自己的原则，视富贵如浮云。古代的士人一向讲究这样的操守，其高端人物无求无忧，安贫乐道，讲究"朝闻道，夕死可矣"。陶渊明也是这一方面的杰出人物。当然并非一开始就如此，他也曾为脱贫而出仕，摸爬滚打了许多年，最后才想通了道理，毅然急流勇退，回老家当他的贫士，并且写下了这样一组专咏贫士的诗。

黔娄虽然穷得不堪，却一声不吭。陶渊明还达不到这种崇高而无言的境界，他总还有点念念不忘自己的贫穷，在诗中诉过苦，甚至也发过牢骚。他到底是性情中人，是不能已于言的诗人，同那种一味坚韧绝不开口的高人不同。伟大也要有人懂，说出来还是好的。

其五　袁安困积雪，邈然不可干。阮公见钱入，即日弃其官。
刍藁有常温，采莒足朝餐。岂不实辛苦？所惧非饥寒。
贫富常交战，道胜无戚颜。至德冠邦闾，清节映西关。

这首诗里提到两位贫士，一是袁安，一是阮公。

袁安是东汉汝南人，《后汉书》有传，该传注引《汝南先贤传》记载了他一件轶事："时大雪积地丈余，洛阳令身出案行，见人家皆除雪出，有乞食者。至袁安门，无有行路，谓安已死。令人除雪入户，见安僵卧。问：'何以不出？'答曰：'大雪，人皆饿，不宜干人。'"现在大家都很困难，不宜出门去求人乞食找麻烦。而陶渊明诗中的意思，似乎是说袁安本人虽然困于积雪极其困难，却仍然不可冒犯，这就很有些出入了。陶渊明读书不求甚解，这里出了点小差错。

"阮公见钱入，即日弃其官"二句本事不详，看来意思似乎是有人向阮公送钱行贿，他觉得这官不能当，当天就挂冠而去。

宁可穷，不做丢身份的事情。

但饥寒辛苦终非人情之所欲，只是为了坚持原则才来忍受这种痛苦。求富和安贫两种思路也常常打架，而道德战胜了欲望，所以没有发愁的表情。

陶渊明承认自己思想上有矛盾，并不冒充绝对的崇高，此其所以真伟大。鲁迅说他固然解剖别人，而更无情地解剖自己。凡真正的高人，都是如此。

其六　仲蔚爱穷居，绕宅生蒿蓬。翳然绝交游，赋诗颇能工。
举世无知者，止有一刘龚。此士胡独然？实由罕所同。
介焉安其业，所乐非穷通。人事固以拙，聊得长相从。

东汉贫士张仲蔚"隐身不仕。明天官博物，善属文，好诗赋。常居穷素，所处蓬蒿没人。闭门养性，不治荣名。时人莫识，唯刘龚知之"(皇甫谧《高士传》)。不求闻达，一味闭门高隐，陶渊明非常佩服他，《咏贫士》其六前半叙述其人其事，后半就此大发感慨。这样来写诗，貌似咏史，而实为咏怀，此乃左思以来的新传统，所以钟嵘《诗品》说陶渊明“又协左思风力”。

张仲蔚有一个知音就是刘龚，这是值得羡慕的。人生得一知己足矣。陶渊明《饮酒》其十六诗云：“少年罕人事，游好在六经。行行向不惑，淹留遂无成。竟抱固穷节，饥寒饱所更。弊庐交悲风，荒草没前庭。披褐守长夜，晨鸡不肯鸣。孟公不在兹，终以翳吾情。”这首诗本来是写他自己如何坚持“君子固穷”之节操的，到最后忽然提到世界上没有一位孟公（即刘龚）能理解自己。饥寒交迫长夜难眠固然痛苦，无人理解孤独寂寞则更加痛苦。陶渊明痛感自己的命运不如张仲蔚，这也是他一味说真话的表现。崇高也要有人能理解。

其七　昔在黄子廉，弹冠佐名州。一朝辞吏归，清贫略难俦。
年饥感仁妻，泣涕向我流。丈夫虽有志，固为儿女忧。
惠孙一晤叹，腆赠竟莫酬。谁云固穷难？邈哉此前修。

这首诗里歌咏的贫士黄子廉，比前几首提起的贫士知名度要低得多，其人只在《三国志·吴书·黄盖传》里提到过一下，他是赤壁之战名将黄盖的祖先，除了留下一个姓名之外其他一无所知。据陶渊明此诗可知他辞官后很穷，一位叫惠孙的送他一笔厚礼，他不肯接受。其详亦不得而知。陶渊明读书甚广，我们要跟上他颇觉为难。

萧统《陶渊明传》记载了陶渊明晚年的一件轶事：“江州刺史檀道济往候之，偃卧瘠馁有日矣。道济谓曰：‘贤者处世，天下无道则隐，有道则至；今子生文明之世，奈何自苦如此？’对曰：‘潜也何敢望圣贤，志不及也。’道济馈以粱肉，麾而去之。”檀道济那一番话陶渊明不入耳,客客气气顶了回去,也拒绝接收他送来的礼品。这样的作派很靠近黄子廉,“谁云固穷难?”只要言行一致,应该可以像“前修”(古贤)一样做一个高尚的贫士。

关于《咏贫士》七首,前人有两段评说较得要领:

一是张荫嘉说:“寻其义理,首章总冒,次章自咏,下五章皆咏古来贫士以为证也。”(《古诗赏析》卷十四)这样来读原诗,头绪比较清楚;只是“以为证”这个提法不好,陶渊明并不要证明什么结论,或可改作“下五章皆分咏古来贫士也”。

二是马墣就其七的“谁云固穷难? 邈哉此前修”二句分析说:“末二句总结后五首,又应第二首结句‘赖古多此贤’意。前二首自咏,后五首承‘赖古多此贤’句,以见贫者世世相寻之意,而渊明亦自在其内也。”(《陶诗本义》卷四)这是对的,但应注意其一固是自咏,而亦能起到组诗“总冒”作用,且不甚露其痕迹。

还可以补充一说的是,虽然“下五章皆咏古来贫士”,而各有其独特的结构和角度,并不整齐或曰呆板。陶渊明写诗一向举重若轻,貌似随意闲谈,而无不平淡有味。此事似易而实难。

逐一读过这七首《咏贫士》以后就很容易明白,萧统何以只选录其中第一首。这一组七首的诗有着明确的分工,其一总冒,其二转折,其三至其七分述古代若干贫士。如欲只选一首,最佳的选择自是其一;其二也还有某种可能,但这一首大抵是直言其事的“赋”,而少比兴即比喻和联想,又缺少像“量力守故辙”这样的警句,萧统最看重的“翰藻”也略逊于其一。所以要选《咏贫士》中的篇章,其一实为最佳的选择。

由此一例,可以推想萧统如何好中选优,来编他的大型文学作品选《文选》。

“放意乐余年，遑恤身后虑”

（《咏二疏》）

陶渊明结过两次婚，前后生的五个儿子后来皆默默无闻，用传统的观点看去大约可以说都没有什么大出息；陶渊明很爱他们，但既不逼他们成才，也不打算给他们留下多少财产。

陶渊明前后当过好几任官，本来完全可以继续当下去，想要为自己以及子女多攒些钱原非难事，而他竟然义无反顾地归隐了。因为是自炒鱿鱼，自然没有任何待遇。失去官俸，收入锐减；好在他还有点田产，过日子没有问题（这种独立自足的经济状况乃是他敢于断然归隐从而保持个人自由的必要条件），但要为子女留下财产就困难了——而他也根本不作此想。

陶渊明主张子女自力更生，不当啃老族。这一层意思见于他的一首咏史诗《咏二疏》。

“二疏”指西汉的两位高官疏广、疏受叔侄。《汉书·疏广传》载，他们二人分别担任太子太傅、太子少傅，叔侄二人同时皆为太子之师，极其风光；但是只干了五年，疏广就提出要求退休，《汉书》本传载：“广谓受曰：‘吾闻“知足不辱，知止不殆”，“功遂身退，天之道也”，今仕官至二千石，宦成名立，如此不去，惧有后悔。岂如父子相随出关，归老故乡，以寿命终，不亦善乎？’受叩头曰：‘从大人议。’即日父子俱移病。满三月赐告，广遂称笃，上疏乞骸骨。上以其年笃老，皆许之。”于是皇帝和太子厚予赏赐，公卿大夫、故人邑子举行盛大的欢送宴会，叔侄二人顺利地退休回乡。那时太子还小，其外祖父大有干预太子早期教育之意，疏广进行过若干抵制，他大约是怕有什么后遗症吧，遂决定及早抽身。

《汉书·疏广传》对此中的曲折有所涉及，但人们津津乐道的是疏广不仅十分明智地急流勇退，而尤其在于他不同于流俗的处理财产的方式，《汉书》本传亦以此为重点，详加叙述道——“广既归乡里，日令家共具设酒食，请族人故旧宾客，与相娱乐。数问其家金余尚有几所，趣卖以共具。居岁余，广子孙窃谓其昆弟老人广所爱幸者曰：‘子孙几及君时颇立产业基址，今日饮食〔费〕且尽。宜从丈人所，劝说君买田宅。’老人即以闲暇时为广言此计。广曰：‘吾岂老悖不念子孙哉？顾自有旧田庐，令子孙勤力其中，足以共衣食，与凡人齐。今复增益之以为赢余，但教子孙怠惰耳。贤而多财，则损其志；愚而多财，则益其过。且夫富者，众人之怨也；吾既亡以教化子孙，不欲益其过而生怨。又此金者，圣主所以惠养老臣也，故乐与乡党宗族共飨其赐，以尽吾余日，不亦可乎！’于是族人说(悦)服。皆以寿终。”疏广虽然得到大量赏赐，完全不考虑为子女购置田产和住宅，却准备用光拉倒，因为在他看来，官二代的年轻人无论贤与不肖，仰仗父辈而“多财”绝不是什么好事。最好是自力更生，过“凡人”的日子，凭“勤力”开辟自己的生活道路。“贤而多财，则损其志；愚而多财，则益其过”，这一番话流露了多么深刻而不同于流俗的人生智慧！

陶渊明对于子孙的未来亦复采取极其通达明智的态度，关于身后之事包括子女的未来决不多作徒劳无益的过虑，因此很自然地同“二疏”产生共鸣，并曾专取此叔侄二人为题材来写咏史诗，《咏二疏》诗云：

> 大象转四时，功成者自去。借问衰周来，几人得其趣？
> 游目汉廷中，二疏复此举。高啸返旧居，长揖储君傅。
> 饯送倾皇朝，华轩盈道路。离别情所悲，余荣何足顾。
> 事胜感行人，贤哉岂常誉。厌厌闾里欢，所营非近务。

促席延故老，挥觞道平素。问金终寄心，清言晓未悟。
放意乐余年，遑恤身后虑。谁云其人亡，久而道弥著！

此诗在陶渊明的作品中不算很重要，但仍然大有意味。诗的写法基本是敷演史传，这本是咏史诗的老传统，自班固《咏史》以下，作品指不胜屈，陶渊明的高明处在于“据事直书，而寄托之意自见”（邱嘉穗《东山草堂陶诗笺》卷四）；当然，陶渊明也有自己的别择和重点，他固然关注二疏的功成身退，似有自喻之意，即所谓“咏二疏去位，所以自况其辞彭泽而归田也”（邱嘉穗《东山草堂陶诗笺》卷四），而重点并不在此，诗中尤其强调的是疏广“放意乐余年”，不让子女当啃老族——这应当是曲折地表达了他本人的人生态度。

诗中写得最来神的是“促席延故老，挥觞道平素。问金终寄心，清言晓未悟”这四句。疏广之“问金”是为了“寄心”，不同于一般的查账；他的意思一时未被其族人理解，因此有必要“清言晓未悟”。“问金”即指《汉书·疏广传》所载“数问其家金余尚有几所”，查询还剩下多少钱是为了把它花光。此事最能表现疏广的风流旷达与深谋远虑。金钱在实际生活中大有作用，关键要看怎么弄钱，怎么花钱。疏广那一大笔钱来自皇家的恩赐，来路在当时是光明正大、完全合法的；不打算留给子女，则是怕他们因此而损志益过——他为下一代考虑得很深远。陶渊明最重视的正是疏广老先生拿来开导未觉悟者的那十六字“清言”。

陶渊明也是不忌讳谈钱的，《宋书》本传载，陶渊明很明确地“谓亲朋曰：‘聊欲弦歌，以为三径之资，可乎？’执事者闻之，以为彭泽令”。归隐也得有一定的本钱；他本人在《归去来兮辞》的序里说过，到彭泽去当县令，就是想弄点“公田之利”来喝酒，说法比较风雅，而不讳言过日子要花钱则无异。然而他同疏广一样，也不打算给子女留多少钱——事实上他也没有什么钱，想通这样的道理就显得更为必要。

现在有多少父母能够彻底想通这个道理，即使很有钱也教育子女甘于过“凡人”的生活，并且放手让他们自己去奋斗，去自力更生？

在陶渊明以前，西晋诗人张协已经先写过一首咏二疏的《咏史》诗：“昔在西京时，朝野多欢娱。蔼蔼东都门，群公祖二疏。朱轩曜金城，供帐临长衢。达人知止足，遗荣忽如无。抽簪解朝衣，散发归海隅。行人为陨涕，贤哉此丈夫。挥金乐当年，岁暮不留储。顾谓四座宾，多财为累愚。清风激万代，名与天壤俱。咄此蝉冕客，君绅宜见书。”也是根据《汉书·疏广传》加以敷演，他也关注到“多财为累愚”这样的道理，内容与陶诗大同小异；但细读下来，仍然可以看到二者之间细微的差别：一是张协的诗多有教训别人的气味，与陶渊明的读书得间、与古人共鸣有所不同；二是张诗大抵平均使用力量，完全按史传材料敷演，看不出独特的心得和立言的重点。张协是很优秀的诗人，其人被钟嵘《诗品》列入上品，称为“旷代之高手”，他这首诗曾被收入萧统《文选》(卷二十一)，而其水平离陶渊明(《诗品》列入中品)的《咏二疏》尚有一定的差距。

“惜而哀之，不以为非”
(《咏三良》)

上古有一种野蛮的风俗用活人殉葬，后来文明程度提高，不再用这个办法，但也偶有倒行逆施仍用古风的。春秋时代的秦缪(或作“穆”)公就是一个，《左传》文公六年(前621)载：“秦伯任好卒，以子车氏之三子奄息、仲行、鍼虎为殉，皆秦之良也。国人哀之，为之赋《黄鸟》。”《史记·秦本纪》也有记载，说缪公死后“从死者百七十七人，秦之良臣子舆氏三人名曰奄息、仲行、鍼虎，亦在从死之中。秦人哀之，为作歌《黄鸟》之诗”。

《黄鸟》在《诗经·国风·秦风》中，诗凡三章，其首章曰：“交交黄鸟，止于棘。谁从穆公？子车奄息。维此奄息，百夫之特。临其穴，惴惴其栗。彼苍者天，歼我良人。如可赎兮，人百其身！”以下两章分别说子车仲行和子车鍼虎，称颂他们也都是百里挑一的好汉，而现在都因殉葬而死，自己愿意死一百次把他们救赎出来。

现在秦始皇陵墓里的那些兵马俑，在穆公时代都是“三良”等活人！

“三良”即子车氏之三子，后来成为诗歌里一再被歌咏的对象，内容往往是称颂这三位的品德和能力，对他们的殉葬而死表示痛惜和哀悼。建安诗人曹植、王粲、阮瑀等都就此写过咏史诗。

在“咏三良”这一个传统的咏史题目下，陶渊明也写下了自己的一首《咏三良》：

弹冠乘通津，但惧时我遗。服勤尽岁月，常恐功愈微。

忠情谬获露,遂为君所私。出则陪文舆,入必侍丹帷。
箴规向已从,计议初无亏。一朝长逝后,愿言同此归。
厚恩固难忘,君命安可违!临穴罔惟疑,投义志攸希。
荆棘笼高坟,黄鸟声正悲。良人不可赎,泫然沾我衣。

诗里想象三良(即子车氏之三子)当初全心全意为秦伯效劳,"出则陪文舆,入必侍丹帷",简直形影不离,所以穆公死时,要他们一起走,继续在一起,"三良"也愿意同他一起去死,因为"厚恩固难忘,君命安可违!"他们在面临殉葬的时候,没有任何迟疑。这样的立言,很容易令人想起建安七子之一王粲《咏三良》诗中的句子:"结发事明君,受恩良不訾。临没要之死,焉得不相随。"陶渊明也说君命不可违,他们都不以三良之殉葬为非。但是陶渊明又说,当确知三良将死而无可救赎时,自己也流下大量的眼泪,沾湿了衣服。加起来看,陶此诗的基调是"惜而哀之,不以为非"(张潮、卓尔堪、张师孔同阅《曹陶谢三家诗·陶集》卷四)。

陶渊明此诗作于何时颇不可知,前人有一种推测,认为作于晋、宋易代之后,且有具体的影射。明朝人黄文焕《陶诗析义》卷四说:"《咏二疏》《(咏)三良》《(咏)荆轲》,想属一时之作,虽岁月不可考,而以诗旨揣之,大约为禅宋后。……祚移君逝,有死而报君父之恩如三良者乎?无人矣。有生而报君父之仇如荆轲者乎?又无人矣。以吊古之怀,并作伤今之泪……"清朝人陶澍在集注本《靖节先生集》卷四中说:"古人咏史,皆是咏怀,未有泛作史论者……渊明云:'厚恩固难忘','投义志攸希。'此悼张祎之不忍进毒,而自饮先死也。"

陶澍沿着黄文焕的思路向前更走了一步,认为陶渊明的痛惜"三良"指向哀悼晋、宋易代之际的张祎。其说颇有影响。按,东晋末代皇帝恭帝司马德文很痛快地向刘裕交出了皇帝的大印,刘裕安排他当零陵王，其办法很像是东汉末代皇帝刘协下台后被安排为山阳公；但司马德文的命运差多了，刘裕派张祎去进毒酒，张祎不干，自饮毒酒而死，于是另派士兵进入零陵王住处进毒酒，王不肯饮，遂掩杀之。三良的情形同张祎相去极远，毫不相干，无从影射。

陶渊明对刘裕那种斩尽杀绝毫无意义的残酷举措虽然不满，但他并没有忠于东晋王朝的意思。陶渊明的《咏三良》未必作于晋、宋易代之后，也未必指向当下的政治事件，没有任何证据能证明这两点。“古人咏史，皆是咏怀，未有泛作史论者”，这话也显得绝对化，泛作史论者也时时有之，当然借咏史以咏怀者亦颇多见，但其怀如何，应具体情况具体分析，绝对不宜径往政治大事上拉去并妄加议论。

袁行霈先生说：“渊明此诗不过模拟旧题，未必影射现实。张祎之死，与三良殊不类，亦难比附也。”“三良受重恩于秦穆公，君臣相合，求仕者至此盖无憾矣。而厚恩难忘，君命难违，一旦君王长逝，遂以身殉之。言外之意，反不如不乘通津，不恐功微，明哲以保身也。”(《陶渊明集笺注》)这样来揣度此诗的深意，高于旧说多多矣。

“死知己”还是“勇且愚”

（《咏荆轲》）

道学大宗师朱熹是鉴赏水平很高的文学批评家，他在陶渊明的作品中特别拈出《咏荆轲》这一首来大加表彰，说：“渊明诗，人皆说平淡，余看他自豪放，但豪放得来不觉耳。其露出本相者，是《咏荆轲》一篇。平淡底人如何说得这样言语出来。”（《朱子语类》卷一三六）他注意到陶渊明在主流风格以外还有着丰富的内涵，大有眼光。

荆轲是历史上著名的刺客，所欲刺者又是秦王，未能得手，死于秦廷，曾经很得同情，司马迁在《史记·刺客列传》里把他写得英气勃勃，特别是易水送别那一段，高渐离击筑，荆轲高唱“风萧萧兮易水寒，壮士一去兮不复还”的场景，在中国几乎家喻户晓（司马迁没有提到宋意，据《淮南子》等书说，他当时在场，也击筑而歌）。诗人们往往取荆轲的故事入诗，魏之阮瑀、晋之左思，都曾有所作；陶渊明的《咏荆轲》艺术上更为圆熟，知名度也更高，诗云：

燕丹善养士，志在报强嬴。招集百夫良，岁暮得荆卿。
君子死知己，提剑出燕京。素骥鸣广陌，慷慨送我行。
雄发指危冠，猛气充长缨。饮饯易水上，四座列群英。
渐离击悲筑，宋意唱高声。萧萧哀风逝，淡淡寒波生。
商音更流涕，羽奏壮士惊。心知去不归，且有后世名。
登车何时顾，飞盖入秦庭。凌厉越万里，逶迤过千城。
图穷事自至，豪主正怔营。惜哉剑术疏，奇功遂不成！
其人虽已没，千载有余情。

全诗基本上是依据史料加以敷衍，并没有什么特别的地方，最后的感慨（“惜哉剑术疏，奇功遂不成”）也是前人早已发表过的。（《史记·刺客列传》引鲁人的评论说：“嗟乎惜哉，其不讲于刺剑之术也！”）咏史诗的传统写法就是如此，无非是把已经得到记载的历史故事、历史人物用诗的形式再现一次，再顺便发表一点议论或感慨，大抵相当于史传末了的“论”，诗中的议论可以出新，也可以是传统的看法。

在世界范围内，中国大约是史传传统最强的国家，历朝历代都设有专门写史的国家机构，宣付国史馆立传是极高的荣誉，而诗歌如能真实深刻地反映时事便称之为“诗史”——凡此这种都表明了史的崇高地位，而咏史诗自然即以史书所载为其依据和出发点。

陶渊明《咏荆轲》诗的妙处在于在不长的篇幅里把荆轲刺秦王的著名故事讲得首尾完具，头头是道，形象鲜明，充满感情。这里没有任何多余的东西。陶渊明处理各种题材都有极高的水平，田园生活固然是他的最爱，平淡而有味的风格固然是他的擅长，而要来一点慷慨激昂的历史叙事，亦复当行出色。此是大家风范。

秦始皇统一中国代表了历史进步的方向，刺秦王的荆轲不过是一个失败了的恐怖分子，前人也早已看出了“虽得秦王之首，于燕亦未能保终吉也”（葛立方《韵语阳秋》卷九）。但我们不必以此来评说陶渊明的《咏荆轲》一诗，他不过是按传统的材料和看法来写一首诗，同时抒发一通自己平时总压抑着的豪气而已。

在陶渊明之后仍然有不少人写诗咏荆轲，大抵新意不多，只有唐人柳宗元别出心裁，他在自己的《咏荆轲》中写道：

燕秦不两立，太子已为虞。千金奉短计，匕首荆卿趋。
穷年徇所欲，兵势且见屠。微言激幽愤，怒目辞燕都。
朔风动易水，挥爵前长驱。函首致宿怨，献田开版图。

炯然耀电光,掌握罔匹夫。造端何其锐,临事竟趑趄。
长虹吐白日,仓卒反受诛。按剑赫凭怒,风雷助号呼。
慈父断子首,狂走无容躯。夷城芟七族,台观皆焚污。
始期忧患弭,卒动灾祸枢。秦皇本诈力,事与桓公殊。
奈何效曹子,实谓勇且愚。世传故多谬,太史征无且。

这里明确指出荆轲乃是一个并不高明的刺客,个人恐怖行为乃是一种“短计”,毫无可取之处;燕太子丹为收买荆轲下了血本,而终于以失败告终。柳宗元给他们下了一个“勇且愚”的崭新结论。

诗人咏史可以只管取其一点不及其余,柳诗与陶诗各说各的话,各有各的心思,同时也就各有各的妙处。比较起来,柳诗所表达的历史观更为深刻,也更靠近今天的见解。

“奇文共欣赏”

(《读〈山海经〉》)

归隐后陶渊明的生活内容，给人印象最深的也许是饮酒和参加一些农业劳动，另外还有两项，那就是读书和游览。陶渊明一向“好读书”(《五柳先生传》)，所读多而且杂，从他“奇文共欣赏，疑义相与析”(《移居》其一)这两句诗可以知道，种种非正统、非主流的书他读得不少，读了以后还同他的邻居朋友一起切磋研究，获得了很多乐趣。

陶渊明还把他读书的收获感悟写进自己的诗里去，他的那些咏史诗如《咏贫士》《咏二疏》《咏三良》《咏荆轲》等，无一不是他读书的副产品；他另有一组《读〈山海经〉》更为突出，数量超过了其咏史诗的全部，由此最可推见他对“奇文”的爱好之深。

《山海经》从书名看去自是一部地理书，或者可以说是一部神话传说地理学。其来源大约非常古老，后来经过一番加工改造，内容相当庞杂，惟其如此，其中可以挂靠感悟、加以发挥的钉子就非常之多，陶渊明畅游于其中，忍不住多写了一些诗。

这一组十三首诗中多有奇思妙想，足供欣赏玩味，又多有疑义，值得探索研究。

其一　孟夏草木长，绕屋树扶疏。众鸟欣有托，吾亦爱吾庐。
既耕亦已种，时还读我书。穷巷隔深辙，颇回故人车。
欢然酌春酒，摘我园中蔬。微雨从东来，好风与之俱。
泛览周王传，流观山海图。俯仰终宇宙，不乐复何如？

这一首可谓《读〈山海经〉》组诗的序言，曾被录入《文选》卷三十《杂诗》。

陶渊明写过好几组组诗,其中可以分为两种情况,一种是有组织、有结构的,如《咏贫士》七首;另一种是将一些散篇扫归一处,大抵无组织无纪律,如《饮酒》二十首之类。《读〈山海经〉》介乎两者之间,先来一首总冒,然后分别发表自己读《山海经》的感想,就这个意义而言是有组织的;而后面那十二首的排列好像相当随意,又似乎没有什么严格的纪律。陶渊明是不喜欢受拘束的,连拜见上级来人都懒得束带折腰,不惜挂冠而去,何况写诗。像后来杜甫那样精心安排其《秋兴》八首,陶渊明是干不来的。

其一这一首先写读书的时间和环境。这是一个初夏,南方最美好的季节,耕种已毕,外面是和风细雨,没有客人来干扰,闲下来自己喝喝酒,读读书,而读的又是插图本《山海经》以及《穆天子传》这样好看好玩的书,实在舒服得很。

非功利无压力的读书,现代人离开此种境界似乎越来越远,偶有这样的机缘便会觉得喜出望外,近乎奢侈——而这在陶渊明乃是家常便饭——让我们珍惜这样的机会吧。

其二　玉台凌霞秀,王母怡妙颜。天地共俱生,不知几何年。
灵化无穷已,馆宇非一山。高酣发新谣,宁效俗中言。

从这首诗开始,陶渊明进入《山海经》的具体内容,大抵一首涉及一位神灵、一只怪物或一组有关联的对象。这里首先就说到西王母。

西王母乃是《山海经》里最重要的尊神,也是中国上古知名度最高的大神之一,有关她的故事非常之多,一直到汉朝都还不断有新故事推出。汉武大帝是她最热烈的粉丝。

陶渊明读过的《山海经》同我们现在所看到的本子之间都有些什么异同，是一个完全无从确知、无法解决的问题，我们只能拿今本《山海经》作为背景和依托去读陶渊明的诗。这里一定会有不大对头的地方，而除了忽略过去之外毫无妙策。

西王母像所有的女神一样，在后人心目中当然颜值极高，陶渊明在诗里也说她有“妙颜”，可是在今本《山海经》里，她的尊容却有些不妙，至少是非常奇特：“西海之南，流沙之滨，赤水之后，黑水之前，有大山，名曰昆仑之丘，有神，人面虎身，有文有尾，皆白，处之。其下有弱水之渊环之，其外有炎火之山，投物辄然。有人戴胜，虎齿，有豹尾，穴处，名曰西王母。此山万物尽有。”（《大荒西经》）“玉山，是西王母所居也。西王母其状如人，豹尾，虎齿而善啸，蓬发戴胜，是司天之厉及五残。”（《西山经》）“西王母梯几而戴胜，其南有三青鸟，为西王母取食，在昆仑墟北。”（《海内北经》）

诗中说的“玉台”就是《西山经》之所谓“玉山”，亦即《大荒西经》所说昆仑之丘（或称昆仑山、昆仑之墟）的一个部分。昆仑山乃“百神之所在”（《山海经·海内西经》），西王母“馆宇非一山”，有时也会住在别的什么地方。大神总是自由自在。

照《西山经》的说法，西王母是主凶杀的女神。“司天之厉及五残”一句郭璞注云“主知灾厉五刑残杀之气也”，郝懿行疏云“西王母主刑杀”。女神既能生人，也能杀人，集生杀大权于一身，表现了初民朴素的辩证思考。

“灵化无穷已”，西王母神通广大，容貌自然也可以变化，当她主刑杀时面目很可怕，而她会见客人如汉武帝时则呈现为美女，详见《汉武内传》等书的描写——这一类小说也是陶渊明写此组诗的资讯来源。

西王母很能唱歌，喝过酒以后就放声歌唱，非常美妙，同一般的通俗歌谣完全不同,“高酣发新谣,宁效俗中言”。据《穆天子传》,她为周穆王唱过,其词曰:“白云在天,山陵自出。道里悠远,山川间之。将子无死,尚复能来。”在陶渊明笔下,这位上古尊神更是已经非常人性化了。

其三　迢递槐江岭,是谓玄圃丘。西南望昆墟,光气难与俦。
　　　亭亭明玕照,落落清瑶流。恨不及周穆,托乘一来游。

这一首直接提到周穆王,其人是到过神仙之山、会见过西王母的。昆仑之墟东北有槐江岭玄圃丘,在这里远眺昆仑,光彩夺目,美妙绝伦。陶渊明对于自己未能登上周穆王的马车跟着去巡礼一番,深表遗憾。陶渊明读书往往把自己摆进去,尚友古人,同学院派学者一味作客观的研究、其论文纯属“无我之境”完全两路,所以他说自己“好读书,不求甚解,每有会意,便欣然忘食”(《五柳先生传》)。“恨不及周穆,托乘一来游”正是所谓“会意”,浮想联翩,超越时空——以诗人的态度读书,其美妙有如此者。

清代学者黄文焕把这一首同晋、宋易代联系起来加以解释,说是“怆然于易代之后,有不堪措足之悲焉”(《陶诗析义》卷四)。此后他还把另外几首也同易代联系起来考量。其实《读〈山海经〉》未必作于易代之后,即使在易代之后,陶渊明的心态也很平静,并不激动,更没有当遗老的意思。长期以来一直有学者将忠于东晋、对刘宋王朝表示愤恨的政治态度设定为解释陶渊明诗的前提,把事情完全搞乱了。只有彻底撕掉贴在陶渊明脸上的“忠愤”标签,对他的研究才能正常进行下去。

其四　丹木生何许?乃在密山阳。黄花复朱实,食之寿命长。
　　　白玉凝素液,瑾瑜发奇光。岂伊君子宝,见重我轩黄。

“丹木”和“玉膏”，乃是传说中黄帝轩辕氏的食物，据说丹木“员叶而赤茎，黄华而赤实，其味如饴，食之不饥”。白玉则是凝固的玉膏，“其原沸沸汤汤，黄帝是食是飨”，“君子服之，以御不祥”。(《山海经・西山经》)

从这首诗看去，陶渊明对这一类神仙特供品大有兴趣，“丹木”“玉膏”一类世外滋补品比起他本人常用的菊花酒来，高级到不可以道里计。虽不能得，心向往之。陶渊明固然把生死看得很透，但同时也想各种办法争取长寿。这二者并无矛盾，现代人仍然常有诸如此类的想法和举措。

其五　翩翩三青鸟，毛色奇可怜。朝为王母使，暮归三危山。
　　　我欲因此鸟，具向王母言：在世无所须，唯酒与长年。

三青鸟是西王母手下的服务员，不仅像仆人似的为西王母取食，还为她充当秘书，提供各种服务。三青鸟白天在西王母身边工作，晚上则回其三危山宿舍去——神仙的安排总是很有道理。

陶渊明打算通过三青鸟秘书向西王母提出两点要求：一要有酒喝，二要能长寿。饮酒是陶渊明的最爱，当他官任彭泽当县令之时，决定将三顷“公田”(代替官俸的田地)全都种上可以酿酒的秫(黏高粱)，并且高兴地说：“吾常得醉于酒，足矣。”后来不得已向夫人让步，同意拿出六分之一(五十亩)种水稻，以供全家人吃饭，六分之五还是种酿酒的原料。

陶渊明诗中说起酒的篇章不胜枚举，单是《饮酒》题下就有二十首。他也写过一首似乎是戒酒决心书的《止酒》诗，写完继续喝酒；到这首诗里更欲争取神仙的支持来保证美酒的供应。

其六　逍遥芜皋上，杳然望扶木。洪柯百万寻，森散覆旸谷。

灵人侍丹池,朝朝为日浴。神景一登天,何幽不见烛。

这一首歌咏神话中的神树扶木。扶木一称扶桑,巨大无比,《山海经·大荒东经》载:“大荒之中,有山名曰孽摇頵羝,上有扶木,柱三百里,其叶如芥。有谷曰温源谷,汤谷上有扶木,一日方至,一日方出,皆载于乌。”又《山海经·海外东经》载:“汤谷上有扶桑,十日所浴,在黑齿北。”又《山海经·大荒南经》载:“东南海之外,甘水之间,有羲和之国,有女子名曰羲和,方日浴于甘渊。羲和者,帝俊之妻,生十日。”这样看来,世界上有十个太阳,都是帝俊之妻羲和生的,它们轮流值日,不在岗的就到汤谷里沐浴(有“灵人”为之服务),到扶木上休息,“一日方至,一日方出”,交接有序。洗过澡又休息过的太阳一旦上班,就精神抖擞,照亮了整个世界。

陶渊明把《山海经》里关于扶木和太阳的各种零散记载整合起来,构成合理、完整而优美的诗歌画面。陶渊明说他读书看重“会意”,这里也是一例。

其七　粲粲三珠树,寄生赤水阴。亭亭凌风桂,八干共成林。
灵凤抚云舞,神鸾调玉音。虽非世上宝,爰得王母心。

这一首写神奇的灵凤、神鸾这两位美妙的明星在天上翩翩起舞,其舞台背景是三珠树和桂树林。她们载歌载舞,深得西王母的欢心。

关于三珠树、桂树林、灵凤、神鸾的记载,在《山海经》里相当分散,甚至相去不啻万里,陶渊明把它们集中起来;说西王母很喜欢凤、鸾的歌舞,今本《山海经》里没有提到,或是诗人的想象之词。陶渊明读书富于想象力和创造精神,这里又是一个好例。

诗人之心,不受拘束。

其八　自古皆有没，何人得灵长？不死复不老，万岁如平常。
　　　赤泉给我饮，员丘足我粮。方与三辰游，寿考岂渠央。

本诗咏不死之民。《山海经·海外南经》说起交胫国，有介绍道："不死民在其东，其为人黑色，寿，不死。"日、月、星这三辰是不老不死的，不死民有条件与它们同游。

其人不死复不老的原因见于郭璞注："有员丘山，上有不死树，食之乃寿。亦有赤泉，饮之不老。"陶渊明显然是读过郭璞注的，并据以写诗。《读〈山海经〉》其一诗中说"流观山海图"，《山海经》的图，亦出于郭璞，陶渊明高度重视他的研究成果。

其九　夸父诞宏志，乃与日竞走。俱至虞渊下，似若无胜负。
　　　神力既殊妙，倾河焉足有？余迹寄邓林，功竟在身后。

其九这一首专咏夸父，夸父逐日是中国古代最著名的神话之一，《山海经》中有记载说："夸父与日逐走，入日，渴欲得饮，饮于河渭；河渭不足，北饮大泽。未至，道渴而死，弃其杖，化为邓林。"(《海外北经》)"夸父不量力，欲逐日景，逮之于禺谷。将欲饮河而不足也，将走大泽。未至，死于此。"(《大荒北经》)

在其他古籍如《列子》中也有些关于夸父的记载，陶渊明综合而歌咏之，表达了对神话英雄的歌颂。曾有学者认为他写夸父实际上是影射结束东晋的刘裕或反对刘裕的东晋宗室成员司马休之，并联系晋、宋之际的政局大发议论，似乎陶渊明明里读《山海经》，暗中却在干预政治。牵强无据，徒然败人读陶诗之兴耳，置之不理可也。

其十　精卫衔微木，将以填沧海。刑天舞干戚，猛志故常在！
　　　同物既无虑，化去不复悔。徒设在昔心，良辰讵可待？

这一首是《读〈山海经〉》组诗中最著名的一首,其中的精卫和刑天被视为神话传说中最富有正义感的斗士,因此被广泛地引用。

可是"刑天舞干戚"这一句问题很大,其原文作"形夭无千岁",说的还是第一句中提到的精卫,没有刑天什么事儿。这一句被宋朝人改动得很厉害也很巧妙,流传至今,几乎成了定局,笔者曾在一篇旧作《宋朝人妄改陶诗》中分析过这件事,略云:"诗义本来并不难懂。《山海经·北山经》载:'发鸠之山,其上多柘木,有鸟焉,其状如乌,文首,白喙,赤足,名曰"精卫"。其名自诐。是炎帝之少女,名曰女娃;女娃游于东海,溺而不返,故为精卫,常衔西山之木石,以堙于东海。'女娃淹死于东海,她要复仇,于是化而为鸟,衔木石以填大海——这个任务比愚公移山还要困难,但她的'猛志'是了不起的。陶诗咏叹此事,说女娃的肉体虽已夭亡,不能长存,而其精神足以不朽。'形夭无千岁,猛志固常在'二句,概括精卫的特色颇为简明有力。至于刑天,那是《山海经》里另一个怪物,他的故事是'与帝争神,帝断其首,葬之常羊之山。乃以乳为目,以脐为口,操干戚以舞'(《山海经·海外西经》)。曾纮以为'形夭'应是'刑天',并进而指出陶诗中的'无千岁'乃是'舞干戚'之误。一下子改了整整一句五个字,有什么版本上的根据?没有。这样的意校是很危险的事情。经过宋人的妄改以后,诗就有点不通。刑天失败后只是成为残疾,不存在'化去'的问题,'化去不复悔'的只能是精卫。在专咏精卫的诗中忽然阑入一个莫名其妙的刑天,成何体统?"

但是曾纮确实是一位极其聪明的学者,《山海经》里确有"刑天"其物,而且同"形夭"二字字形很接近,很容易解释为所谓形近而误。"形夭"既已改作"刑天",则下面三个字也得改,于是又改作"舞干戚",而这三个字又同"无千岁"形近(汉字简化以前是如此,那时"无"作"無","岁"作"歲")。其说甚巧,迷惑了许多读者,包括研究陶渊明的专家。拥护的人一多，其说后来就显得很有权威。这正如民选总统，其人可能并不高明，但一时得到的票多，也就上台了。

"刑天舞干戚，猛志故常在"，现在几乎已经约定俗成，要完全拨乱反正恐怕非常困难，也不妨将错就错。虽然这样一来，"化去不复悔"一句当然就讲不通了，但好在人们往往只引用这首诗的前四句，不管后四句，所以就那么断章取义，也还未尝不可。

宋朝学者中也有反对曾纮之胆大妄为的，周必大《二老堂诗话》说，《读〈山海经〉》组诗"十三篇大概篇指一事，如前篇终始记夸父，则此篇恐专说精卫衔木填海，无千岁之寿，而猛志常在，化去不悔。若并指刑天，似不相续。又况末句云'徒设在昔心，良辰讵可待'，何预干戚之猛耶？"其说颇合理可取。可惜肯听他意见的人不算很多，大部分还是同意曾纮的妄改巧改。如果后来印行的陶集采用周必大的正确意见，以"形夭无千岁"为正文而不让"刑天舞干戚"横行无忌，也许就不会造成现在这种积非成是、难以扳回的局面了。

当然后来的学者亦有坚守"形夭无千岁"者，如马星翼《东泉诗话》卷一云："陶诗乃咏精卫鸟，无缘旁及刑天兽也。言精卫无千岁之形而有千岁之志，不但与下句协，并与上二句相贯。旧本不误。"可惜呼应者较少。在学术研究中，正确的意见很可能在少数人一边。

其十一　臣危肆威暴，钦䲹违帝旨。窫窳强能变，祖江遂独死。
明明上天鉴，为恶不可履。长枯固已剧，鵕鹗岂足恃。

这首诗咏叹神话中的两场恶斗以及天帝对二案的处理：

一是臣危和他的主公贰负杀了窫窳，于是天帝将臣危严严实实地绑在疏属之山的一棵树上，让他动弹不得，而原先蛇身人面的窫窳变成人面马足的新形态。其事详见《山海经》之《海内西经》与《北山经》。

一是钦駓与鼓二位擅自杀害了祖江，于是天帝就杀掉他们，钦駓死后变成了一只大鹗（其状如雕而毛色不同），鼓则变成一只鵕鸟（其状如鸱）。其事详见《山海经》之《西山经》。

陶渊明由此得出结论说：老天有眼，杀人的事情是不能做的（"明明上天鉴，为恶不可履"），做了坏事，必然会得到惩罚。这里乃是咏叹神话里的故事，同现实的政治斗争没有什么关系。曾有学者乱加联系，他们的意见也可以不去多管。

其十二　鸱鸺见城邑，其国有放士。念彼怀王世，当时数来止。
青丘有奇鸟，自言独见尔。本为迷者生，不以喻君子。

鸱鸺是《山海经·南山经》里说起的一种怪鸟，样子怪，声音也怪，这种怪鸟一出现，该地将多流放之士。陶渊明由此联想到屈原之被放逐，于是就说在楚怀王的时候，这种鸱鸺鸟大概多次出现过吧。陶渊明在诗里很少提到屈原，这里含蓄地表达了对他的同情和尊敬。楚怀王糊涂啊！

因为怀王其人迷糊，陶渊明又想起《山海经·南山经》提到的青丘山上的一种灌灌鸟："其状如鸠，其音若呵，名曰灌灌，佩之不惑。"楚怀王的时候大约没有出现这种鸟，或虽然出现而怀王没有佩戴其羽毛，于是这位原来就有些迷糊的大王更成了不可救药的糊涂虫，竟然把屈原赶出了朝廷，逐出了首都。

"本为迷者生，不以喻君子"，诗末这两句的意思是说，灌灌这种鸟是为救助糊涂虫而生的，而真正的君子即使不佩戴灌灌鸟的羽毛也不会糊涂。

一个人最好根本不糊涂，如果一时糊涂了，要赶紧救治，恢复对人对事的正确认识。手中有用人之权的大人物要特别注意这一点。陶渊明虽然对政治不感兴趣，其看法还是不错的。

其十三　岩岩显朝市，帝者慎用才。何以废共鲧？重华为之来。
　　　　仲父献诚言，姜公乃见猜。临没告饥渴，当复何及哉！

今本《山海经·海内经》记载了帝令祝融杀鲧于羽郊，废共工的故事见于其他古书，如《淮南子·天文训》《国语·周语》等，而在陶渊明读的《山海经》里大约是有的——正是把这两个人的问题解决了以后，大舜才走上领导岗位（“重华为之来”），可惜其详情现在已经弄不清楚了。

共工和鲧先前也是帝起用的，后来发现用人不当，杀掉换人，不免有些折腾，可见务必要“慎用才”。陶渊明由此想到历史上另一个教训：管仲（仲父）坦诚地向齐桓公（陶渊明称为“姜公”大约是为了避免用“桓”字，其曾祖陶侃的谥号曰“桓”）建言，请他疏远易牙等四个小人，桓公开始还听从他的建议，后来却反管仲之道而行；最后他竟被易牙等四人团伙搞垮了，囚禁在一间小屋子里，连吃饭喝水都不行，只得自杀而死——用人不慎，其危害有如此者。此事详见于《管子·小称》。陶渊明诗里说“仲父献诚言，姜公乃见猜”与此记载不尽同，当另有根据，或是将历史教训加以简化，以便单刀直入地说明用人不慎将后果严重。

由杀鲧、废共工的故事，联想到管仲、齐桓公、易牙等四人的故事，写法与上一首的由鸱鸺、灌灌鸟而联想到屈原、楚怀王有相近之处。陶渊明读书时思维极其活跃，联想丰富，议论风生。这样读书收获才比较大。死读书、呆读书，那是没有什么意思的。

鸣雁南飞，贫士叹息
（联句）

在通行本《陶渊明集》诗歌部分之末，有一首由陶渊明同他的友人联句而成的诗，没有标题，凡四四一十六句，中间有八句分别署名“愔之”“循之”，没有写出他们的姓，大约也都是隐居在乡下的士人；首尾各四句则出于陶渊明，也没有写上姓。估计他们乃是很熟悉的老朋友，所以都脱略不拘，自由自在。诗云：

鸣雁乘风飞，去去当何极。念彼穷居士，如何不叹息。（渊明）
虽欲腾九万，扶摇竟何力！远招王子乔，云驾庶可饬。（愔之）
顾侣正徘徊，离离翔天侧。霜露岂不切？徒爱双飞翼。（循之）
高柯擢条干，远眺同天色。思绝庆未看，徒使生迷惑。（渊明）

陶渊明好诗甚多，这一组联句遂甚少有人论及，其实也还是很有意思的。

这应当是一首咏物诗，咏的是大雁——这种最常见的候鸟，在古代诗人笔下非常多见，除了可以作为表明季节的标志以外（秋天向南飞，春天往北飞），也可以借此抒发种种感情，颇为读者所喜闻乐见。陶渊明诗中专门咏物的不多，有之，也就一首《归鸟》，所以这首咏雁之诗其实非常可贵。

陶渊明和他的两位诗友都是寒士（贫士、贫居士），无钱无势，处于社会的边缘，所以在他们眼中，这雁也是飞不太高的，不能像庄子笔下的大鹏扶摇直上，除非出现奇迹，得到神仙如王子乔者的帮助。它们虽然很爱护自己的双翼，但为了避寒，只好很辛苦地努力南飞，一如贫士在挣扎。中间这几句相当精彩，尽管其作者愔之、循之都是不见于诗坛经传的无名之辈。民间从来多有高手，只是不大肯出头露面而已。

出于陶渊明之手的一头一尾也很精彩。开头四句只将乘风飞的鸣雁同贫居士联系起来，不涉及更具体的叹息，这样就为接下来的诗句预留下广阔的空间。联句的开头非注意这样一个问题不可。《红楼梦》第五十回《芦雪庭争联即景诗　暖香坞雅制春灯谜》写大观园里诸闺蜜玩即景联句，王熙凤开头来了一句“一夜北风紧”，谦虚道：“我只有了一句粗话”，“使得使不得，我就不管了”。大家听了都说好，因为看似平淡无奇，却“正是会作诗的起法，不但好，而且留了写不尽的多少地步与后人”。陶渊明的时代联句以四句为一个单元（这应当是从乐府诗以四句为一解而来），他这起头的四句也正是用了后步宽宏的妙法。

愔之的四句以《庄子·逍遥游》为底文，又提到仙人王子乔，说雁飞的高度其实很有限；循之的四句则专从眼前的霜露来立言，表明大雁之南飞实出于不得已。容易想到的话都说过了。于是陶渊明的结尾的四句里翻出一层新的意思来，说飞得不太高其实是一件好事，太高的天色容易迷惑，而在比较靠近地面的空中飞行虽然有树木作为参照系，而那些树木的枝条也大抵一样，同样容易迷惑（“高柯擢条干，远眺同天色”），不如什么都不远眺，就那么听天由命地向故乡飞去。陶渊明相当绝望，遂能得此佳句。

陶渊明《归鸟》诗中有句道：“翼翼归鸟，驯林徘徊。岂思天路，欣及旧栖。”活动范围比较小的归鸟用不着看什么天路，只需循着林子徘徊。大雁的路程太远，观察地上树的枝干已没有用了，而看天色同样容易迷惑，就按着本性来飞吧。这话令人悠然意远。

了解陶渊明的首选之作

（《感士不遇赋》）

辞赋原是中古作家的首选文体，《文选》的编排就以赋、诗、文为序，许多别集也大抵采用这样的顺序。陶渊明是一异数，他的集子里诗在最前面，而赋、文在后；他以写诗为主，辞赋甚少，现在只能看到三篇，一篇《归去来兮辞》，一篇《闲情赋》，一篇《感士不遇赋》。

一、导达意气，感而赋之

《感士不遇赋》正文之前有一短序云：

> 昔董仲舒作《士不遇赋》，司马子长又为之。余尝以三余之日，讲习之暇，读其文，慨然惆怅。夫履信思顺，生人之善行；抱朴守静，君子之笃素。自真风告逝，大伪斯兴，闾阎懈廉退之节，市朝驱易进之心。怀正志道之士，或潜玉于当年；洁己清操之人，或没世以徒勤。故夷、皓有安归之叹，三闾发已矣之哀。悲夫！寓形百年，而瞬息已尽；立行之难，而一城莫赏。此古人所以染翰慷慨，屡伸而不能已者也。夫导达意气，其惟文乎？抚卷踌躇，遂感而赋之。

小序一上来追溯这个题目的创作史，说明自己的这一篇赋是继董仲舒、司马迁的同题之作以后，写来发表感慨的，以“导达意气”，释愤抒情，从而实现自己内心的平衡和平静。“导达意气”是陶渊明关于“文”之作用与意义的新归纳，同他在《五柳先生传》里所说的“著文章自娱”同为文学思想史上的重要命题，而且相互联系——唯其能够“导达意气”，故能发挥“自娱”的作用。其他文艺形式，例如书法、绘画、音乐也都有类似的情形。

董仲舒的《士不遇赋》见于《艺文类聚》卷三十以及《古文苑》卷三，大旨在于感慨世道不良，正人君子没有出路，勉强进取不仅不能成功，还会倒霉，不如退居于野，保住自己。“皇皇匪宁，只增辱矣。努力触藩，徒摧角矣。不出户庭，庶无过矣。”总之，“士不遇”其实是件好事，这样比较安全。这里有许多牢骚，他本人确曾因为进取而栽过跟头，被捕下狱。他的正面主张是“虽矫情而获百利兮，复不如正心而归一善”，宁可不遇，不能放弃求善的基本原则。这应当是他在政治生活中接受了教训以后的新认识。

司马迁的《悲士不遇赋》亦见于《艺文类聚》卷三十：

> 悲夫士生之不辰，愧顾影而独存。恒克己而复礼，惧志行之无闻。谅才韪而世戾，将逮死而长勤。虽有形而不彰，徒有能而不陈。何穷达之易惑，信美恶之难分。时悠悠而荡荡，将遂屈而不伸。使公于公者，彼我同兮；私于私者，自相悲兮。天道微哉！吁嗟阔兮。人理显然，相倾夺兮。好生恶死，才之鄙也。好贵夷贱，哲之乱也。照照洞达，胸中豁也。昏昏罔觉，内生毒也。我之心矣，哲已能忖。我之言矣，哲已能选。没世无闻，古人惟耻。朝闻夕死，孰云其否。逆顺还周，乍没乍起。无造福先，无触祸始。委之自然，终归一矣！

这大约只是原文的一个片段（《文选》卷三十九江淹《诣建平王上书》李善注引用过该赋的两句：“理不可据，智不可恃”，即不见于上列引文。《艺文类聚》中引录的文字大抵经过节选），但已可看到许多牢骚，但尽管

“世戾”(社会不正常,多戾气),他的人生态度仍然是积极的,赋里大声疾呼道:“恒克己而复礼,惧志行之无闻。”他不能甘心于“没世无闻”,可惜这个不正常的世道却使他难以实现自己的理想,最后只好归于“委之自然”,听天由命。

这两篇赋分别代表了两位作者某一阶段的某种情绪,并非他们的全盘。事实上董仲舒的行事为文基本上是积极甚至很积极的,他努力发挥《春秋》公羊学的精神,为大汉王朝出了许多主意,产生了很大影响。司马迁也并未完全委之自然,他在受到严重不公的打击之后仍然忍辱负重,写成了伟大的巨著《史记》。

陶渊明的想法与汉代的两位大师有同有异。他在序言中感慨现在人心不古,是非颠倒,小人躁进而得意,君子道消而白干(“洁己清操之人,或没世以徒勤”),不如退避于林下,保住自己的清白(“怀正志道之士,或潜玉于当年”)。“虽感士不遇,而归于固穷笃志。”(孙从龙《陶公诗评注初学读本》卷二)总之,在陶渊明看来,当今风气太坏,没有办法,所以“志道之士”只能隐居,不宜进取。

陶渊明比起董仲舒、司马迁来,应当说是消极得多了,他确能言行一致,实行了归隐。他的《感士不遇赋》看来当作于归隐之初或正式归隐前夕而已经决定归隐之时。或以为作于晋、宋易代之后,其中的感慨且与易代有关,而细读原文,却看不到这一方面的任何联系。

二、虽归隐但不任诞

赋的正文约可分为三大段。第一段相当于总说,最为重要:

> 咨大块之受气,何斯人之独灵!禀神智以藏照,秉三五而垂名。或击壤以自欢,或大济于苍生。靡潜跃之非分,常傲然

以称情。世流浪而遂徂，物群分以相形。密网裁而鱼骇，宏罗制而鸟惊。彼达人之善觉，乃逃禄而归耕。山嶷嶷而怀影，川汪汪而藏声。望轩唐而永叹，甘贫贱以辞荣。淳源汨以长分，美恶作以异途。原百行之攸贵，莫为善之可娱。奉上天之成命，师圣人之遗书。发忠孝于君亲，生信义于乡闾。推诚心而获显，不矫然而祈誉。嗟乎！雷同毁异，物恶其上。妙算者谓迷，直道者云妄。坦至公而无猜，卒蒙耻以受谤。虽怀琼而握兰，徒芳洁而谁亮。

陶渊明说，人为世上之灵长，生活态度从来各不相同，有人愿意在基层过自得其乐的日子（“或击壤以自欢”），这是潜伏派；也有人有着远大的抱负，要为大众做一番事业（“或大济于苍生”），那是跃进派，他们各行其是，都能实现自己的心愿。但现在的形势同正常的世道太不相同了，到处都是罗网，士人面前充满了危险，所以敏感的人赶紧逃出官场，回老家种地，去过贫贱而安全的日子（“彼达人之善觉，乃逃禄而归耕”）。赋中又强调地指出，虽然自己已经走出了体制，但思想上仍然要坚守儒家圣人提出的原则，讲究忠孝信义，做一个道德高尚的正人，绝不能装腔作势，追求人间的虚誉。可惜现在风气太坏了，高尚者往往因其高尚而受到诽谤，芬芳而无人赏识，群氓容不得同自己异样的高人。

这里提出了一种新的人生态度，虽归隐而不任诞，生活方式似乎像道家，而思想品性仍然是儒家，孤芳自赏，谢绝尘俗。这其实正是陶渊明的自画像，也是人们理解他的一把总钥匙。

三、士之不遇

第二段转向追溯历史，说明自从淳朴的上古时代（“炎帝帝魁之

世”)结束以后,士人的命运就开始不正常了,士之不遇表现为各种形态:

哀哉!士之不遇,已不在炎帝帝魁之世。独祗修以自勤,岂三省之或废。庶进德以及时,时既至而不惠。无爰生之晤言,念张季之终蔽。愍冯叟于郎署,赖魏守以纳计。虽仅然于必知,亦苦心而旷岁。审夫市之无虎,眩三夫之献说。悼贾傅之秀朗,纡远辔于促界。悲董相之渊致,屡乘危而幸济。感哲人之无偶,泪淋浪以洒袂。承前王之清诲,曰天道之无亲。澄得一以作鉴,恒辅善而佑仁。夷投老以长饥,回早夭而又贫。伤请车以备椁,悲茹薇而殒身。虽好学与行义,何死生之苦辛!疑报德之若兹,惧斯言之虚陈。何旷世之无才,罕无路之不涩!伊古人之慷慨,病奇名之不立。广结发以从政,不愧赏于万邑。屈雄志于戚竖,竟尺土之莫及。留诚信于身后,恸众人之悲泣。商尽规以拯弊,言始顺而患入。奚良辰之易倾,胡害胜其乃急。

陶渊明在这里列举了一批“不遇”的正面人物,这里有:

汉朝名臣张释之(字季)早年沉沦下僚,当了十年管理马匹的“骑郎”,欲自免而归;中郎将袁盎知道他是个人才,向汉文帝提出推荐,文帝同他谈话以后,立即提拔他为“谒者仆射”。后来他就比较顺利了,一直当到廷尉。如果没有袁盎为他推毂,他将长久地被埋没。(《史记·张释之冯唐列传》)

另一位汉朝名臣冯唐老于郎署,很晚才很偶然地被汉文帝赏识,派他持节去云中,赦免云中守魏尚,同时提拔他本人为车骑都尉。

汉初的贾谊是了不起的政论家,由于许多人保守的高官说他的坏话,被赶出朝廷,下放到老远的长沙去,年纪轻轻就死在那

里。(《史记·屈原贾生列传》)

《士不遇赋》的作者江都相董仲舒是一位渊博深刻的经学家思想家,平生颇多波折,一度下狱,几乎死于非命,幸而没有垮到底,最后他决定告病家居,退出了官场。(《史记·儒林列传》)

好人未必有好报。伯夷最后靠吃野菜过日子,终于饿死在首阳山(《史记·伯夷列传》);颜回(颜渊)很穷,英年早逝,连买棺木的钱也没有,他的父亲颜路请求他的老师孔子卖掉自己的车子来解决这个问题。(详见《史记·仲尼弟子列传》。《论语·先进》:"颜渊死,颜路请子之车以为椁。")李广立下赫赫战功,始终未能封侯,后来还受到他的领导、因系外戚而身居高位之卫青的责罚,终于自杀,引起普遍的哀痛。(《史记·李将军列传》)汉成帝时的大臣王商出过许多好主意,开始还比较顺利,后来就遭到外戚权臣的诬陷,被免去宰相职务,吐血而死。(《汉书·王商传》)

陶渊明列举大量事例说明优秀的人才很容易"不遇",倒霉,甚至非正常死亡。世界上不是没有人才,而是高级人才的道路实在艰难:"何旷世之无才,罕无路之不涩!"陶渊明熟于历史,对古代人物了如指掌,其中的优秀分子一向是支撑他的精神力量。他写过《集圣贤群辅录》(一称《四八目》),历述古代精英作为教育下一代的教材。他在诗里说:"历览千载书,时时见遗烈。"(《癸卯岁十二月中作与从弟敬远》)又说:"得知千载外,政赖古人书。"(《赠羊长史》)所以在他慨叹"士不遇"这一带有规律性的现象时,不禁想起一批令人敬仰和同情的古代名人。他大约把自己安排在这一批人的队伍之末,其"无路不涩"的感慨应为"有我之境"。

四、君子固穷,不违己,不委曲

《感士不遇赋》结尾甚短,这个第三段写道:

苍旻遐缅,人事无已。有感有昧,畴测其理。宁固穷以济意,不委曲而累己。既轩冕之非荣,岂缊袍之为耻。诚谬会以取拙,且欣然而归止。拥孤襟以毕岁,谢良价于朝市。

陶渊明感叹天时人事的道理都是讲不清楚的,只能我行我素,从我做起,“宁固穷以济意,不委曲而累己”,君子固穷,原则必须坚守,宁可孤独穷困,不能屈己从俗。这是陶渊明的底线,他在《归去来兮辞》里说自己为什么要抛弃县令一职,挂冠而去:“及少日,眷然有归欤之情。何则?质性自然,非矫励所得。饥冻虽切,违己交病。”这里的“违己交病”是从反面来说的,同《感士不遇赋》里从正面说的“不委曲而累己”意思完全一致。宁可不遇,坚决不向世俗的争名争利的朝市妥协!

五、刘熙载说得最好

一篇《归去来兮辞》,一篇《感士不遇赋》,就把陶渊明思想成熟以后的人生态度都说清楚了。这跟晋、宋易代完全没有什么关系。这时离易代还早,而且即使在易代发生之时及其以后,他的人生态度也没有什么变化。易代是一时的变故,也是比较小的事情,而“士不遇”则是历史长时段里的常情,是一个正直的士人永远必须面对的大事。

前人评《感士不遇赋》,以晚清大批评家刘熙载《艺概·赋概》的两段话说得最好:“董广川(仲舒)《士不遇赋》云:‘虽矫情而获百利兮,复不如正心而归一善。’此即正谊明道之旨。司马子长(迁)《悲士不遇赋》云:‘没世无闻,古人惟耻。’此即述往事、思来者之情。陶渊明《感士不遇赋》云:‘宁固穷以济意,不委曲而累己。’此即屡空晏如之意。可见古人言必由志也。诗,持也。此义通之于赋。如陶渊明之《感士不遇》，持己也。”前一段分别提出董、司马、陶三赋的关键句，极得要领，也道出了这三人的特色：董仲舒强调道义高于利益，君子忧道不忧贫；司马迁要为后人留下历史的真相和教训，忍辱负重，竭其全力写出“究天人之际，通古今之变，成一家之言”的《史记》；陶渊明坚守独立的人格、个性的自由，绝不勉强自己去迎合世俗，于是归隐。陶渊明不违己，不委曲，真正做到了君子固穷。他们都发扬了儒家的精神，只是其侧重点各有不同而已。

后一段指出陶渊明的言行一致，文章既然这么写，做人也就这么做。此即所谓“持己”。言行分离的是政客或骗子，而隐士应当实话实说，说到做到。

要了解陶渊明，可从《感士不遇赋》入手。

“摩登”陶渊明

（《闲情赋》）

在陶渊明的作品中，《闲情赋》是色彩艳丽比较另类的一篇，鲁迅先生将它的主题归结为“既取民间《子夜歌》意，而又拒以圣道”（《集外集·选本》）。他又说：“被选家录取了《归去来辞》和《桃花源记》，被论客称赏着‘采菊东篱下，悠然见南山’的陶潜先生，在后人的心目中，实在飘逸得太久了，但在全集里，他却有时很摩登，‘愿在丝而为履，附素足以周旋，悲行止之有节，空委弃于床前’，竟想摇身一变，化为‘阿呀呀，我的爱人呀’的鞋子，虽然后来自说因为‘止于礼义’，未能进攻到底，但那些胡思乱想的自白，究竟是大胆的。”〔《且介亭杂文二集·“题未定”草（六至九）》〕皆可见鲁迅对这篇《闲情赋》的高度关注。

一、陶渊明的十个愿望

用来表现“拒以圣道”这层意思的就是标题里的那个“闲”字，“闲”字在这里不是“闲情逸致”之“闲”（这一义项古人写成“閒”），而是“闲正”“防闲”之“闲”。《闲情赋》前有小序道：

> 初张衡作《定情赋》，蔡邕作《静情赋》，检逸辞而宗澹泊，始则荡以思虑，而终归闲正。将以抑流宕之邪心，谅有助于讽谏。缀文之士，奕代继作，并因触类，广其辞义。余园闾多暇，复染翰为之。虽文妙不足，庶不谬作者之意乎？

“定情”“静情”“闲情”大抵都是一个意思，就是要把“情”或曰“流宕之邪心”给压下去，使之归于安定、平静、闲正。由张衡开创的这种先情后理、归结为自我压抑的作赋模式后来一度颇为流行，写法也有大体固定的框架套路，总是先来一大通“胡思乱想”，然后举起儒家伦理道德的大棒子，把那些无法无天的坏思想打得落花流水，用正统思想的铁扫帚，将它们一扫而空。

陶渊明的“胡思乱想”主要表现为一口气提出了十个愿望，以及接踵而至的忧虑：

> 愿在衣而为领，承华首之余芳；悲罗襟之宵离，怨秋夜之未央。愿在裳而为带，束窈窕之纤身；嗟温凉之异气，或脱故而服新。愿在发而为泽，刷玄鬓于颓肩；悲佳人之屡沐，从白水以枯煎。愿在眉而为黛，随瞻视以闲扬；悲脂粉之尚鲜，或取毁于华妆。愿在莞而为席，安弱体于三秋；悲文茵之代御，方经年而见求。愿在丝而为履，附素足以周旋；悲行止之有节，空委弃于床前。愿在昼而为影，常依形而西东；悲高树之多荫，慨有时而不同。愿在夜而为烛，照玉容于两楹；悲扶桑之舒光，奄灭景而藏明。愿在竹而为扇，含凄飚于柔握；悲白露之晨零，顾襟袖以缅邈。愿在木而为桐，作膝上之鸣琴；悲乐极以哀来，终推我而辍音。

总之很想始终不离对象的玉体，可惜即使能求而得之，也为时甚短，很快就分开甚至被抛弃了。

二、单恋的痛苦

关于单恋的痛苦，赋中亦有精彩的表达：

> 考所愿而必违，徒契契以苦心。拥劳情而罔诉，步容与于

南林。栖木兰之遗露,翳青松之余荫。倘行行之有觌,交欣惧于中襟。竟寂寞而无见,独悁想以空寻。敛轻裾以复路,瞻夕阳而流叹。步徙倚以忘趣,色惨凄而矜颜。叶燮燮以去条,气凄凄而就寒。日负影以偕没,月媚景于云端。鸟凄声以孤归,兽索偶而不还。悼当年之晚暮,恨兹岁之欲殚。思宵梦以从之,神飘摇而不安。若凭舟之失棹,譬缘崖而无攀。于时毕昴盈轩,北风凄凄。耿耿不寐,众念徘徊。

丧魂失魄,走投无路。“耿耿不寐,众念徘徊。”形容得如此生动透彻,看来陶渊明本人是有过这方面感情体验的。

关于陶渊明的恋爱和婚姻现在所知甚少,只知道他第一任夫人英年早逝,后来再娶翟氏;前后一共生过五个儿子。借《闲情赋》人们不妨设想,他青年时代曾经有过一番热烈的爱情。

三、回归雅正

凡“定情”“静情”一类作品,用来镇静自己的武器往往是儒家的圣道,陶渊明未能免俗,也只能如此这般,但他相对平和,没有动用什么大理论,只借用了《诗经》中的作品来说话。《闲情赋》最后写道:

起摄带以伺晨,繁霜粲于素阶。鸡敛翅而未鸣,笛流远以清哀。始妙密以闲和,终寥亮而藏摧。意夫人之在兹,托行云以送怀。行云逝而无语,时奄冉而就过。徒勤思以自悲,终阻山而带河。迎清风以祛累,寄弱志于归波。尤《蔓草》之为会,诵《邵南》之余歌。坦万虑以存诚,憩遥情于八遐。

所谓“尤《蔓草》之为会,诵《邵南》之余歌”,是否定郑声,回归雅正。《诗经·郑风·野有蔓草》云:“野有蔓草,零露漙兮。有美一人,清扬婉兮。邂逅相遇,适我愿兮。野有蔓草,零露瀼瀼。有美一人,婉如清扬。邂逅相遇,与汝偕臧。”此诗大约是写小伙子清晨在野地里偶然碰到一位漂亮姑娘,天上掉下来的一场欢会让他大为兴奋,于是放声歌唱。用正统的道德观念看去,这种喜出望外是很不严肃很不正经,应予批评责备(“尤”)的。正当的诗在《诗经》的《周南》《召南》里,那里的作品才是“正始之音,王化之基”(《毛诗大序》)。陶渊明用这种比较风雅的诗教方式,否定了自己先前的胡思乱想。

《闲情赋》里提到“尤《蔓草》之为会”针对性很强。据该赋前文的描写,抒情主人公同那美人的相见也是出于偶然,其人正坐鼓瑟,“神仪妩媚,举止详妍。激清音以感余,愿接膝以交言。欲自往以结誓,惧冒礼之为諐。待凤鸟以致辞,恐他人之我先。意惶惑而靡宁,魂须臾而九迁”。古代青年男女交往的机会甚少,遂多一见钟情式的感情。

四、如何看待《闲情赋》

关于《闲情赋》的传统阐释约可分为两派,一派认为这里藏有寄托,“以美人目其君”(邱嘉穗《东山草堂陶诗笺》卷五),或曰“自悲身世以思圣帝明王”(刘光蕡《陶渊明闲情赋注》)。另一派认为即指情爱,但很不赞成,最早为陶渊明编集子的萧统在《陶渊明文集序》中写道:“余爱嗜其文,不能释手,尚想其德,恨不同时。故更加搜求,粗为区目。白璧微瑕者,惟在《闲情》一赋。扬雄所谓劝百而讽一者,卒无讽谏,何必摇其笔端。惜哉,无是可也!”萧统认为原作结尾部分的“尤《蔓草》之为会,诵《邵南》之余歌”分量太不足了,起不到讽谏的作用。他很为陶渊明出此下作而深感可惜。

在萧统的时代,抒写爱情乃至艳情的诗歌辞赋多不胜数,但萧统认为别人可以这么写,陶渊明却绝不应该写这种题材。他对陶渊明太佩服了,遂不免高标准严要求,求全责备。人们习惯于将他们佩服推崇的人物举上神坛,顶礼膜拜,如果稍一发现其人略有瑕疵,便大惊小怪,以为与其神性不合——其实那也未必就是什么瑕疵。

中国古代评论家注释家关于爱情诗的处理办法也正有这么两种路径,一种是通过所谓比兴寄托将它们解释为有某种政治上的美刺,包含了种种微言大义;一种是承认其为爱情诗而嗤之以鼻。例如关于《诗经·国风》里的若干篇什,《毛诗小序》往往曲为附会,往政治上拉去,而朱熹有时便径斥为淫奔之辞。这里的情形真所谓楚虽失之,齐亦未为得也。

陶渊明有权谈恋爱,写恋爱。他的《闲情赋》末段终归于闲正,无非是向那个时代的主流意识形态作出某种妥协,而作者和读者深感兴趣的,恐怕都在于赋之中段的大放厥词,亦即十个愿望以及其后的描写。张衡、蔡邕及其稍后一批作家的同类辞赋,情形也大体是如此。

现在有些所谓反腐的小说和影视作品,把贪官污吏如何弄钱玩女人写得活灵活现,生动来劲,而到结尾虽然也归于闲正,说这些腐败分子都抓了起来,却比较简单苍白,无甚可看。总之是渲染诱惑更强于警示告诫,颇令人疑心作者的兴趣究竟在哪里。这才真的是"无是可也"!

陶渊明的精神自传
（《五柳先生传》）

现在写自传的大抵都是名人，往往很长，一般不写单篇文章，总是整本的书，甚至很厚的一本书，将自己如何成名，如何结婚，如何离婚，如何了不起，又如何如何，一一详细道来。然后签名售书，到处送人。

古人写自传没有这么长，也较少自鸣得意的意思，大抵重点在于写出自己的特色，说明自己都看重些什么东西。陶渊明的《五柳先生传》就是如此：

> 先生不知何许人也，亦不详其姓字。宅边有五柳树，因以为号焉。闲静少言，不慕荣利。好读书，不求甚解，每有会意，便欣然忘食。性嗜酒，家贫不能常得。亲旧知其如此，或置酒而招之。造饮辄尽，期在必醉；既醉而退，曾不吝情去留。环堵萧然，不蔽风日，短褐穿结，箪瓢屡空，晏如也。常著文章自娱，颇示己志。忘怀得失，以此自终。
>
> 赞曰：黔娄之妻有言："不戚戚于贫贱，不汲汲于富贵。"极其言，兹若人之俦乎！酣觞赋诗，以乐其志，无怀氏之民欤？葛天氏之民欤？

这份精神自传的正文讲了几点：自己的性格、关于读书、关于饮酒、关于写作，总之自己虽然很穷，却一向自得其乐。后面的"赞"将自己同古代的贫士黔娄相比，《列女传》载："黔娄先生死。曾子与门人往吊之，其妻出户，曾子吊之。上堂，见先生之尸在牖下,枕墼席藁,缊袍不表。覆以布被,手足不尽敛,覆头则足见,覆足则头见……其妻曰:'昔先生,君尝欲授之政,以为国相,辞而不为,是有余贵也。君尝赐之粟三十钟,先生辞而不受,是有余富也。彼先生者,甘天下之淡味,安天下之卑位。不戚戚于贫贱,不忻忻于富贵,求仁而得仁,求义而得义。'"其人本事很大,可以当宰相,但他不干,宁可穷困潦倒,而毫不在乎。陶渊明大约还不像他那样穷,他出任过几次小官,平时生活尚可,只是到晚年才真的穷了下来,而他的心同古代高尚的贫士黔娄是相通的。

《五柳先生传》大抵可视为陶渊明的精神性的自传,这种自传恰如一幅写意的肖像画,只要神态像他就好,不必讲究细节的一一对应。例如"宅边有五柳树",比较晚出的《南史·陶潜传》说陶渊明家宅边确有这么五棵柳树,而比较早的陶传都没有提到这回事。《南史》将文章中的一句话落实为很具体的东西,未免刻板了一点。宅边有几棵树,什么树,其实全都无关宏旨,大约只是为了要给传主取个雅号而即兴安排的。

传主"五柳先生"亦即陶渊明的某些品质,具有某种普遍性,在其他高人身上也有所体现。例如对物质生活水平的高下根本不在乎,虽然清贫而精神淡定,"不戚戚于贫贱,不汲汲于富贵",这样的高人并不罕见。或谓《五柳先生传》写的是两汉之交的大学者、大作家扬雄,传里的好些字句都同扬雄有关。此说令人耳目一新,而论证曲折多姿,尚待消化。按,陶渊明确实相当佩服扬雄,为他专门写过一首诗:"子云性嗜酒,家贫无由得。时赖好事人,载醪祛所惑。觞来为之尽,是谘无不塞;有时不肯言,岂不在伐国。仁者用其心,何尝失显默。"(《饮酒》其十八)《汉书·扬雄传》载,扬雄是个穷人,喝不起酒,要靠朋友门生资助。陶渊明也是喜欢喝酒的,他写这首诗大约是要表示,自己穷而嗜酒,跟扬雄差不多,虽然常常喝醉，但绝对没有喝昏了头。

谈谈扬雄，并没有什么可忌讳的，要为他写传，完全可以放开写，为什么要将他改造为一个“不知何许人也，亦不详其姓字”的“五柳先生”呢，这样对先贤很有些失敬啊。

陶渊明嗜酒而酒德甚佳，有人请他喝酒他很尽兴，而总不至于失态；他请别人喝酒，如果自己醉了，就对客人说：“我醉欲眠，卿可去。”绝不讲客套硬撑。“不吝情去留”这一点也写进《五柳先生传》里去了。扬雄的酒品如何史籍未载。“好读书，不求甚解”乃是诗人读书的特色，学者扬雄读书恐怕不能这样潇洒。诸如此类的地方，“五柳先生”不大像是扬雄。

《宋书·隐逸传》等几篇陶渊明的传都说《五柳先生传》乃陶渊明本人的“实录”，是他写来“自况”的。此说应自有其根据。

“好读书，不求甚解”一句很受后代读者注意，钱锺书先生介绍前人的看法并发挥其新见道：“仇兆鳌选林云铭《挹奎楼稿》卷二《古文析义序》：‘陶靖节“读书不求甚解”，所谓“甚”者，以穿凿附会失其本旨耳。《南村》云：“奇文共欣赏，疑义相与析”，若不求“解”，则“义”之“析”也何为乎。’窃谓陶之‘不求甚解’如杜甫《漫成》之‘读书难字过’也；陶之‘疑义相与析’又如杜甫《春日怀李白》之‘重与细论文’也。培根论读书云：‘书有只可染指者，有宜囫囵吞者，亦有须咀嚼而消纳者。’即谓有不必求甚解者，有须细析者。……语较周密，然亦只道着一半：书之须细析者，亦有不必求甚解之时；以词章论常只须带草看法，而为义理考据计，又必十目一行。一人之身读书之阔略不拘与精细不苟，因时因事而异宜焉。”（《管锥编》第四册）按，诸说皆有思致，足供参考。所谓“求甚解”大体相当于现在常说的“过度诠释”，对于原文本如果要“照着讲”，这个路子是不合适的；而如果要“接着讲”，则“求甚解”恐怕就是难免的了。

“有我之境”与“无我之境”

（《读史述九章》）

《读史述九章》是陶渊明“读《史记》有所感而述之”，选择的人物类型比较复杂，只有个别人物同他本人有某种相近相通之处，其他大部分人物同他本人的风格、经历相去辽远，但在历史上都非常有名，遂皆在赞述之列。

二子让国，相将海隅。天人革命，绝景穷居。
采薇高歌，慨想黄虞。贞风凌俗，爰感懦夫。（夷齐）
去乡之感，犹有迟迟。矧伊代谢，触物皆非。
哀哀箕子，云胡能夷？狡童之歌，凄矣其悲。（箕子）
知人未易，相知实难。淡美初交，利乖岁寒。
管生称心，鲍叔必安。奇情双亮，令名俱完。（管鲍）
遗生良难，士为知己。望义如归，允伊二子。
程生挥剑，惧兹余耻。令德永闻，百代见纪。（程杵）
恂恂舞雩，莫曰匪贤。俱映日月，共餐至言。
恸由才难，感为情牵。回也早夭，赐独长年。（七十二弟子）
进德修业，将以及时。如彼稷契，孰不愿之？
嗟乎二贤，逢世多疑。候詹写志，感鹏献辞。（屈贾）
丰狐隐穴，以文自残。君子失时，白首抱关。
巧行居灾，忮辩召患。哀矣韩生，竟死《说难》。（韩非）
易大随时，迷变则愚。介介若人，特为贞夫。
德不百年，污我诗书。逝然不顾，被褐幽居。（鲁二儒）
远哉长公，萧然何事？世路多端，皆为我异。
敛辔朅来，独养其志。寝迹穷年，谁知斯意！（张长公）

同陶渊明关系靠近的是张长公（西汉人张挚），其人的特色是当了一段时间的大夫以后就不干了，而且说不干就不干——“以不能取容当世，故终身不仕”（《史记·张释之列传》）；陶渊明也是先仕后隐的，但出仕的次数较多，断断续续，反复折腾达五六次之多，后来他深感自己愧对张长公，所以在《扇上画赞》里说：“张生一仕，曾以事还。顾我不能，高谢人间。”在《读史述九章》里陶渊明再次称颂其人。

至于这里述及的其他人物，即伯夷、叔齐、箕子、管仲、鲍叔、程婴、杵臼、孔子七十二弟子、屈原、贾谊、韩非、鲁二儒，皆各有千秋，而无从与陶渊明直接加以联系。过去有些论客往往喜欢硬加联系，随意发挥。例如伯夷、叔齐是反对武王伐纣、义不食周粟的，鲁二儒是不肯跟着叔孙通出来为朝廷制礼作乐的，于是他们就把这些同陶渊明的所谓“忠愤”联系起来，说诗人如何忠于东晋，反对刘裕篡权换代。可是请问，如此将怎样安顿解释管鲍、程杵、七十二弟子、屈贾、韩非等人呢？这些人同改朝换代毫不相干啊；就是夷齐、鲁二儒，同陶渊明的情况也是天差地远，没有相通之处。清朝人吴菘《论陶》说：“《读史述九章》，言君臣朋友之间，出处用舍之道，无限低回感激，悉以自况，非漫然咏史者。”而这里是怎样“悉以自况”的，他竟不置一词——这也难怪，因为这里实在没有办法讲出一个所以然来。

古代士人发思古之幽情可以有两种模式，一种直接指向当下，联系自己；另一种则是就古咏古，或者发一点很大路的感慨，例如世事难料，多有兴亡等等。与此相应的，咏史诗也就有两种路径，一种正是所谓“漫然咏史”，将历史上的著名人物、著名事件用诗句或押韵的文句加以敷衍，咏叹一番；另一种则把自己摆进去发表感慨。前者似可谓之“无我之境”，后者则是“有我之境”。

中国最早的咏史诗——班固的《咏史》，属于“无我之境”：

三王德弥薄，惟后用肉刑。太仓令有罪，就逮长安城。
自恨身无子，困急独茕茕。小女痛父言，死者不可生。
上书诣北阙，阙下歌鸡鸣。忧心摧折裂，晨风扬激声。
圣汉孝文帝，恻然感至情。百男何愦愦，不如一缇萦！

此诗咏叹的是汉文帝时代名医兼官吏淳于意之女淳于缇萦。淳于意以事下狱，将遭肉刑，其幼女缇萦上书救父，《史记·扁鹊仓公列传》载："文帝四年中，人上书言意(淳于意)，以刑罪当传西之长安。意有五女，随而泣。意怒，骂曰：'生子不生男，缓急无可使者！'于是少女缇萦伤父之言，乃随父西。上书曰：'妾父为吏，齐中称其廉平，今坐法当刑。妾切痛死者不可复生而刑者不可复续，虽欲改过自新，其道莫由，终不可得。妾愿入身为官婢，以赎父刑罪，使得改行自新也。'书闻，上悲其意，此岁中亦除肉刑法。"

班固截取此事写诗，开后代文人以诗咏史之先河，在这首诗里他虽有感叹之词而没有把自己摆进去。此诗作年不可考，大约应当是他早年的作品。他本人后来也曾因为私撰国史(即《汉书》)而入狱，因得其弟班超伏阙上书申辩，才得以获释；他的《咏史》当作于此前，否则他恐怕不可能写下"百男何愦愦，不如一缇萦"这样的诗句。班固这首诗正属于所谓"漫然咏史"，而非借此来发抒自身的感慨。

朱自清先生说："咏史之作以古比今，左思是创始的人。"(《诗言志辨》)左思写过一组著名的《咏史》，其中多有抒发他自己受困于门第，不能大展其才的感慨。他的这一组咏史诗曾经被选入萧统《文选》，产生过很大的影响。从此之后，咏史诗就有了两种类型：班固似的檃括本传、就古咏古是一种；左思似的以古比今、借前人酒杯浇自己块垒又是一种。按传统的意见，前者是正体，后者是变体；当然按实际的影响来说，后者更容易打动读者，而前者则显得比较一般化。

陶渊明的《扇上画赞》借古人酒杯浇自己块垒的意思比较明显，其中甚至直接拿自己同古人相比，坦诚地以“顾我不能”来做自我批评。至于《读史述九章》，则不那么单一，这里是两种类型都有。例如此中关于张长公的一则赞叹此公“敛辔”“萧然”的心态和“独养其志”的定力，充满了钦佩仰止之情，虽然没有像《扇上画赞》那样直接提到自己，但是文中把自己带进去的意思还是比较明显的。

至于《读史述九章》里述及的其他各位，则大抵是檃括本传、就古咏古的意味为多，比如关于夷齐、管鲍的两则，其中的基本事实都见于《史记》的相关本传，发表的歌颂赞叹也都是一般的意见，同自己个人没有什么特别的联系。

中国历史悠久，人物众多，不可能事事皆可借古讽今，也不可能人人皆可拿来自比；所以咏史诗文的类型一定是正体、变体同时并存，各行其是，各显神通。陶渊明的《咏三良》《咏荆轲》都属于所谓正体，而《咏二疏》则近于变体。

在陶渊明研究中有一个很常见的老问题，就是把陶渊明那些涉及历史而原属“无我之境”的文本误当作“有我之境”，并就此大谈陶渊明的种种隐秘思想，反反复复地将他拔高。对陶渊明思古题材的诗文应当实事求是地作出解说和评价，而不能凭空起意，强加发挥。陶渊明研究中有待拨乱反正的地方不少，这也正是其中的一个子项目。

兄妹情深

（《祭程氏妹文》）

现存陶渊明散文不多，而祭文就占了三篇——《祭程氏妹文》《祭从弟敬远文》《自祭文》，其中祭妹文一篇最值得注意，而历来关注甚少。此文不长，全录如下：

> 维晋义熙三年，五月甲辰，程氏妹服制再周。渊明以少牢之奠，俯而酹之。呜呼哀哉！寒往暑来，日月寖疏。梁尘委积，庭草荒芜。寥寥空室，哀哀遗孤。肴觞虚奠，人逝焉如！谁无兄弟，人亦同生。嗟我与尔，特百常情。慈妣早世，时尚孺婴。我年二六，尔才九龄。爰从靡识，抚髫相成。咨尔令妹，有德有操。靖恭鲜言，闻善则乐。能正能和，惟友惟孝。行止中闺，可象可效。我闻为善，庆自己蹈。彼苍何偏，而不斯报。昔在江陵，重罹天罚。兄弟索居，乖隔楚越。伊我与尔，百哀是切。黯黯高云，萧萧冬月。白雪掩晨，长风悲节。感惟崩号，兴言泣血。寻念平昔，触事未远。书疏犹存，遗孤满眼。如何一往，终天不返！寂寂高堂，何时复践？藐藐孤女，曷依曷恃？茕茕游魂，谁主谁祀？奈何程妹，于此永已！死如有知，相见蒿里。呜呼哀哉！

陶渊明和这位妹妹一起长大，关系一向密切，后来她嫁到武昌程家，于义熙元年（乙巳，405）十一月去世，才三十多岁；陶渊明很伤心，立即抛弃彭泽令一职，奔丧至武昌，然后就回到自己的老家寻阳，从此隐居不出。古人很少有为已经出嫁之姊妹奔丧的，但陶渊明不同，他自有其行动的准则。一年半（“服制再周”指依礼制为妹服丧九个月的两倍时间)以后的义熙三年丁未五月,陶渊明又特为作此祭文,留为纪念。

陶渊明在《归去来兮辞》的小序之末曾经说到"寻程氏妹丧于武昌,情在骏奔,自免去职。仲秋至冬,在官八十余日。因事顺心命篇曰《归去来兮》。乙巳岁十一月也"。由于在该辞的正文中没有提到去武昌奔丧一事,所以曾经有人认为陶渊明从彭泽直接回了寻阳;其实他应当是去了武昌一趟的,正文中不写仅仅是为了顾及文章的规范,以免出现枝节。如果自称"情在骏奔",而实际上不去,那绝不是陶渊明的做法,也不合感情的逻辑。陶渊明应是先去了武昌,然后才回寻阳,从此不再出仕。程氏妹之死实为陶渊明告别官场的导火线之一。

程氏妹是陶渊明的同父异母妹,祭文中提到的"慈妣"指程氏妹的生母、陶渊明的庶母,其人去世于太元元年(丙子,376),当时陶渊明十二岁、程氏妹九岁;此后这小妹就由陶渊明的生母来抚养,同陶渊明的关系特别密切。后来到隆安五年(辛丑,401),陶渊明的生母孟夫人去世("重罹天罚"),那是一个寒冷的冬天("黯黯高云,萧萧冬月。白雪掩晨,长风悲节。感惟崩号,兴言泣血"),早已远嫁的程氏妹回娘家来奔丧,彼此都很伤心,而不料这一次就是他们兄妹最后的相见。此后他们之间只靠通信联系,几年之后她自己也离开了这个世界,留下一个孤女。想到这些,陶渊明就悲从中来,难以抑制。他说,我们兄妹将来只能在地下相见了。

陶渊明笃于亲情,对于父母子女、兄弟姊妹都有很深厚淳真的感情;情如同胞之程氏妹的英年早逝让他深受刺激,他由此想到人生的无常,自由的可贵,并由此深感在官场里忍受束缚之无聊——这就成了他辞官归隐的动因之一。前人论陶渊明的归隐相当忽略程氏妹之死这个因素,必须改变这种情形,这才有利于加深我们对这位大作家的理解。

“尔知我意”

（《祭从弟敬远文》）

陶敬远是陶渊明的从弟，即堂弟。陶渊明为他写过一首诗《癸卯岁十二月中作与从弟敬远》（元兴二年，癸卯，403）、一篇文《祭从弟敬远文》（义熙七年，辛亥，411），其中都有丰富的信息，读来可以大大增加我们对陶渊明的了解。

《祭从弟敬远文》如下：

岁在辛亥，月惟仲秋，旬有九日，从弟敬远，卜辰云窆，永宁后土。感平生之游处，悲一往之不返。情恻恻以摧心，泪愍愍而盈眼。乃以园果时醪，祖其将行。呜呼哀哉！于铄吾弟，有操有概。孝发幼龄，友自天爱。少思寡欲，靡执靡介。后己先人，临财思惠。心遗得失，情不依世。其色能温，其言则厉。乐胜朋高，好是文艺。遥遥帝乡，爰感奇心。绝粒委务，考槃山阴。淙淙悬溜，暧暧荒林。晨采上药，夕闲素琴。曰仁者寿，窃独信之。如何斯言，徒能见欺。年甫过立，奄与世辞。长归蒿里，邈无还期。惟我与尔，匪但亲友。父则同生，母则从母。相及龆齿，并罹偏咎。斯情实深，斯爱实厚。念畴昔日，同房之欢。冬无缊褐，夏渴瓢箪。相将以道，相开以颜。岂不多乏，忽忘饥寒。余尝学仕，缠绵人事。流浪无成，惧负素志。敛策归来，尔知我意。常愿携手，置彼众议。每忆有秋，我将其刈。与汝偕行，舫舟同济。三宿水滨，乐饮川界。静月澄高，温风始逝。抚杯而言，物久人脆。奈何吾弟，先我离世。事不可寻，思亦何极。日徂月流，寒暑代息。死生异方，存亡有域。候晨永归，指涂载陟。呱呱遗稚，未能正言。哀哀嫠人，礼仪孔闲。庭树如故，斋宇廓然。孰云敬远，何时复还！余惟人斯，昧兹近情。蓍龟有吉，制我祖行。望旐翩翩，执笔涕盈。神其有知，昭余中诚。呜呼哀哉！

祭文中说陶敬远去世年纪不过三十刚出头（“年甫过立”），如假定为三十二岁，则他应生于晋孝武帝太元五年（380），比陶渊明小十五岁。

据祭文可知，陶敬远的父亲同陶渊明的父亲是亲兄弟，而二人的母亲则是姊妹，他们有着双重的近亲关系。二人的父亲都死得很早，陶敬远就寄养在陶渊明家，他们同住一室，一起过着清贫的生活，但都很有志气，趣味相投，关系非常亲密。

祭文中又说，陶敬远品德高尚，讲究儒家提倡的修养，安贫乐道，坚持操守；同时又对道教颇有兴趣，向往神仙世界（“帝乡”），修炼辟谷（“绝粒”）等方术，热衷于采集具有特别效果的高级药物（“上药”）。陶渊明高度评价老弟的这两个方面，事实上他本人也是很讲究这两个方面的，陶诗中引用《论语》的地方极多，而又喜读异书，对《穆天子传》《山海经》大有兴趣，自己写过志怪小说，同时也相信据说是神仙们用过的药物，希望服下去能够长寿。

陶渊明、陶敬远兄弟曾经一起出游，一连好几天不回家（“与汝偕行，舫舟同济。三宿水滨，乐饮川界”）。他们之间有着太多的共同之处。

陶渊明在祭文中还特别提到，当自己退出官场的时候，许多人不理解他，只有陶敬远赞成他的选择（“敛策归来，尔知我意。常愿携手，置彼众议”）。按，陶渊明曾先后两次主动退出官场，前一次是他二十九岁那年即晋孝武帝太元十八年（393），“起为州祭酒，不堪吏职,少日自解归”(《宋书·陶潜传》);五六年以后亦即到他三十五岁那年(安帝隆安三年,399)才重新出山到桓玄手下任职;后一次是义熙元年(405)十一月彻底归隐。祭文中没有具体说到“尔知我意”指哪一次,看来应指彻底归隐这一次,太元十八年时陶敬远还只有十四岁,年龄太小,未必明白世事。

隐士也需要有人理解。陶敬远虽然也是世家子弟,水平甚高,却从未出仕,可算彻头彻尾的隐士,他赞成老兄“敛策归来”是必然的事情。

在上述两次变化的中间,陶渊明还有一次退出官场的经历,这一回并非主动退出,而是因为母亲去世,依制回家守孝,这是隆安五年(辛丑,401)冬天的事情,在家待了三年,后来到元兴三年(甲辰,404)再度出山,到刘裕手下任职。《癸卯岁十二月中作与从弟敬远》正作于这一段时间之内。诗中大诉其苦,认为隐居乃是“拙”,是一条穷途末路。

陶敬远在出处问题上一向是固守其穷的,这时他也许会对老兄说,拙就拙吧,拙有什么不好?

到义熙元年(405)陶渊明彻底归隐时,陶敬远也还相当年轻,他对老兄的归隐非常赞成,这应当就是祭文中所说的“尔知我意”——可知两年前当陶渊明对“平津”还没有死心的时候,他应当并不赞成。可以说陶敬远是比从兄陶渊明更彻底的隐士,更有定力。由于其人虽然“好是文艺”,却并不写诗,更非名人,所以一向默默无闻。

许多无名之辈其实比名流大腕水平更高,而埋没于草野之间,不为世人所知,他们也不希望为人所知;其中只有少数几个被名人提到一下,大家才略知其一二。即如陶渊明在《移居》其一中提到的同他一起“奇文共欣赏,疑义相与析”的那些南村新邻居,就都是些水平很高的“素心人”，而他们连姓名都没有留下——又何必要留名呢。

草根之中自有高人，古今中外无不如此。历史上著名的隐士，不过是其中的一些知名之士，他们的水平未必就高于那些无名的草根人物。

非后人伪作

（《尚长禽庆赞》）

尚子昔薄宦，妻孥共早晚。贫贱与富贵，读《易》悟益损。

禽生善周游，周游日已远。去矣寻名山，上山岂知反。

上面这篇《尚长禽庆赞》见于《艺文类聚》卷三十六《人部·隐逸上》，署名宋陶潜，在此赞之前又有陶潜的《张长公赞》《周妙珪赞》《鲁二儒赞》和《夷齐赞》四则，但都是四言的。

《尚长禽庆赞》不见于赵宋以来各本《陶渊明集》。首先从《艺文类聚》中找出《尚长禽庆赞》并补进陶集里去的明朝学者何孟春说："此赞今本无之，岂唐初欧阳询所见本至宋有脱缺耶？"这个推测很有道理。

在如今可见之各本《陶渊明集》中，《扇上画赞》的总题之下有关于张长公和周阳（妙）珪者，各四句。而《艺文类聚》卷三十六中的《周妙珪赞》则有十二句，是在关于他的四句之后，又把《扇上画赞》结尾的八句一道挂在他的名下了。而在《读史述九章》中又有一章是关于张长公的，《艺文类聚》卷三十六所录的《张长公赞》与此相同；《艺文类聚》本的《鲁二儒赞》和《夷齐赞》也都在《陶渊明集》的《读史述九章》之中。

由此似可以得出下列三点推论：

其一，《读史述九章》就其文体而言也是赞，都是以四言韵语对历史人物作简明扼要的总结和称颂。《读史述九章》与《扇上画赞》大约是同时的作品。欧阳询从这两篇中摘出他最看好的四段进入

《艺文类聚》,同时又另行选取了一篇单列的《尚长禽庆赞》——这五则由他做成一拼盘,构成卷三十六《人部·隐逸上》之“赞”的一部分。

其二,既然在《艺文类聚》的陶氏拼盘中《张长公赞》《周妙珪赞》《鲁二儒赞》和《夷齐赞》这四则都确为陶渊明的作品,那么《尚长禽庆赞》这一篇也应当是靠得住的,应补入《陶渊明集》,可以作为正文,也可以列入补遗;而不能视为伪作或表现出其他歧视。

尚长字子平,东汉隐士,《文选·与山巨源绝交书》“吾每读尚子平、台孝威传”句下李善注引《英雄记》云:“尚子平有道术,为县功曹,休归,自入山担薪,卖以供食饮。”又引范晔《后汉书》云:“向子平隐居不仕,性尚中和,好通《老》《易》。”李善谨慎,加按语说:“尚向不同,未详。”现在看来当作“尚”为是,“向”则是形近而误。《后汉书·逸民传》载,“向(尚)长字子平……潜隐于家,读《易》至《损》《益》卦,喟然叹曰:‘吾已知富不如贫,贵不如贱,但未知死何如生耳。’”陶渊明称颂他深通《易》理,看透了人生。

禽庆是尚长的好友,他们后来“俱游五岳名山,竟不知所终”(《后汉书·逸民传》)。陶渊明对他们的往而不返也大加称颂。

其三,陶渊明两度称颂张长公,无非是因为其人一旦退出官场,就再也不进去了,而他本人则是进进出出过多次的,实在愧对古人。陶渊明做自我批评说:“张生一仕,曾以事还。顾我不能,高谢人间。”(《扇上画赞·张长公赞》)又赞叹张长公说:“远哉长公,萧然何事?世路多端,皆为我异。敛辔朅来,独养其志。寝迹穷年,谁知斯意。”(《读史述九章·张长公》)陶渊明的心事,真所谓历历可见。

赞从来都是四言韵语,而《尚长禽庆赞》却写成一首五言诗的样子,显然不合于传统。大作家大抵富于创造性,敢于抛开老规矩,开创新路子,从这一点看去,此赞也应是陶渊明的作品,而非后人伪托——伪托者总是按老规矩做山寨版的,哪里会有这种自作主张的气魄!

附　　录

陶渊明接受史零札

颜延之《陶征士诔》七释

夫璇玉致美，不为池隍之宝；桂椒信芳，而非园林之实。岂期深而好远哉？盖云殊性而已。故无足而至者，物之藉也；随踵而立者，人之薄也。若乃巢、高之抗行，夷、皓之峻节，故已父老尧、禹，锱铢周、汉。而绵世浸远，光灵不属，至使菁华隐没，芳流歇绝，不其惜乎！虽今之作者，人自为量，而首路同尘，辍涂殊轨者多矣，岂所以昭末景，泛余波乎？

有晋征士寻阳陶渊明，南岳之幽居者也。弱不好弄，长实素心。学非称师，文取指达。在众不失其寡，处言愈见其默。少而贫病，居无仆妾，井臼弗任，藜菽不给，母老子幼，就养勤匮。远惟田生致亲之议，追悟毛子捧檄之怀。初辞州府三命，后为彭泽令，道不偶物，弃官从好。遂乃解体世纷，结志区外，定迹深栖，于是乎远。灌畦鬻蔬，为供鱼菽之祭；织绚纬萧，以充粮粒之费。心好异书，性乐酒德。简弃烦促，就成省旷。殆所谓国爵屏贵，家人忘贫者与？

有诏征为著作郎，称疾不到。春秋若干，元嘉四年月日，卒于寻阳县之某里。近识悲悼，远士伤情，冥默福应，呜乎淑贞！夫实以诔华，名由谥高，苟允德义，贵贱何算焉？若其宽乐令终之美，好廉克己之操，有合谥典，无愆前志，故询诸友好，宜谥曰靖节征士。其辞曰：

物尚孤生，人固介立。岂伊时遘，曷云世及？嗟乎若士，望古遥集。韬此洪族，蔑彼名级。睦亲之行，至自非敦。然诺之信，重于布言。廉深简絜，贞夷粹温。和而能峻，博而不繁。依世尚同，诡时则异，有一于此，两非默置。岂若夫子，因心违事？畏荣好古，薄身厚志。世霸虚礼，州壤推风。孝惟义养，道必怀邦。人之秉彝，不隘不恭。爵同下士，禄等上农。度量难钧，进退可限。长卿弃官，稚宾自免，子之悟之，何悟之辨。赋诗归来，高蹈独善。亦既超旷，无适非心。汲流旧巘，葺宇家林。晨烟暮蔼，春煦秋阴。陈书辍卷，置酒弦琴。居备勤俭，躬兼贫病。人否其忧，子然其命。隐约就闲，迁延辞聘。非直也明，是惟道性。纠缠斡流，冥漠报施。孰云与仁，实疑明智。谓天盖高，胡愆斯义？履信曷凭，思顺何置？年在中身，疢维痁疾。视死如归，临凶若吉。药剂弗尝，祷祀非恤。傃幽告终，怀和长毕。呜乎哀哉！

敬述靖节，式尊遗占："存不愿丰，没无求赡。省讣却赙，轻哀薄敛。遭壤以穿，旋葬而窆。"呜乎哀哉！

深心追往，远情逐化。自尔介居，及我多暇。伊好之洽，接阎邻舍。宵盘昼憩，非舟非驾。念昔宴私，举觞相诲："独正者危，至方则碍。哲人卷舒，布在前载。取鉴不远，吾规子佩。"尔实愀然，中言而发："违众速尤，迕风先蹶。身才非实，荣声有歇。"睿音永矣，谁箴余阙？呜乎哀哉！

仁焉而终，智焉而毙。黔娄既没，展禽亦逝。其在先生，同尘往世。旌此靖节，加彼康、惠。呜乎哀哉！

关于陶渊明的记载和评说，以上面这篇颜延之（字延年）的《陶征士诔（并序）》为最早。颜延之是晚年陶渊明的朋友，他这篇诔文曾被选入萧统《文选》卷五十七，其重要性可以说怎么估计都不为过。兹综合前后研读所得，提出七条阐释如下。

一、关于称呼问题

《诔》中对陶渊明有两个称呼，一曰“南岳之幽居者”，一曰“征士”。前者指陶渊明的主要身份是隐士，隐居之处近于南岳即庐山；后者指他曾得到朝廷的征聘，有可能脱离幽居入朝为官，但他不肯出山，于是便称为“征士”——加上谥号则为“靖节征士”，说明来由则谓之“有晋征士”。资深山林隐逸或时下在野的士人而能得到朝廷的征聘是很有面子的事情，所以“征士”一词看上去表明未进入体制，而仍然是一种以官本位或曰朝廷本位为前提的提法。

“有晋征士”表明东晋王朝曾征辟陶渊明，后来沈约《宋书·隐逸传》为陶渊明立传，此事被明确记载为“义熙末，征著作佐郎，不就”。义熙是东晋的年号，凡十四年(405—418)。

但是萧统在《陶渊明传》中将传主荣获朝廷征辟一事系于他去世的那一年：“元嘉四年将复征命，会卒，时年六十三。”元嘉是刘宋王朝的年号，这一次是宋王朝请他出山。按，《建康实录》卷十二元嘉四年十一月辛未条下载：“散骑常侍陆子真荐豫章雷次宗、寻阳陶潜、南郡刘凝之，并隐者也。”正可坐实萧统的提法。钟嵘《诗品·中》称陶渊明为“宋征士”，与萧统的记载遥相呼应。《隋书·经籍志四》著录“宋征士《陶潜集》九卷”，都与萧统的提法一致。

可知事情的真相无非是陶渊明先后两次被征，一在东晋义熙末，一在他去世前不久。白居易《访陶公旧宅》诗有句云：“呜呼陶靖节，生彼晋宋间……连征竟不起，斯可谓真贤。”“连征”云者正指他两次被征。

陶渊明是义熙元年(405)十一月归隐的，到义熙末年仍不考虑复出，在他的诗里也有所涉及，其《饮酒》组诗的第九首写道："清晨闻叩门，倒裳往自开。问子为谁与？田父有好怀。壶浆远见候，疑我与时乖。褴缕茅檐下，未足为高栖。一世皆尚同，愿君汩其泥。深感父老言，禀气寡所谐。纡辔诚可学，违己讵非迷？且共欢此饮，吾驾不可回。"在诗里"吾驾不可回"自然是对那位"田父"之规劝的回应，而同时也对朝廷征辟的答复。

至于陶渊明到去世前夕忽然有可能出山，很可能是他老先生静极思动，在家庭经济状况陷入危机的时候，觉得自己的车驾其实也未尝不可以转换方向。他在对刘宋官员颜延之的谈话中说："独正者危，至方则碍。哲人卷舒，布在前载。"做人不妨圆通一点，不必死守什么教条。

经济因素在陶渊明考虑出处问题时占有重要的地位。《陶征士诔》中有两句话解释陶渊明先前出仕及归隐的原因："远惟田生致亲之议，追悟毛子捧檄之怀。"古代的田过为了父辈的生活和荣誉，愿意出仕；东汉的毛义本无意于当官，但为了奉养老母，很高兴地出任县令，等到老太太一死，他就弃官而去。诔文整理的意思是说，为了解决经济困难，陶渊明可以考虑出仕。他早年是如此，到垂暮之年也还是如此，这些都是正常的事情。

或以为颜延之"有晋征士"这样的称谓，表明陶渊明认同东晋王朝，是晋的遗民，他不认可刘宋、拒绝与刘宋合作。这样的推论逻辑奇特，难以理解。陶渊明拒绝了东晋王朝的征聘，这怎么能证明他就是晋的遗民呢。颜延之称陶渊明为"有晋征士"，只是叙述了一件客观事实，并表明其人不慕荣利，心怀高远，有宽乐令终之美，好廉克己之操，这同改朝换代之类的政局变化并没有什么必然的关系。

至于颜延之为什么不提陶渊明也是"有宋征士"，大约有两种可能，一是这件事他不清楚，一位散骑常侍推荐过什么隐士，后来又没有下文，此事大家未必都知晓；一是省却枝蔓，为了行文的简洁而未提此事。诔文不同于一般的散体传记，没有必要也不可能一一载明传主的详细经历；何况特别强调地记载一件只有动议并无进展的事情，立言比较麻烦且无大意思，不如不提也罢。

颜延之本人是由晋入宋的，他拥护这个新王朝。当然，入宋以后他倒过一次霉，那是因为他同武帝刘裕之次子、扬州刺史刘义真走得太近，遂与谢灵运等人一起遭到权臣徐羡之的打击，于永初三年(422)被免去在中枢的职务，外放为始安太守(谢灵运则出为永嘉太守)；但到元嘉三年(426)，新上台不久的文帝刘义隆杀掉了徐羡之等一度控制中枢的权臣，皇权得到恢复，颜延之、谢灵运等复回中枢，秩序回归正常。颜延之对今上刘义隆非常拥护而且感激，有诗句道："皇圣昭天德，丰泽振沉泥"(《和谢监灵运》)，"皇圣"正指宋文帝刘义隆。元嘉四年颜延之作《陶征士诔》时，对刘宋王朝不可能有任何不满或不敬的意思。

二、关于陶渊明的仕履

颜《诔》对此的记载极疏略，只说是"初辞州府三命，后为彭泽令"，粗看似乎陶渊明一共就当过一次彭泽令似的，其实他出仕的履历相当复杂，但在一篇诔文的序言里，不必一一细说。按传统的文体规范，诔文是为定谥而作，重点在于称颂逝者的品德，此即刘勰所谓"诔者，累也，累其德行，旌之不朽也"(《文心雕龙·诔碑》)，其人的履历不必详述。

三、关于陶渊明的爱好

《诔》文中只提到两条："心好异书，性乐酒德。"陶渊明的喜欢喝酒是人所皆知的，颜延之对此体会尤深，因为他本人也是一位资深酒徒，彼此很合得来的。他们在一起的时候，整天痛饮，最后分手时颜还送给陶一大笔酒钱。

颜延之又特别提出陶渊明“心好异书”，并且列为第一条，应引起高度重视。陶渊明固然读过大量正统的经书和史籍，也读《山海经》《穆天子传》《搜神记》等“异书”，并在作品中有所表现。陶渊明的思想不那么正统而显得复杂多元，与此关系很大。陶渊明有一批因读史书而写的诗，如《咏贫士》（七首）、《咏二疏》、《咏三良》、《咏荆轲》等；另有一组《读〈山海经〉》则有十三首之多，数量远超其咏史诗的全部，内容亦十分丰富。目不斜视，只读圣贤书，思想就不会活跃。大作家大抵都是“心好异书”的。

四、关于陶渊明的创作

《诔》文中很少说到陶渊明的诗文创作，更没有像后人那样给予极高评价。这里只是提到一下他曾经“赋诗归来”，又说了一句“文取指达”，前者讲他辞官时曾有所作，后者说他的行文不大讲究翰藻。

颜延之本人的风格是为文非常讲究雕章琢句，《南史·颜延之传》载鲍照对他的评论说：“谢（灵运）五言如初发芙蓉，自然可爱；君诗若铺锦列绣，亦雕缋满眼。”他大约认识不到陶渊明诗文的崇高价值。缪钺先生曾经深刻地指出：“延之与陶潜交谊甚深，故撰诔极经意。文中盛称陶潜之高节介性，而不及其诗，仅云‘文取指达’而已。盖陶潜超出晋、宋风气之外，延之诗则犹承陆机以来华绮雕琢之风，二人性情虽有相契之处，而延之于陶诗之真价值犹未能认识也。”（《颜延之年谱》，《缪钺全集》第1卷下册）这是很准确、深刻的观察。在此后一个相当长的时段里，陶渊明继续被定位为隐士，而非诗人。

五、关于陶渊明对疾病、死亡和后事的态度

疾病和死亡是每个人都会碰到的，如果死得不是非常突然，一般也总会对如何处理后事有所交代。陶渊明的态度是：在确知自己的病已经不治之后，就放弃治疗，很平静地等待死亡的到来。这同许多人平时相当节省，最后却把大量的钱财用于无效的努力，是完全两路的。应当说陶渊明的方针更明智：努力争取长寿，有病能治则治，实在不能，则"药剂弗尝，祷祀非恤"——不再治疗，更不祈祷，听其自然，静候结束。

"视死如归，临凶若吉"乃是对待死亡唯一正确的态度，也是一种通达的人生哲学。

关于病和死，陶渊明本人曾经有几篇诗文涉及，如《与子俨等疏》《自祭文》《挽歌诗》等，但他最后的口头遗嘱，则仅见于颜氏之《诔》："存不愿丰，没无求赡。省讣却赙，轻哀薄敛。遭壤以穿，旋葬而窆。"这就是叮嘱家人：后事一切从简，不发讣告，不接受赙赠，用最简单的方式薄葬，希望大家节哀。

实在是通达之至。后来的名人遗嘱，似以鲁迅说过的几条同陶渊明最为接近，他在以《死》为题的随笔中提出了七条，其中前四条：

一，不得因为丧事，收受任何人的一文钱。——但老朋友的，不在此例。

二，赶快收敛，埋掉，拉倒。

三，不要做任何关于纪念的事情。

四，忘记我，管自己生活。——倘不，那就真是糊涂

虫。(《且介亭杂文末编》)

这四条同颜《诔》中所录之陶渊明遗言,几乎一一对应。陶渊明思想之前卫,由此最可见其一斑。

六、关于陶渊明独立的人格

“诔”这种文体的传统规范是歌颂逝者的崇高品德,以便选定其谥号(用一两个字概括逝者的基本特色)。颜延之和陶渊明的另外一些生前友好决定“谥曰靖节”。按《谥法》,“宽乐令终曰靖”,“好廉自克曰节”,文章对陶渊明的称颂自然也就围绕这两点来展开。

“好廉克己”是说安于清贫,淡泊而有廉隅,讲究做人的原则,并且坚持到底。文章开始时说到的“巢、高之抗行”和“夷、皓之峻节”,就都是从这个角度来援引古人为先例。巢父是帝尧时代的隐士,不肯接受领袖地位;伯成子高原是帝尧时代的诸侯,等到尧传舜、舜传禹之后,他就抛弃诸侯的地位回家种地去了。他们的高尚在于不要地位和名誉,自甘于清贫淡泊。周初的伯夷和汉初的商山四皓都以坚持原则、不与当权者合作著称,这些高人都具有独立的人格,对大人物没有崇拜仰望的意思,“父老尧、禹”是说巢父、伯成子高一类高人只把尧、禹这些最高领导人视为父老乡亲。(语出《后汉书》卷二九《郅恽传》载:郅恽谓友人郑敬曰:“天生俊士,以为人也。鸟兽不可与同群,子从我为伊、吕乎?将为巢、许,而父老尧、舜乎?”)“锱铢周、汉”则是说伯夷和商山四皓自尊自重,在他们心目中,周、汉王朝的分量很轻很轻。

伯夷和四皓是陶渊明作品中被多次提及的先贤。秦、汉之际有东园公、绮里季、夏黄公、甪里先生四位白发老者,“秦之世避而入商洛深山,以待天下之定”(《汉书·王贡两龚鲍传序》);后来汉高祖刘邦请他们出山，一直不肯出来，最后总算出来了一次，帮助完成了特别的任务就又回去了。他们在隐居中作过一首歌，最后两句说："富贵之畏人兮，不若贫贱之肆志！"

伯夷的名气更大了，殷末周初的伯夷和他的幼弟叔齐原是孤竹君之二子，其父欲立老三叔齐为接班人，等到老王一死，叔齐要把地位让给大哥伯夷，伯夷认为父命不可违，遂逃走，叔齐亦不肯立而逃之，其国人立其中子。伯夷和叔齐逃到了周，恰逢武王出兵伐纣——"伯夷、叔齐闻西伯昌善养老，盍往归焉。及至，西伯卒，武王载木主，号为文王，东伐纣。伯夷、叔齐叩马而谏曰：'父死不葬，爰及干戈，可谓孝乎？以臣弑君，可谓仁乎？'左右欲兵之。太公曰：'此义人也。'扶而去之。武王已平殷乱，天下宗周，而伯夷、叔齐耻之，义不食周粟，隐于首阳山，采薇而食之。及饿且死，作歌，其辞曰：'登彼西山兮，采其薇矣。以暴易暴兮，不知其非矣。神农、虞、夏忽焉没兮，我安适归矣？于嗟徂兮，命之衰矣！'遂饿死于首阳山。"(《史记·伯夷列传》)这弟兄二人行为异常，后来成了非常著名的历史人物。儒家圣贤予以高度评价，充分肯定他们了不起的节操及其教育作用，这就是孟子所说的"故闻伯夷之风者，顽夫廉，懦夫有立志"(《孟子·尽心下》)。

后来某些诗文里用伯夷、叔齐的典故来指代忠于故君、不赞成新王朝的遗民，其实并不恰当。这兄弟二人并没有忠于殷纣王的意思，他们也曾因遭到殷之末代帝王纣王的压迫而逃避(《孟子·尽心上》："伯夷辟(避)纣，居北海之滨。")，但他们不赞成"以暴易暴"。先前的"神农、虞、夏"，何尝不是改朝换代，但都是和平过渡，通过禅让来完成新旧交替的，那就非常之好，现在周武王要实行暴力革命，他们不赞成。伯夷、叔齐的特色在于坚持原则，过去为此不惜抛弃王位，逃离本国；现在为此不惜放弃被尊养的待遇，逃进首阳山里去吃野菜，以至终于饿死。他们是两个高尚的言行一致的道德理想主义者，同时也是两个逃跑主义者：一逃去了北海之滨，二逃到了周，三逃至于首阳山，即死于此。

不管多么困难也要守住原则，这叫作守节，讲究原则就是一个人的节操、操守。毫无原则现在叫机会主义者，古人则谓之失节之徒。守节与失节包涵甚广，可以同政治有关，也可能无关；可以同改朝换代有关，也可能无关。一谈到节操，一谈到伯夷、叔齐，就以为事关改朝换代，就以为是要当遗老遗少，事出有因，查无实据，实为一种过敏症。陶渊明高度评价伯夷、叔齐，其《读史述九章》之第一章就是《夷齐》，其辞曰："二子让国，相将海隅。天人革命，绝景穷居。采薇高歌，慨想黄虞。贞风凌俗，爰感懦夫。"这里正是歌颂他们高尚的节操。

颜延之说，历史上讲究节操的名人，对于一般认为很了不起的大人物，对于国家政权，都敢于等闲视之，巢、高、夷、皓诸公"父老尧、禹，锱铢周、汉"。这种高风亮节后来少了，"绵世浸远，光灵不属，至使菁华隐没，芳流歇绝"，这是很可惜的；好在如今出现了一位陶渊明，情况就不同了。

颜延之认为陶渊明是可以同巢、高、夷、皓诸公站在同一水平线上的高人。在祭文、诔文里称颂逝者的调门一般来说都相当高，此风今尚有之，而于古为烈。那时有些高调不必看得过于认真。当然，陶渊明确实是讲究节操的高人，所以他毅然归隐，而且坚持到了最后。

至于陶渊明的宽乐令终之美，诔文归纳为：

> 赋诗归来，高蹈独善。亦既超旷，无适非心。汲流旧巘，葺宇家林。晨烟暮霭，春煦秋阴。陈书辍卷，置酒弦琴。居备勤俭，躬兼贫病。人否其忧，子然其命。隐约就闲，迁延辞聘。

非直也明，是惟道性。纠缠斡流，冥漠报施。孰云与仁，实疑明智。谓天盖高，胡愆斯义？履信曷凭，思顺何置？

虽然清贫，但陶渊明心情舒畅，乐天知命，在劳动、读书、饮酒、操琴中享受生活的乐趣。这里的文句大抵以陶渊明作品中的成句为底文，“汲流旧巘”四句令人想起陶渊明《自祭文》中说过的“含欢谷汲，行歌负薪，翳翳柴门，事我宵晨”；又与《归园田居》其一中的诗句“开荒南野际，守拙归园田。方宅十余亩，草屋八九间。榆柳荫后檐，桃李罗堂前。暧暧远人村，依依墟里烟”互相呼应。“陈书辍卷，置酒弦琴”二句则令人想起陶渊明的另外一些诗句：“弱龄寄事外，委怀在琴书。”(《始作镇军参军经曲阿》)“过门更相呼，有酒斟酌之。”(《移居》其二)“息交游闲业，卧起弄书琴。”(《和郭主簿》其一)“衡门之下，有琴有书。载弹载咏，爰得我娱。”(《答庞参军》)如此等等，不一而足。陶渊明作品中的主流确实是这样的：自得其乐地过他的田园生活，物质方面虽不富裕，也不至于饥寒；精神上则知足常乐。

当然他也有诉苦的诗句，数量比较少，仅为支流，而且最后都归之于天命，并不怨天尤人。陶渊明的心很宽，或者用他自己的话来说——“心远”。“心远地自偏。”(《饮酒》其五)他不怕噪音的干扰，可以充耳不闻；也不怕生活的清贫，可以苦中作乐。

如果说阿Q靠的是他那种精神胜利法，那么陶渊明则有一种精神愉悦法，足以帮助自己安身立命，并对此后的中国知识分子产生了无比巨大的影响。

七、关于陶渊明劝青年朋友明哲保身

颜延之在《陶征士诔》文末提供了两段陶渊明同他的谈话，此乃独家材料，最值得注意。凡大人物，其谈话的内容往往同他正式发表的书面文本不尽相同，却又往往更能代表他真实的深度意见。这两段话是——“独正者危，至方则碍。哲人卷舒，布在前载。取鉴不远，吾规子佩。”“违众速尤，迕风先蹶。身才非实，荣声有歇。”

颜延之与陶渊明有过两度交往，前一次是他东晋末年在刘柳手下任职之时，后将军刘柳原为吴国内史，颜延之任他手下的主簿；义熙十一年(415)刘柳改任江州刺史，颜延之跟着他到了寻阳，升任功曹，在寻阳约有一年时间，其间同陶渊明来往甚多。本年颜延之三十二岁，陶渊明五十一岁。后一次是刘宋永初三年(422)颜延之外放为始安太守，途中经过寻阳之时，他们在一起大喝其酒，但相会的时间不可能长。颜延之记录下来的这两段话，不知道是陶渊明什么时候对颜延之谈起的，当以后一次的可能比较大，因为这时颜延之在朝廷里受到打击，正在前往老远的始安(今广西桂林)赴任。本年颜延之三十九岁，陶渊明五十八岁。陶渊明比颜延之约大二十岁，自是前辈，他告诫这位早就相识的后起之秀说，你在官场里混，绝不能搞什么独立人格，方正行事，你得灵活一些，要能卷能舒，能屈能伸，要把身段放柔和些，争取做到明哲保身——你记住我这些话！

陶渊明又对他说，你得学会随大流，反潮流那是自找麻烦，等着倒霉，顶风而上的人一定先摔跟头。才华是靠不住的东西，声誉也很快要衰歇。

这些话都很像是老于世故者的经验之谈，只有跟很熟悉的后辈才肯说的，所以颜延之很感激他，说这些宝贵的教诲是不容易听到的，以后还有谁会针对我的毛病提出这样的忠告呢。

颜延之是一个个性很强的人，在官场里一向不怎么顺利，后来又曾摔过跟头。陶渊明有的放矢，颜延之很是感激，但他性格上的毛病后来好像并没有怎么彻底改好。

《陶征士诔》的前文称颂陶渊明是一个有原则、有个性的人，“在众不失其寡”，是“和而能峻”的，而文末介绍他对自己的教诲，却是这样软趴趴的，教育年轻人学会与世推移，和光同尘。前后矛盾，莫此为甚。

笔者早年读《陶征士诔》，总是想不明白陶渊明何以如此言行相悖，而颜延之的行文又何以如此前后相悖。很多年以后才想清楚了，这里有陶渊明的世故。他本人早年可以讲究“独正”“至方”，可以毅然退出官场，走自己独特的道路，但他并不希望年轻人也这样做。相反地，他教育后生小子要与体制认同，要跟着潮流走——你如果不这样，就会倒霉。

陶渊明不单是以世俗的道理教育青年，他本人后来行事也比较圆通，颇有舒卷自如的“哲人”派头，他同刘宋的地方官也颇有来往，在一般情况下只讲“和”而不讲究什么“能峻”。老了以后就没有火气没有锋芒了。

陶渊明一再告诫颜太守，为人一定不要那么“方”“正”，应注意不“违众”、不“迕风”，否则就会吃亏倒霉；最好能卷舒自如，可进可退。这些话陶渊明在自己的诗文里是从来不说的，而面对相熟的年轻人则反复叮咛；这正如现在有些家长往往教训子弟要学会同世风妥协，尽管他们本人未必肯如此，或者曾经碰得头破血流。

《陶征士诔》不免有些一般诔文总要有的那种套话，其中最有趣的恰恰是末了记录了陶渊明这几句只有私下里才说的圆通之道。

白居易与陶渊明：和而不同

白居易虽然曾经自称“异世陶元亮”(《醉中得上都亲友书以予停俸多时忧问贫乏偶乘酒兴咏而报之》),其实他与陶渊明在家庭出身、人生道路、文化思想等许多方面都大不相同,但这并不妨碍他对四百多年前的这位大诗人十分仰慕,在他本人失去官职以及遭到贬谪时尤其是如此。

白居易担任江州司马期间曾经寻访过陶渊明故居,更增加了一分亲近之感。白居易诗文中涉及陶渊明者甚多,又专门写过《效陶潜体诗十六首》《题浔阳楼》《访陶公旧宅》等篇,对于人们了解白居易、研究陶渊明都很有些关系。

《效陶潜体诗十六首》作于元和八年(813)秋天。先是两年前白居易因母丧守制退居于故乡下邽(今陕西渭南),丧服既除以后仍待在故园,等待朝廷的召唤。等待总是令人心烦的,多有进取之志的白居易尤其是如此。于是大喝其酒,打发这些秋雨连绵的无聊时日,这时他觉得自己的心与长期居乡、热衷于饮酒并在诗里大写这个题材的陶渊明是相通的。

这十六首诗主要写白居易自己的生活状态和百无聊赖的情绪,用的是语言散淡而有味的所谓“陶潜体”,而其内容绝大部分与陶渊明其实没有什么关系。组诗中直接涉及陶渊明的是其十二这一首:

吾闻浔阳郡，昔有陶征君。爱酒不爱名，忧醒不忧贫。
尝为彭泽令，在官才八旬。愀然忽不乐，挂印著公门。
口吟归去来，头戴漉酒巾。人吏留不得，直入故山云。
归来五柳下，还以酒养真。人间荣与利，摆落如泥尘。
先生去已久，纸墨有遗文。篇篇劝我饮，此外无所云。
我从老大来，窃慕其为人。其他不可及，且效醉昏昏。

这里运用了许多关于陶渊明的材料，形成丰富复杂的互文性，后来被视为陶渊明接受史上的名篇。影响很大的《陶渊明资料汇编》曾经录入此诗。

白居易此诗中颇多与陶渊明大有关系的关键词。

昔有陶征君。　东晋和刘宋都曾征辟陶渊明，后人往往称之为“征君”。受到朝廷的重视，打算征用，在古代被看作很大的光荣，说穿了其实还是一个官本位的传统。

爱酒不爱名。　陶渊明自称“性嗜酒”（《五柳先生传》），作品中说起自己饮酒之乐的地方指不胜屈。他青年时代也曾经重视过名，说是“病奇名之不立”（《感士不遇赋》），感慨过“四十无闻，斯不足畏”（《荣木》）；而到后来他对于名声、名誉都看淡了，认为皆无所谓。连人最为重视的身后之名尚且可以抛弃，一时的名利就更不重要了。

忧醒不忧贫。　不忧贫是儒家的基本信条之一，陶渊明在诗里也曾经明确地说过“先师有遗训，忧道不忧贫”（《癸卯岁始春怀古田舍》其二）。《饮酒》其三批评过那种“有酒不肯饮，但顾世间名”的错误，又其十三云：“有客常同止，趣舍邈异境。一士长独醉，一夫终年醒。醒醉还相笑，发言各不领。规规一何愚，兀傲差若颖。寄言酣中客，日没烛当炳。”陶渊明认为当今之世不必清醒，宁可颓然而醉。不要去管那些清醒的人，继续沉醉吧！

白居易把陶渊明这一层意思归纳为“忧醒”，又同他的“不忧贫”紧紧结合在一起，颇得要领。

尝为彭泽令，在官才八旬。愀然忽不乐，挂印著公门。　陶渊明最后一次出仕是充当彭泽令，为时甚短，八十余天即挂印而去。这是他一生中最富有戏剧性而给后人最深印象的一件事。

头戴漉酒巾。　陶渊明饮酒颇多有意味的细节，《宋书·陶潜逸传》载——“畜素琴一张，无弦，每有酒适，辄抚弄以寄其意。贵贱造之者，有酒辄设。潜若先醉，便语客：‘我醉欲眠，卿可去。’其真率如此。郡将候潜，值其酒熟，取头上葛巾漉酒，毕，还复着之。”头上戴的葛巾临时充当漉酒的用具，天真得妙，白居易很看好这一细节。

归来五柳下，还以酒养真。　陶渊明在自传体随笔《五柳先生传》中说自家门前有五株柳树，他摆脱官场以后就是回到这里，归隐后他致力于养真——保持自己的天性，防止世俗的污染。“真”是陶渊明非常看重的原则，其《感士不遇赋》小序云：“夫履信思顺，生人之善行；抱朴守静，君子之笃素。自真风告逝，大伪斯兴，闾阎懈廉退之节，市朝驱易进之心。怀正志道之士，或潜玉于当年；洁己清操之人，或没世以徒勤。故夷、皓有安归之叹，三闾发已矣之哀。悲夫！寓形百年，而瞬息已尽；立行之难，而一城莫赏。此古人所以染翰慷慨，屡伸而不能已者也。夫导达意气，其惟文乎？抚卷踌躇，遂感而赋之。”陶渊明归隐也无非是为了“养真”，早在还为公事奔走的时候，就曾在诗里明确地说过：“商歌非吾事，依依在耦耕。投冠旋旧墟，不为好爵萦。养真衡茅下，庶以善自名。”（《辛丑岁七月赴假还江陵夜行涂口》）他后来实现了这样的理想。

人间荣与利，摆落如泥尘。　从官位上退下来，名与利皆有重大损失，但是为了“养真”，就顾不上那些了。不惜抛弃名利的意思在陶渊明的诗文中一再出现，略举二例来看：“富贵非吾愿，帝乡不可期。怀良辰以孤往，或植杖而耘耔。登东皋以舒啸，临清流而赋诗。聊乘化以归尽，乐夫天命复奚疑。”（《归去来兮辞》）“栖栖世中事，岁月共相疏。耕织称其用，过此奚所须。去去百年外，身名同翳如。”（《和刘柴桑》）暂住人间，温饱足矣，富贵于我如浮云。陶渊明这种思想让他安贫乐道，心态和平。

窃慕其为人。　白居易其实是一个比较热衷于功名事业的人，但此时因母丧从翰林学士的热官要职上退出来，暂居于下邽，闲得发慌，于是便认同陶渊明的旷达，“窃慕其为人”了，他用陶渊明的调子很夸张地一口气写了这样十六首诗。诗前小序说：“余退居渭上，杜门不出，时属多雨，无以自娱。会家酝新熟，雨中独饮，往往酣醉，终日不醒。懒放之心，弥觉自得。故得于此而有以忘于彼者，因咏陶渊明诗，适与会意，遂效其体，成十六篇。醉中狂言，醒辄自哂，然知我者，亦无隐焉。”“醉中狂言，醒辄自哂”是他的老实话。确实，白居易同陶渊明大抵是两路人，只不过一度有所契合而已。从这样的“和而不同”之中，我们可以加深对这两位诗人的理解。

元和九年(814)冬，朝廷召白居易入京担任太子左赞善大夫，到第二年秋，他因为越职言事妄议朝政，迅即被贬为江州司马。江州是陶渊明的故乡，于是白居易稍后有《题浔阳楼》《访陶公旧宅》等诗，就地追怀先贤。《访陶公旧宅》一诗的后半部分云：

> 我生君之后，相去五百年。每读五柳传，目想心拳拳。
> 昔常咏遗风，著为十六篇。今来访故宅，森若君在前。
> 不慕樽有酒，不慕琴无弦。慕君遗荣利，老死此丘园。
> 柴桑古村落，栗里旧山川。不见篱下菊，但余墟中烟。

子孙虽无闻，族氏犹未迁。每逢姓陶人，使我心依然。

这些大抵是些常见的仰慕先贤的套话，“老死此丘园”，白居易本人从来未作过此想。值得注意的是，在不久前撰写的著名的《与元九书》（元和十年，815）中，白居易大讲儒家诗教的“六义”（风、赋、比、兴、雅、颂），并就此批评陶渊明等中古诗人说：“晋宋已还，得（六义）者盖寡。以康乐之奥博，多溺于山水。以渊明之高古，偏放于田园。江（淹）、鲍（照）之流，又狭于此。”其口气之正统，态度之严肃，不仅同他一两年前居丧退隐之时出入甚远，就是同稍后诗篇中的立言，也几乎判若两人。这时他已经完全酒醒了。

白居易晚年（开成三年，838）以太子少傅身份分司东都洛阳，其间仿陶渊明《五柳先生传》作《醉吟先生传》，介绍自己的生活状态道——“宦游三十载，将老，退居洛下。所居有池五六亩，竹数千竿，乔木数十株，台榭舟桥，具体而微，先生安焉。”下文又说有一批家童、歌妓为自己服务；他又在《中隐》一诗中自称“终岁无公事，随月有俸钱”——堪称富贵闲人老太爷。这时他仍然标举陶渊明，无非是给自己安闲舒适至极的生活再加上一层高雅脱俗的油彩。白居易晚年写不出什么好诗来，无非是因为他太舒服了。朱熹说得尖锐，“乐天，人多说其清高，其实爱官职。诗中凡及富贵处，皆说得口津津地涎出”（《朱子语类》卷一百四十）。他享乐还来不及，哪里能像陶渊明那样深入地思考社会和人生！

同一位接受者，在不同处境不同心态时所发表或流露的不同见解，应当说各有意味，不必斥为自相矛盾出尔反尔，更看重哪些意见以及如何看待那些不同意见之间的关系，是当下研究者的任务，就看他如何去分析和评估。

一本关于陶渊明接受史的西方汉学专著说：“白氏的《效陶潜体》是对陶渊明公开的致敬。”（Wendy Swartz 著，张月译《阅读陶渊明》）

话当然也可以这么说，但似乎应当作一补充说明：这种致敬多少带有一时的醉中狂态，不能完全当真；何况中国古代文人所表达的致敬，有时会包含比例甚高的传统悠久的客气。中国先前的知识分子在见到生客时，往往会作鞠躬态并连声说道："久仰久仰，幸会幸会！"他们在做文字表达时，也从来不缺乏这一类的客套。

研究古代大作家的接受史，材料虽多而分析不易，那些有关文本各有其具体的背景，又有传统的客套混杂于其中，它们的有效含金量有时很不容易估定。如果不注意这样的中国传统特色，结论就非得大打折扣不可。

王夫之论陶渊明：
“不可形之于言而托之诡词”

王夫之关于陶渊明的议论，《陶渊明资料汇编》仅从他的诗话著作中选录了几小段；而他最重要的意见，其实在《读通鉴论》卷十五宋文帝部分之第六条云：

> 陶靖节之不仕，不可仕也，不忍仕也，其小试于彭泽，以世家而为仕，道在仕也。仕而知其终不可而去之，其用意深矣。用意深而终不可形之言，故多诡其辞焉。不可形之于言而托之诡词者，非畏祸也。晋未亡，刘裕未篡，而先发其未然之隐，固不可也。万一裕死于三年之前，义符辈不足以篡，一如桓温死而谢安可保晋以复兴，何事以未成之逆加诸再造晋室之元勋，而为已甚之辞哉？此君子之厚也。故其归也，但曰“岂能为五斗米向乡里小儿折腰”。如是而已矣。
>
> 虽然，此言出而长无礼者之傲，不揣而乐称之，则斯言过矣。君子之仕也，非但道之行也，义也；其交上下必遵时王之制者，非但法之守也，礼也。县令之束带以见督邮，时王之制，郡守之命，居是官者必由之礼也。知其为督邮而已矣，岂择人哉？少长也，贤不肖也，皆非所问也。孔子之于阳货，往拜其门，非屈于货，屈于大夫也；屈于大夫者，屈于礼也。贤人在下

> 位而亢,虽龙犹悔,靖节斯言,悔道也。庄周曰:“无所逃于天地之间。”君子犹非之。君臣之义,上下之礼,性也,非但不可逃也,亢而悔,则蔑礼失义而不尽其性,过岂小哉?非有靖节不能言之隐,而信斯言以长傲,则下可以陵上;下可以陵上,则臣可以侮君;臣可以侮君,则子可以抗父。言不可不慎,诵古人之言,不可以昧其志而徇其词,有如是夫!

这里的意见虽然不免受到那个时代的局限,有点显得陈旧,但也颇有合理的内核,以下试分为三点略加评议。

首先,王夫之认为陶渊明抛弃彭泽令一职而归隐,有他不便明言的深刻原因,而他当时公开说出来的原因即不为五斗米折腰之类都是托词(“诡词”)。

前人每以为陶渊明看出了行将改朝换代,所以认为这官不能再当下去了,遂挂冠而去。关于陶渊明最早的传记《宋书·隐逸·陶潜传》早就说过,陶渊明“弱年薄宦,不洁去就之迹,自以曾祖晋世宰辅,耻复屈身后代,自高祖王业渐隆,不复肯仕”。此说后来被一再重复,并且日趋扩大化;王夫之不赞成这种传统的谬见,他认为事实是刘裕打垮军阀桓玄,挽救了东晋王朝,乃是“再造晋室之元勋”,此时陶渊明也还无从预料他将来就一定会篡取东晋王朝的大权,实行改朝换代。

古代史书之列传中的内容,大抵可分为两大部分,一是关于其人基本事实的介绍,一是史家对这些事实的分析和褒贬。一般来说,前者必须尊重,除非另有更加可靠的材料来订正;而后者不妨重新加以思考。陶渊明从彭泽令的官位上退下来回老家隐居乃是基本事实,无可改变;而认为归隐的原因是陶渊明“耻复屈身后代”,则只是史家沈约提出的一种分析。王夫之不赞成这种分析。

尽管王夫之没有具体指出陶渊明当时“用意深而终不可形之言”或曰其“不能言之隐”到底是什么,但他否定了此前陈陈相因的旧说,就已经作出了贡献。

凡是古老的说法,要去推翻它总是很不容易的,一般的学者往往连想也不敢想。

王夫之指出陶渊明当时还不可能预料到后来的改朝换代,这个结论相当有道理。值得注意的是他在《读通鉴论》中又曾明确地指出,晋、宋之际的这一次政权更迭自有它的合理性,应当给予较高评价,刘裕的错误仅在于他在实现了新旧政权的更替后却毫无必要地杀掉了让出政权的东晋末代皇帝——恭帝司马德文。这件残忍的事完全没有必要去做。

王夫之在论及刘裕开创的宋王朝时说过这样两段话:

> 宋乃以功力服人而移其宗社,非司马氏之徒幸人弱而掇拾之也。论者升晋于正统,黜宋于分争,将无崇势而抑道乎?……汉之后,唐之前,唯宋氏犹可以为中国主也。
>
> 宋可以有天下者也,而其为神人之所愤怒者,恶莫烈于弑君。篡之相仍,自曹氏而已然,宋因之耳。弑则自宋倡之。其后相习,而受夺之主必死于兵与鸩。夫安帝之无能为也,恭帝则欣欣然授之宋而无异心,宋抑可以安之矣,而决于弑焉,何其忍也!(《读通鉴论》卷十五《宋武帝》)

尽管王夫之没有明确指出陶渊明归隐的原因,没有否定专制时代最为重视的“忠”,也没有提到陶渊明也未尝不可以接受新兴刘宋王朝,但《读通鉴论》中的议论事实上已经足以启发人们抛弃传统的陶渊明“耻复屈身后代”之说,从而对这位大诗人的政治态度重新加以研究。

其次,王夫之说陶渊明任彭泽令乃是“以世家而为仕”,虽然只是简简单单的一句话,却给人很深的印象。在陶渊明生活的时代,世家子弟要当官是很容易的,不像后来科举时代要参加种种考试,成功的几率很低,亦即进入官场的成本非常之高。根据《归去来兮辞》可以知道,他最后这次出任彭泽令乃是出于他家叔叔陶夔的推荐。考察陶渊明此前的作品可知他本来在离开刘敬宣之前就已经决定归隐了,不料陶夔叔叔作出了新的安排,陶渊明只好领他这份情,后来只干了八十来天,还是自行离去了。如果陶渊明是通过种种考试好不容易才得一官,他就不会这样将一个县令弃若敝屣。只有来之不易的东西,人们才会珍惜。

第三,王夫之强调地指出,不肯向上面派来的官员折腰是不对的,陶渊明因为要给归隐找借口而故意这么说(“诡词”)尚可谅解,但这话本身是错误的,容易产生很坏的影响,让人产生一种非常要不得的“傲”。父子君臣上下之间应有正常的秩序,这是“义”,就是“礼”,任何人不能违背,否则就会混乱。“时王之制”一定要严格遵守。

这种意见当然完全可以理解,也应该这样向人们提要求,但对于个别另类的人物,最好能有一点宽容的意思。我们知道,在魏晋名士那里,“时王之制”也好,“礼”也好,他们都不大放在眼里,“礼岂为我辈设哉”是他们的口头禅。他们那种打破常规的言行,有助于突破沉闷的空气而给社会带来若干生气,是具有某种积极意义的。中国古代作家中颇有狂士、名士、非常之人,他们受到人们的欢迎和尊重,尽管他们自己一般总要付出高昂的代价。中国古代社会并没有因为有这样一些非常之人而不稳或垮台。

容忍一点怪人是社会进步的表现,也有助于稳定。海纳百川,有容乃大。太讲规矩了,平庸就会蔓延,而异端则会转入地下,结果反为不美。出一两个不肯折腰、拂袖而去的官员,天是塌不下来的。让所有的官员都是一个模子里铸造出来的标准件,是多么单调无味啊。

陶渊明如果是一个循规蹈矩的县长,他还写什么诗。宁可多一个像陶渊明这样的诗人,也不妨少一个像样的县令——其实也不会少,以中国之大,哪里会缺少什么等因奉此的县令啊!

梁启超论陶渊明

梁启超先生学问渊博，智力超群，而又极其勤奋。他无论读书还是写文章，速度极快，新见甚多，实在令人叹服。他在1921年10月4日致陈叔通的信中自称“自著书每日总在四千言内外”（转引自《梁任公先生年谱长编（初稿）》）。这种速度偶一有之并不难，每天如此则极难。

梁先生关于陶渊明的高论，集中地见于他的《陶渊明》一书。这本书的由来有点特别：1922年夏，梁先生应邀到南京为东南大学暑期学校讲学，10月下旬再赴南京为东南大学及政法专门学校的学生讲中国政治思想史，其间又应邀到各校讲演，他自己还要到金陵刻经处佛学院听欧阳竟无大师讲大乘法相宗佛学，此外还有各种应酬，每天的日程排得过满，终于累倒，心脏出了问题。1923年1月中旬返回天津以后，不得不在北京《晨报》上发表声明，略谓“鄙人顷患心脏病，南京讲课勉强终了，后即遵医命，闭门养疴，三个月内不能见客，无论何界人士枉顾者，恕不面会。谨启”。梁先生虽然闭门谢客，却没有真正休息，竟很快就撰成了一部新的《陶渊明年谱》，其序言写道：

> 秋冬间讲学白下（按，即南京），积劬婴疾，医者力戒静摄。宁家后便屏百虑，读《陶集》自娱。偶钩稽其作品年月，而前人

所说，皆不能惬吾意。盖以吾所推定，陶公卒年仅五十六，而旧史旧谱皆云六十三。缘此一误，他皆误矣。遂发愤自撰此谱，三日而成。成后检箧中故书，得旧谱数种，复以两日夜校改之为斯本，号称养病，亦颇以锼刻愁肝肾矣。壬戌腊不尽五日，即民国十二年二月十日，启超自记于天津之饮冰室。……

吾初造此谱时，仅因读《李笺》有所感触，并未见诸谱，且不知有其书。属稿中，侄儿廷灿次第检出诸本资参考，得益盖不少，然于所不谓然者终不敢苟同也。

他在养病之中浏览流行甚广的李公焕《笺注陶渊明集》，有所感触，几天之内就写定了自己的《陶渊明年谱》，以陶渊明享年五十六这样的新说为把手重新安顿谱主的一生事迹，这是何等神奇的工作效率！

稍后梁启超又写出了《陶渊明之文艺及其品格》和关于陶集版本的叙录，加上年谱，便成一书。当年四月一日作短序云：

客冬养疴家居，诵《陶集》自娱，辄成《论陶》一篇、《陶年谱》一篇、《陶集考证》一篇。更有《陶集私定本》，以吾所推证者重次其年月，其诗之有史迹可稽者为之解题。但未敢自信，仅将彼三篇布之云尔。

关于他那未公开的《陶集私定本》，他在1923年3月20日致商务印书馆总经理高梦旦的信中曾经说起："弟因遵医戒养病，暂屏绝费心血之著作，读陶诗以自娱。此两旬间成一书，拟题曰《陶渊明》。内分三部分：（一）陶渊明之品格及其文艺价值，（二）陶渊明年谱（胡适之来此数日，极激赏此作），（三）陶诗解题及新笺（此部分尚有少许未成）。刻已付抄，日内寄上，即以版权全归公司，作为此两三月受禄之代价也。”后来这个拟议中的第三部分有些变化，换为《陶集考证》一篇。为全部陶诗做解题和笺注，不是短期内可以做好的。梁启超老于著述，深谙其中行藏语默的种种宜忌。从他致高梦旦的信中还可以体会到他之所以匆匆交稿，也还有些经济方面的考虑。梁家人口甚多，开支浩大，当时商务印书馆每月向他预支大笔稿费，他需要经常交出一些文稿或书稿去。

梁著《陶渊明》虽然篇幅不大，水准甚高，三部分中各有亮点。《陶渊明之文艺及其品格》指出陶渊明人生观的特色在于追求自然和自由，抓住了要害；他又不赞成传统的“忠愤说”，指出陶渊明归隐的原因“只是看不过当日仕途的混浊，不屑与那些热官为伍，倒不在乎刘裕的王业隆与不隆”。“当时士大夫浮华奔竞，廉耻扫地，是渊明最痛心的事。他纵然没有力量易风移俗，起码也不肯同流合污，把自己的人格丧掉。这是渊明弃官最主要的动机，从他的诗文中到处都可以看得出来。若说所争在什么姓司马的姓刘的，未免把他看小了。”此说通达，较之过去以“忠愤”论陶要正确得多、深刻得多。

但是忠君观念在赵宋以后深入人心，甚至在丧权辱国、腐朽之至的清王朝结束以后，遗老遗少也还不少。很久以来以“忠愤”论陶的意见一向流行，简直牢不可破。对于梁启超反对“忠愤”的言论，后来陈寅恪先生曾提出批评，他明确地写道：

> 渊明政治上之主张，沈约《宋书·渊明传》所谓“自以曾祖晋世宰辅，耻复屈身异[后]代，自[宋]高祖王业渐隆，不复肯仕”最为可信。与嵇康之为曹魏国姻，因而反抗司马氏者，正复相同。此嵇、陶符同之点实与所主张之自然说互为因果……近日梁启超氏于其所撰《陶渊明之文艺及其品格》一文中谓“其实陶渊明只是看不过当日仕途混浊，不屑与那些热官

> 为伍，倒不在乎刘裕的王业隆与不隆”。“若说所争在甚么姓司马的姓刘的，未免把他看小了。”及“宋以后批评陶诗的人最恭维他耻事二姓，这种论调我们是最不赞成的”。斯则任公先生取己身之思想经历，以解释古人之志尚行动，故按陶渊明所生之时代，所出之家世，所遗传之旧教，所发明之新说，皆所难通，自不足据之以疑沈休文之实录也。（《陶渊明之思想与清谈之关系》，《金明馆丛稿初编》）

陈先生很少在著作里批评时贤，这里忽然揭示梁启超“取己身之思想经历，以解释古人之志尚行动”，立论似乎过猛，令人怀疑陈先生本人的思想经历也在这里发挥某种作用。

陶渊明其实不忠于东晋王朝，就是他那个当过“晋世宰辅”的曾祖陶侃，其实也有过不臣之志。东晋皇权低迷，觉得彼可取而代之的豪杰颇有其人，同前前后后的朝代都有所不同。梁启超否定“忠愤说”自有其根据，堪称“孤明先发”，是一重大贡献。

梁先生在他的陶渊明年谱里提出的谱主享年五十六岁之说，虽然一度产生过不小的影响，但实在是不能成立的。按，陶渊明卒于元嘉四年丁卯（427），向无异议，享年几何则可决定其生年。在传统的六十三以外，又有七十六与五十六两说，根据都在陶渊明《游斜川》一诗中：其诗序记其时序云“辛酉正月五日”，“酉”一作“丑”；而诗的正文第一句“开岁倏五日”之“日”字一作“十”，于是事情就复杂起来了：如果取“辛酉”“五十”，则陶渊明的生年就应在咸安二年壬申（372），其享年也就由六十三岁变成五十六了——梁启超的主要根据即在于此；而如果取“辛丑”“五十”，则其享年又变成七十六，宋人张缜在《吴谱辨证》中写道：“先生辛丑《游斜川》诗言‘开岁倏五十’，若以诗为正，则先生生于壬子岁，自壬子至辛丑，为年五十，迄于丁卯考终，是得年七十六。”（李公焕《笺注陶渊明集》卷首所引)梁启超的思路正与张缜相同,只不过他取"辛酉"而舍"辛丑"罢了。

问题在于《游斜川》诗的第一句应作"开岁倏五日",此诗同考证陶渊明的生年、享年其实无关。北宋学者马永卿早就指出:"'开岁倏五日'则正序所谓正月五日,言开岁倏忽五日耳。近得庐山东林旧本,作'五日',宜以为正。"(《嬾真子录校释》)似此则七十六与五十六这两种说法,皆宜相应注销。

梁先生关于陶渊明集版本的综述,材料不能说很齐全,但开了一个好头,后来不断有学者做这一方面的工作,到现在头绪已经相当清楚了。学术工作总起来看很像是一场接力游戏,一棒一棒往后传。每一代或每一位学者都在其中做他所能做的那一份工作,无非有高下多寡之不同,有点失误也在所不免。梁启超先生在陶渊明研究方面投入的时间不多,工作却是做得比较多的,此其所以为名家也。

鲁迅论陶渊明及其方法论启示

鲁迅对于中国文学史有着广泛的兴趣和深入的研究，陶渊明作为中国古代一位伟大的诗人，自然在他高度关注的范围之内。鲁迅购读过多种版本的陶集，又曾几次发表讲演和文章，对陶渊明及其作品集中地发表了若干精辟深入的见解，此外还有一些零星论述，也同样发人深省。鲁迅研究陶渊明的许多结论十分精彩，亟应加以阐述发挥。不仅如此，他有些意见具有方法论的意义，最宜举一反三，延伸运用到其他方面去。

一、鲁迅购置的陶渊明著作

陶渊明的集子今有好几种宋版存世，此后的版本尤为丰富复杂，鲁迅很注意根据自己的条件搜购，以便阅读研究。据《鲁迅日记》及所附书账，他先后购买过的陶集有：

1. 影宋本《陶渊明集》

《鲁迅日记》1915 年 1 月 6 日："寄西泠印社信并银九元，预约景宋本《陶渊明集》二部四元……" 1915 年 4 月 27 日："收西泠印社所寄仿宋《陶渊明集》一部四册……" 1915 年 5 月 18 日："晚往许季市寓还中州及关中《金石记》，并以景宋本《陶渊明集》

赠之。”

按，此种影宋本《陶渊明集》鲁迅一买就是两部，看来是打算送一部给老同学许寿裳（季市），此时他们在教育部为同事，来往密切，都注意在业余从事学术研究。

2. 石印宋本《陶渊明诗》

《鲁迅日记》1915 年 1 月 9 日：“至文明书局买……石印宋本《陶渊明诗》一册，五角……”

3. 仿苏写本《陶渊明集》

《鲁迅日记》1915 年 1 月 16 日：“下午至留黎厂官书局买仿苏写《陶渊明集》一部三册，直四元。”

按，苏体大字本《陶渊明集》十卷原有南宋绍兴刻本，后有康熙三十三年（1694）汲古阁毛扆覆宋本；到清末，又有胡伯蓟据毛氏覆宋本临写，胡桐生、俞秀山刊行本（光绪五年，1879）。鲁迅当年购读之本现藏北京鲁迅博物馆。

4. 袖珍本《陶渊明集》

《鲁迅日记》1915 年 2 月 21 日：“至书肆买……袖珍本《陶渊明集》一部二本……”《鲁迅日记》1905 年 5 月 29 日：“重订小本《陶渊明集》四本。”1915 年 6 月 5 日：“寄二弟书籍一包：小本《陶渊明集》一部二本……”《鲁迅日记》1926 年 2 月 20 日：“游厂甸，买小本《陶集》……”

按，此乃光绪二年（1876）桐城徐氏缩刻袖珍本《陶渊明集》一部二册。鲁迅先买了一部，送给了二弟周作人，后来又买了一部自存。

5.《四部丛刊》初编影印巾箱本李公焕《笺注陶渊明集》

《鲁迅日记》1924 年 6 月 13 日："在商务馆买《潜夫论》《蔡中郎集》《陶渊明集》……各一部……"1926 年 11 月 10 日："在商务印书馆买《资治通鉴考异》《笺注陶渊明集》各一部……"1931 年 5 月 30 日："赠增田(涉)君《四部丛刊》本《陶渊明集》一部二本。"

按，此本《陶渊明集》乃宋元之际李公焕《笺注陶渊明集》的影印本，鲁迅在北京和厦门先后买过两部，其中一部后来送给了他日本学生增田涉，自留的一部现藏北京鲁迅博物馆。

6. 陶澍集注本《靖节先生集注》

《鲁迅日记》1934 年 1 月 6 日："下午往中国通艺馆买《陶靖节集》一部四本……"

按，此本乃是光绪九年(1883)江苏书局刻本陶澍集注之《靖节先生集》，此书现藏北京鲁迅博物馆。

7. 其他

在鲁迅的藏书中还有一部日本学者近藤元粹评定的《陶渊明集》(青木嵩山堂明治三十三年即 1900 年铅印本，四册)，其来历在日记中未见，有可能还是鲁迅留学日本时所购。陶渊明在诗文集十卷之外，还有一部志怪小说集《搜神后记》，十卷。鲁迅也曾购读。在现存的鲁迅藏书中有《津逮秘书》残本，其中就包括《搜神后记》十卷。(《津逮秘书》是明末出版家毛晋辑印的一部大丛书，收书近一百四十种。鲁迅所得之残本包括六种，它们是：《搜神记》《搜神后记》《异苑》《录异记》《冥通记》《稽神录》。参见韦力《鲁迅古籍藏书漫谈》下册，福建教育出版社 2006 年版，第 537 页。)鲁迅认为此书乃伪托之作，并非陶渊明所著，根据是"陶潜旷达，未必拳拳于鬼神"(《中国小说史略》第五篇《六朝之鬼神志怪书(上)》,《鲁迅全集》第9卷)。此前《四库全书总目》即已认定《搜神后记》乃托名陶渊明,而其实不是他的作品。鲁迅的依据与传统的看法不同,而结论一致。不过这一结论未必可信。

鲁迅购置的陶渊明著作没有什么名贵的版本,他研究古代文化也一向不依靠什么罕见的材料,只用通常之本、易得之书。鲁迅不是藏书家,而是用书的学者,靠的是深入的研读和锐利的眼光。

二、能得其真实,从三篇文章看鲁迅论陶渊明

鲁迅曾多次谈论过陶渊明,其中比较集中的有三次:1927年7月间在广州发表的学术讲演《魏晋风度及文章与药及酒之关系》(讲稿后收入《而已集》)、1935年发表的学术随笔《隐士》和《题未定草(六至九)》(后均收入《且介亭杂文二集》)。

《魏晋风度及文章与药及酒之关系》讲演讲了两场,关于陶渊明的部分在后一场。鲁迅说:

> 到东晋,风气变了。社会思想平静得多,各处都夹入了佛教的思想。再至晋末,乱也看惯了,篡也看惯了,文章便更和平。代表平和的文章的人有陶潜。他的态度是随便饮酒,乞食,高兴的时候就谈论和作文章,无尤无怨。所以现在有人称他为"田园诗人",是个非常和平的田园诗人。他的态度是不容易学的,他非常之穷,而心里很平静。家常无米,就去向人家门口求乞。他穷到有客来见,连鞋也没有,那客人给他从家丁取鞋给他,他便伸了足穿上了。虽然如此,他却毫不为意,还是"采菊东篱下,悠然见南山"。这样的自然状态,实在不易模仿。他穷到衣服也破烂不堪,而还在东篱下采菊,偶然抬起头来,悠然的见了南山,这是何等自然。现在有钱的人住在租

界，雇花匠种数十盆菊花，便做诗，叫作“秋日赏菊效陶彭泽体”，自以为合于渊明的高致，我觉得不大像。

陶潜之在晋末，是和孔融于汉末与嵇康于魏末略同，又是将近易代的时候。但他没有什么慷慨激昂的表示，于是便博得“田园诗人”的名称。但《陶集》里有《述酒》一篇，是说当时政治的。这样看来，可见他于世事也并没有遗忘和冷淡，不过他的态度比嵇康、阮籍自然得多，不至于招人注意罢了。还有一个原因，先已说过，是习惯。因为当时饮酒的风气相沿下来，人见了也不觉得奇怪，而且汉、魏、晋相沿，时代不远，变迁极多，既经见惯，就没有大感触，陶潜之比孔融、嵇康和平，是当然的。例如看北朝的墓志，官位升进，往往详细写着，再仔细一看，他是已经经历过两三个朝代了，但当时似乎并不为奇。

据我的意思，即使是从前的人，那诗文完全超于政治的所谓“田园诗人”，“山林诗人”，是没有的。完全超出于人间世的，也是没有的。既然是超出于世，则当然连诗文也没有。诗文也是人事，既有诗，就可以知道于世事未能忘情。譬如墨子兼爱，杨子为我。墨子当然要著书；杨子就一定不著，这才是“为我”。因为若做出书来给别人看，便变成“为人”了。

由此可知陶潜总不能超于尘世，而且，于朝政还是留心，也不能忘掉“死”，这是他诗文中时时提起的。用别一种看法研究起来，恐怕也会成一个和旧说不同的人物罢。（《而已集·魏晋风度及文章与药及酒之关系》，《鲁迅全集》第3卷）

这里所讲的内容非常丰富，重点在于指出陶渊明虽然心态平和，但他并没有超人间，也没有完全超政治。这一分析兼顾了陶渊明的两个方面，扬弃了过去论陶的片面性。前人论陶，或者一味强调他的高蹈出世，似乎全然不问世事，始终悠闲地喝酒赏菊；或者大力歌颂他的政治正确，说他在晋、宋易代之际充满了所谓“忠愤”之情，《述酒》一篇被严重地过度阐释了。鲁迅避免了他们那种片面性，而能得其真实。

因为是讲演，措辞就比较率性随意，不是非常精确，例如提到的穿鞋那件事，《晋书·隐逸·陶潜传》的记载是：

> 刺史王弘以元熙中临州，甚钦迟之，后自造焉，潜称疾不见……弘每令人候之，密知当往庐山，乃遣其故人庞通之等，赍酒先于半道要之。潜既遇酒，便引酌野亭，欣然忘进。弘乃出与相见，遂欢宴穷日。潜无履，弘顾左右为之造履。左右请履度，潜便于坐申脚令度焉。

可知陶渊明伸出脚去不是让人为他穿鞋，而是让人家给他量尺码，好给他做鞋。当然，诸如此类的细枝末节，在讲演中可以说得比较通脱一点而无伤大雅的。

三十年代中叶鲁迅作《隐士》一文有着复杂的背景。那时周作人、林语堂等自由主义知识分子虽没有同反动当局斗争的勇气，但也还继承了一部分五四的精神，希望对社会的进步有所贡献。周作人抓住英国性学家蔼理斯（H. Ellis）这个典型，说自己也像他那样，精神“里面有一个叛徒与一个隐士”。他当时发表在林语堂主编之《人间世》上的《五十自寿诗》虽然也还隐含着牢骚和不平，但看上去已经完全消沉。这种态度遭到当时左翼文学青年的严厉批评，胡风当时写过一篇专批周作人的《“过去的幽灵”》；稍后又发表著名的《林语堂论》，对林语堂及其精神后台的周作人进一步提出深入的剖析与批判，指出在当今之世“隐士”和“叛徒”已经不可得兼;周、林等人已经倒退得非常严重,全然逃避现实,看不出有任何进步意义了。胡风的文章写得还算比较委婉含蓄,但周作人沉不住气了,迅即发表了一篇《蔼理斯的时代》回应胡风,形成两军对垒的阵势。

鲁迅对周、林等人的看法要比胡风等左翼青年文学家要准确深刻得多,态度也相对宽容;但他对周作人不免过激的反应很不以为然,哪里有这样的"隐士"呢,于是在 1935 年 1 月 25 日写了一篇《隐士》,远远地介入这一场争论,其中有这样几句话:"虽'隐',也仍然要啖饭,所以招牌还是要油漆,要保护的。泰山崩,黄河溢,隐士们目无见,耳无闻,但苟有议及自己们或他的一伙的,则虽千里之外,半句之微,他便耳聪目明,奋袂而起,好像事件之大,远胜于宇宙之灭亡者,也就为了这缘故。其实连和苍蝇也何尝有什么相关。"这些话实际上形成对胡风的声援。这篇《隐士》稍后以"长庚"的笔名发表于《太白》半月刊第一卷第十一期(1935 年 2 月 20 日)。

因为谈到隐士,自然就会提到陶渊明,并顺便做了一些分析。鲁迅写道:

> 凡是有名的隐士,他总是已经有了"悠哉游哉,聊以卒岁"的幸福的。倘不然,朝砍柴,昼耕田,晚浇菜,夜织屦,又那有吸烟品茗、吟诗作文的闲暇?陶渊明先生是我们中国赫赫有名的大隐,一名"田园诗人",自然,他并不办期刊,也赶不上吃"庚款",然而他有奴子,汉晋时候的奴子,是不但侍候主人,并且给主人种地,营商的,正是生财器具。所以虽是渊明先生,也还略略有些生财之道在,要不然,他老人家不但没有酒喝,而且没有饭吃,早已在东篱旁边饿死了。
>
> ……

汉唐以来，实际上是入仕并不算鄙，隐居也不算高，而且也不算穷，必须欲“隐”而不得，这才看作士人的末路……“谋隐”无成，才是沦落，可见“隐”总和享福有些相关，至少是不必十分挣扎谋生，颇有悠闲的余裕。（《且介亭杂文二集·隐士》）

这些虽然不过是顺便述及，而且也不无影射当下的意味（如办期刊、吃“庚款”等等），但仍然包括了对隐士、对陶渊明的深刻分析。陶渊明确有他生财之道，他有相当的土地，有若干农奴（当时称为僮仆、门生、门人）。根据鲁迅的指示，十多年前我曾经撰有《陶渊明的“僮仆”》一文探讨过这个问题，其结论如下：陶渊明家有多少“僮仆”颇不可考，大约不算多——《宋书》本传说给他抬“篮舆”的除了门生以外还有他自己的两个儿子，可见他能够役使的人很少——而且越来越少。他晚年在《与子俨等疏》中写道：“汝辈稚小，家贫无役，柴水之劳，何时可免，念之在心，若何可言！”到这时候，他家里似乎已经没有“僮仆”了。

陶渊明有多少土地现在自然无从查明，但也不会太多，否则陶渊明的生活状态应当比他在诗文里描写过的要富裕得多，他也可以不必亲自参加农业劳动。

《题未定草（六至九）》论及陶渊明，大抵是由朱光潜的一篇文章引起的，朱先生在《中学生》第六十号上刊发的《说“曲终人不见，江上数峰青”：答夏丏尊先生》诗歌鉴赏文章中分析唐代诗人钱起《湘灵鼓瑟》之结穴“曲终人不见，江上数峰青”这两句诗，并进而指出和平静穆乃是诗的极境：

艺术的最高境界都不在热烈……古希腊——尤其是古希腊的造型艺术——常使我们觉到这种“静穆”的风味。“静穆”

> 是一种豁然大悟，得到归依的心情。它好比低眉默想的观音大士，超一切忧喜，同时你也可说它泯化一切忧喜。这种境界在中国诗里不多见。屈原、阮籍、李白、杜甫都不免有些像金刚怒目，愤愤不平的样子。陶潜浑身是“静穆”，所以他伟大。

标举“静穆”，高度赞赏陶渊明，都确有所见。但他以“静穆”为艺术的极境，又说陶渊明“浑身是‘静穆’”，则未免有些极端化、扩大化，掩盖了这位大诗人的复杂性。

鲁迅对朱氏的批评包括两个层次：一是指出，古希腊的艺术当初未必是“静穆”的，现在人们所见之古希腊的雕塑因为曾经埋于土中或久经风雨，失去了锋棱和光泽，便显得意味淳朴，而它们在当时应当是崭新的闪闪发光的；二是指出，中国古代的诗人尤其是大诗人，都有他的复杂性，陶渊明也是如此，取其一点就用来概括其全人，很容易产生简单化、扩大化的毛病，鲁迅说：“我总以为倘要论文，最好是顾及全篇，并且顾及作者的全人，以及他所处的社会状态，这才较为确凿。”(《且介亭杂文二集·〈题未定草〉六至九》)只看选本或只从事于摘句是危险的，具体说到陶渊明，情形尤其是如此：

> 被选家录取了《归去来辞》和《桃花源记》，被论客赞赏着“采菊东篱下，悠然见南山”的陶潜先生，在后人的心目中，实在飘逸得太久了，但在《全集》里，他却有时很摩登，“愿在丝而为履，附素足以周旋，悲行止之有节，空委弃于床前”，竟想摇身一变，化为“阿呀呀，我的爱人呀”的鞋子，虽然后来自说因为“止于礼义”，未能进攻到底，但那些胡思乱想的自白，究竟是大胆的。就是诗，除论客所佩服的“悠然见南山”之外，也还有“精卫衔微木，将以填沧海。形天舞干戚，猛志固常在”之类

> 的“金刚怒目”式，在证明着他并非整天整夜的飘飘然。这“猛志固常在”和“悠然见南山”的是一个人，倘有取舍，即非全人，再加抑扬，更离真实。

陶渊明自有他的复杂性，不是也不可能是浑身“静穆”或浑身飘逸。辩证法帮助鲁迅全面地多角度多侧面地考虑问题，而不陷于任何胶执和僵化。

这时鲁迅又一次提到陶渊明作品中涉及政治的《述酒》，他说：“忘记了陶潜的《述酒》和《读〈山海经〉》等诗，捏成他单是一个飘飘然，就是这摘句作怪。”这样的提法意味深长。《述酒》和《读〈山海经〉》等诗在过去的专家那里，往往被认为是陶渊明“忠愤”（忠于东晋，愤恨取代东晋称帝的刘裕）的证据，而鲁迅只说这些诗表明陶渊明并非一味飘飘然，这种深刻的差别给予研究者以甚深的启发，笔者由此即获益良多。

关于选本问题，鲁迅一方面指出，研究作家作品单靠选本是不行的，“如果随便玩玩，那是什么选本都可以的，《文选》好，《古文观止》也可以。不过倘要研究文学或某一作家，所谓‘知人论世’，那么，足以应用的选本就很难得。选本所显示的，往往并非作者的特色，倒是选者的眼光。眼光愈锐利，见识愈深广，选本固然愈准确，但可惜的是大抵眼光如豆，抹杀了作者真相的居多。”当然，也正因为如此，那些确有独特眼光的选本对于研究历史上的文学批评、文学理论，就成为很重要的材料，“选本可以借古人的文章，寓自己的意见”，“凡是对于文术，自有主张的作家，他所赖以发表和流布自己的主张的手段，倒不在作文心、文则、诗品、诗话，而在出选本”，因此，“评选的本子，影响于后来的文章的力量是不小的，恐怕还远在名家的专集之上。我想，这许是研究中国文学史的人们也该留意的罢。”（《集外集·选本》）这种辩证的思路，也能在方法论上给予读者深刻的启示。

朱光潜在受到鲁迅的批评之后，当时没有做出什么反应。从他后来写的有关文章看去，他仍然重视陶渊明有“静穆”的特色，但不再说什么浑身“静穆”（详见朱光潜《诗论》第十三章《陶渊明》），分析比较全面了。他接受了鲁迅的批评。批评和自我批评历来有利于学术的繁荣和进步。

三、自有其妙道：鲁迅散论陶渊明

在上述比较集中的三次谈论陶渊明之外，还有一些零星的意见。

这里有些意见非常有助于人们深入理解陶渊明的某些作品，例如他说过：

> 我平日常常对我年青的同学们说，古人所谓“穷愁著书”的话，是不大可靠的。穷到透顶，愁得要死的人，那里还有这许多闲情逸致来著书？我们从来没有见过候补的饿殍在沟壑边吟哦；鞭扑底下的囚徒所发出来的不过是直声的叫喊，决不会用一篇妃红俪白的骈体文来诉痛苦的。所以待到磨墨吮笔，说什么“履穿踵决”时，脚上也许早经是丝袜；高吟“饥来驱我去……”的陶征士，其时或者偏已很有些酒意了。（《华盖集·“碰壁”之后》）

“饥来驱我去……”见于陶渊明的《乞食》诗，该诗历来是作为陶渊明穷愁潦倒之至的证据的，而鲁迅另有所见并且确有道理。

关于著名的《闲情赋》，过去曾经被认为是陶渊明的白璧微瑕，大可不写的（萧统《陶渊明文集序》：“白璧微瑕者，惟在《闲情》一赋。扬雄所谓劝百而讽一者，卒无讽谏，何必摇其笔端。惜哉，无是可也。”），而鲁迅的见解恰好相反，他说：

读者的读选本，自以为是由此得了古人文笔的精华的，殊不知却被选者缩小了眼界，即以《文选》为例罢……不收陶潜《闲情赋》，掩去了他也是一个既取民间《子夜歌》意，而又拒以圣道的迂士。选本既经选者所滤过，就总只能吃他所给与的糟或醨。(《集外集·选本》)

古人认为陶渊明在这里犯了思想出轨的毛病，而鲁迅则指出他的思想解放得还很不够。鲁迅又曾说《闲情赋》是“坚实而有趣的作品”(详见1932年5月13日鲁迅致增田涉的信，《鲁迅全集》第13卷)。我们自然赞成鲁迅的意见。

还有些意见并非专论某一具体作品，而涉及一批，例如关于他的四言诗，鲁迅指出：

由周至汉，社会情形太不同了，中间又受了《楚辞》的打击，晋宋文人如二陆、束皙、陶潜之流，虽然也做四言诗以支持场面，其实都不过是每句省去一字的五言诗，“王者之迹熄而《诗》亡”了。(《集外集·选本》)

所论远远不限于陶渊明而涉及更广大的范围，指出了文学史上的一大规律。

又如关于《桃花源记并诗》，这种一诗一文互相配合的格局是值得注意的，而《桃花源记》又颇近于小说(其初稿在《搜神后记》中，本来就是小说)，这种情形太具有文学史的意义了，鲁迅指出：

……六朝人也并非不能想象和描写，不过他不用于小说，这类文章，那时也不谓之小说。例如阮籍的《大人先生传》，陶潜的《桃花源记》，其实倒和后来的唐代传奇文相近；就是嵇康的《圣贤高士传赞》（今仅有辑本），葛洪的《神仙传》也可以看作唐人传奇文的祖师的。李公佐作《南柯太守传》，李肇为之赞，这就是嵇康的《高士传》法；陈鸿《长恨传》置于白居易的长歌之前，元稹的《莺莺传》既录《会真诗》又举李公垂《莺莺歌》之名作结，也令人不能不想到《桃花源记》。（《且介亭杂文二集·六朝小说和唐代传奇文有怎样的区别？》）

这里深刻地指出《桃花源记》"和后来的唐代传奇文相近"，甚至说"也可以看作唐人传奇文的祖师"，又说陶渊明实际上开创了一诗一文互相配合一道推出的崭新的文学样式，都给予文学史工作者深刻的启示。

关于陶渊明其人，鲁迅又有些总的估计，指出他是一个有地位的隐士，绝非平民；他的心态大抵是闲适的；但其人比较复杂，并不完全旷达。他说过：

阮嗣宗可以求做步兵校尉，陶渊明补了彭泽令，他们的地位，就不是一个平常人。要"雅"，也还是要地位…… "雅"要地位，也要钱，古今并不两样的……（《且介亭杂文·病后杂谈》）

陶潜先生又有诗道："刑天舞干戚，猛志固常在。"连这位貌似旷达的老隐士也这么说，可见无头也会仍有猛志，阔人的天下一时总怕难得太平的了。（《坟·春末闲谈》）

这里"貌似旷达"的提法最宜注意。先前鲁迅认为《搜神后记》为伪托，根据就在"陶潜旷达，未必拳拳于鬼神"；现在看法改变，陶潜只是貌似旷达，那么他就可能对鬼神大有兴趣，要来撰写《搜神后记》。鲁迅看问题，一向是与时俱进的啊！

在批评炯之即沈从文的一篇杂文中，鲁迅写道：

> 陶渊明先生“采菊东篱下”，心境必须清幽闲适，他这才能够“悠然见南山”，如果篱中篱外，有人大嚷大跳，大骂大打，南山是在的，他却“悠然”不得，只好“愕然见南山”了。（《且介亭杂文二集·七论“文人相轻”——“两伤”》）

这段话虽然颇有些言外之意，但如果断章取义，用来分析陶渊明的创作心态，也是合适的。鲁迅对于陶渊明有深刻的研究，所以随便谈谈的地方，也都自有妙道，启人深思。

四、三点启发

鲁迅就陶渊明发表过的各种意见，对于我们如何观察和研究古代作家作品，具有重大的启发意义，前文已陆续有所涉及，兹再谈三点。

其一，充分吸收前人的研究成果，而又不为所限，用新法加以整合升华，并且由此生出新意来。

关于陶渊明的《述酒》一诗，鲁迅一方面指出，其中有说到当时政治的地方，据此可知他于世事没有遗忘和冷淡，而同时又指出他态度平和自然，并不引人注意。鲁迅根本不提什么“此老未白之忠愤”，尤能发人深思。《述酒》一诗以酒为中心展开其叙述，采用的是咏物辞赋中常见的放射性章法，其中的“山阳归下国”一句大约确有影射当下政治的地方，但此诗并非全谈政治，大部分诗句谈的只是陶渊明最为热爱的酒，山阳公一事不过是顺便提到一下，略抒其感慨而已。对前人的看法不必迷信，但也不应简单地加以抛弃，要取其精华,为我所用。

其二,上挂下连,打通历史的脉络,从而对研究对象看得清晰一些。

鲁迅观察陶渊明,向上联系汉魏之际的孔融和魏晋之际的嵇康,通过比较,陶渊明的特色就比较清楚了。作品中涉及爱情,则联系当时很繁荣的民歌如《子夜歌》等等,其间的来龙去脉也就能够了然。小说以及带有小说意味之散文与同题的诗篇成套推出的办法,联系此后唐人之传奇文与诗篇的配合,一下子令人有豁然开朗之感。

其三,在研究古代文史时,始终不忘记当下的现实社会,争取从中获得灵感,以至达成化境。

例如关于“雅”要有相当的条件,地位、金钱、时间,古今并无不同。这样一想,就可以把陶渊明从神坛上请下来。研究对象一旦被平视了,就容易看得比较清楚,否则一味仰望,则只见高不可攀,除了顶礼膜拜,就难以有多少作为了。

参考文献

朱自清:《陶渊明年谱中之问题》,《朱自清全集》第 8 卷,江苏教育出版社 1993 年版。

周振鹤主编,胡阿祥、孔祥军、徐成著:《中国行政区划通史·三国两晋南朝卷》上册,复旦大学出版社 2014 年版。

陈寅恪:《魏书司马睿传江东民族条释证及推论》,《金明馆丛稿初编》,生活·读书·新知三联书店 2001 年版。

余嘉锡撰,周祖谟、余淑宜整理:《世说新语笺疏》,中华书局 1983 年版。

鲁迅:《且介亭杂文二集·文坛三户》,《鲁迅全集》第 6 卷,人民文学出版社 1981 年版。

梁启超:《陶渊明》,商务印书馆 1923 年版。

游国恩:《陶潜年纪辨疑》,《游国恩学术论文集》,中华书局 1989 年版。

袁行霈:《陶渊明研究》,北京大学出版社 1997 年版。

袁行霈:《陶渊明集笺注》,中华书局 2003 年版。

田余庆:《庾、王江州之争》,《东晋门阀政治》,北京大学出版社 1989 年版。

逯钦立遗著,吴云整理:《读陶管见·江州祭酒问题》,《汉魏六朝文学论集》,陕西人民出版社 1984 年版。

缪钺:《陶潜不为五斗米折腰新释——附论东晋南朝地方官

俸及当时士大夫食量诸问题》,《缪钺全集》第一卷上,河北教育出版社 2004 年版。

鲁迅:《且介亭杂文二集·隐士》,《鲁迅全集》第 6 卷,人民文学出版社 1981 年版。

汤用彤:《汉魏两晋南北朝佛教史》,北京大学出版社 1997 年版。

〔德〕卜松山:《诗与真——漫谈陶渊明与酒》,《与中国作跨文化对话》,中华书局 2000 年版。

缪钺:《冰茧庵札记·读书态度》,《缪钺全集》第 7、8 合卷,河北教育出版社 2004 年版。

汤用彤:《贵无之学(下)——道安和张湛》,《理学·佛学·玄学》,北京大学出版社 1991 年版。

鲁迅:《而已集·魏晋风度及文章与药及酒之关系》,《鲁迅全集》第 3 卷,人民文学出版社 1981 年版。

田晓菲:《尘几录——陶渊明与手抄本文化研究》,中华书局 2007 年版。

王叔岷:《陶渊明诗笺证稿》,中华书局 2007 年版。

北京大学中文系文学史教研室教师编:《陶渊明资料汇编》上册,中华书局 1962 年版。

张岱:《张子诗秕》,《张岱诗文集》,上海古籍出版社 1991 年版。

唐长孺:《魏晋南北朝史论拾遗》,中华书局 1983 年版。

〔美〕韦勒克、沃伦著,刘象愚等译:《文学理论》,生活·读书·新知三联书店 1984 年版。

钱锺书:《管锥编》第四册,中华书局 1979 年版。

顾农:《文选论丛》,广陵书社 2007 年版。

鲁迅:《中国小说史略》,《鲁迅全集》第 9 卷,人民文学出版社 1981 年版。

陈寅恪:《桃花源记旁证》,《金明馆丛稿初编》,上海古籍出版社 1980 年版。

钱锺书:《谈艺录》,中华书局 1984 年版。

鲁迅:《且介亭杂文二集·六朝小说和唐代传奇文有怎样的区别?》,《鲁迅全集》第 6 卷,人民文学出版社 1981 年版。

鲁迅:《准风月谈·吃教》,《鲁迅全集》第 5 卷,人民文学出版社 1981 年版。

冯友兰:《中国哲学史》上册,华东师范大学出版社 2000 年版。

鲁迅:《华盖集·"碰壁"之后》,《鲁迅全集》第 3 卷,人民文学出版社 1981 年版。

鲁迅:《华盖集续编·马上日记》,《鲁迅全集》第 3 卷,人民文学出版社 1981 年版。

〔日〕冈村繁:《陶渊明李白新论》,《冈村繁全集》第四卷,上海古籍出版社 2002 年版。

冯友兰:《三松堂小品》,北京出版社 1998 年版。

鲁迅:《集外集·选本》,《鲁迅全集》第 7 卷,人民文学出版社 1981 年版。

鲁迅:《且介亭杂文二集·"题未定"草(六至九)》,《鲁迅全集》第 6 卷,人民文学出版社 1981 年版。

朱自清:《诗言志辨》,《朱自清全集》第 6 卷,江苏教育出版社 1996 年版。

缪钺:《颜延之年谱》,《缪钺全集》第 1 卷下册,河北教育出版社 2004 年版。

Wendy Swartz 著,张月译:《阅读陶渊明》,中华书局 2016 年版。

王夫之:《读通鉴论》中册,中华书局 1975 年版。

丁文江、赵丰田编:《梁任公先生年谱长编(初稿)》,中华书局 2010 年版。

马永卿撰，崔文印校释：《嬾真子录校释》，中华书局 2017 年版。

鲁迅：《集外集・选本》，《鲁迅全集》第 7 卷，人民文学出版社 1981 年版。

朱光潜：《诗论》，正中书局 1948 年版。

鲁迅：《华盖集・"碰壁"之后》，《鲁迅全集》第 3 卷，人民文学出版社 1981 年版。

鲁迅：《鲁迅全集》第 13 卷，人民文学出版社 1981 年版。

鲁迅：《坟・春末闲谈》，《鲁迅全集》第 1 卷，人民文学出版社 1981 年版。

杨绛：《走到人生边上：自问自答》，商务印书馆 2007 年版。

后　记

严肃的人生哲学离不开对于死亡的思考。中国的传统观念认为“未知生，焉知死”（《论语·先进》），“六合之外，圣人存而不论”（《庄子·齐物论》）——这种似乎是回避问题的态度给后来玄学和佛教的流行预留下很大的余地，也奠定了中国人达观进取的基调。

陶渊明认为死是一件十分自然的事情，人总是要死的，不管他曾经是何等样人：“三皇大圣人，今复在何处？彭祖寿永年，欲留不得住。老少同一死，贤愚无复数。”所以无须多去费神安排。“甚念伤吾生，正宜委运去。纵浪大化中，不喜亦不惧。应尽便须尽，无复独多虑。”（《形影神·神释》）在去世前不久，陶渊明为自己写《自祭文》，其中把死说成是“将辞逆旅之馆，永归于本宅”。先住旅馆，后回老家，平平常常，都没有什么遗憾。这种既实际而又通达的人生态度贯穿了诗人的一生。

在陶渊明的作品中有两个东西是经常出现的：一个是他的家园，也就是所谓“逆旅之馆”，这里是他世俗生活的基地；另一个是坟墓亦即“本宅”，这里是他的归宿，也是他的大本营。

陶渊明同先前许多隐士不同的地方在于，他的隐是“归隐”，没有按古老的传统安排在山林岩穴或别的什么人迹罕至之处，他过的是非常普通的农村知识分子的生活，毫无怪异的色彩。既然人的一生不过像住了一段时间旅馆，何必一定要去深山老林？陶渊明无比热爱自己的家园，一再形之于歌咏。在《归园田居》诗中他曾经兴高采烈地说起他借以安身立命的住所，“方宅十余亩，草屋八九间。榆柳荫后檐，桃李罗堂前”，又说这里“户庭无尘杂”。总之，虽然建筑面积并不是很大，更说不上奢华，但相当宽敞、幽静、净洁，隐居是足够了。陶渊明换过几次住处，他对自己的家始终有一种特别的深情，高唱过“吾亦爱吾庐”的佳句。“绕屋树扶疏”“既耕亦已种，时还读我书”“欢然酌春酒，摘我园中蔬”(《读〈山海经〉》)——有那么几间屋子，周围种上树，园子里种点蔬菜，在家园里饮酒读书——这就什么都齐了。活着的时候就高高兴兴地活着，充分享受生活。

陶渊明在诗里又多次写到过坟墓，他特别喜欢凭吊坟墓以及废墟。《诸人共游周家墓柏下》诗云：“今日天气佳，清吹与鸣弹。感彼柏下人，安得不为欢。清歌散新声，绿酒开芳颜。未知明日事，余襟良已殚。”又，《归园田居》其四云：“久去山泽游，浪莽林野娱。试携子侄辈，披榛步荒墟。徘徊丘垄间，依依昔人居。井灶有遗处，桑竹残朽株。借问采薪者，此人皆焉如？薪者向我言，死没无复余。一世异朝市，此语真不虚。人生似幻化，终当归空无。”有感于墓下之陈死人，深知活着是一种幸福，那么就尽情享受生活吧。民居的废墟也同坟墓一样形成一个非常直观的象征，足以使人慨然长叹，领悟哲理。

在陶渊明那里，安贫乐道和及时行乐是紧密地结合在一起的。等到他年纪渐老，身体欠佳，预感到死亡正在向自己逼近的时候，他采取了一些措施，例如服用某些药品和补品，而更突出的是表现出对死亡的坦然和达观，他预先写下了一份近乎遗嘱的文字《与子俨等疏》，平静地对后事作出了安排。其时又写有《杂诗》十二首，其七云：“弱质与颓龄，玄鬓早已白。素标插人头，前途渐就窄。家为逆旅舍，我如当去客。去去欲何之？南山有旧宅。”他要离开旅馆回归本宅去了。当他知道死亡就在眼前而且无可改变时，心态是平静的。“视死如归，临凶若吉。药剂弗尝，祷祀非恤。素幽告终，怀和长毕。”（颜延之《陶征士诔》）心态平和，很安静地准备好回老家去。

陶渊明在《自祭文》中说，自己“识运知命，畴能罔眷。余今斯化，可以无恨”。其时他写的三首《挽歌诗》尤为旷达，充分表达了他的乐天知命思想，凡此种种，都确实是像回老家的样子。陶渊明不是那种高谈大道理的理论家，他躬行他相信的东西，或者说他只相信自己能够做得到的事情和道理。

近读杨绛《走到人生边上》一书，见其自序开头便道：“二〇〇五年一月六日，我由医院出院，回三里河寓所。我是从医院前门出来的。如果由后门太平间出来，我就是‘回家’了。”这里区分“回寓所”与“回家”，恰恰与陶渊明的提法合若符契。《走到人生边上》是一本读来很有兴味的书，多处令人想起陶渊明来。

热爱生活，视死如归——拿这八个大字来归纳陶渊明以及与他相视而笑的古今达人高士之生死观，也许是合适的吧。

我年轻的时候不喜欢陶渊明，读他的诗总觉得很不来劲：东晋晚期至刘宋初年政治军事上发生了不少大事，战火甚至一度烧到他的家门口，他简直不置一词，却总在咀嚼他自己的那一点生活和感悟，念念不忘的是喝他的老酒。

后来年龄渐长，阅历渐多，这才慢慢明白天下大事有些是普通知识分子弄不清楚的，也无从过问，不宜参与，做好自己的一份事情，把自己的生活安顿清楚，能够俯仰无愧也就可以了，用陶渊明的诗句来说，这就叫作“量力守故辙”。当时我同一批虽已学完五年而暂留母校等待毕业分配的老同学一样，成了所谓“逍遥派”。

陶渊明还是值得佩服的，尽管也实在学不来。

后来因为教书的关系，比较系统地读了陶渊明的全部作品和一些有关材料，这才知道其中问题多多。也曾根据当时的一孔之见写过若干文章，但在教学中却基本按教科书和通行的观点说话，只是偶尔略有发挥，我总是担心自己不成熟的果实吃坏了学生的肚子。

再往后，所教的学生年纪大一点了，这才敢向他们谈谈自己对陶渊明及其作品的某些观察；而为了回答他们的请益，我开始更多、更深入地来思考陶渊明问题。“教学相长”的乐趣正在于此。陶渊明有两句诗说“奇文共欣赏，疑义相与析”，跟学生们交谈，弄得好有时也能达到这样的境界，只是后来学生们渐渐有点心不在焉，更关心的是戴帽子和谋职业，幸而我也很快就退休了。现在的退休有点像是陶渊明的归隐，但比他日子好过多了，每月有养老金，衣食无忧，可以很悠闲地“登东皋以舒啸，临清流而赋诗”，也可以随意读书写文章。

此后我曾两度集中地考虑陶渊明问题。前一度是为了完成《从孔融到陶渊明》(凤凰出版社 2013 年版)那部书稿，因为是用一批前讲稿和旧论文作为基础来整合的，若干没有把握的新思考没有写进去，或者说得吞吞吐吐的；那时急于把研究魏晋文章的旧摊子收拾干净，又担心自己的新见不容易说清楚，不能为人们所接受，于是就适可而止了。后一度是最近的三四年，年纪既已在古稀以上，思想也进一步解放，于是就放言无忌地直抒己见，发表了一批新的论文和札记，稍后又加整合，形成一部书稿，因为自作主张的意见比较多，即题为《归去来：不一样的陶渊明》云。

书稿经责编胡正娟女士大加整理，非常感谢她的辛勤劳动。

欢迎批评，尤其是“相见无杂言”式的直截了当的批评。

顾农　癸卯初春改订